GESCHICHTE FRANKREICHS

GESCHICHTE FRANKREICHS

Von

Heinz-Gerhard Haupt · Ernst Hinrichs
Stefan Martens · Heribert Müller
Bernd Schneidmüller · Charlotte Tacke

Herausgegeben von
Ernst Hinrichs

Mit 115 ein- und mehrfarbigen Abbildungen,
11 Karten und 5 Stammtafeln

PHILIPP RECLAM JUN. STUTTGART

Die Deutsche Bibliothek – CIP-Einheitsaufnahme

Geschichte Frankreichs / Hrsg.: Ernst Hinrichs. –
Stuttgart : Reclam, 2002

ISBN 3-15-010494-7

Satz: Reclam, Ditzingen
Druck und buchbinderische Verarbeitung:
W. Röck GmbH, Druck + Medien, Weinsberg
Printed in Germany 2002
RECLAM ist eine eingetragene Marke
der Philipp Reclam jun. GmbH & Co., Stuttgart
ISBN 3-15-010494-7

www.reclam.de

Inhalt

DIE ENTSTEHUNG FRANKREICHS

(9. Jahrhundert – 1270)

Von Bernd Schneidmüller

FRANKREICH IM SPÄTMITTELALTER: VOM KÖNIGSSTAAT ZUR KÖNIGSNATION

(1270–1498)

Von Heribert Müller

RENAISSANCE, RELIGIONSKRIEGE UND BEGRÜNDUNG DER ABSOLUTEN MONARCHIE

(1498–1661)

Von Ernst Hinrichs

ABSOLUTE MONARCHIE UND ANCIEN RÉGIME

(1661–1789)

Von Ernst Hinrichs

VON DER FRANZÖSISCHEN REVOLUTION BIS ZUM ENDE DER JULIMONARCHIE

(1789–1848)

Von Heinz-Gerhard Haupt

VON DER ZWEITEN REPUBLIK BIS ZUM ERSTEN WELTKRIEG

(1848–1914)

Von Charlotte Tacke

VOM ERSTEN WELTKRIEG BIS ZUM ENDE DES VICHY-REGIMES

(1914–1944)

Von Stefan Martens

FRANKREICH SEIT DEM ENDE DES ZWEITEN WELTKRIEGS

Von Stefan Martens

Vorwort

Seit der Auflösung der großen, nach dem Zweiten Weltkrieg entstandenen Machtsysteme in Europa hat die Idee des Nationalstaats wieder an Bedeutung gewonnen. Europa, als politischer Begriff nicht faßbar ohne die jahrhundertelange Geschichte der europäischen Völkerfamilie, wird auch zukünftig ein Europa der Nationen bleiben. Aus diesem Grund gehört die Kenntnis der Geschichte jeder europäischen Nation, ihrer mit anderen Nationen vergleichbaren Hauptverläufe und ihrer typischen Besonderheiten, zur Aufgabe all jener, die europäische Geschichte kennen- und begreifenlernen wollen.

Frankreich ist eine der ältesten europäischen Nationen, und seine Geschichte zeichnet sich bei allen Verwerfungen durch eine besondere Kontinuität und Einheitlichkeit aus. Im Zentrum dieser Entwicklung steht die Geschichte der französischen Monarchie; sie begann nach der Auflösung des karolingischen Reichs im 9. Jahrhundert, wurde in der Französischen Revolution durch die Hinrichtung Ludwigs XVI. gewaltsam beendet, ging aber erst mit der endgültigen Installierung der parlamentarischen Republik im späten 19. Jahrhundert wirklich zu Ende. Die Monarchie gab der französischen Nation schon frühzeitig ihr unverwechselbares Aussehen, sie sorgte dafür, daß die durch Krieg, Usurpation, Heiratspolitik, Erbschaften oder simplen Kauf hinzugewonnenen Provinzen trotz aller Regionalismen »französisch« wurden, und sie wirkte in ihrer einheitsstiftenden, kontinuitätsbildenden Kraft so machtvoll nach, daß die Rückbesinnung auf sie bei unseren Nachbarn noch heute eine wichtige politische Funktion besitzt.

Die vorliegende »Geschichte Frankreichs« versteht sich als eine politische Geschichte, die dem Entstehungs- und Reifungsprozeß der politischen Nation Frankreich nachgeht. Das heißt jedoch nicht, daß nur die Abläufe der politischen Entscheidungsvorgänge nachgezeichnet werden sollen. Vielmehr geht es immer um die Wechselbeziehungen zwischen den jeweiligen politischen Systemen Frankreichs in den verschiedenen Epochen seiner Geschichte und den in ihnen agierenden und von ihnen beherrschten Franzosen. Der Gesamtverlauf der französischen Geschichte wird dabei nicht im Sinne eines gradlinigen Verlaufsmodells, z. B. als kontinuierliche Steigerung des Zentralismus, gesehen, sondern als ein von zahlreichen kontradiktorischen Entwicklungen getragener Prozeß: Monarchische Einheit versus feudale Vielfalt, Zentrum versus Provinz, Binnenland versus Küste, Nord versus Süd, Stadt versus Land, Revolution versus »Konterrevolution« – das sind nur einige wenige Gegensätze und Verwerfungen, die im Verlauf der Geschichte Frankreichs immer wieder aufbrechen und in einer Gesamtgeschichte dieses Landes sorgfältig thematisiert werden müssen.

Das Buch wendet sich nicht in erster Linie an die Fachleute, denen umfangreichere Übersichten zur Verfügung stehen, sondern an Studenten,

Oberschüler und gebildete Laien, die sich auf schnelle und anschauliche Weise über die Geschichte unseres Nachbarlandes oder über einzelne ihrer Epochen informieren wollen. Jeder der Autoren hat seinen Beitrag nach seinen eigenen Vorstellungen auf der Grundlage seines fachlichen Wissens gegliedert und gestaltet und dabei jene Ereignisse, Entwicklungen und Strukturen beschrieben, die ihm für diesen Zeitraum der Geschichte Frankreichs von besonderem Gewicht erschienen. Es entsprach den Vorstellungen des Verlags, daß dabei um so mehr Platz zur Verfügung stand, je mehr diese »Geschichte Frankreichs« sich auf die Neuzeit zubewegte. Insofern gebührt an dieser Stelle besonderer Dank den Autoren der beiden mittelalterlichen Kapitel (die Zeit von 843 bis 1498), denen die schwierige Aufgabe zufiel, ihre großen, ereignis- und entwicklungsreichen Epochen auf weniger Raum darzustellen, als allen anderen Autoren für ihre kürzeren Zeiträume zur Verfügung stand.

Ernst Hinrichs

DIE ENTSTEHUNG FRANKREICHS

(9. Jahrhundert – 1270)

Von Bernd Schneidmüller

Epochenüberblick

Frankreich ist ein eher zufälliges Produkt der frühmittelalterlichen Geschichte. Aus der Aufteilung des fränkischen Großreichs im Vertrag von Verdun 843 entstand das westfränkische Reich, das unter Karl dem Kahlen und seinen Nachfolgern allmählich festere Konturen gewann, aber weder geographisch oder ethnisch noch kulturell oder sprachlich eine Einheit darstellte. Noch 885 führte ein dynastischer Zufall zur letzten Vereinigung der fränkischen Teilreiche, die 888 in der Königswahl eines nichtkarolingischen Herrschers überwunden wurde.

Die Entstehung einer »französischen Nation« im Mittelalter ist darum nicht als kontinuierlicher Vorgang zu begreifen und muß als Resultat der im 9. und 10. Jahrhundert geschaffenen politischen Rahmenbedingungen verstanden werden. Erst in der zweiten Hälfte des 10. Jahrhunderts wurde man sich im westfränkischen Reich, vor allem in beständiger Auseinandersetzung mit dem ostfränkisch-deutschen Reich und dem ottonischen Kaisertum, zunehmend der eigenen Identität bewußt, die sich im Umkreis des westfränkisch-französischen Königtums festigte. Die Anfänge der französischen Geschichte erstrecken sich also über Jahrhunderte, wenn auch mit einzelnen Kulminationspunkten. Erst unter den großen kapetingischen Herrschern seit Philipp II. Augustus, die den politischen und geistigen Vorrang Frankreichs in Europa begründeten, wird ein vorläufiger Abschluß erreicht.

Die Geschichte Frankreichs im Früh- und Hochmittelalter kann nur aus der Vielfalt zentraler und regionaler Kräfte, von Königen und Fürsten, begriffen werden, die ihrerseits in den sozialen, wirtschaftlichen und mentalen Wandel eingebunden blieben. Vorsprünge in der herrschaftlichen Durchdringung, im Bevölkerungswachstum, in der Produktion, in geistlich-geistigen Bereichen und in der Kunst ließen Frankreich zum Ursprungsland vieler Entwicklungen werden, die die gesamte europäische Gesellschaft und Kultur prägen sollten.

Nach der zögernden Konsolidierung der königlichen Einflußsphäre zunächst in der weiteren Ile-de-France gelang im Konflikt mit dem anglonormannischen Königtum seit 1204 der Ausgriff der Monarchie auf das gesamte Königreich, Voraussetzung für die Integration entfernter Regionen in eine zunehmend auf Paris konzentrierte Kronverwaltung und für die Einheit von Monarchie und Reich.

Das westfränkische Reich

(843–887)

843	August: Vertrag von Verdun über die Teilung des fränkischen Großreichs unter die drei Söhne Kaiser Ludwigs des Frommen; Karl der Kahle (843–877) erhält das westfränkische Reich.
843	November: Vertrag von Coulaines: Abmachung Karls des Kahlen mit dem westfränkischen Adel und der Kirche als innere Grundlage des westfränkischen Reichs.
870	Vertrag von Meerssen über die Teilung Lotharingiens.
875	25. Dezember: Kaiserkrönung Karls des Kahlen.
877	6. Oktober: Tod Karls des Kahlen.
877–879	König Ludwig II. (der Stammler).
879	Teilung des westfränkischen Reichs unter Ludwig III. (879–882) und Karlmann (879–884).
880	Vertrag von Ribemont über die Grenzregelung zwischen dem ost- und dem westfränkischen Reich.
885–887	Zeitweilige Vereinigung der fränkischen Reiche unter der Herrschaft Karls III. (des Dicken).
887/888	Endgültiges Ende der fränkischen Reichseinheit.

Reichsbildung als Familiensache

Im August 843 wurde in Verdun nach langen Kämpfen in der karolingischen Herrscherfamilie das fränkische Großreich in drei Teile geteilt, die an die Brüder Lothar, Ludwig (»den Deutschen«) und Karl (den Kahlen) fielen. Karl erhielt den westlichen Teil, ungefähr begrenzt von den Flüssen Schelde, Maas, Saône und Rhone, Lothar das Mittelreich von Friesland bis nach Italien und Ludwig neben dem heutigen Rheinhessen die Gebiete östlich des Rheins. Der Vertrag von Verdun stand in der Tradition fränkischer Teilungen, in denen alle legitimen Söhne eines verstorbenen Königs einen Anteil am Reich erlangten. Ihre historische Bedeutung erhält die Abmachung von 843 erst in der Rückschau als endgültiges Ende des Großreichs wie als Beginn der westfränkischen und der ostfränkischen Geschichte.

Gegenstand der Teilung war ein frühmittelalterliches Großreich, das sein Gesicht an der Wende vom 5. zum 6. Jahrhundert unter König Chlodwig (†511) und im späten 8. Jahrhundert unter Karl dem Großen (768–814) erhalten hatte und am Beginn des 9. Jahrhunderts von Nordspanien bis zur Elbe, vom Ärmelkanal bis nach Mittelitalien reichte. Die Franken, deren Siedlungsgebiet sich von der Loire bis zum Niederrhein und zum Main erstreckte, bildeten zwar das »Reichsvolk«, doch zeichnete sich ihr Reich durch ethnische, sprachliche und kulturelle Vielfalt aus, die den anderen

Völkern Teile ihrer Identität beließ. Gerade das fränkische Reichsvolk, das in den drei Teilreichen von 843 die politische Führung behauptete, wirkte noch lange integrierend und ließ darum den Vertrag von Verdun nicht zur Zäsur werden. Zahlreiche Kontakte der Könige auf den Frankentagen des 9. Jahrhunderts, familiäre Bande des Adels und Verflechtungen der großen Politik sorgten dafür, daß die Erinnerung an die alte Einheit erst allmählich verblaßte und das Bewußtsein von der Eigenständigkeit der Neubildungen von 843 langsam wuchs. Gleichwohl schuf die Grenzziehung von Verdun den Rahmen für das spätere Entstehen Frankreichs aus westfränkischen Wurzeln.

Voraussetzungen: Der Raum und die Menschen

Als man in der Neuzeit im Nationalstaat das wesentliche Ordnungsprinzip menschlichen Zusammenlebens zu erkennen meinte, versuchte man, politische Grenzen als historisch vorgeformt zu begreifen und der eigenen Nation einen gleichsam natürlichen Lebensraum zuzuweisen. In diesem Sinn mußte die politisch geschaffene Rheingrenze ebenso zur »natürlichen« Grenze Frankreichs werden wie die Pyrenäen oder der Ozean. Das Sechseck, gebildet aus der Küstenlinie von Ärmelkanal und Atlantik, den Pyrenäen, der Mittelmeerküste, einer durch die Pässe der Westalpen markierten Linie bis zum Rhein und seiner Mündung, schien die räumliche Existenzgrundlage des französischen Volkes. Sie wollte man über das römische Gallien bis in die Vorgeschichte zurückverfolgen.

Das 843 geschaffene Reich Karls des Kahlen unterschied sich jedoch markant von diesem Sechseck. Es reichte über die Pyrenäen hinaus nach Nordspanien in die von den Karolingern geschaffene Spanische Mark, die freilich dem Königtum mehr und mehr entfremdet wurde. Die Ostgrenze war weit vom Rhein entfernt. Die bis ins 11. Jahrhundert formulierten Ansprüche auf das Reich Lothars, auf Lotharingien/Lothringen, zielten auch nicht auf die Schaffung einer Flußgrenze, sondern gründeten auf karolingischen Herrschaftsvorstellungen, denen es um die Vereinigung des westfränkischen Reiches mit den karolingischen Stammlanden an Maas und Mosel ging.

Das 843 entstandene Reich war gerade nicht durch die Einheitlichkeit des Raumes oder seiner Menschen geprägt. Mit den großen Flußsystemen von Seine, Loire und Garonne blieb es zum Atlantik offen. Das mächtige Zentralmassiv schob sich fast wie ein Riegel zwischen den Norden und den Süden, die schon bald für lange Zeit getrennte Wege gehen sollten: Vom Pariser Becken war der Süden noch am leichtesten über Burgund und das Rhonetal zu erreichen.

Der geographischen Vielfalt entsprach die ethnische: Die fränkische Landnahme hatte vor allem den Raum zwischen Rhein und Seine erfaßt und das Gebiet zwischen Seine und Loire nur noch in geringerer Intensität erreicht. Im Süden waren die Aquitanier zwar schon unter Chlodwig dem Frankenreich einverleibt worden, doch sorgten hier gallorömische Traditionen und die geringere Durchdringung der Gesellschaft durch das Lehnswesen für erhebliche Unterschiede zum fränkischen Norden. Völker am westlichen Rand dieses Reiches wie die Bretonen und die Basken entzogen sich dem fränkischen Zugriff und bildeten stets eine auch militärische Herausforderung, der sich in einer zweiten Wanderungsphase im 9. Jahrhundert die normannische Landnahme an der Küste des Ärmelkanals und eine arabische Stützpunktbildung an der Mittelmeerküste hinzugesellten.

Konnte die starke königliche Zentralgewalt in der Zeit um 800 die zentrifugalen Kräfte noch bändigen, so trat die ethnische Vielfalt seit dem 9. Jahrhundert immer stärker als Prinzip politischen Handelns partikularer Gewalten hervor. Die lateinischen Quellen bezeichnen diese Einheiten als *regna*, was nur sehr vordergründig als »Königreiche« zu übersetzen ist: Neben Franzien (der Francia) begegnen Aquitanien und Burgund, schließlich die Gascogne, Gothien, die Bretagne, in einer weiteren Phase noch Neustrien (zunächst der westliche Teil des Frankenreichs, jetzt das Land zwischen Loire und Seine), Flandern, die Normandie. Auf dieser Grundlage entstanden die französischen Fürstentümer (Prinzipate).

Der ethnischen Vielfalt entsprach das Fehlen sprachlicher Einheitlichkeit. Aus dem klassischen Latein der Antike hatte sich das regional sehr unterschiedliche Vulgärlatein entwickelt, aus dem sich wiederum die sogenannten Volkssprachen entfalteten. In der Karolingerzeit machte die Rückbesinnung auf die antiken Vorbilder, die Orientierung am klassischen Latein, die Unterschiede zwischen gesprochener Volkssprache und geschriebener lateinischer Sprache bewußt. Zudem wurde die Verschiedenartigkeit der im Norden und im Süden benutzten Sprachen deutlich. In den überlieferten Sprachdenkmälern spätestens des 11./12. Jahrhunderts lassen sich die beiden nebeneinander existierenden Sprachen genauer beobachten: die *langue d'oc* (das Okzitanisch, Provenzalisch) des Südens und die *langue d'oïl* des Nordens, die jeweils wieder in landschaftlich geprägte Sprachgruppen zerfielen. Germanische Einflüsse haben trotz der Romanisierung der Franken die Sprachentwicklung im Norden stärker als im Süden bestimmt; doch die Durchsetzung eines Dialekts als Hochsprache ist nicht linguistisch, sondern politisch zu erklären: Das in der Ile-de-France, vor allem in Paris benutzte Franzische wurde zur Basis der späteren Nationalsprache, weil es am Königshof gesprochen und geschrieben wurde. Schon sehr früh (nach 1170) brachte es der aus der Gegend von Compiègne stammende Garnier de Pont-Sainte-Maxence auf den Punkt: »Meine Sprache ist gut, weil ich in der ›France‹ geboren bin.« Ein entsprechendes, nicht minder ausgeprägtes Sprachbewußtsein einer höfischen Kultur des Hochmittelalters kann man auch in der südfranzösischen Welt feststellen.

Die mangelnde Konformität von Gruppen, Sprachen und herrschaftlicher Durchdringung wirkte gewiß auch auf die Lebensformen der Menschen. Doch die Quellen geben nur ein lückenhaftes Bild von Wirtschaft und Gesellschaft des früheren Mittelalters. Während die ausgedehnten

Wälder erst allmählich im Zuge des Landesausbaus erschlossen wurden, können fruchtbare Zentrallandschaften wie die Ile-de-France im mittelalterlichen Sinn als »überbevölkert« gelten: Hier lebten etwa 30 Menschen auf einem Quadratkilometer, in Flandern waren es noch mehr. Schlaglichtartig erhellen Quellen aus der Wirtschaftspraxis der geistlichen Großgrundherrschaften, vor allem der Klöster St-Germaindes-Prés, St-Bertin und St-Remi/Reims, das Dunkel und lassen das langsame Bevölkerungswachstum erahnen. Es ergab sich aus zunehmend günstiger werdenden klimatischen Bedingungen und aus der Durchsetzung der großen Grundherrschaften und ihrer Wirtschaftsform, der Dreifelderwirtschaft. Die Einführung von Langstreifenfluren, eine verbesserte Pflugtechnik, der Einsatz von Zugtieren, die Beachtung der Fruchtfolgen waren nur durch planende herrschaftliche Eingriffe zu erreichen, und das Resultat der neuen Wirtschaftsformen, die höheren Ernteerträge, stabilisierten die Grundherrschaften und vergrößerten ihren ökonomischen Vorsprung.

Die ungeheuren sozialen Konsequenzen, vor allem in Nordfrankreich, bleiben in ihrer Dramatik leider im dunkeln, doch die vergeblichen Maßnahmen Karls des Großen und Ludwigs des Frommen zum Schutz der kleinen Freien lassen den Verdrängungsprozeß erahnen. Die Verpflichtung der fränkischen Bauern zur Heeresfolge in kriegerischen Zeiten setzte ihre wirtschaftliche Existenz und damit ein Gesellschaftsmodell aufs Spiel, das den König als Herrscher über das Volk der Franken, der Freien, stilisierte. In den Herausforderungen von mittelalterlicher Freiheit mit ihren politischen Verpflichtungen einerseits und Landakkumulation mit den Vorteilen der großen Grundherrschaften andererseits wurde eine nicht mehr wettbewerbsfähige Gesellschaftsschicht aufgerieben; ihr schien der Weg in die »Unfreiheit« wirtschaftlichen Vorteil zu versprechen. Der Boden für den Siegeszug geistlicher und adliger Grundherrschaften, für die vielfältigen Formen der Landleihe und für das allmähliche »Verschwinden« der Freien war bereitet. Das Königtum, das in normativen Texten der Wende vom 8. zum 9. Jahrhundert den »Adel« zu negieren trachtete und den Dualismus von Herrscher und Frankenvolk herausstellte, mußte sich spätestens seit der Herrschaft Karls des Kahlen mit den Realitäten arrangieren. Indem die Quellen des 9. und 10. Jahrhunderts den politisch handelnden Adel neben dem Königtum hervortreten lassen, spiegeln sie zunehmend eine ständisch gegliederte Gesellschaft, in der die Herrschaftsgewalt von mehreren Kräften ausgeübt wurde und ein erheblicher sozialer und wirtschaftlicher Verdrängungsprozeß stattfand. Er dürfte seinen Ausgang von den ökonomisch fortschrittlichen Landschaften des Pariser Beckens, Ostfrankreichs und des flandrischen Grenzraums genommen haben.

Auf dem Weg zum Nachfolgereich

Rückblickende Geschichtsschreiber des 12. Jahrhunderts wie Hugo von Fleury wollten im Vertrag von Verdun und in der Herrschaft Karls des Kahlen (843–877) die entscheidene Zäsur der französischen Geschichte erkennen, nämlich die Trennung von römischem Kaisertum und französischem Königtum. Konsequent wurde Karl der Kahle zum ersten französischen König stilisiert. In der Tat prägte er nicht zuletzt auf Grund seiner langen Regierungszeit sein Reich und formte Voraussetzungen für die mittelalterliche Nationsbildung. Doch das 9. Jahrhundert blieb eine Zeit des Übergangs, in dem sich das Festhalten an alten Herrschaftsvorstellungen mit langsamer Neuorientierung mischte.

Der faktischen Teilhabe des führenden Adels an der Herrschaft entsprachen zunächst die Modalitäten bei der Reichsteilung von Verdun, mehr aber noch die Sicherung des neu entstandenen westfränkischen Reichs nach innen: Im November 843 schuf Karl der Kahle im Vertrag von Coulaines (bei Le Mans) mit dem Adel, der der Monarchie korporativ zur Seite trat, die zukunftsweisende Grundlage. Freilich blieb die Stellung des Königs prekär: Er mußte sich nicht allein gegen die Bretonen behaupten, die unter ihren Führern Nominoë und Erispoë faktisch Selbständigkeit erlangten, sondern seine Herrschaft in dem ihm zugewiesenen Reich gegen Ansprüche seines Neffen, Pippins II. von Aquitanien, durchsetzen. Weniger eigener Macht als der Akzeptanz durch den aquitanischen Adel verdankte Karl 848 seine Anerkennung südlich der Loire, doch erst die Einweisung Pippins in Kirchenhaft 852 und seine Beseitigung 864 sicherten die wenigstens formale Integration des Südens ins westfränkische Reich. Problematisch blieb zudem das Verhältnis Karls zu seinen Halbbrüdern Lothar und Ludwig, die auf ihren Zusammenkünften die Idee einer fränkischen Reichseinheit zu bewahren suchten. Wie konfliktträchtig das Zusammenwirken von Königen und Adel sein konnte, erwies die Einladung der westfränkischen Aristokratie an die ostfränkischen Könige zur Übernahme des Königtums im Westen (854, 858/859). Hier offenbarten sich die überaus bescheidenen Machtgrundlagen Karls: Bereits 859 vor dem in Westfranken als König amtierenden Bruder nach Burgund geflohen, vermochte sich Karl nur dank der entschlossenen Haltung der Bischöfe seines Reichs unter Führung des Reimser Erzbischofs Hinkmar zu behaupten. Ein 860 in Koblenz geschlossener Frieden ermöglichte endlich die Konsolidierung im Inneren, begünstigt durch das vorübergehende Abebben der dauernden Normanneneinfälle. Über die Flußsysteme von Maas, Seine, Loire und Garonne hatten diese skandinavischen Verbände seit 844 das westfränkische Reich wiederholt heimgesucht und damit die Schwächen der Wehrverfassung bloßgelegt: Der Erfolg der »Nordmänner« wurde als Versagen des Königtums empfunden.

Karls Versuche, im Stil seiner karolingischen Vorfahren zu regieren (Entsendung von Sendboten zur Durchsetzung königlicher Gewalt, Gesetzgebung) und in den geistlichen Zentren seines Reichs die über-

Das westfränkische Reich

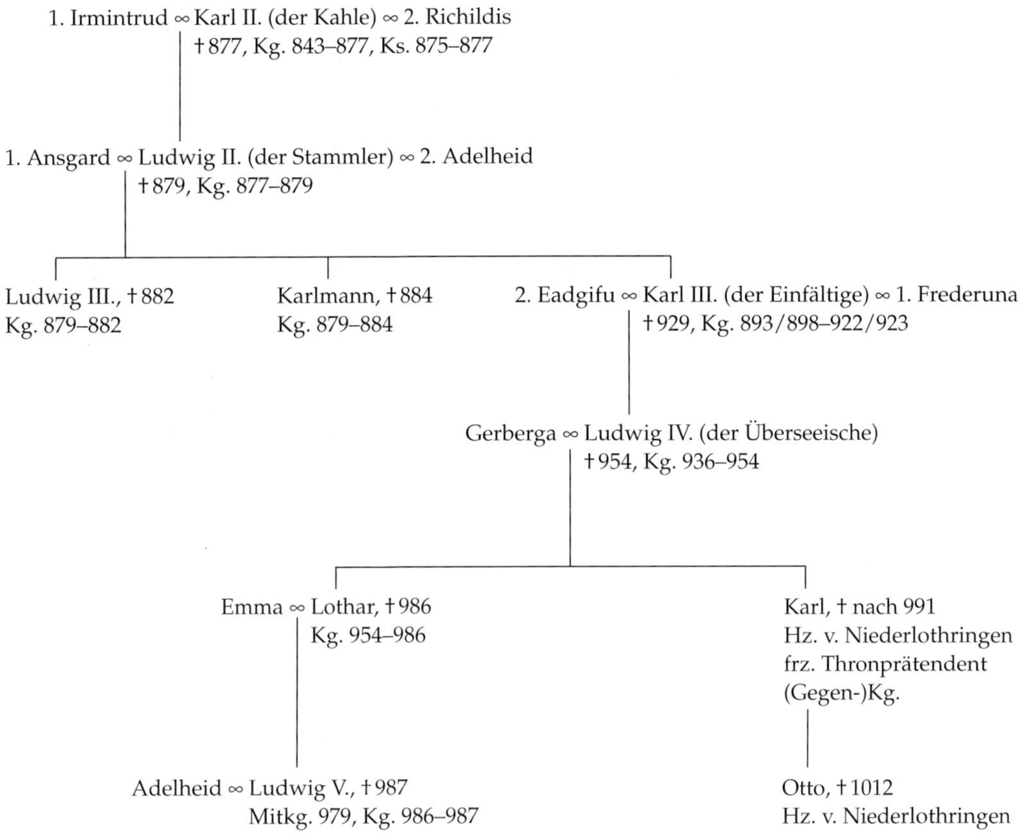

Die westfränkisch-französischen Karolinger

kommene Kultur zu befördern, ruhten auf brüchigen Grundlagen. Das Königsgut schwand, der Aktionskreis der Monarchie verengte sich auf den Raum zwischen Loire und Maas, mehr noch auf den Nordosten des Reichs, wichtige Königsrechte gelangten in die Hände adliger Amtsträger, die ihren Rang in der eigenen Familie vererben konnten. Als Reaktion darauf befestigte Karl die sakrale Stellung des Königtums im Bund mit der Kirche: 848 ließ er sich durch Erzbischof Wenilo von Sens salben und krönen, und die Formen des Herrschaftsantritts wurden in weiteren Weiheakten fortentwickelt. Die Präzisierung der theoretischen Grundlagen der königlichen Amtsgewalt im christlichen Sinn schuf das Fundament einer »Königstheologie«, die der westfränkisch-französischen Monarchie – im Bund mit geistlichen Helfern – eine einzigartige Stellung in Europa einräumte. Gleichzeitig wuchs der Kirche, vor allem den Bischöfen, ein besonderes Gewicht zu, das eine zunehmend unabhängigere Schiedsrichterrolle erlaubte.

Wie sehr Karl der Kahle freilich noch im Gefüge des einstigen Großreichs dachte und handelte, sollte sich nach dem Aussterben der lotharischen Herrschaftslinie mit dem Tod König Lothars II. (869) und Kaiser Lud-

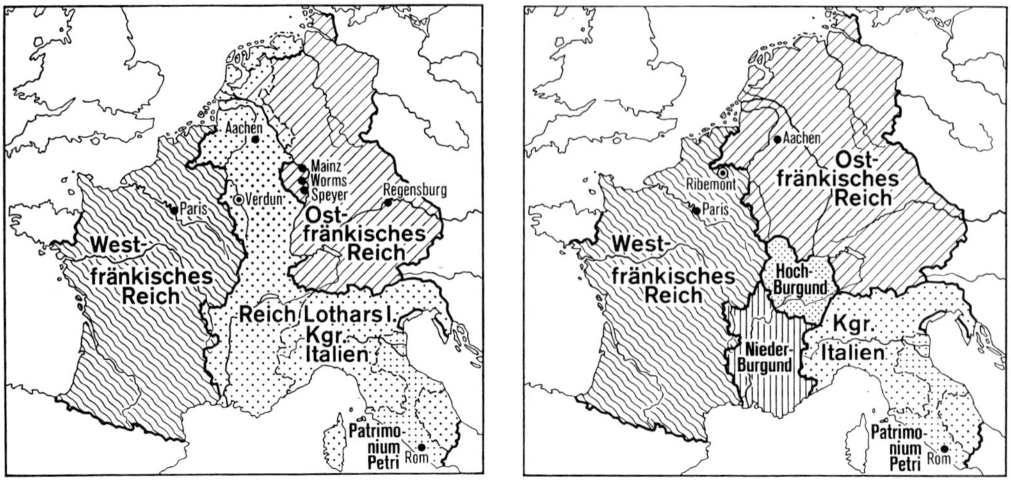

Links: Die Reichsteilung von Verdun 843
Rechts: Die Reichsteilung von Ribemont 880

wigs II. 875 und nach dem Tod des Bruders Ludwig (»des Deutschen«) 876 erweisen, jeweils Anlaß für sofortige Expansionsversuche. Freilich scheiterte der schnelle Zugriff auf das Mittelreich zwischen Maas und Rhein (869: Krönung zum lotharingischen König in Metz durch Erzbischof Hinkmar von Reims, 870: Teilung des Mittelreichs zwischen dem ost- und dem westfränkischen König im Vertrag von Meerssen) ebenso wie der Ausgriff nach Ostfranken; 880 bestätigte man im Vertrag von Ribemont vielmehr die alte Grenze Westfrankens von 843, nun als politische Grenze zwischen Ost- und Westfranken. Nur Karls rascher Zug nach Italien führte zur Erlangung der Kaiserkrone in Rom (25. Dezember 875). Doch verdankte Karl das Kaisertum oder die italienische Herrschaft nicht der eigenen Macht, sondern dem Papsttum und dem italienischen Adel, und die Schwächen traten bald hervor: Ein zweiter Italienzug scheiterte. Auf der Flucht aus Italien starb der Kaiser am 6. Oktober 877. Zwar vermochte er das Königtum in Westfranken seiner Familie zu erhalten, doch endete mit Karls Tod die kurzzeitige Verknüpfung Italiens mit Westfranken. Nie mehr im Lauf des Mittelalters sollte ein westfränkisch-französischer Herrscher die Kaiserkrone erlangen.

Wie sehr Karl die Möglichkeiten seiner Familie überspannt hatte, offenbarte die Regierung seiner Nachfolger. Andererseits darf trotz vieler negativer Urteile aber nicht übersehen werden, daß das auf Kontinuität bedachte Herrschaftsverständnis wesentliche Voraussetzungen für die französische Geschichte des Mittelalters schuf, die sich erst in kommenden Generationen entfalten sollten.

Die Monarchie im Westen stürzte nach Karls Tod in eine schwere Krise, weil sein Sohn, König Ludwig II., der Stammler (877–879), auf Grund wiederholter Krankheitsschübe kaum regierungsfähig war und auf die Unterstützung führender Adelsfamilien (Rorgoniden, Welfen) angewiesen blieb. Der Adel, voran die Äbte Hugo und Gauzlin, sorgte nach Ludwigs II. Tod für eine Teilung des westfränkischen Reichs unter seine Söhne Ludwig III. (879–882) und Karlmann (879–884), während der erst nach dem Tod des Vaters geborene Karl zunächst leer ausging. Der rasche Tod der beiden Könige stellte angesichts extremer Normannengefahr die Nachfolgefrage 884/885, die scheinbar im Sinne alter fränkischer Reichseinheit gelöst wurde. Auf Einladung des westfränkischen Adels begab sich nämlich der Sohn Ludwigs des Deutschen, Karl III., der Dicke, Herrscher in Ostfranken und Italien, seit 881 auch Kaiser, in den Westen. Damit war das fränkische Reich 885 wieder unter einem Herrscher vereint.

Das Versagen des Kaisers in der Normannenabwehr, die nun von regionalen Potentaten organisiert wurde, offensichtliche Krankheit und ein Putsch von Karls Neffen Arnulf (von Kärnten) 887 beendeten die Existenz des Großreichs endgültig, das in der kaiserlichen Kanzlei ohnehin nur als Summe von Teilen begriffen worden war. Die heterogene Reichsstruktur, das Versagen der fränkischen Wehrverfassung angesichts beweglicher normannischer Verbände, die allein aussichtsreiche Abwehr in regionaler Abstimmung und die damit einhergehende Umprägung politischer Legitimation hatten die Idee des fränkischen Großreichs zu einem Anachronismus werden lassen.

An seine Stelle traten 887/888 Nachfolgereiche in Ostfranken, Westfranken, Burgund und Italien. Träger der Entscheidungen blieb der Adel, der sich seine Könige aus den eigenen Reihen wählte.

Die Formierung Frankreichs

(888–987)

---

888 Wahl Odos, Graf von Paris, des ersten Nichtkarolingers zum westfränkischen König (888–898); Beginn der 100 Jahre währenden Auseinandersetzung zwischen Karolingern und Robertinern/Kapetingern um das königliche Amt.

893 Wahl Karls III. (des Einfältigen) zum Gegenkönig.

911 Karl III. erlangt die Herrschaft über Lotharingien.

921 Bonner Vertrag mit dem ostfränkischen König Heinrich I. zur Sicherung der Herrschaft über Lotharingien.

922 Wahl Roberts I. zum Gegenkönig (922/923).

923 Wahl Rudolfs von Burgund zum König (923–936); Gefangennahme Karls III.

929 Tod Karls III.

936-954 Restitution des karolingischen Königtums durch Ludwig IV. (den Überseeischen).

954–986 König Lothar.

965 Hoftag Kaiser Ottos I. in Köln unter Teilnahme der westfränkischen Königsfamilie.
978 Überfall Lothars auf Aachen, danach Verzicht auf Lotharingien.
986/987 Ludwig V., der letzte karolingische König.
987 Wahl Hugo Capets zum König (987–996); Sicherung der kapetingischen Thronfolge durch die Mitkönigserhebung Roberts II. (987/996–1031).

Die neue Ordnung der Fürstentümer

Die Schwächung der königlichen Zentralgewalt über einen langen Zeitraum vom 9. bis zum 11./12. Jahrhundert macht die Unterscheidung von Legitimations- und Sanktionsbereich der Monarchie nötig: Ihre Legitimation bezogen die westfränkisch-französischen Könige aus der Herrschaft über das gesamte *regnum Francorum* der Reichsordnung von 843, ihr Sanktionsbereich erstreckte sich auf ein zunehmend kleiner werdendes Bündel von Rechten und Besitzungen nördlich der Loire, das räumlich allenfalls noch ein Zehntel des Gesamtreichs ausmachte. Diese Krondomäne war die Summe von direkt vom König über Vasallen, Bauern und Bürger ausgeübten Hoheitsrechten, Liegenschaften, nutzbaren Rechten und Einkünften und markiert die tatsächliche Herrschaftsgrundlage. Sie befand sich im 10. Jahrhundert vor allem im Oise-Aisne-Raum um Laon, seit dem Regierungsantritt der Kapetinger 987 im Pariser Becken bis hin nach Orléans. Hinzu trat die Verfügungsgewalt der Herrscher über Bistümer und Reichsabteien, nämlich das Recht der Bischofs- oder Abtseinsetzung und die Nutzung königlicher Rechte (Gastungs- und Spolienrecht): Ende des 10. Jahrhunderts war dies den Königen in 14, im 11. Jahrhundert in 22, in der Mitte des 12. Jahrhunderts in 25 von 77 Bistümern möglich.

Im größten Teil des Reichs wurde die königliche Oberherrschaft zwar formal akzeptiert, trat aber real nicht in Erscheinung. Die Zahl der Adligen, die am Königshof präsent waren oder regelmäßig die Huldigung leisteten, nahm rapide ab. Damit wurde zwar das Lehnswesen, das auf zweiseitigen personalen Banden beruhte, nicht aufgelöst, aber wesentlich verändert. Die Wahrung ursprünglicher Königsrechte im lokalen und regionalen Bereich stärkte nun nämlich die Position neuer adliger Herrschaftsträger: Vor Ort waren dies Herren oder Burgherren, die – ausgehend von festen Burgen mit Steintürmen – die kleinräumige Verdichtung ihrer Macht u.a. durch Markt- und Stadtgründungen betrieben. Auf regionaler Ebene rückten fürstliche Häuser seit dem 9. Jahrhundert in frühere Positionen des Königtums ein und schoben sich zunehmend zwischen den gräflichen Adel und den Herrscher. Damit löste sich die karolingische Grafschaftsverfassung auf, die den Königen den personalen Zugriff in den Regionen ermöglicht hatte; die Grafenrechte, vor allem die Gerichtsbarkeit im Auftrag des Königtums und das militärische Aufgebot im begrenzten Raum, gelangten an

Adelshäuser, die ihre neu erworbene Position in der Familie zu vererben trachteten.

Die Entstehung großer Fürstentümer, deren Herren den Titel eines Herzogs, eines Markgrafen oder eines (Groß-)Grafen führten, schränkte zwar königliche Rechte ein, behauptete aber wesentliche Elemente der politischen Ordnung: Die Prinzipate müssen im früheren Hochmittelalter als stabilisierende Einheiten gesehen werden. Sie beruhten nicht zwingend auf ethnischen Gegebenheiten, konnten aber vorkarolingische Traditionen aufnehmen und fortführen. Ihre Basis war meist der Besitz einer oder mehrerer Grafschaften, in denen ein Amtsträger Herrschaftsrechte konzentrierte. Freilich blieben die französischen »Fürsten« weit von gleichmäßiger, flächendeckender Herrschaft in ihrem »Fürstentum« entfernt; doch wurde ihr Vorrang dort anerkannt, ohne daß es zu einer zusammenhängenden Territorienbildung gekommen wäre.

In den Quellen des früheren Hochmittelalters traten neben Franzien als Stammlandschaft des Königtums besonders die Herzogtümer Burgund und Aquitanien hervor, ja das gemeinsame Handeln des Adels konnte als Ausdruck der Willensbildung von Franziern, Burgundern und Aquitaniern beschrieben werden. In beiden Herzogtümern vollzog sich Herrschaft freilich in einem labilen Konglomerat herzoglicher, gräflicher und bischöflicher Macht, in deren Bann sich Großgrafschaften aufbauten: Unter ihnen ragten Flandern im Norden, Toulouse und Barcelona im Süden, die Loiregrafschaften Anjou und Blois im Zentrum hervor; durch die Vereinigung der Grafschaften Blois und Champagne erwuchs der Monarchie in kapetingischer Zeit mächtige Konkurrenz. Andere Voraussetzungen prägten die Formierung des bretonischen Herzogtums, das sich vom 9. Jahrhundert an als königsgleich verstand und selbständige Beziehungen zur römischen Kurie anstrebte. Die gewiß effektivste herzogliche Gewalt übten die Normannenherzöge aus, deren Landnahme vom Königtum anerkannt wurde und die nach 987 den Herzogstitel annahmen. Ihr Ausgriff nach England im Jahr 1066 (Schlacht bei Hastings) schuf ihnen in der Bindung von englischem Königtum und normannischem Herzogtum selbst dann eine Sonderstellung im französischen Königreich, als die Lehnsabhängigkeit des Festlandbesitzes von der französischen Krone durchgesetzt werden konnte. Im 12. Jahrhundert beherrschte der englische König/normannische Herzog selbst in Frankreich einen größeren Raum als der französische König.

Ausgehend von ihrer Funktion als Stellvertreter des Königtums in den Regionen übten diese großen Herren in ihren Fürstentümern königliche Funktionen aus, vor allem bei der Einsetzung von Bischöfen, als Träger der öffentlichen Gewalt, als Empfänger der Abgaben aus ehemaligem Königsgut, als Inhaber der Regalien (Königsrechte), als höchste gerichtliche Instanz, als Garanten der öffentlichen Ordnung und des Friedens. In den Zentren der Prinzipate bildeten sich Fürstenhöfe aus, die in ihrer Organisation dem Königshof nachempfunden waren und zu bedeutenden Trägern öffentlichen wie kulturellen Lebens wurden; die höfische Kultur des

Die Eroberung Englands durch die Normannen (Szene aus dem Wandteppich von Bayeux, um 1077)

Hochmittelalters kann nur aus dieser Vielfalt und Multizentralität erklärt werden.

Die Beschränkung faktischer Königsrechte auf einen kleinen Teil des Königreichs wird heute nicht mehr als Vorgang schleichender Usurpation des Adels gesehen, sondern als vollständige und bisweilen schlagartige Übernahme der Regalien in königsfernen Regionen. Doch selbst im unmittelbaren Aktionsbereich der Monarchie, in Franzien zwischen Orléans und Laon, mußten sich die Könige gegen den Adel behaupten und ihre Machtgrundlagen mühsam verteidigen. Bedeutende Rivalen erwuchsen den Karolingern in den großen Grafenfamilien Nordfrankreichs, unter denen die Robertiner (benannt nach dem »Stammvater«, Graf Robert dem Tapferen, † 866) und die aus einer karolingischen Seitenlinie hervorgegangenen Grafen Heribert I. († 900/906) und Heribert II. († 943) von Vermandois herausragten. Mit ihrem Besitz im Raum Paris/Orléans bzw. im Nordosten um Meaux/Vermandois/Soissons schnürten sie die Krondomäne förmlich ein und schoben sich in ihrem Machtbereich immer deutlicher zwischen adlige Herren und König. Hier fiel die Entscheidung um die Vormacht in Franzien und um das französische Königtum.

Von Westfranken zu Frankreich: Karolinger und Kapetinger

Seit dem 11. Jahrhundert stilisierte die französische Geschichtsschreibung die eigene Historie als Folge dreier großer Dynastien der fränkisch-französischen Könige in einem Reich. So entstand eine einheitliche Linie von den Merowingern (Ende 5. Jahrhundert bis 751) über die Karolinger (751–987) zu den seit 987 in ununterbrochener Folge regierenden Kapetingern. Viele Abwege waren hier ebensowenig berücksichtigt wie die Geschichte der Großreichsbildung, der fränkischen Teilungen und vor allem des ostfränkisch-deutschen Nachfolgereichs. Auch wenn es Teile der historischen Wirklichkeit ausblendete, begründete dieses bis in die Gegenwart wirksame Geschichtsbild die Einheitlichkeit von Reich und Königtum seit frühmittelalterlichen Anfängen in der Lehre von drei Dynastien (*trois races des rois de France*). Ihre Abfolge bereitete allerdings erhebliche Probleme, da die Karolinger nicht ununterbrochen bis 987 regierten, sondern sich in einer ein Jahrhundert dauernden Auseinandersetzung mit ihren großen Rivalen, den Robertinern/Kapetingern, zerrieben und da schon zwei Vorfahren des »ersten« Kapetingers Hugo (987–996) als Könige herrschten (Odo 888–898; Robert I. 922/923). Die bunte Geschichte des Jahrhunderts zwischen 887 und 987 markiert nicht nur die große dynastische Weichenstellung für die Folgezeit, sondern läßt auch in einem gestreckten Prozeß den Wandel vom Nachfolgereich zum eigenständigen Verband, von Westfranken zu Frankreich, deutlich werden.

Der Absetzung Kaiser Karls III. (des Dicken) 887 war die rasche Auflösung des Großreichs gefolgt. Bald wurde klar, daß dem größeren Ganzen nicht die Vielfalt kleinster Einheiten folgte, sondern daß der politisch handelnde Adel weitgehend in den Strukturen der fränkischen Reiche dachte. So ist die Nachfolge von Karls Neffen Arnulf (von Kärnten) im ostfränkischen Königtum wie im römischen Kaisertum zu verstehen, so auch die Entscheidung der westfränkischen Aristokratie für einen nichtkarolingischen König. Die Adelswahl fiel 888 auf Graf Odo, der im Bund mit Bischof Gauzlin gerade die erfolgreiche Verteidigung von Paris gegen die Normannen organisiert und damit seine politische Eignung bewiesen hatte.

Odo, der Sohn Roberts des Tapferen, verfügte über eine bedeutsame Stellung in Neustrien, dem Raum zwischen Loire und Seine, und im Pariser Becken. Doch sein Königtum wurde nicht von allen Kräften des Reichs getragen. Zwar schien man weitgehend einig, das Experiment der Großreichsbildung nicht zu wiederholen, doch betrieb eine Adelspartei unter Erzbischof Fulco von Reims 888 zunächst die Wahl des aus Italien kommenden Wido von Spoleto, nach dessen Mißerfolg schließlich die Erhebung des letzten Karolingers aus der westfränkischen Linie. Karl III., erst von Späteren mit dem Beinamen »der Einfältige« versehen, war nach dem Tod des Vaters, Ludwigs II. (des Stammlers), geboren und 879, 884/885 und 888 bei den Nachfolgeregelungen übergangen worden. 893 wurde er Odo entgegengestellt, konnte sich aber zunächst nicht durchsetzen. Das Datum seiner Krönung am 28. Januar 893, dem Todestag Karls des Großen, offenbart etwas von der zeitgenössischen Begründung des karolingischen Königtums: Die Erinnerung an den großen Frankenherrscher war zum Maßstab geworden, und die karolingische Tradition wurde von den Königen der Folgezeit jeweils für die Legitimation eigener Herrschaft genutzt. Karl III. von Westfranken, der seine Herkunft von Karl dem Großen und Karl dem Kahlen betonte, vermochte sich freilich erst nach Odos Tod 898 im Reich durchzusetzen.

In den ersten Jahren noch in informeller Abhängigkeit von Kaiser Arnulf (von Kärnten), zog Karl aus dem Aussterben der ostfränkischen Karolingerlinie 911 erhebliche Vorteile: Damals wandte sich der lotharingische Adel dem westfränkischen König zu. Auch wenn sich Hoffnungen zerschlugen, die Herrschaft sogar auf die Ostfranken auszudehnen, die sich in Konrad I. den ersten nichtkarolingischen König gewählt hatten, brachte der Erwerb Lotharingiens für Karl III. erheblichen Gewinn. Er konnte nicht nur die Reichsgrenze bis an den Rhein schieben, sondern wurde auch zum Nutznießer des reichen Königsguts in diesem Stammland der karolingischen Familie. Seinem neuen Rang verlieh Karl Ausdruck, indem er auf den seit dem 8. Jahrhundert außer Gebrauch geratenen Königstitel *rex Francorum*, König der Franken, zurückgriff und damit seinem umfassenden Anspruch auf Führung des fränkischen Volkes Ausdruck verlieh. Die Weitergabe dieses Titels an die Nachfolger im westfränkisch-französischen Königsamt führte zwar zu einer räumlichen Verengung auf das westliche Reich. Doch die Fortführung fränkischer Herrschaft schien so allein dem französischen Königtum zugestanden, das den lateinischen Titel seit dem 13. Jahrhundert als *roi de France*, als König von Frankreich, übersetzte.

Auch wenn seine Nachfolger Lotharingien nicht zu behaupten vermochten, auch wenn Karl III. dem ostfränkischen König Heinrich I. im Bonner Vertrag 921 eine Teilhabe an der fränkischen Tradition einzuräumen schien, auch wenn die Zahl der Gefolgsleute und die Machtgrundlage zu zerrinnen begannen, auch wenn normannische Invasionen wie die scheinbar 911 erfolgte Akzeptanz ihrer Ansiedlung in der Normandie die Schwächen der Monarchie bloßlegten: Karls III. Königtum muß in der Bewahrung und Umformung fränkisch-karolingischer Traditionen für das westfränkische Reich als Meilenstein auf dem Weg zur Bildung der französischen Nation des Mittelalters gelten.

Faktisch auf nur noch ganz wenige Orte gestützt, von großen Teilen des Adels Franziens verlassen, erhielt Karl III. 922 in König Odos Bruder Robert I. (922/923) einen Gegenkönig. Dessen früher Schlachtentod ließ den Schwiegersohn, Rudolf von Burgund (923–936), als König nachfolgen, während Roberts I. Sohn Hugo (der Ältere, † 956) die Führung der robertinischen Sache in Westfranken übernahm. Die Adelswahl hatte über das dynastische Erbfolgeprinzip triumphiert. Karl III., 923 in Gefangenschaft geraten, starb 929 in Kerkerhaft, sein einziger Sohn Ludwig floh mit der Mutter ins englische Exil.

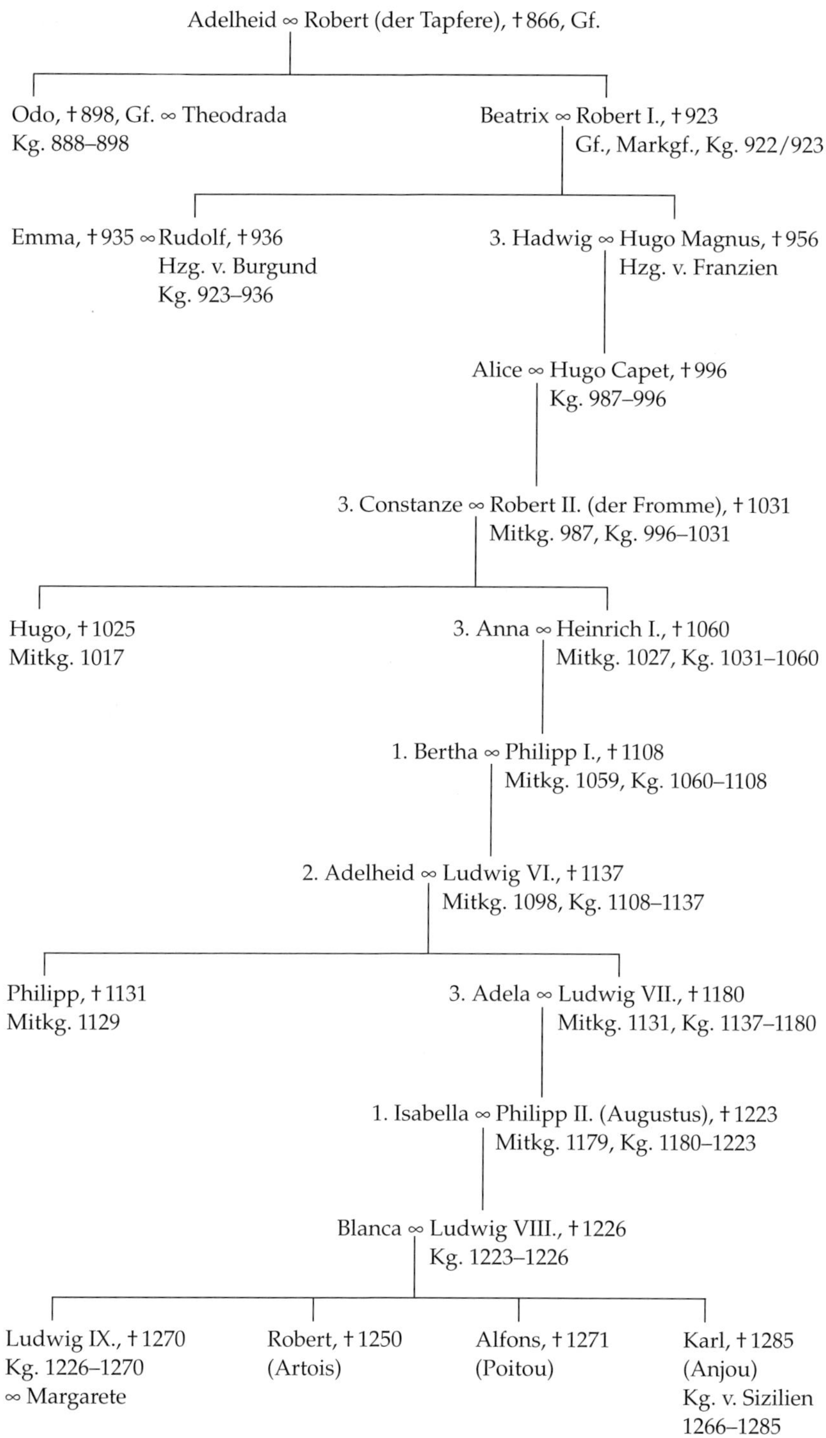

Die Robertiner/ Kapetinger bis 1270

König Lothar (Kopfskulptur aus der Basilika St. Remi)

Der karolingischen Herrschaft war freilich eine drei Generationen währende Restitution vergönnt, von den Königen selbst erbrechtlich begriffen, den Ursprüngen nach aber eher Ausfluß politischen Kalküls als dynastischer Anhänglichkeit des Adels. Das labile Kräfteverhältnis in Franzien ließ Hugo (den Älteren) 936 nicht selbst nach der Krone greifen. Unter seiner Führung wurde der Sohn Karls III., Ludwig IV., der Überseeische (936–954), nach Westfranken zurückgeholt. Schnell mußte der junge Karolinger Hugo als »zweiten nach dem König« bestätigen: Der Dualismus zwischen Karolingern und Robertinern erwuchs zum Prinzip der Reichsordnung.

Daß die Ereignisse der Folgezeit nicht allein von inneren Auseinandersetzungen bestimmt blieben, ergab sich aus dem Aufstieg des neuen ostfränkischen Herrschergeschlechts der Liudolfinger/Ottonen (919–1024). Schon Heinrich I. (919–936) hatte in vielfältigen Verflechtungen und Bündnissen mit dem Adel sein Königtum im Reich machtvoll durchgesetzt; seinem Sohn, Otto I. (936–973), unter dessen Führung das Reich zur europäischen Hegemonialmacht aufstieg, gelang die Wiederherstellung des Kaisertums, das seit 962 im Verfügungsbereich des ostfränkisch-deutschen Königtums verblieb. Der Dauerkonflikt um die Zugehörigkeit Lotharingiens und Verbindungen mit Adelsgruppen in Franzien ließen Otto allmählich in eine Schiedsrichterrolle in Westfranken hineinwachsen. Begünstigt wurde sie durch Eheschließungen seiner beiden Schwestern Gerberga und Hadwig mit den mächtigsten Herren im Westen, mit König Ludwig IV. und Hugo (dem Älteren); Mittler wurde Ottos Bruder Brun, Erzbischof von Köln (953–965). Von Osten her ordnete man Ludwigs IV. politisches Überleben ebenso wie die von Hugo akzeptierte Nachfolgeregelung nach Ludwigs IV. Tod: Erstmals wurde auch im Westen 954 das Reich nicht mehr unter die Söhne des Königs geteilt; Nachfolger wurde der Erstgeborene, König Lothar (954–986). Entscheidungen im westfränkischen Reich waren so zur ottonischen »Familienangelegenheit« geworden, ohne daß die politische Eigenständigkeit des Westens bezweifelt worden wäre.

Die engen persönlichen Bindungen wurden erschüttert durch die Kaiserkrönung Ottos I. in Rom 962, die die bisher beachtete Gleichrangigkeit der Könige in Frage und wegen des Rückgriffs auf die fränkische Kaiseridee das karolingische Familienbewußtsein Lothars auf die Probe

Ludwig V., mit seinen Eltern König Lothar und Königin Emma

stellte. Der König, kaum mündig geworden, reagierte darauf, und seine Selbständigkeit wuchs nach dem Tod des Onkels Brun und der Mutter Gerberga. Lothars Wendung nach Lotharingien in einer Phase des zeitweiligen Ausgleichs mit dem robertinischen Haus – seit 956 von Hugo Capet, dem »Frankenherzog« (*dux Francorum*), geführt – wie der Überfall auf Kaiser Otto II. (973–983) in Aachen 978 ließen das neue Selbstbewußtsein im Westen zutage treten. Trotz vieler Berührungen mit dem Osten formulierte man im Westen im letzten Viertel des 10. Jahrhunderts die Idee der Unabhängigkeit und der Gleichrangigkeit von Kaiser und König. Dies markiert einen Wendepunkt. Langsam war das westfränkische Reich, das sein Gesicht dynastischen Entscheidungen verdankte, zum eigenständigen Gebilde geworden, welches seine Prägung im Mit- und Gegeneinander von König und Adel erfuhr. Die Verbindungen zu den östlichen Nachbarn wurden schwächer und rissen schließlich weitgehend ab. Die innere Konsolidierung wie die Unabhängigkeit nach außen lassen uns nicht mehr von Westfranken, das seine Verhaftung in älteren Bindungen nicht leugnete, sondern von Frankreich sprechen. Der Höhepunkt dieses Wandels, der sehr umfassend aus politischen Kontakten, Veränderungen des Machtgefüges und aus Bewußtseinsentwicklungen erklärt werden muß, fiel in die zweite Hälfte des 10. Jahrhunderts.

Daß gerade in dieser Epoche die kapetingische Königsherrschaft die karolingische ablöste, war eher Zufällen zu verdanken, nicht zuletzt dem frühen Tod des letzten Karolingers, Ludwigs V. (986–987).

Der Adel Franziens entschied sich bei der Königswahl von 987 nicht für den letzten männlichen Karolinger, für Ludwigs V. Onkel Karl, inzwischen als Lehnsmann Ottos II. und Ottos III. Herzog von Niederlothringen. Das war weniger aus der prinzipiellen Ablehnung einer alten Dynastie als aus dem politischen Kräftespiel zu erklären: Königsmacher von 987 war der

Robert II. (Siegel)

wichtigste Kirchenfürst Frankreichs, Erzbischof Adalbero von Reims. Hatten die Reimser Erzbischöfe bisher treu zu den Karolingern gestanden und aktiv an der Ausgestaltung ihrer politischen Theologie Anteil genommen, so waren sie in den Jahren vor 987 dem Königsgeschlecht auf Grund seiner Besitzpolitik entfremdet und gleichsam in die Arme der früheren Gegner, der Robertiner/Kapetinger, getrieben worden. Den militärischen Konflikt um die Krone entschied König Hugo Capet (987–996), der schon im Jahr seiner Wahl die Mitkönigswürde seinem Sohn Robert II. (987/996–1031) sicherte, für sich: Durch Verrat gelangte Karl von Niederlothringen in kapetingische Kerkerhaft.

Nur der rückschauende Betrachter mag die Wahl Hugo Capets als Epochenwende erachten. Den Zeitgenossen kam es auf Kontinuität an, sowohl in der Regierungspraxis der Könige als auch in der Legitimation von Herrschaft durch die Kirche. Doch auch unter den Kapetingern setzte sich das Dilemma des schwachen Königtums fort: Aus einem großen Herzog war ein kleiner König der Franzosen geworden.

Gesellschaft und Verfassung im 11. Jahrhundert

910	Gründung des Klosters Cluny; Reform vieler Klöster.
991–997	Reimser Bistumsstreit.
11./12. Jh.	Konsolidierung der kapetingischen Dynastie durch wiederholte Mitkönigserhebungen zu Lebzeiten der königlichen Väter.
987/996–1031	Robert II.
1027/1031–1060	Heinrich I.
1059/1060–1108	Philipp I.
1077/78	Verbot der Laieninvestitur.
1095	Papst Urban II. ruft auf dem Konzil von Clermont zum Kreuzzug auf.
1096–1099	1. Kreuzzug.

Die Sorge um die rechte Ordnung

Den zeitgenössischen Quellen bedeutete die Königswahl von 987 auch die Wiederherstellung der rechten Ordnung in der Welt. Nun herrschte der König mit den größten Machtmitteln, während der karolingische Prätendent, so legt es der Chronist Richer von Reims in einer fiktiven Rede seinem Erzbischof Adalbero in den Mund, sowohl Lehnsmann eines fremden Königs als auch Ehemann einer Frau minderen Standes war; beides disqualifiziere den Kandidaten.

Die Turbulenzen des 9. und 10. Jahrhunderts hatten die Reflexion über die Ordnung der Gesellschaft wie über den richtigen Weg zum Heil beflügelt. Die enge Bindung von Herrschaft und Kirche ließ Geistliche auch an neuen Formen monarchischer Legitimation arbeiten. Doch sollte der Bischof, der die sakramental verstandene Königsweihe spendete, nicht auch darüber entscheiden, ob einem unwürdigen Herrscher die Gnade Gottes entzogen werden konnte? Wie vertrug sich die adlige Kirchenherrschaft, die berühmte Abteien Laien unterstellte, mit den Grundsätzen kirchlicher Eigenständigkeit, wie sie in kanonischen Rechtssätzen zumal in Westfranken propagiert wurden?

Einen neuen Weg wies im frühen 10. Jahrhundert die Gründung des Klosters Cluny, dessen Lösung aus weltlichen und kirchlichen Bindungen in der Zuordnung zum Papst eine ungeheure Faszination auf die adlige Umgebung Burgunds ausübte. Das ernstgenommene mönchische Leben im dauernden Gottesdienst wurde zum Leitbild einer neuen Lebensform. Sie blieb erstrebenswert, gerade für den waffentragenden Adel, der die Sorge um sein Seelenheil in der Hand geachteter geistlicher Partner wußte. Man ließ Cluny Priorate errichten und bestehende Abteien im Geist der gelebten Ordnung der Benediktregel reformieren: In der Freiheit der Kirche hatte sich die aristokratische Gesellschaft zwar keine Gegenwelt geschaffen, aber der göttlichen Heilsordnung einen kleinen Platz im Diesseits zugewiesen.

Diese Ideen machten nicht an den Klostermauern halt und wirkten nicht allein im Gebet für das Seelenheil der Stifter. Ausgehend von Südfrankreich rückte der Klerus in die Pflicht des Königs zum Schutz des Friedens ein. Ganz offensichtlich waren die spätkarolingischen und frühkapetingischen Herrscher dazu nicht mehr in der Lage. Mit dem Ziel, die Adelsfehde als legitimes Rechtsmittel einer aristokratischen Gesellschaft wenigstens einzudämmen, setzten die Bischöfe unter Androhung des Interdikts zunächst den Schutz von Personengruppen (waffenlose Kleriker, Bauern) und Sachen (Kirchen, Häuser, Vieh und Feldfrüchte) durch, dann die Waffenruhe für bestimmte Tage (*Treuga Dei*), zunächst von Samstag abend bis Montag morgen, später von Mittwoch abend bis Montag morgen, in der Advents- und Fastenzeit und an Heiligenfesten. Durch die Einbindung des Adels in diese eidlich beschworenen Abmachungen wurde die Gottesfriedensbewegung mehr und mehr zum stabilisierenden Element.

An der Wende vom 10. zum 11. Jahrhundert führte die Feudalisierung der Gesellschaft auch zum Nachdenken über die soziale Ordnung. An die

Stelle der einfachen Unterscheidung in Klerus und Laien setzten Kirchenmänner, voran die Bischöfe Gerhard von Cambrai und Adalbero von Laon, in der ersten Hälfte des 11. Jahrhunderts das Modell einer dreigeteilten Gesellschaft: Sie unterschieden Beter, Kämpfer und Arbeiter und fügten diese drei Stände in funktionalen Bezügen zu einem Ganzen zusammen. Die Idee der funktionalen Dreiteilung der Gesellschaft war Reflex der Differenzierung vor allem von Kämpfern und Arbeitern, von Kriegern/Rittern und Bauern. Als Modell wirkte diese Ständelehre gleichzeitig auch auf das Begreifen der sozialen Ordnung: Wirklichkeit und Wahrnehmung der Wirklichkeit standen in einer gegenseitigen Beziehung.

Abteikirche Cluny im 16. Jahrhundert (Lithographie von Émile Sagot, nach 1789)

Das feudale Frankreich

Die ersten drei Herrscher aus dem Haus Capet regierten in der Tradition ihrer karolingischen Amtsvorgänger, und doch zeichnete sich ein charakteristischer Wandel ab. Zunehmend lösten sich alte Bindungen unter den karolingischen Nachfolgereichen auf. Der Streit um die erzbischöfliche Würde in Reims in den neunziger Jahren des 10. Jahrhunderts offenbarte, daß der französische Klerus im Bund mit dem Königtum nicht mehr bereit war, Lösungen auf einem Treffen im ostfränkisch-deutschen Reich zu suchen. Zwar wurde der von Hugo Capet gegen den ungetreuen Erzbischof Arnulf erhobene Gerbert von Aurillac letztlich suspendiert, doch verraten die politische Publizistik und die Konzilsakten jener Jahre zunehmendes französisches Selbstbewußtsein. Bis zur Mitte des 11. Jahrhunderts nahmen die persönlichen Kontakte zwischen den französischen Königen und den Kaisern im Osten immer mehr ab und versiegten schließlich ganz. In dieser Zeit sind auch letzte schwache Versuche zu beobachten, Lotharingien für die kapetingische Monarchie zurückzugewinnen: Die Grenze zwischen Ost und West hatte sich verfestigt. Ein später Reflex alter Zusammenhänge war das Bemühen italienischer Adliger um einen König aus Frankreich, als sich 1024 nach dem Tod des letzten ottonischen Kaisers Heinrich II. die Chance zur Neuorientierung bot. Doch die kapetingischen Könige ergriffen das Angebot in den zwanziger Jahren des 11. Jahrhunderts nicht, und auch ein entsprechender Anlauf Herzog Wilhelms V. von Aquitanien blieb eine Episode, der kein Erfolg beschieden war.

Die Politik der Monarchie sollte sich für Jahrhunderte auf das eigene Reich konzentrieren. Hier galt es zunächst, das 987 errungene Königtum der Familie Capet zu sichern und in einem langen Prozeß das Prinzip adliger Königswahl durch dynastisches Erbrecht zu ersetzen. In den ersten Generationen konnte der Anteil des Adels an der Königserhebung noch nicht beseitigt werden, doch suchte der noch regierende Herrscher die Nachfolge durch die Wahl des ältesten Sohnes zum Mitkönig in seinem Sinn zu lenken: Schon 987 ließ Hugo Capet (987–996) seinen Sohn Robert II. (987/996–1031) zum König wählen, und auch dieser ordnete die Nachfolge entsprechend, als er zunächst den ältesten Sohn Hugo 1017 (†1025), dann 1027 Heinrich I. (1027/1031–1060) erheben ließ. Ihm folgte 1059 Philipp I. (1059/1060–1108), dessen Sohn Ludwig VI. (1098/1108–1137) seit 1101 Regierungsgeschäfte ausübte. Nach dem frühen Tod von Ludwigs VI. ältestem Sohn Philipp wurde der zweite, Ludwig VII. (1131/1137–1180), 1131 zum König geweiht, der 1179 einer Adelsversammlung Philipp II. (1179/1180 bis 1223) als Mitkönig präsentierte und nur noch die Akklamation entgegennahm. Erstmals wurde 1223 Ludwig VIII. nach dem Tod des Vaters ohne Adelswahl geweiht, Zeugnis für die Durchsetzung des Erbgedankens, der später seine Formulierung im Ausruf »Le roi est mort! Vive le roi!« (»Der König ist tot! Es lebe der König!«) fand.

Die bis ins frühe 14. Jh. ununterbrochene Folge von Vätern und Söhnen im Königtum wirkte außerordentlich stabilisierend. Dies wird um so deutlicher, wenn man die Geschichte der französischen Monarchie mit der des römisch-deutschen Königtums vergleicht. Dort regierten zwischen 983 und 1257 nämlich einundzwanzig Könige, Gegenkönige oder Mitkönige aus mehreren Familien, während Frankreich zwischen 987 und 1270 – läßt man die beiden früh verstorbenen Mitkönige Hugo und Philipp beiseite – von nur neun Königen aus einer Dynastie beherrscht wurde. Bedeutsam wurde also die im europäischen Vergleich ungewöhnlich lange Lebensdauer der Kapetinger und der biologische Umstand, daß beim Tod des Vaters zwischen 996 und 1314 stets ein Sohn als Herrscher zur Verfügung stand.

Die Geschichte Frankreichs läßt sich freilich nur im Ensemble von Königtum und Adel beschreiben, und dies gilt in besonderem Maß für das 11. Jahrhundert, in dem die Bindungen der französischen Fürsten an die Herrscher lockerer wurden. Ohne den prinzipiellen Vorrang der Monarchie in Frage zu stellen, suchte das Fürstentum eigene Wege und kam immer seltener zum Königshof. Dort dominierten einzelne Familien die wichtigen Hofämter, deren Einfluß erst im 12. Jh. langsam zurückgedrängt wurde. Zwar formulierte Bischof Fulbert von Chartres († 1028) prägnant die sich aus den personalen Lehnsbindungen ergebenden Pflichten (*consilium et auxilium*: Rat und Hilfe, Hof- und Heerfahrt), doch tatsächlich bewirkte die Vielfalt der Lehnsbande die Auflösung fester Gefolgschaften und die stärkere Orientierung am Gegenstand der personalen Bindung, am Lehen (*feudum*). Diese Feudalisierung durchdrang die gesamte Gesellschaft Nordfrankreichs, wenn auch in unterschiedlicher Intensität.

In Südfrankreich, nur wenig von fränkisch-germanischen Formen des Zusammenlebens beeinflußt und in romanischen Traditionen stehend, orientierte man sich stärker am freien Grundbesitz: »Kein Land ohne Herr, lautete die Devise des Nordens, kein Herr ohne Besitzanspruch, die des Südens« (Jean Favier).

Der ständischen Abschließung des Adels, der sich aus seinen Rechten und Privilegien definierte und sie in der eigenen Familie weitergab, entsprach die Formierung einer ritterlichen Kultur. Sie fand ihren sublimen Ausdruck in der höfischen Literatur (Epik und Roman), die dem feudalen Lebensgefüge Halt verliehen und seit dem 12. Jh. europäische Geltung erlangte. Von Frankreich gingen die weit beachteten und wirkenden Formen ritterlichen und höfischen Lebens aus, der Frauendienst, das Turnier, das ritterliche Erziehungsideal, die Initiationsriten wie Ritterschlag und Schwertleite.

Daß der Kampf um Teilhabe an der ritterlichen Lebenswelt im gesellschaftlichen Wandel und bei wachsender Bevölkerung auf erhebliche Probleme stieß, erwies die Geschichte des 11. Jahrhunderts. Im Kreuzzug eröffnete sich der französischen Ritterschaft dann der Ausweg, der angesichts eines gleichbleibenden Lebensraums und wachsender Bevölkerung auch nachgeborenen Söhnen kleiner Burgherren oder großer Fürsten ein standesgemäßes Dasein im Dienst an der christlichen Sache ermöglichte. Die Kreuzzugsgeschichtsschreibung stilisierte den 1. Kreuzzug (1096–1099) zum Unternehmen gallischer, französischer Ritter. Gerade in Frankreich hatte 1095 der Aufruf Papst Urbans II. zum Kreuzzug auf dem Konzil von Clermont einen ungeheuren Widerhall gefunden. Während der Auseinandersetzung mit Kaiser Heinrich IV. (1056–1105/06) sah der erste französische Papst die Gelegenheit, durch den Kreuzzug zur Befreiung der heiligen Stätten in Palästina von islamischer Herrschaft seine Vormacht in der lateinischen Christenheit zu festigen. Doch nicht nur der vom Papst gebannte Kaiser, sondern auch der französische König standen abseits: Wegen einer Eheaffäre befand sich Philipp I. im Bann – er hatte die Frau eines gräflichen Lehnsmanns entführt und geheiratet und wollte nicht von ihr ablassen. Erst ein halbes Jahrhundert später wurde der Kreuzzug zu einer Angelegenheit der europäischen Könige, und die französischen Herrscher taten sich dabei bis zum traurigen Ende König Ludwigs IX. 1270 vor Tunis besonders hervor.

Günstige Voraussetzung dafür war die enge Bindung an das römische Papsttum, nicht zuletzt wegen des eigentümlichen Verlaufs der Auseinandersetzungen um das Verhältnis von Kirche und Königtum in Frankreich. Die Idee der Kirchenreform im Sinne einer Beachtung biblischer Vorbilder, von burgundischen und lothringischen Klöstern ausgehend und seit der Mitte des 11. Jahrhunderts vom Papsttum aufgegriffen, hatte die Abgrenzung von Kirche und weltlicher Gewalt dringend werden lassen. Der Konflikt entzündete sich an der Einsetzung von Bischöfen und Äbten durch die Könige, wie sie seit Jahrhunderten üblich war. Diese Investitur galt den Reformern als Ämterkäuflichkeit (Simonie) und damit als schweres Verbrechen. Doch der Streit um die Investitur, der im deutschen Reich zur tiefsten Krise des mittelalterlichen Königtums führte, nahm in Frankreich andere Bahnen, obwohl auch hier Bischofseinsetzungen durch den König (1073/74 Mâcon, 1081 Soissons, 1100–1104/05 Beauvais, 1106–1108 Reims) schwere Friktionen heraufbeschworen. Freilich vermochte Philipp I. nur in etwa 22 von 77 Bistümern Herrschaftsrechte durchzusetzen, anders als Kaiser Heinrich IV., der die Investitur in allen Bischofskirchen seines Reichs beanspruchte. Aus solchen Voraussetzungen ergaben sich unterschiedliche Verlaufsformen des Streits zwischen Päpsten und Herrschern, zumal die Päpste im Kampf mit den Saliern auf die Unterstützung der französischen Könige angewiesen blieben. Zwar verkündeten päpstliche Legaten auch in Frankreich das Verbot der Laieninvestitur (1077/78) oder des Lehnseids des Bischofs, doch ließ selbst die Bannung Philipps I. keine bleibende Entfremdung entstehen. Ohne daß es in Frankreich zu einer prinzipiellen Regelung in einem Konkordat zwischen König und Papst kam, wurde der Weg zur Lösung in der flexiblen Theorie Bischof Ivos von Chartres († 1115/16), vor allem aber im praktischen Miteinander vor Ort gefunden. Leicht konnte das Königtum deshalb auf geistliche Investitursymbole wie Ring und Stab verzichten, weil ihm die Einbindung der Bischöfe in das Lehnswesen im Sinne einer Stärkung der Krondomäne gelang. In Verhandlungen mit deutschen Amtsbrüdern erklärte der Bischof von Châlons-sur-Marne, Wilhelm von Champeaux, 1119, die fran-

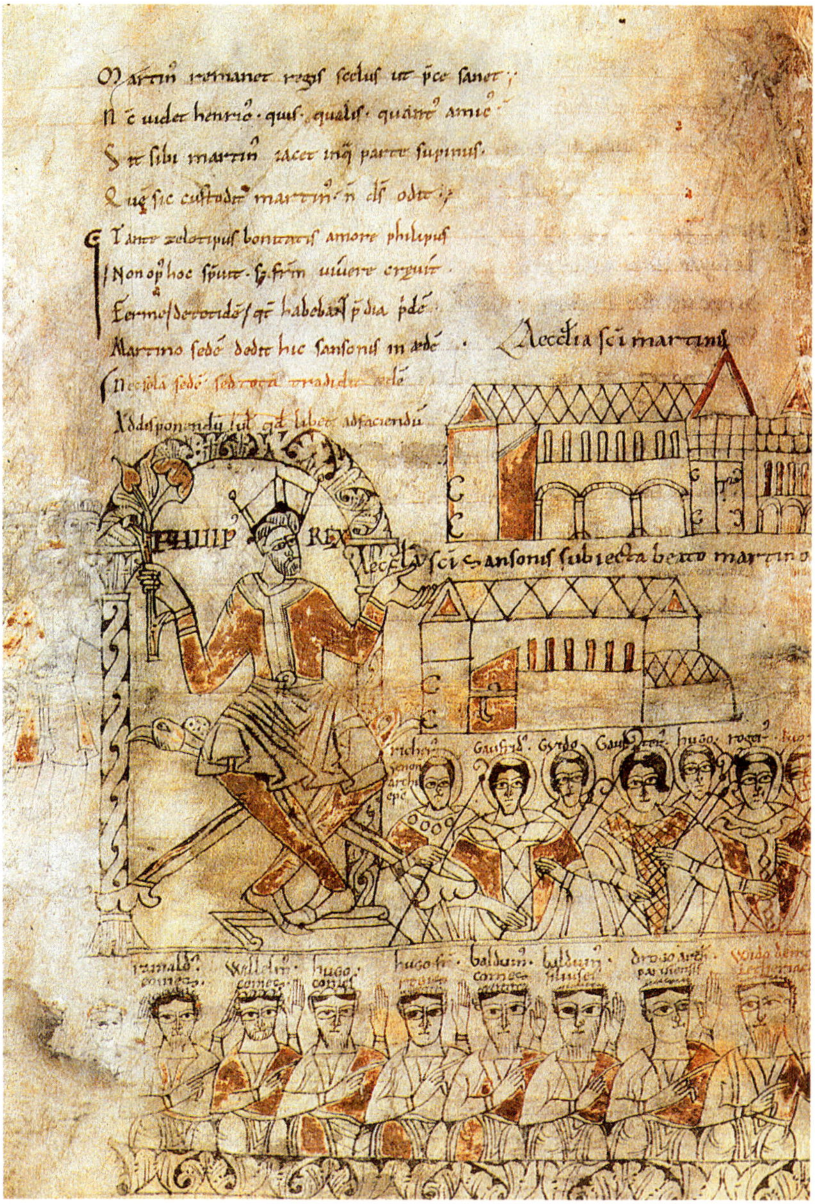

Philipp I. und sein Hofstaat (aus der »Chronique de Saint-Martin-des-Champs«)

zösischen Bischöfe dienten auch ohne königliche Einsetzung dem Staat. Damit stützten sie aber auch die Monarchie, die ihre besondere Prägung seit dem 12. Jahrhundert dem Bündnis mit der Kirche und dem Papsttum verdankte.

Königliche Vorherrschaft und europäischer Rang im 12. und 13. Jahrhundert

1107	Begegnung Papst Paschalis' II. mit König Philipp I. und dem Thronfolger Ludwig in Saint-Denis.
1098/1108–1137	Ludwig VI.
1111 ff.	Auseinandersetzungen mit dem anglonormannischen Königtum.
1119	Niederlage Ludwigs VI. gegen König Heinrich I. von England bei Brémule.
1131/1137–1180	Ludwig VII.
1147–1149	Teilnahme des Königs am 2. Kreuzzug.
1152	Scheidung Ludwigs VII. von Eleonore von Aquitanien, die daraufhin den späteren englischen König Heinrich II. heiratet: anglonormannische Herrschaft über den Westen und Süden Frankreichs.
1159 ff.	Im Papstschisma unterstützt Frankreich den schließlich erfolgreichen Papst Alexander III. gegen Kaiser Friedrich I. Barbarossa.
1179/1180–1223	Philipp II. Augustus.
1188	Durchsetzung der (zunächst formalen) königlichen Lehnsherrschaft über den englischen Festlandbesitz.
1191	Teilnahme Philipps II. am 3. Kreuzzug.
1194 ff.	Englisch-französischer Krieg.
1202	Französisches Lehnsurteil gegen König Johann (Ohneland) von England.
1204	Erfolgreicher Feldzug gegen den englischen Festlandbesitz, Eroberung der Normandie und des Poitou.
1214	27. Juli: Sieg Philipps II. über Kaiser Otto IV. bei Bouvines.
1223–1226	König Ludwig VIII.
1226	Kreuzzug Ludwigs VIII. gegen die südfranzösischen Albigenser.
1226–1270	König Ludwig IX. (der Heilige).
1229	Vertrag von Paris mit Graf Raimund VII. von Toulouse; Regelung der Herrschaftsverhältnisse in Südfrankreich.
1248–1254	Teilnahme Ludwigs IX. am 6. Kreuzzug.
1270	Tod des Königs auf dem 7. Kreuzzug vor Tunis.

Der allerchristlichste König

1107 begab sich Papst Paschalis II. zu einer folgenreichen Reise nach Frankreich, wo er im Kloster Saint-Denis bei Paris mit König Philipp I. und dessen Sohn und Mitkönig, Ludwig VI., zusammentraf. Hier schuf man nicht nur die Voraussetzungen für die Lösung des Investiturproblems in Frankreich. Im Kloster des heiligen Dionysius, der sich schon in merowingischer und karolingischer Zeit besonderer Verehrung durch die Könige erfreut hatte, erinnerte man gezielt an karolingische Traditionen. Stets, so berichtet Abt Suger von Saint-Denis in seiner später verfaßten Lebensbeschreibung König Ludwigs VI., hätten die Franken/Franzosen den Päpsten in Bedrängnis beigestanden; zu erinnern war an die Reise Papst Stephans II. zu König Pippin 754 ins Frankenreich. An solche Bindungen knüpfte das Papsttum im Kampf mit den salischen und staufischen Kaisern mehrfach an, und wiederholt rettete nur die Flucht nach Frankreich die Nachfolger Petri vor kaiserlicher Bedrängnis.

Die Namengleichheit von *Franci* ›Kreuzfahrern‹ und *Franci* ›Nordfranzosen‹ räumte dem Volk zudem eine besondere Rolle in Gottes Heilswerk ein. Ihm war nämlich die Befreiung der heiligen Stätten Palästinas von islamischer Herrschaft 1099 zu verdanken. Das die abendländischen Völker verbindende Erlebnis des Kreuzzugs hatte auch ihre Identität deutlicher werden lassen, und allmählich erwuchs in Frankreich das Bewußtsein von der eigenen Nation. Den besonderen Rang garantierte der Herrscher, der seit dem 12. Jahrhundert von den Päpsten als allerchristlichster König (*rex christianissimus*) angesprochen wurde. Befördert von geistlichen Zentren, vor allem von den Mönchen in Saint-Denis und dem Klerus in Reims, entstand die Vorstellung eines vor der Geschichte ausgezeichneten Königtums, das die Legitimation seiner Herrschaft aus unterschiedlichen Wurzeln ableitete. Indem die französische Geschichtsschreibung im 12. und 13. Jahrhundert Karl den Großen und seine Amtsvorgänger zu französischen Königen werden ließ, traten die Kapetinger des Hochmittelalters in eine einzigartige Kontinuität ein. Ihre Mitte fand die Monarchie in Saint-Denis, der Grablege der Könige, wo seit dem 12. Jahrhundert eine offiziöse Reichsgeschichtsschreibung befördert wurde, die im 13. Jahrhundert volkssprachlich die großen Taten der Franken/Franzosen propagierte (*Grandes chroniques de France*). Der Patron des Klosters, der heilige Dionysius, wurde zum Reichsheiligen. Angesichts äußerer Bedrohung durch Kaiser Heinrich V. nahm König Ludwig VI. von Frankreich 1124 in einem wohlinszenierten Akt die Lehnsfahne des Vexin vom Altar von Saint-Denis, machte sich damit gleichsam zum Lehnsmann des Heiligen und einte das ganze, sonst so zersplitterte Reich gegen die Feinde; so will es jedenfalls der Bericht Sugers, des Jugendfreundes Ludwigs VI., der zum Abt des Klosters aufstieg und als Berater wie als Regent des Reiches während des königlichen Kreuzzugs seinen Herrschern beständige Dienste leistete. Aus der Lehnsfahne entwickelte sich langsam die Vorstellung von der Oriflamme, die schon Karl der Große geführt habe und die fortan vor jedem Heereszug

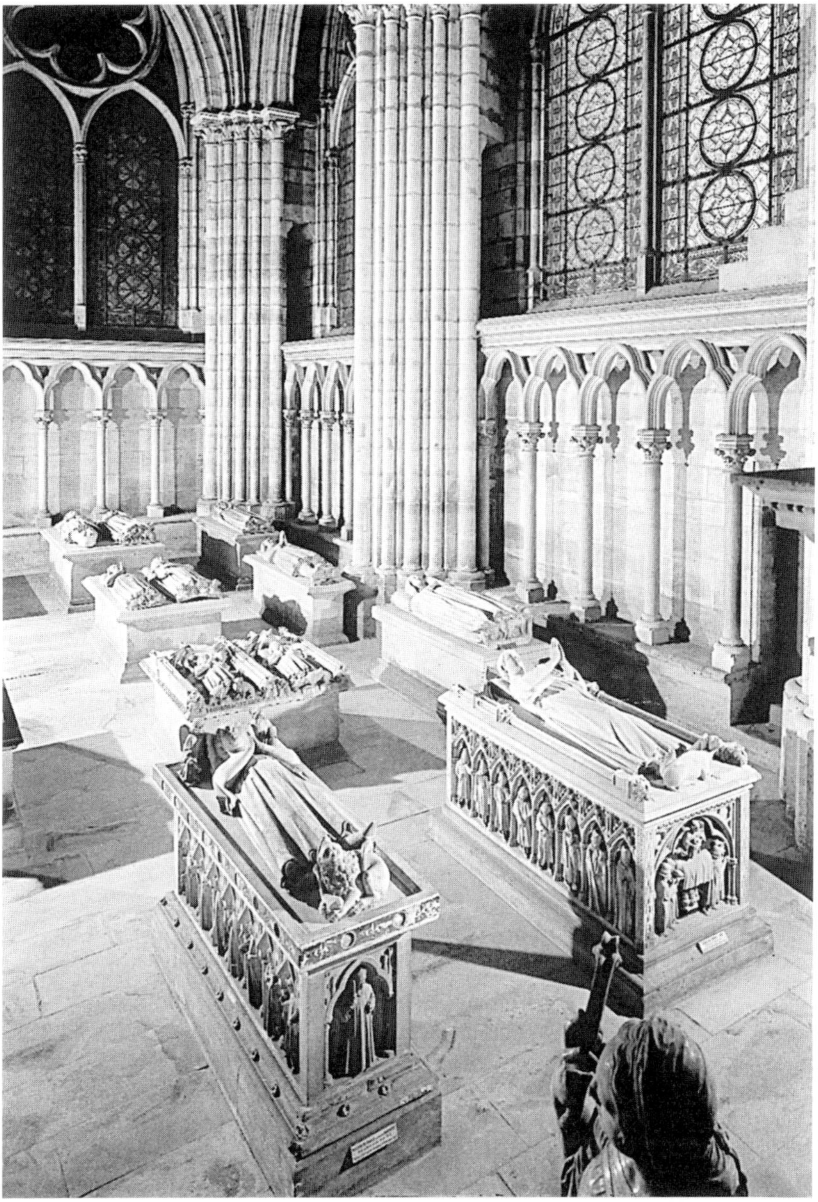

Grabmale der französischen Könige in der Basilika Saint-Denis

vom König aus Saint-Denis abgeholt wurde. Im 13. Jahrhundert adaptierte die Monarchie die Reimser Legende vom heiligen Salböl, das einst eine Taube vom Himmel zur Taufe/Krönung des ersten christlichen Frankenkönigs Chlodwig gebracht habe. Eigentlich zur Durchsetzung des Krönungsanspruchs der Reimser Erzbischöfe gegen die Rivalen aus Sens entwickelt, wurde die Salbung mit dem heiligen Öl zum Glied in einer varia-

Spätmittelalter-liche Darstellung der Taufe des Frankenkönigs Chlodwig in Reims

blen und ausbaufähigen Königstheologie, die ihren Niederschlag bis weit in die Neuzeit auch in der Lehre erfuhr, der König könne an seinem Krönungstag Skrofeln, eine Hauttuberkulose, heilen.

Die Bindung an den Reichsheiligen Dionysius, dessen Kult in Konkurrenz mit anderen Königsheiligen wie dem heiligen Remigius in Reims, dem heiligen Martin in Tours und dem heiligen Benedikt in Fleury-sur-Loire vom Kloster Saint-Denis unablässig gepflegt wurde, die Salbung mit einem besonderen Öl, die treue Nähe zum heiligen Petrus und seinen Stellvertretern auf Erden, den Päpsten, die herausragende Rolle der Franzosen auf den Kreuzzügen, die Aufnahme und Weiterentwicklung der karolingischen Tradition, die Lehre von der angeblichen Abstammung der Franken/Franzosen aus trojanischem Herrengeschlecht, das Bewußtsein kulturellen Vorrangs in ritterlichen Lebensformen, Literatur, Sprache und Bildung – all dies brachte im 12. und 13. Jahrhundert die Idee einer Sonderstellung der Franzosen und ihres Königs hervor.

Im 12. Jahrhundert stand diese Königstheologie noch in einem seltsamen Mißverhältnis zur politischen Wirksamkeit der Monarchie. Mühsam hatte es Ludwig VI. vermocht, den Adel Franziens, der in Fehden seine legitimen Rechte wahrnahm, zu »kriminalisieren« und nacheinander mehrere Burgen zu schleifen. In scharfen Konflikten mit dem anglonormannischen König Heinrich I. um die Grenzgrafschaft Vexin vermochte sich der französische Herrscher zwar politisch zu behaupten, erlitt aber 1119 bei Brémule (Dep. Eure) eine schwere Niederlage. Aus der Huldigung für die Normandie durch Heinrichs Sohn Wilhelm als Ergebnis der Friedensverhandlungen leitete das französische Königtum bis ins 13. Jahrhundert die lehnrechtliche Suprematie über den anglonormannischen Festlandbesitz ab. Der konkrete Erfolg in der Festigung der Krondomäne bestand darin, daß der König wenigstens ungehindert zwischen seinen nicht weit entfernten Hauptorten in Franzien (Paris, Orléans, Sens, Étampes, Melun, Senlis) umherziehen konnte. Freilich waren dem Nachfolger, Ludwig VII. (1137–1180), Wege gewiesen worden, die dieser in einem eher zähen als triumphalen Durchsetzungsprozeß beschritt. Ansatzpunkte blieben immer wieder Bischofskirchen in königsfernen Regionen, denen der Herrscher seinen Schutz verlieh, um damit selbst Einfluß zu gewinnen; hinzu trat im Einzelfall königliche Förderung der bürgerlichen Bewegung gegen adlige Stadtherren. Doch der erhoffte Durchbruch zu einer neuen Qualität königlicher Reichsherrschaft blieb aus: Ludwigs VII. Heirat mit Eleonore, der Erbtochter Herzog Wilhelms X. von Aquitanien, hatte dem Königtum erstmals wieder eine feste Basis südlich der Loire beschert. Wie wichtig für Ludwig dieser Ausgriff in den Süden war, zeigte sich in der Erweiterung des seit 911 feststehenden Herrschertitels *rex Francorum* um die Würde eines Herzogs der Aquitanier. Diese doppelte Titelform sollte ebenso Episode bleiben wie der Vorstoß in den Süden. Offiziell wegen zu naher Verwandtschaft, tatsächlich wegen tiefer Entfremdung wurde die Ehe 1152 geschieden. Noch spektakulärer war die folgende Entscheidung Eleonores, einer außergewöhnlichen Persönlichkeit des Hochmittelalters: Bald heira-

Hochzeit Ludwigs VII. mit Eleonore von Aquitanien (frz. Buchmalerei, 14. Jh.)

tete sie Heinrich Plantagenêt, damals noch Herzog der Normandie und Graf von Anjou, seit 1154 als Heinrich II. auch König von England. Jetzt erstreckte sich der anglonormannische Festlandbesitz bis zu den Pyrenäen und drohte die kleine kapetingische Krondomäne einzuschnüren. Damit war die große Rivalität vorgezeichnet, die bis zum Ende des Mittelalters französische Politik prägte.

Ludwig VII., dem erst aus der dritten Ehe mit Adela von Champagne 1165 der ersehnte Thronfolger, Philipp II., geboren wurde, meisterte diese größte Krise seiner Herrschaft. Zunächst aus eigenem Antrieb, dann 1146 durch die Kreuzzugswerbung Bernhards von Clairvaux befördert, hatte der König 1147–1149 am 2. Kreuzzug teilgenommen. Die besondere Nähe zum Papsttum fand er in dem 1159 ausbrechenden Papstschisma: Kaiser Friedrich I. Barbarossa unterstützte seither Papst Viktor IV., die Könige von England und Frankreich Papst Alexander III., der 1162–1165 in Frankreich Zuflucht fand und sich schließlich gegen die vom Kaiser unterstützten Päpste behauptete. Diese Bindung zum »richtigen« Nachfolger Petri markierte einen unverkennbaren Erfolg Ludwigs VII. auf europäischer Ebene.

In seiner unmittelbaren Umgebung schuf sich der König eine homogene, ihm treu ergebene Helferschicht. Die großen Hofämter wurden mehr und mehr zu bloßen Ehrenämtern des Feudaladels, während das Königtum im administrativen Bereich auf kleine Dienstleute zurückgriff, die loyal dem Herrscher ergeben waren und durch Heiratsverbindungen allmählich als Gruppe Konsistenz gewannen.

Gegenüber den französischen Fürsten präzisierte Ludwig VII. den monarchischen Herrschaftsanspruch, dem er auf großen Versammlungen von geistlichen und weltlichen Herren Ausdruck verlieh. Ohne Ansehen des Rangs der einzelnen Adligen in der Lehnshierarchie bezeichnete das Königtum seit 1145 alle Vasallen als Barone und begründete damit die Idee eines einheitlichen Untertanenverbands, in den Herzöge, Grafen und andere adlige Amtsträger hineinnivelliert wurden. Noch blieb das Verfassungsmodell eines Königs über den Baronen des Reichs monarchische Idealvorstellung, doch die Grundlagen für die spätere Umsetzung in die Realität waren geschaffen, die Rechtstitel formuliert.

Sozialer, ökonomischer und kultureller Wandel

Wie im gesamten christlichen Abendland bedeutete auch in Frankreich die Zeit vom 11. bis zum 13. Jahrhundert eine Epoche sozialer, wirtschaftlicher, kultureller, geistlicher und geistiger Unruhe. Dabei gingen von Frankreich Impulse aus, die auf ganz Europa wirkten.

Die Entstehung mittelalterlicher Großstädte baute in Frankreich zwar auf Vorläufern auf, da in den nordfranzösischen Bischofsstädten seit der Spätantike besondere Formen gesellschaftlicher Verdichtung und Zentralität für das Umland bewahrt worden waren. Doch stellte die Ausformung bürgerlichen Rechts, häufig in der Verschwörung von Kaufleuten und (seltener) Handwerkern gegen die Stadtherren aus Adel und Geistlichkeit durchgesetzt, ein Novum dar. Im Sinne Max Webers wurde der Typ »Bürger« zur entscheidenden mittelalterlichen Neuerung in der alteuropäischen Sozialverfassung. Mehrere Entwicklungen kamen im 11./12. Jahrhundert zusammen. Die Durchsetzung der Dreifelderwirtschaft und neue Techniken (bessere Nutzung der Zugkraft von Pferden, neue Pflugformen) hatten seit dem 9. Jahrhundert für höhere agrarische Überschüsse gesorgt, die zu einem Bevölkerungswachstum führten. Die komplizierter werdende Gesellschaft brachte Arbeitsteilung und Spezialisierung mit sich, und der wirtschaftliche Erfolg vor allem von Kaufleuten ging mit dem Anspruch auf politische Mitbestimmung einher. Erste Schwureinungen dieser »Bürger« gegen ihre Herren – um 1070 in Le Mans, um 1080 in Saint-Quentin, 1099 in Beauvais, 1111/14 in Laon – führten zwar noch nicht zum gewünschten Erfolg, machten die Stoßrichtung des 12. Jahrhunderts aber deutlich. Privilegien erhielten die Kommunen, die den Gedanken von Recht und Frieden für den städtischen Bürgerverband und seine Herauslösung aus dem feudalen System des Umlands anstrebten, seit 1127/28 (Saint-Omer, Laon), auch wenn das Königtum in der Krondomäne eine strenge Stadtherrschaft durch Amtleute (*Prévôts*) auszuüben suchte. Entscheidend wurde die Ausbildung eigener Institutionen, in denen sich die Bürgerschaft formierte, Vorsteher und Geschworene in nordfranzösischen, Konsuln nach italienischem Vorbild in südfranzösischen Städten (Béziers 1131, Montpellier 1141, Toulouse 1176). Hier traten Unterschiede hervor: Während im Norden wirtschaftlich dominierende Kaufleute, selten Handwerker die Bürgervertretung wahrnahmen, spielten im Süden auch stadtsässige Adlige hierbei eine bedeutende Rolle, deren Einfluß erst im 13. Jahrhundert und auch dann nur teilweise beschränkt wurde.

Die politische Durchsetzung der Kommunebewegung, die mit beträchtlicher Zeitverzögerung in den Gebieten östlich des Rheins aufgenommen wurde, ruhte auf dem wirtschaftlichen Erfolg der Städte. Die Tuchproduktion in Flandern (Gent, Brügge, Ypern, Douai, Arras) erlangte seit dem 12. Jahrhundert in Europa einen führenden Rang, und die Städte der Champagne boten seit dieser Zeit in einem festgefügten Zyklus von Messen (in Troyes, Provins, Lagny und Bar) dem überregionalen Handelsverkehr Gelegenheit zum Treffen von Fernkaufleuten aus Italien, Deutschland und England.

Die ökonomischen Verflechtungen sind nur grenzüberschreitend zu begreifen; einen einheitlichen, von der Ile-de-France aus gesteuerten Wirtschaftsraum gab es nicht. Vielmehr stand die nordfranzösisch-flandrisch-niederrheinische Städtelandschaft recht unvermittelt neben den südfranzösischen Zentren, die aus ihren Beziehungen nach Oberitalien und Nordspanien lebten. Erst die politische Integration seit dem 13. Jahrhundert sollte wenigstens den Rahmen für die »beiden Frankreich« und die vielen eigenständigen Landschaften schaffen, der die langsame Entwicklung zur Einheit ermöglichte.

Die Ausbildung der städtischen Märkte beeinflußte auch die Produktionsformen der Landwirtschaft, die nun weniger die Deckung des Eigenbedarfs als vielmehr die Erzielung von Überschüssen anstrebte. In dieser Zeit löste sich die klassische Grundherrschaft, in der der Grundherr mit Hilfe unfreier Bauern eigenes Land bestellte und von den Bauern aus ausgegebenen Höfen Abgaben und Frondienste bezog, immer mehr auf. Zunehmend interessierten sich die Grundherren für Geldabgaben (Rentengrundherrschaft), während die abhängigen Bauern von den ärgsten Unterdrückungsformen befreit wurden. Dadurch vermochten sie selbständiger und marktorientiert zu entscheiden. Seinen Ausdruck fand dieser Wandel z. B. im Dorfrecht von Beaumont (Dep. Ardennes), als 1182 Erzbischof Wilhelm von Reims die Bewohner von allen Frondiensten befreite und sie nur zu Geld- und Naturalabgaben verpflichtete; über ihre Hofstellen konnten die Bauern verfügen, und dem Dorf wurden Selbstverwaltungsrechte eingeräumt. Im späten 12. und frühen 13. Jahrhundert übertrug man dieses Recht von Beaumont auf über 500 Ortschaften im damaligen französisch-lothringischen Grenzgebiet.

Die wirtschaftliche und soziale Entwicklung, die zunehmende räumliche Mobilität und der Landesausbau veränderten die Gesellschaft Frankreichs. Damit einher ging ein geistlich-geistiger und kultureller Wandel. Die Suche der Menschen nach dem richtigen Weg zum Heil ließ sich in den überkommenen Formen der Frömmigkeit nicht mehr befriedigen. Seit dem späten 11. Jahrhundert machten Wanderprediger und Klostergründer Ernst mit der Rückbesinnung auf apostolische Vorbilder und auf das Armutsgebot des Neuen Testaments. Die vor allem in Burgund und in Südfrankreich entstehenden neuen geistlichen Lebensformen waren Reflex der gesellschaftlichen Entwicklung und der theologischen Diskussion, aber sie wirkten auch auf die Gesellschaft zurück, und sie bezogen das ganze christliche Eu-

Zusammenschluß der Klöster von Cîtaux und Saint-Vaast (Miniatur aus einer flämischen Handschrift, 1125)

ropa ein. Zunächst hatten jene Wanderprediger Erfolge, die schon bald Klöster gründeten: Robert von Molesme 1098 Cîteaux, Robert von Arbrissel 1101 Fontevrauld, Norbert von Xanten 1120 Prémontré. Ihre europäische Wirkung verdankten die Mönche von Cîteaux und der vier Tochtergründungen in Clairvaux, La Ferté, Pontigny und Morimond dem ernstgenommenen Klosterleben; seine europaweite Resonanz fand der Orden der Zisterzienser nicht zuletzt auf Grund des Wirkens Bernhards von Clairvaux († 1153), der »Chimäre seines Jahrhunderts«, eines gewaltigen Predigers und noch gewaltigeren Beraters von Päpsten und Königen.

Doch die Suche und die Fragen der Menschen vermochten von weltabgewandten Mönchen allein nicht befriedigt zu werden. Die neuen Denkformen und Zweifel, die nicht zuletzt in den Städten entwickelt wurden, schienen kaum noch integrierbar. Besonderen Erfolg verzeichnete darum seit der Mitte des 12. Jahrhunderts die nicht mehr christliche Lehre der Katharer in Südfrankreich und in Oberitalien. In manichäischer Tradition schieden die Katharer die Welt in zwei Prinzipien (Licht und Finsternis, Gut und Böse) und sahen alles Irdische als Werk des Teufels. Dieses eingängige Schema konnte die Amtskirche nicht akzeptieren und verurteilte es seit der Zeit Innozenz' III. immer konsequenter: Die Katharer, wegen ihres südfranzösischen Zentrums in Albi auch Albigenser genannt, wurden zu Ketzern erklärt. Ihre Bekämpfung, zunächst von Ortsbischöfen und Zisterziensern geleitet, konnte aber nur dann Aussicht auf Erfolg besitzen, wenn die zentrale Kritik an der Amtskirche abgefangen wurde. Durch zunehmenden politischen Einfluß und ungeheuren Reichtum hatte diese Amtskirche nämlich den Bezug zu den apostolischen Vorbildern und damit ihre Glaubwürdigkeit für die Menschen ihrer Zeit verloren.

Folgerichtig entwickelte sich die Predigergemeinschaft des Dominicus, 1216 vom Papst als Orden anerkannt, in den südfranzösischen Städten, nicht mehr weltabgewandt wie die Benediktiner und Zisterzienser, sondern bewußt in die gesellschaftlichen Brennpunkte hineinwirkend. Wie die Franziskaner fanden die Dominikaner in der Predigttätigkeit in Städten ihr Hauptaufgabengebiet. Der Korrumpierung durch Reichtum suchte man durch Besitzlosigkeit zu begegnen: Die Dominikaner lebten vom Betteln (daher auch die Bezeichnung als Bettelorden).

Die Kritik der Christen am offensichtlichen Versagen der Amtskirche und die Suche nach Formen des Zusammenlebens im Sinn biblischer Vorbilder vollzogen sich nicht losgelöst von einer intensiven innerkirchlichen Diskussion. Sie zwang die Amtskirche, verkörpert durch Papst und Bischöfe, immer häufiger zu Entscheidungen darüber, was wahr und was falsch, wer Rechtgläubiger und wer Ketzer sei. In dieser Atmosphäre des Fragens und des Behauptens entstand ein neues Denken, das sich seit dem späten 11. Jahrhundert nicht zuletzt aus der Infragestellung der bisherigen Weltordnung im sogenannten Investiturstreit speiste und zur Aufnahme rationalistischer Denkformen nötigte. Dabei spielten französische Zentren eine herausragende Rolle und wirkten auf die theologische Diskussion im christlichen Abendland ein. Seit den Angriffen Berengars von Tours († 1088)

Ruinen der Katharerfestung Quéribus, Département Aude

auf die traditionelle Abendmahlslehre, seit den Fragen Anselms von Canterbury († 1109; vorher im normannischen Kloster Bec) nach der menschlichen Willensfreiheit, seit der Betonung der Vernunft und des kritischen Argumentierens durch Petrus Abaelard († 1142) mußte sich derjenige im intellektuellen Abseits sehen, der nur noch mit der Tradition und der kirchlichen Autorität zu argumentieren vermochte.

Damit war eine neue Form des Denkens, die Scholastik, in der Welt, und sie sollte auch institutionelle Fundierung erhalten. Seit dem 12. Jahrhundert schienen die Domschulen, traditionell Orte der lateinischen Bildung und in Nordfrankreich von besonderem Rang (Chartres, Reims), die neuen Wege rationaler Beweisführung nicht mehr mitgehen zu können. So schlossen sich die lehrenden Magister, die nicht von einer kirchlichen Pfründe, sondern von der Anziehungskraft ihres Unterrichts und dem Geld ihrer Studenten lebten, zu Gemeinschaften (*universitates*) zusammen. 1215 sprach eine Urkunde von der Gemeinschaft von Lehrenden und Studenten. Sie befand sich nur noch in loser Bindung zu überkommenen Stätten geistlicher Bildung. Die Idee der Universität war geboren, und schon bald ragten einzelne Bildungsstätten in ganz Europa hervor. So, wie man in Oberitalien am besten die Rechte studieren konnte, so durfte man in Paris auf eine erstklassige Ausbildung in Theologie und Philosophie hoffen. Entsprechend international war die Studentenschaft zusammengesetzt: Seit dem 12. Jahrhundert war es auch für die Gebildeten in Deutschland wichtig und nützlich, wenigstens Teile ihrer Studien in Frankreich oder Italien zu absolvieren, lange, bevor die ersten Universitäten östlich des Rheins begründet wurden.

Dem Vorrang in den Wissenschaften entsprach die Vorreiterrolle in der Kunst, auf die wenigstens hingewiesen werden soll. Fortschritte in der Bautechnik, mehr aber noch ein neues Stilempfinden brachten in der Mitte des 12. Jahrhunderts aus regionalen Vorbildern neue Bauformen hervor. Sie erlebten, ausgehend von Teilen der Abteikirche von Saint-Denis und der Kathedrale von Sens, ihre Blüte in gewaltigen Kathedralbauten zunächst in Noyon, Laon und Paris, schließlich in Reims, Amiens und Chartres. Die Kunst der Gotik trat seit dem 13. Jahrhundert von Frankreich aus ihren Siegeszug durch ganz Europa an.

Der Mehrer des Reichs und der heilige Herrscher

Vielleicht war es die Beschränkung faktischer Machtausübung, die das französische Königtum vom 9. bis zum 12. Jahrhundert zur Konzentration auf die ideellen Grundlagen der Monarchie und zur Formulierung einer einzigartigen Herrschaftstheorie führte. In der Phase der Ausweitung eines bisher auf die schmale Krondomäne gestützten Königtums ins ganze Königreich zwischen 1180 und 1270 vermochten es die bereits formulierten Ansprüche jedenfalls, die Ziele abzustecken wie auch die Begründung des Vorgehens zu geben. Die ersten Schritte eigenständiger Herrschaft waren König Philipp II. (1180–1223) vorgezeichnet. Spannungen mit dem englischen Königshaus hatten die Grenzen kapetingischer Macht offengelegt, auch wenn die Behauptung der Lehnsoberhoheit über den englischen Festlandbesitz gelang; 1188 huldigte Richard Löwenherz für Normandie, Poitou, Anjou, Maine, Berry und Toulousain. Als sich Philipp II. im Verein mit dem englischen König Richard und Kaiser Friedrich I. Barbarossa 1191 zur Teilnahme am 3. Kreuzzug entschloß, konnte er ein geordnetes Reich

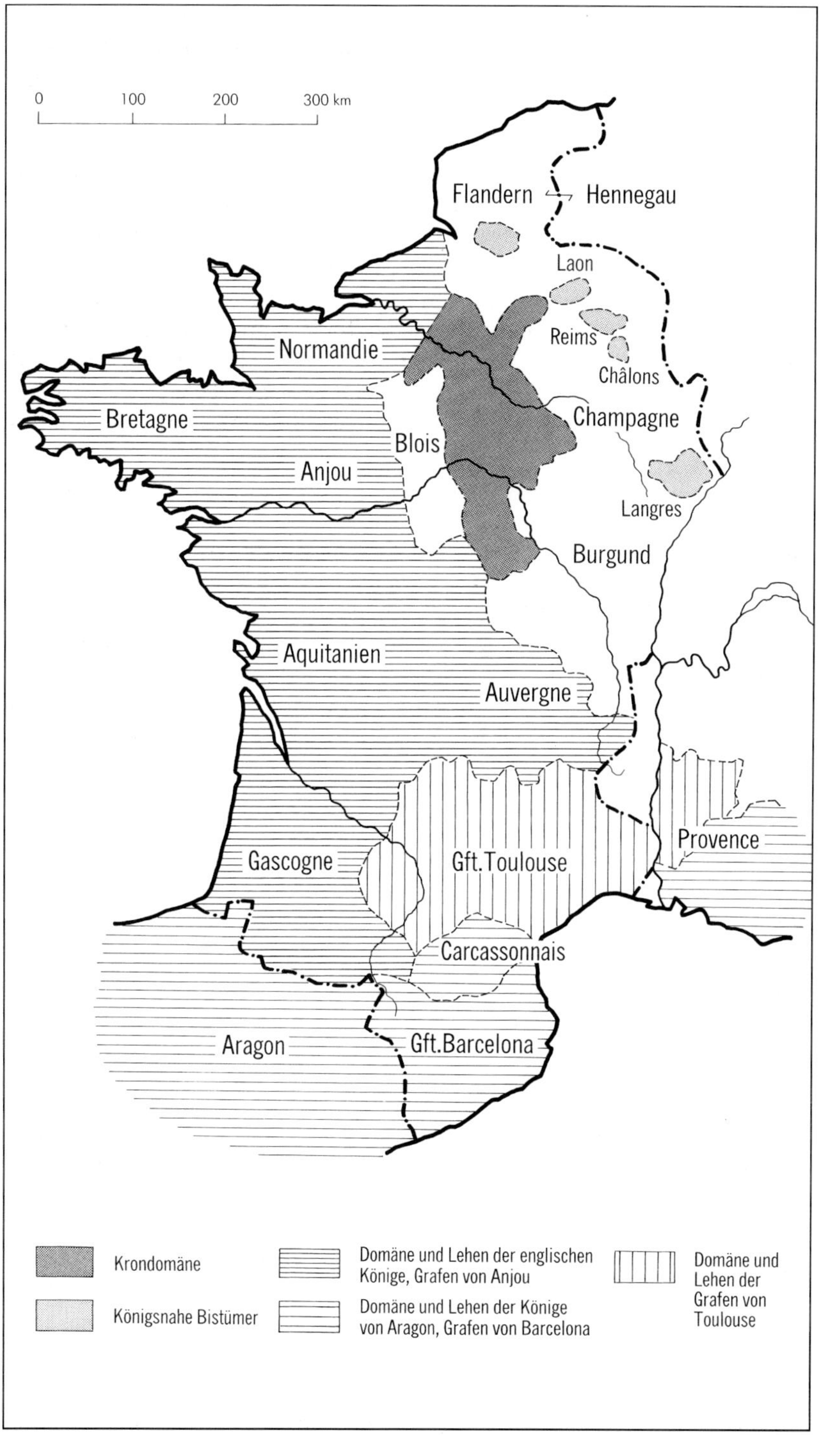

Frankreich am Ende des 12. Jahrhunderts

zurücklassen. Rechtsprechung, Finanzen und Verwaltung waren organisiert, der königliche Rat, das Hofgericht und die Rechnungskammer funktionierten auch ohne die konkret anwesende Person des Monarchen als Institutionen in ihrer Bindung an die transpersonale »Krone Frankreichs«. Sie waren mehr und mehr in Paris konzentriert, das dem König eine neue Befestigung verdankte und allmählich in den Rang einer »Hauptstadt« aufrückte. Noch blieben dem König Beschränkungen auferlegt, der Kreuzzug verlief unglücklich. Trotz eines Bündnisses mit den Staufern und der Gefangenschaft Richard Löwenherz' im Reich vermochte Philipp Positionen im franzisch-normannischen Grenzgebiet nicht zu behaupten. Die Wirren um die Nachfolge Richards I. († 1199) nutzend, verschaffte erst ein Lehnsprozeß gegen den englischen König Johann (Ohneland) 1202 den entscheidenden Rechtstitel, dem 1204 die Eroberung der Normandie folgte. Dieses traditionelle Kernland der anglonormannischen Monarchie war damals die am besten organisierte und herrschaftlich erfaßte Region Europas und vermehrte die Machtgrundlagen Philipps II. entscheidend, der sich nach der Einnahme Rouens an die Eroberung des Poitou machte. Das Bündnis König Johanns mit seinem Neffen, dem welfischen Kaiser Otto IV., und ihr Zangenangriff auf die Krondomäne 1214 trafen freilich das kapetingische Königtum ins Mark. Am 27. Juli 1214, einem Sonntag, errang Philipp II. bei Bouvines aber einen glänzenden militärischen Sieg über das zahlenmäßig überlegene Heer Kaiser Ottos IV. Damit entschied der französische König den deutschen Thronstreit zwischen Otto IV. und seinem staufischen Widersacher, König Friedrich II. Johann von England mußte in Chinon Frieden schließen und den Verlust seines Festlandbesitzes nördlich der Loire anerkennen. Zwar mißlang 1216 der Ausgriff des französischen Kronprinzen Ludwig nach England, doch hatte Philipp II. zwischen 1204 und 1214 den Weg für die Durchsetzung der Monarchie in Frankreich gebahnt. Von seinen Zeitgenossen wurde ihm der Beiname Augustus, Mehrer des Reichs, zugelegt. Schon unter seinem Sohn und Nachfolger, Ludwig VIII. (1223–1226), erntete die Monarchie die Früchte langfristiger Planungen.

Seit dem Beginn des 13. Jahrhunderts hatte die römische Kurie den Kreuzzug gegen die albigensischen Ketzer in Südfrankreich propagiert; 1207 war der mächtigste Adlige dieses Raums, Graf Raimund VI. von Toulouse, gebannt worden. Nordfranzösische Ritterheere unter der Führung Graf Simons von Montfort hatten seit 1209 im Süden erhebliche Erfolge aufzuweisen, der Ketzerei verdächtige südfranzösische Herren wurden enteignet, und 1212 schufen sich die nordfranzösischen Kreuzritter, die von den südfranzösischen Chronisten als fremdes Eroberervolk empfunden wurden, in den Statuten von Pamiers eine eigene Rechtsordnung. Das französische Königtum stand in der ersten Phase diesem Unternehmen distanziert gegenüber, bis Ludwig VIII., der schon als Kronprinz mit der Sache des Kreuzzugs vertraut war, 1226 den entscheidenden Zug in den Süden unternahm und die Macht Raimunds VII. von Toulouse zerstörte. Damit endeten die Albigenserkriege und zugleich auch die blühende provenzalische Kultur.

Im Vertrag von Paris 1229 wurde der Graf in den kapetingischen Lehnsverband gezwungen und mußte seine Erbtochter mit Alfons von Poitiers, dem Sohn Ludwigs VIII., verheiraten. Nachdem Ludwig VIII. schon 1224 das Poitou und die Saintonge erobert hatte, fielen 1229 das Herzogtum Narbonne, Albigeois zwischen Tarn und Agout und der Landbesitz des Bistums Cahors, 1271 (nach dem Tod Alfons') Toulousain, Albigeois, Agenais, Rodez und südliches Quercy an die Krone. In weniger als einem halben Jahrhundert war damit der bisher auf das Land nördlich der Loire beschränkten Monarchie der Durchbruch bis ans Mittelmeer gelungen: Die Einigung des Königreichs Frankreich unter der königlichen Familie zeichnete sich in ersten Umrissen ab.

Siegel Raimunds VII., Graf von Toulouse

Wie weit das Hochmittelalter allerdings vom territorialstaatlichen Denken der Neuzeit entfernt blieb, zeigen die Maßnahmen Ludwigs VIII. in seiner Erbfolgeregelung, in der er dem ältesten Sohn, Ludwig IX. (1226–1270), das Königtum und die um die Normandie vermehrte Krondomäne, den jüngeren Söhnen aber einzelne Apanagen zuwies; Robert erhielt das Artois, Alfons Poitou und Auvergne, Karl Anjou und Maine.

In der Regierungszeit Ludwigs IX. konsolidierte sich die monarchische Zentralgewalt weiter: Dem Pariser Hofgericht (*Parlement*) wurden alle Appellationen der Adelsgerichte zugewiesen, seine Urteile mit normativer Geltung aufgezeichnet: Königsherrschaft beruhte auf der Durchsetzung des Rechts. Im Vertrag von Corbeil 1258 erreichte Ludwig IX. im Süden die Abgrenzung zu Aragón, im Frieden von Paris bekräftigten Ludwig IX. und König Heinrich III. von England im selben Jahr die anglonormannischen Verluste und die kapetingische Lehnshoheit über verbleibenden Festlandbesitz (um Limoges, Cahors, Périgueux, Reste der Guyenne). Getragen von tiefer persönlicher Frömmigkeit, wuchs Ludwig IX. in eine europäische Schiedsrichterrolle. Er war einer der letzten europäischen Herrscher, der beharrlich die Sache des Kreuzzugs betrieb; ihr widmete er gewaltige Mittel und einen guten Teil seines Lebens: Auf dem 6. Kreuzzug geriet der König nach einer vernichtenden Niederlage bei Damiette (Ägypten) 1250 in arabische Gefangenschaft. Seine Freilassung gegen hohes Lösegeld ermöglichte ihm einen vierjährigen Aufenthalt in Palästina. Auf dem

Ludwig IX., der Heilige; im Hintergrund der Louvre des 13. Jahrhunderts (unbekannter flämischer Maler, Mitte 15. Jahrhundert)

7. Kreuzzug nach Tunis kam Ludwig IX. 1270 ums Leben. Bereits 1297 wurde er heiliggesprochen, Ergebnis persönlicher Religiosität, treuer Ergebenheit der Kirche gegenüber, gewiß aber auch kontinuierlicher Bindungen der allerchristlichsten Könige mit den Päpsten.

Nachdem schon Ende des 12. Jahrhunderts die Idee formuliert worden war, daß durch die Ehe Philipps II. Augustus mit der aus karolingischer Familie stammenden Elisabeth von Hennegau das französische Königreich zum Geschlecht Karls des Großen zurückgekehrt sei (*Reditus regni Fran-*

corum ad stirpem Karoli Magni), brachte Ludwig IX. diese Kontinuität des Königtums über die Franken und Franzosen in einer Neuordnung der Königsgräber von Saint-Denis zum Ausdruck: Den Gräbern von Merowingern und Karolingern wurden die der Kapetinger gegenübergestellt, während Philipp II. Augustus und Ludwig VIII. die Verbindung der Dynastien schufen. Der Einheit des Reichs entsprach die Einheit der Geschichte seiner Könige.

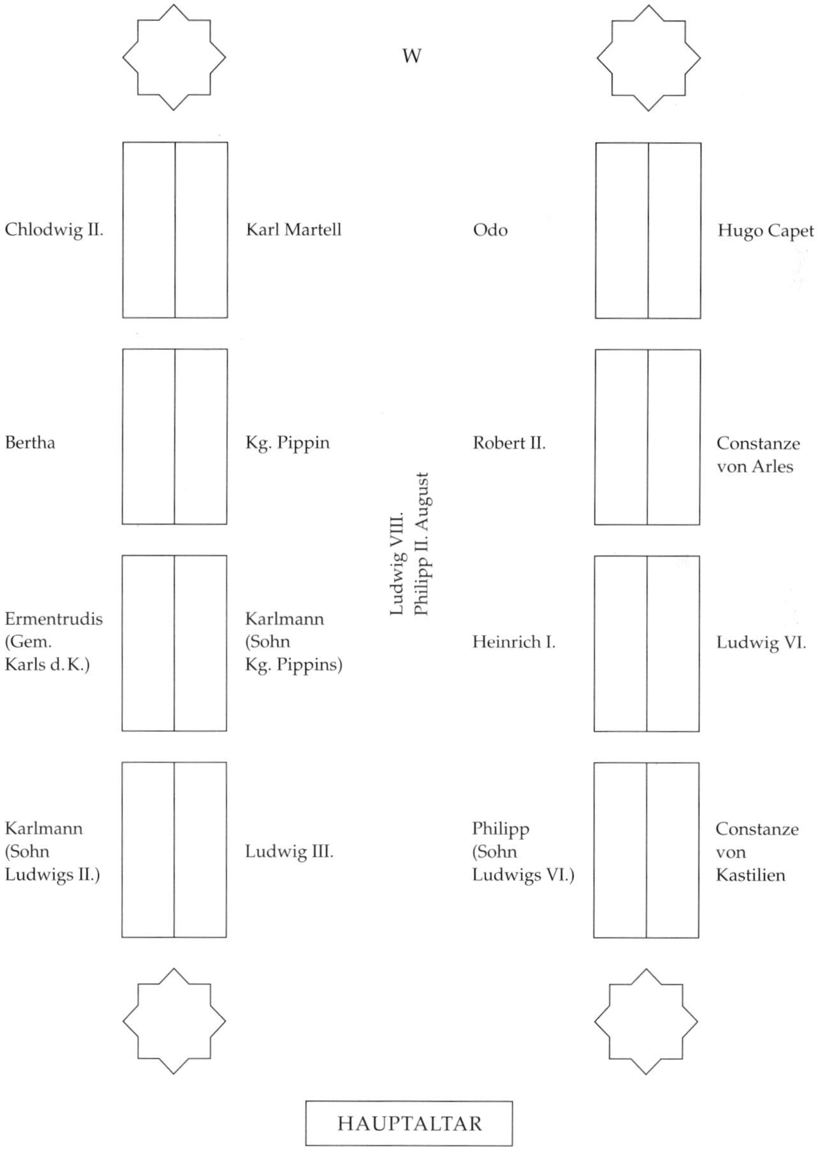

Rekonstruktion der Grablegeordnung Ludwigs IX. in Saint-Denis

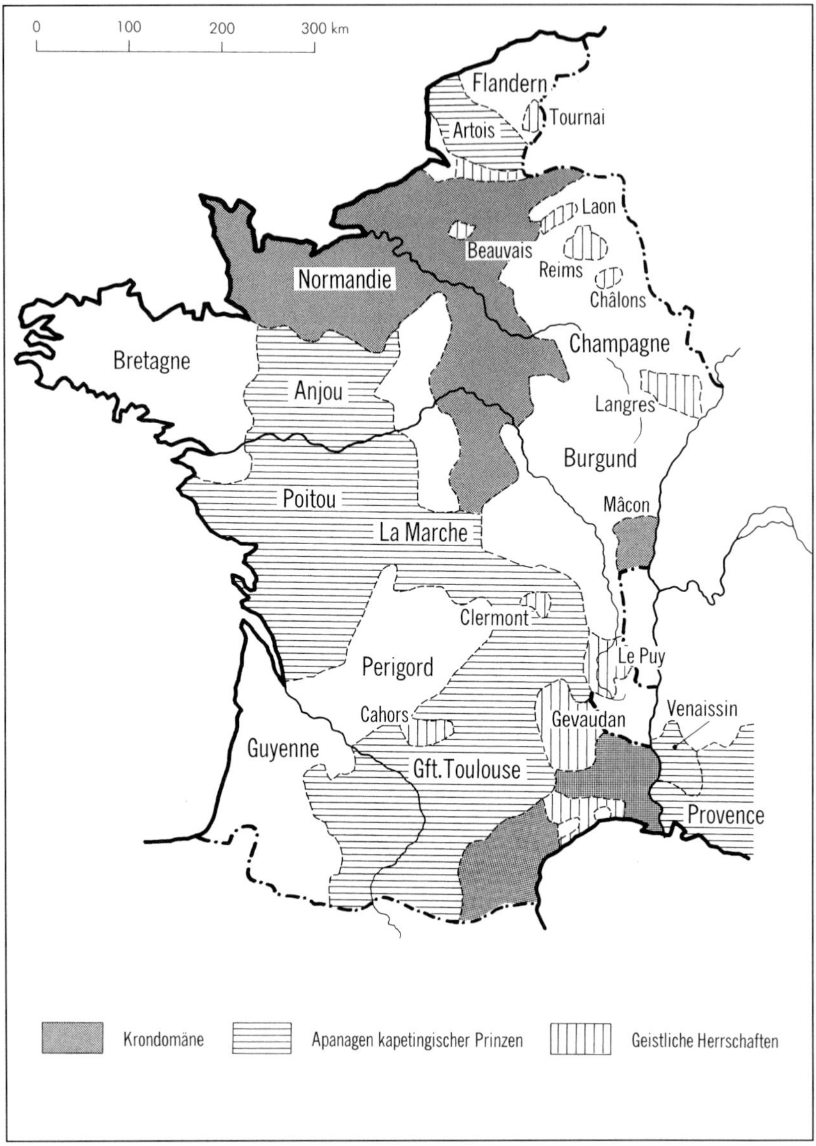

Frankreich beim Tod Ludwigs IX. 1270

Literaturhinweise

Allgemeine, zum Teil epochenübergreifende Darstellungen

Bibliographie annuelle de l'histoire de France. Hrsg. vom Centre Nationale de la Recherche Scientifique. Paris (jährlich erscheinende Bibliographie).
Bloch, Marc: Die Feudalgesellschaft. Berlin/Wien 1982.
Ehlers, Joachim: Geschichte Frankreichs im Mittelalter. Stuttgart [u. a.] 1987.
– Die Kapetinger. Stuttgart [u. a.] 2000.
Elwert, Wilhelm Theodor: Die romanischen Sprachen und Literaturen. Ein Überblick. München 1979.
Favier, Jean: Frankreich im Zeitalter der Lehnsherrschaft 1000–1515. Stuttgart 1989. [Frz. Ausg. Paris 1984.] (Geschichte Frankreichs. 2.)
Fossier, Robert: Histoire sociale de l'Occident médiéval. Paris 1970.
Die französischen Könige des Mittelalters. Von Odo bis Karl VIII. (888–1498). Hrsg. von Joachim Ehlers, Heribert Müller und Bernd Schneidmüller. München 1996.
Histoire de la France. 3 Bde. Hrsg. von Georges Duby. Paris 1970–72.
Histoire de la France rurale. 4 Bde. Hrsg. von Georges Duby und Armand Wallon. Paris 1975–76.
Kersken, Norbert: Geschichtsschreibung im Europa der »nationes«. Nationalgeschichtliche Gesamtdarstellungen im Mittelalter. Köln/Weimar/Wien 1995.
Lavisse, Ernest: Histoire de la France depuis les origines jusqu'à la Révolution. 9 Bde. Paris 1900–11.
Le Roy Ladurie, Emmanuel: Histoire du climat depuis l'an mil. Paris 1967.
Leyte, Guillaume: Domaine et domanialité publique dans la France médiévale (XIIe–XVe siècles). Straßburg 1996.
Lexikon des Mittelalters. 9 Bde. München/Zürich 1980–98.
Lot, Ferdinand / Fawtier, Robert: Histoire des institutions françaises au moyen âge. Bd. 1: Institutions seigneuriales. Paris 1957. Bd. 2: Institutions royales. Paris 1958. Bd. 3: Institutions ecclésiastiques. Paris 1962.
Molinier, Auguste: Les sources de l'histoire de France des origines aux guerres d'Italie (1494). 6 Bde. Paris 1904–06. Neubearb.: Les sources de l'histoire de France des origines à la fin du XVe siècle. Paris 1971 ff.
Werner, Karl Ferdinand: Die Ursprünge Frankreichs bis zum Jahr 1000. Stuttgart 1989. [Frz. Ausg. Paris 1984.] (Geschichte Frankreichs. 1.)

Literatur zu Früh- und Hochmittelalter

Baldwin, John W.: The Government of Philip Augustus. Berkeley / Los Angeles / London 1986.
Becker, Alfons: Studien zum Investiturproblem in Frankreich. Saarbrücken 1955.
Bloch, Marc: Die wundertätigen Könige. Aus dem Frz. von Claudia Märtl. München 1998. [Frz. Orig.-Ausg. Straßburg 1924].
Bournazel, Eric: Le gouvernement capétien au XIIe siècle, 1108–1180. Limoges 1975.
Brühl, Carlrichard: Deutschland – Frankreich. Die Geburt zweier Völker. Köln/Wien 1990. ^{2}1995.
Duby, Georges: Krieger und Bauern. Die Entwicklung von Wirtschaft und Gesellschaft im frühen Mittelalter. Frankfurt a. M. 1977.

La France de Philippe Auguste. Hrsg. von Robert-Henri Bautier. Paris 1982.
Jaeger, C. Stephen: The Envy of Angels. Cathedral Schools and Social Ideals in Medieval Europe, 950–1200. Philadelphia 1994.
Jordan, William Chester: Louis IX and the Challenge of the Crusade. Princeton 1979.
Kienast, Walther: Deutschland und Frankreich in der Kaiserzeit (900–1270). Weltkaiser und Einzelkönige. 3 Tle. Stuttgart ²1974–75.
Le Goff, Jacques: Ludwig der Heilige. Aus dem Frz. von Grete Osterwald. Stuttgart 2000.
Lemarignier, Jean-François: Le gouvernement royal aux premiers temps capétiens, 987–1108. Paris 1965.
Lewis, Andrew W.: Royal Succession in Capetian France. Cambridge, Mass./London 1981.
Morissey, Robert: L'empereur à la barbe fleurie. Charlemagne dans la mythologie et l'histoire de France. Paris 1997.
Poly, Jean-Pierre / Bournazel, Eric: La mutation féodale, X^e^–XIIe siècles. Paris 1980.
Le roi de France et son royaume autour de l'an Mil. Paris 1992.
Schieffer, Rudolf: Die Karolinger. Stuttgart [u. a.] 1992. 3., überarb. Aufl. 2000.
Schneidmüller, Bernd: Karolingische Tradition und frühes französisches Königtum. Wiesbaden 1979.
– Nomen patriae. Die Entstehung Frankreichs in der politisch-geographischen Terminologie (10.–13. Jahrhundert). Sigmaringen 1987.
Schramm, Percy Ernst: Der König von Frankreich. 2 Bde. Darmstadt ²1960.
Sivéry, Gérard: Saint Louis et son siècle. Paris 1983.
Wagner, Kay: Debellare Albigenses. Darstellung und Deutung des Albigenserkreuzzuges in der europäischen Geschichtsschreibung von 1209 bis 1328. Neuried 2000. (Politik im Mittelalter. 4.)
Werner, Karl Ferdinand: Naissance de la noblesse. L'essor des élites politiques en Europe. Paris 1998.
– Vom Frankenreich zur Entfaltung Deutschlands und Frankreichs. Ursprünge – Strukturen – Beziehungen. Ausgewählte Beiträge. Sigmaringen 1984.

FRANKREICH IM SPÄTMITTELALTER: VOM KÖNIGSSTAAT ZUR KÖNIGSNATION

(1270–1498)

Von Heribert Müller

Epochenüberblick

Die Geschichte Frankreichs wird seit dem 13. Jahrhundert zunehmend von einem Königtum bestimmt, dem es im Verein mit qualifizierten Räten und Amtsträgern gelang, durch systematischen Auf- und Ausbau von Verwaltung, Justiz und Finanz einen auf seinen Hof hin zentrierten Staat zu schaffen. Dessen vor allem von Philipp dem Schönen und Karl V., später auch von Männern um Karl VI. und Karl VII. geprägte identitätsbildende Strukturen erwiesen obendrein kontinuitätssichernde Kraft während der zum Dynastiewechsel führenden Jahre von 1314 bis 1328 und vor allem angesichts der beiden zentralen Herausforderungen des 14./15. Jahrhunderts, der ›großen Krise‹ und des Hundertjährigen Kriegs: Pest, wirtschaftliche Not und politisch-militärische Niederlagen in der säkularen Auseinandersetzung mit England führten zwar zu tiefgreifenden Bewußtseinskrisen, zu Lebensgier aus Todesangst, zu rechnender wie exzessiver Religiosität, sie ließen Bürger und Bauern gegen traditionelle Ordnungen aufstehen, ohne daß dadurch aber das Land in eine wirklich existentielle Krise geraten wäre.

Weil der Hundertjährige Krieg so lange währte, konnte der Sieger nur Frankreich heißen. Auf Dauer wirkten sich Faktoren struktureller Überlegenheit von der Bevölkerungszahl bis zum Reichtum an natürlichen Ressourcen gegenüber England zwangsläufig und entscheidend aus. Hinzu kamen zu Beginn des 15. Jahrhunderts eine neue Qualität und Dimension des Königsstaats: In einer Epoche abermaliger Gefährdung, da die Kämpfe der Prinzenfraktionen Burgund und Orléans/Armagnac um die Macht über einen geistig umnachteten König zum Bürgerkrieg eskalierten und da der englische Gegner sich erneut im Land festsetzte, nach Hauptstadt und Krone griff, sollte er sich zur Königsnation entwickeln. Eine gelehrte Elite propagierte in jenen Jahren der Not einen einheitsstiftenden Königsmythos, der ein in breiteren Kreisen offensichtlich schon vorhandenes Gemeinschaftsgefühl, einen royalistisch getönten Patriotismus ansprach – der Staat hatte eben die Grundlagen der Nation gelegt.

In Jeanne d'Arc verdichtete sich diese Entwicklung zu historischer Größe. Die wesentlich von ihr bewirkte Befreiung von Orléans schuf wiederum die Voraussetzungen dafür, daß die sie zumeist ablehnende ›politische Klasse‹ am Königshof ihre Tätigkeit erfolgreich entfalten konnte. Ein erneut kontinuierliches Wirken qualifizierter Räte, Beamter und Diplomaten Karls VII. hatte entscheidenden Anteil am Ausgleich mit Burgund im Vertrag von Arras 1435, an der Etablierung einer gallikanischen Königs- und Landeskirche durch die Pragmatische Sanktion 1438 und schließlich generell am Wiederaufstieg Frankreichs zur europäischen Führungsmacht seit der Jahrhundertmitte, der ein entsprechender wirtschaftlicher und demographischer Aufschwung nachfolgte. Große Ordonnanzen befestigten weiter den Königsstaat, die Zeit der Fürstentümer neigte sich ihrem Ende zu. Allein Burgund, das innerhalb weniger Jahrzehnte durch eine beispiellose Expansion in Alteuropa zu beeindruckender großfürstlicher Machtkonzentration gefunden hatte, welche sich auch in glanzvoller höfischer Selbstdarstellung manifestierte, blieb ein ernstzunehmender Konkurrent und Gegner, vor allem unter Herzog Karl dem Kühnen. Lag sein Scheitern vor Nancy 1477 letztlich in seiner eigenen Person beschlossen, so führte der Streit um sein Erbe zwischen Frankreich und Habsburg in weltgeschichtliche, Europa auf Jahrhunderte prägende Dimensionen.

Der Königsstaat – Bewährung und Festigung

(1270–1314)

1270–1285	Philipp III.
1271	Anfall der Grafschaften Poitou und Toulouse an die Krone.
1274	Zweites Konzil von Lyon.
1282	Sizilianische Vesper.
1283	*Coutumes de Beauvoisis* des Philippe de Beaumanoir.
1284/85	Feldzug gegen Aragón.
1285–1314	Philipp IV. (der Schöne).
1294–1297	Krieg gegen England.
1294–1303	Pontifikat Bonifaz' VIII.
1294	Ausbruch des Konflikts zwischen König und Papst wegen Besteuerung des französischen Klerus.
1297	Kanonisation Ludwigs IX.
1299	Friede von Montreuil-sur-Mer.
1301	Verschärfung des königlich-päpstlichen Konflikts wegen Philipps Vorgehen gegen den Bischof von Pamiers.
1302	Versammlung der Generalstände in Notre-Dame/Paris. Aufstand in Flandern; Sporenschlacht von Kortrijk. Bulle *Unam sanctam* Bonifaz' VIII.
1303	Attentat von Anagni.
1307/12	Anfall von Stadt und Grafschaft Lyon an die Krone.

1307–1314	Verfolgung und Vernichtung des Templerordens.
1309–1377	Residenz des Papsttums in Avignon.
1311/12	Konzil von Vienne.

Unter dem Signum der Einheit von Reich und Königtum ging 1270 die Herrschaft auf Philipp III. (1270–1285) über. Noch von Nordafrika aus beauftragte er die vom Vater für die Zeit des Kreuzzugs als Stellvertreter eingesetzten Mathieu de Vendôme und Simon de Clermont, für das Wohl des Reichs und die Verteidigung seiner Grenzen Sorge zu tragen. Die Auffassung, daß der Schutz des *regnum* und nicht nur der Krondomäne Aufgabe des Monarchen sei, fand hier frühen und programmatischen Ausdruck. Und innerhalb wie auch außerhalb der Grenzen gewann das Königtum zunächst weiter an Gewicht: 1271 trat Philipp III. in den Grafschaften Poitou und Toulouse das Erbe seines Onkels Alfons von Poitou an, seit 1275 wurden die Weichen für den Anfall der Grafschaft Champagne samt des zeitweise mit ihr verbundenen nordspanischen Königreichs Navarra gestellt. Und als im Mai 1274 zu Lyon, also auf Reichsboden, erneut ein ökumenisches Konzil zusammentrat, nahm es bezeichnenderweise der französische König – wie schon 1245 sein Vater – unter seinen Schutz.

Weniger unter moralisch-rechtlichen als machtpolitischen Vorzeichen schien unterdes Karl von Anjou, Ludwigs IX. jüngerer Bruder, dessen Werk steigernd fortführen zu wollen. Er hegte von Katalonien bis Jerusalem ausgreifende Pläne, wobei er zugleich von den Staufern vorgezeichnete Bahnen betrat. Zentrum eines von Frankreich beherrschten Mittelmeerraums sollte danach das Königreich Sizilien sein, mit dem er 1265 von Papst Clemens IV., einem ehemaligen Rat Ludwigs IX., belehnt worden war. Anjou, so hoffte man an der Cathedra Petri, werde für den Kirchenstaat jene seit den Tagen Kaiser Heinrichs VI. bedrohliche Umklammerung der Staufer beenden. Allein nach dem Sieg bei Tagliacozzo und der spektakulären Hinrichtung des Kaiserenkels Konradin in Neapel 1268 griff Karl mit erstaunlicher Konsequenz ebendiese Traditionen auf: Auch er wollte durch die Thronkandidatur seines königlichen Neffen Philipp III. die deutsche Krone für sein Haus; auch er wollte das östliche Adriaufer, Byzanz und Jerusalem beherrschen; auch er wollte sich durch ein strikt-intensives Regiment über Neapel und Sizilien die notwendigen Ressourcen für solche Großmachtpolitik erschließen. Indes fand die Fremdherrschaft mit einem am Abend des Ostermontags 1282 in Palermo ausbrechenden Aufstand ihr Ende: Die »Sizilianische Vesper« aber war mehr als eine spontane Volkserhebung; lenkend und finanzierend standen dahinter Byzanz, das um die angevinischen Pläne einer Wiedererrichtung des lateinischen Kaiserreichs am Bosporus wußte, sowie das Haus Aragón, das seit der Heirat König Peters III. mit einer Enkelin Friedrichs II. selbst Anspruch auf das Königreich im Süden Italiens erhob. Das Jahr 1282 markiert den Beginn eines säkularen Gegensatzes zwischen Frankreich und Aragón im westlichen Mittelmeer. Karl von Anjou gelang es, König Philipp und den Adel zu einem Feldzug über die Pyrenäen zu bewegen, den Martin IV., der angevinische Sachwalter auf dem Papstthron, obendrein zum Kreuzzug erklärte. Nach siegreichem Abschluß des Unternehmes sollte Aragón durch Philipps III. Sohn Karl von Valois regiert werden, doch nach mehreren Niederlagen starb Philipp III. auf dem Rückzug am 5. Oktober 1285 in Perpignan.

Allein das Unglück eines Königs, der zwar pflichtbewußt, doch zwischen den Hofparteien schwankend wenig souverän regiert hatte, es sollte nicht zu einer Krise des Königtums werden. Eine seit 987 währende dynastische Kontinuität im Verein mit stetiger Expansion und Konsolidierung im 12. und 13. Jahrhundert ließen die Institution in Zeiten individueller Schwäche ihre Bewährungsprobe bestehen. Mit Philippe de Beaumanoir trat ein Mann in den Dienst des Hofs, der als *Bailli* (Amtmann) des nördlich von Paris gelegenen Clermont mit den *Coutumes de Beauvoisis* (1283) mehr als nur mündlich tradiertes Gewohnheitsrecht schriftlich fixierte, ließ er darin doch auch römisches und kanonisches Recht in der Absicht einfließen, die königliche Autorität als gesetzgeberische und richterliche Instanz zu stärken.

Wenn man über die enigmatische und meist aus dem Hintergrund, indes entschlossen und wirksam agierende Persönlichkeit des gleichnamigen Sohnes und Nachfolgers Philipp IV., des Schönen (1285–1314), hinaus die Aufmerksamkeit auf solche Räte und Beamte im Umkreis des Herrschers lenkt, dann scheint das berühmte Diktum Rankes im Kern treffend: »Durch sein ganzes Dasein weht schon der schneidende Luftzug der neueren Geschichte.« Denn Philipp IV. baute vor allem mit juristisch geschulten Helfern den Staatsapparat auf allen Ebenen in solcher Weise aus, daß er politische Unternehmen mit präziser Schlagkraft durchzusetzen vermochte. Und das geschah nicht mehr nur mit dem Schwert, sondern eben auch mit der Feder seiner Fachleute, was besonders im Fall kirchlicher Konflikte von Vorteil war. Mit Pierre Flotte, Guillaume de Nogaret, Enguerrand de Marigny oder Guillaume de Plaisians wird ein insgesamt zwanzig bis dreißig Köpfe umfassender, häufig durch Studium des römischen Rechts als Legisten ausgewiesener Personenkreis faßbar, der auf den an Europas spätmittelalterlichen Höfen immer häufiger vertretenen Typus des gelehrten Rats vorweist. Qualifikation und Qualität eröffneten dabei auch Bürgerlichen große und einträgliche Karrieren, doch dominierte noch auf Jahrhunderte die aristokratische Welt. Der Aufsteiger qua Amt strebte nach Nobilitierung, und solche *noblesse de robe* wollte es in ihrer Lebensführung dem alten Schwertadel, der *noblesse d'épée*, gleichtun.

Kronjuristen bestimmten fortan auch eine aus dem Königshof hervorgegangene Zentralbehörde, die sich im Verlauf des 13. Jahrhunderts vom obersten Adelsgericht zur höchsten Rechts- und Appellationsinstanz des Königreichs entwickelt hatte: das Parlament. Mochte es gewisse Kontrollfunktionen gegenüber dem König ausüben, da es dessen Erlasse prüfte und registrierte, so ließ schon sein Sitz im königlichen Palast auf der Ile-de-Cité keinen Zweifel daran, wer das Sagen hatte. Rat und Hilfe wurde Philipp IV. noch in anderem Rahmen gegeben: durch die 1302 im Verlauf seiner Aus-

Philipp IV., der Schöne, und seine vier Söhne (Miniatur aus einer französischen Handschrift um 1313)

einandersetzung mit Papst Bonifaz VIII. erstmals zusammentretenden Generalstände (*États généraux*), die trotz Einberufung aller Lehnsfürsten, Kronvasallen und Städte jedoch kein Repräsentativorgan mit Teilhabe an der Regierungsgewalt darstellten, sondern der königlichen Politik durch Konsens und Akklamation Nachdruck verleihen sowie vor allem finanzielle Unterstützung geben sollten.

Welch zunehmende Rolle Geld für Herrschaft überhaupt spielte, zeigt sich auch am Einfluß königlicher Bankiers wie der Coquatrix aus Paris oder von Italienern aus Lombardei und Toskana, allen voran den Brüdern Albizzio und Muciatto Giudi dei Franzesi, genannt *Biche* und *Mouche*. Seit 1304 tagte die gleich dem Parlament aus der *curia regis* hervorgegangene *chambre des comptes* in der Residenz des Königs auf der Stadtinsel. Sie war zuständig für seine ordentlichen Einkünfte aus Grundherrschaften, Lehen, Gerichten, Zöllen und Schutzabgaben von Juden und Lombarden sowie für die außerordentlichen Einnahmen, die Steuern. Ursprünglich nur unregelmäßig erhobene Beihilfen in Sonderfällen, entwickelten sie sich im Zuge des Ausbaus der Monarchie zu fast permanenten Abgaben direkter wie indirekter Art: Die Durchsetzung der *taille*, einer allgemeinen Kopfsteuer, von der Adel und Geistlichkeit befreit waren, und der *aide*, einer Verbrauchssteuer, als deren wichtigste wiederum die *gabelle*, eine Abgabe auf Salz (Ordonnanzen von 1341/43), zu gelten hat, erweist die Stärke einer bis vor Ort vertretenen königlichen Autorität. Daß Philipp der Schöne keine Skrupel kannte, seinen wachsenden Geldbedarf auch auf andere Weise zu decken, zeigen sein gewaltsames Vorgehen gegen Juden und Templer

Avignon, überragt vom Papstpalast (Miniatur aus einer Handschrift von Pierre Salmons »Réponses à Charles VI et lamentation au roi sur son état«, 1409)

sowie mehrere Münzmanipulationen. Die Hofhalte von König und Königin mit ungefähr 400 Personen, der Aufwand für Repräsentation, eine erheblich erweiterte Verwaltung und die Kriege gegen England und Flandern, aber auch Bestechungen und Pensionen wollten finanziert sein – mit Philipp IV. beginnt die Krone, adelige Treue zu kaufen.

In welcher Spannung Geld und Geistliches stehen konnten, sollte ein folgenschwerer Konflikt zwischen Bonifaz VIII. und Philipp dem Schönen erweisen, der über die konkreten Anlässe hinaus zur prinzipiellen Neubestimmung des Verhältnisses von Kirche und Staat führte. Denn er ließ das Papsttum von den Höhen hierokratischen Machtanspruchs in die »babylonische Gefangenschaft« Avignons geraten und verlieh der französischen Kirche auf Jahrhunderte ein gallikanisches Eigenprofil. Seinen Ausgang hatte der Streit genommen, als Philipp 1294 zur Finanzierung seines Kriegs gegen England auch dem Klerus des Königreichs Steuern auferlegte. Die scharfen Auseinandersetzungen mit Bonifaz VIII. eskalierten in einen gegenseitigen propagandistischen Vernichtungsfeldzug, zumal der Herrscher 1301 noch dem Bischof von Pamiers wegen Majestätsbeleidigung, Rebellion, Häresie und Simonie den Prozeß machen ließ. Hinter den Fragen nach dem Recht auf Besteuerung der Geistlichkeit wie der Jurisdiktion über sie stand zwei Jahrhunderte nach dem Investiturstreit erneut das grundsätzliche Problem der Beziehungen von geistlicher und weltlicher Gewalt zur Debatte – jetzt allerdings unter veränderten Vorzeichen, denn das entwickelte, auf Autonomie bedachte Staatswesen Frankreich von 1300 hatte nur wenig mit dem rudimentären Gebilde Reich eines Heinrich IV. im 11. Jahrhundert gemein. Der mit monumental-anachronistischer Radikalität den päpstlichen Anspruch auf Oberherrschaft in der Welt formulierenden Bulle *Unam sanctam* Bonifaz' VIII. vom 18. November 1302 begegnete der von Exkommunikation bedrohte König mit rücksichtsloser Tat: Sein Siegelbewahrer Guillaume de Nogaret setzte den Papst am 7. September 1303 zu Anagni in der Absicht gefangen, ihn in einem Ketzerprozeß des Amtes zu entheben. Wenn dies auch scheiterte, die Wahl des Erzbischofs Bertrand de Got von Bordeaux 1305 zum Nachfolger des an den Folgen des Attentats verstorbenen Bonifaz durch eine inzwischen franzosenfreundliche Majorität des Kardinalkollegiums, dessen Krönung in Lyon und spätere Residenz in Avignon im Schatten französischer Macht zeigen deutlich, wer aus diesem Konflikt als Sieger hervorgegangen war.

Druck des Königshofs stand auch hinter der Einberufung eines allgemeinen Konzils nach Vienne 1311, auf dem Philipps Vorgehen gegen die Templer sanktioniert und deren Liquidation beschlossen werden sollte. Denn am 13. Oktober 1307 hatte der Herrscher 2000 Mitglieder des Ordens verhaften und das Vermögen konfiszieren lassen – die präzise Ausführung seines Befehls bekundet übrigens die Funktionstüchtigkeit eines königlichen Apparats, der seit Philipp II. Augustus mit *Baillis* (im Languedoc: *Sénéchaux*) und diesen zu- bzw. nachgeordneten Fachbeamten zunehmend auch auf regionaler und lokaler Ebene präsent war. Die Motive für das Vorgehen gegen den reichen und vom französischen Adel dominierten Orden lassen sich nicht mit letzter Sicherheit aufklären, doch dürften die Aussicht auf das gewaltige Vermögen der Gemeinschaft, die Furcht vor einem Adelsstaat im Staat wie die Weigerung des Großmeisters Jacques de Molay, sich nach dem Verlust der letzten Bastionen im Heiligen Land mit den anderen geistlichen Ritterorden unter dem Kommando des französischen

Königs zusammenzuschließen, eine Rolle gespielt haben. Verdächtigungen wegen Ketzerei und sexueller Exzesse mag der Herrscher deswegen nur zu gern Glauben geschenkt haben. Als aber Papst und Konzil nicht sogleich im gewünschten Sinne »funktionierten«, war es Philipp IV. persönlich, der im März 1312 Papst Clemens V. in Vienne den Auflösungsbeschluß des Ordens diktierte.

Erfolgreich im Bemühen um innere Festigung des Staates und in der Auseinandersetzung mit dem Papsttum, setzte Philipp auch die territoriale Expansion des Königreichs fort. Auf das Land an der Rhone, das als Teil des alten Königreichs Burgund-Arelat nominell noch zum Reich gehörte, gelang ihm ein erster Zugriff, als er seine Schiedsrichterrolle im Streit zwischen Bürgerschaft und Kathedralkapitel von Lyon nutzte, um Stadt und Grafschaft 1307/12 für die französische Krone in Besitz zu nehmen. Auch andernorts an der Ostgrenze, ob im Barrois westlich der Maas oder im Rhonebistum Viviers, wußten Philipp und seine Nachfolger sich bietende Gelegenheiten zu nutzen. Die Bischofsstädte Verdun und Toul unterstellten sich dem Schutz des französischen Königs, der mit Geld und Heirat zudem die Freigrafschaft Burgund zu erwerben trachtete, allein ein vorsätzlicher »Drang zur Rheingrenze« läßt sich damals nicht erkennen.

Von ungleich größerem Interesse war dagegen das auf der Grenze von Reich und Krone gelegene Flandern, eine der ökonomisch fortgeschrittensten Regionen jener Zeit, wo Tuchproduktion und -export den unruhigvitalen Kommunen zu prekärer Prosperität verholfen hatten. Diese Fragilität auf hohem Niveau war durch innerstädtische Auseinandersetzungen wie Begehrlichkeiten der beiden westeuropäischen Vormächte Frankreich und England bedingt, auf deren Lebensmittel- bzw. Wollieferungen die Flamen wiederum angewiesen waren und die ihrerseits untereinander in ungelöstem Konflikt um den Festlandbesitz der Anjou-Plantagenêt standen. Als sich nun Philipp IV., der die aragonisch-süditalischen Ambitionen seiner Verwandten nicht weiter verfolgte und sich statt dessen unter dem erprobten Vorwand der Verletzung von Lehnspflichten daranmachte, »den englischen Pfahl aus dem französischen Fleisch« zu ziehen, und 1294 einen Krieg um das Herzogtum Guyenne begann, da sollte das alte Thema der englisch-französischen Auseinandersetzungen fortan mit dem Kampf um Flandern verbunden sein. Denn der Graf von Flandern, mit Adel und Patriziat seines Landes eigentlich Frankreich nahestehend, hatte sich zur Machterhaltung mit der bürgerlichen und bäuerlichen Bevölkerung zusammenschließen müssen. Das aber bedeutete Gegnerschaft zu den oligarchischen *Leliaerts*, den Anhängern der französischen Lilie, was ihn 1294 in ein Bündnis mit Eduard I. von England trieb. Doch nur fünf Jahre später sollte Guido von Dampierre zum Opfer eines vorübergehenden Ausgleichs der Hauptkontrahenten werden: Der Friede von Montreuil-sur-Mer schien Philipp dem Schönen sogar die Chance zu eröffnen, das reiche und isolierte Flandern der Krone zu inkorporieren. Die gräfliche Familie wurde inhaftiert; die neuen Herren begannen, den Anjou in Süditalien gleich, ein grausames Regiment auszuüben. Aber in dem Weber Pieter de Conynck fanden die Aufständischen ihren charismatischen Führer; der »Löwe von Flandern« erhob sich: Bauern und Bürger lockten die französische Strafexpedition in ein Kanalsystem; die unbeweglichen und wehrlosen Ritter wurden erschlagen, ihre Sporen als Zeichen des Triumphs in der Marienkirche des nahegelegenen Kortrijk aufgehängt (»Sporenschlacht« vom 11. Juli 1302).

Spektakulär war der Erfolg, doch nicht von Dauer. Schon 1305 legte der Vertrag von Athis-sur-Orge Flanderns Tributpflichten fest. Sämtliche über 14 Jahre alten Einwohner hatten die Abmachungen in fünfjährigem Abstand zu beschwören – diese Verfügung läßt bereits das moderne, alle Einwohner erfassende Untertanenprinzip erkennen. Drei Jahre später begegnet in diesem Kontext der Begriff *frontiere* erstmals im Sinn von Grenze: Auch hier wird, in Weiterentwicklung des Ansatzes von 1270, mit dem Faktor der territorialen Einheit ein weiteres Prinzip moderner Staatlichkeit definiert. »Abgrenzen« aber sollte sich fortan zudem das flämische Eigen- und Gemeinschaftsbewußtsein, das mit seiner niederländisch-germanischen Ausprägung ein bis heute gültiges Profil gegenüber der Frankophonie erhielt.

Wenn Philipp der Schöne die Konflikte mit England und Flandern auch nicht abschließend zu lösen vermochte, so hinterließ er bei seinem Tod am 29. November 1314 den Königsstaat Frankreich doch gefestigter denn je. Daß Bonifaz VIII. 1297 in einer Phase der Bemühung um Ausgleich mit dem König dessen Großvater Ludwig IX. kanonisiert hatte, verlieh Philipp und dessen Nachkommen noch höhere Dignität, hob sie – *le sang de St-Louis* in ihren Adern – über den Salbungsakt von Reims hinaus in eine sakrale Sphäre. Mehr denn je schienen das Geschlecht der Kapetinger und der Königsstaat Frankreich eins.

Übergang und Krise

(1314–1364)

1314–1316	Ludwig X. (der Zänker).
1315–1317	Mißernten und Hungersnöte.
1316–1322	Philipp V. (der Lange).
1317	Ausschluß weiblicher Thronfolge im Königtum.
1322–1328	Karl IV. (der Schöne).
um 1326	*État des paroisses et des feux.*
1328–1350	Philipp VI. von Valois.
1328	Übergang des Königtums auf das Haus Valois; Anspruch Eduards III. von England auf die französische Krone. Niederschlagung der flandrischen Revolte bei Cassel.
1337	Französische Konfiskation der Guyenne: faktischer Ausbruch des Hundertjährigen Kriegs.

1340	Bündnis Flanderns mit England; Hoftag Eduards III. in Gent. Vernichtung der französischen Flotte in Sluis.
1341	Beginn des bretonischen Erbfolgekriegs.
1346	Schlacht bei Crécy.
1347	Englische Eroberung von Calais.
1347/48	Ausbruch der Großen Pest.
1349	Judenverfolgungen und Flagellantentum. Erwerb von Dauphiné und Montpellier.
1349–1387	Karl II. (der Böse) König von Navarra.
1350–1364	Johann II. (der Gute).
1356	Schlacht bei Maupertuis/Poitiers; Gefangennahme des Königs. Beginn der ständischen Reformpolitik.
1358	Aufstand in Paris unter der Führung des Étienne Marcel. Regentschaft des Dauphin Karl. *Jacquerie;* Schlacht bei Creil.
1360	Vertrag von Brétigny/Calais. Einführung des Franc.
1363–1404	Philipp der Kühne Herzog von Burgund.

Wie fest gegründet dieser Königsstaat war, sollten die folgenden Jahre erweisen, als sich nämlich jenes dynastische Fundament auf Grund einer Häufung biologischer Zufälle zu lösen begann. Hatte über drei Jahrhunderte die Existenz eines Königssohns kontinuierliche Sukzession garantiert, so warf dessen dreimaliges Fehlen in nur zwölf Jahren Probleme auf, gefährdete indes nicht die Grundlagen. Auf Ludwig X., den Zänker (1314–1316), folgte, ohne daß seine Tochter Johanna von Évreux berücksichtigt worden wäre, mit dem damaligen Regenten ein weiterer Sohn Philipps des Schönen als König: Philipp V., der Lange (1316–1322), der seinerseits keine der vier eigenen Töchter für die Nachfolge bestimmen konnte. So ging die Herrschaft auf Philipps des Schönen jüngsten Sproß, Karl IV., den Schönen (1322–1328), über. Nach dessen Tod kam erneut entscheidende Bedeutung der Regentschaft zu, die sich mit dem tatkräftigen und entschlossenen Philipp von Valois ein Neffe Philipps des Schönen zu sichern vermochte, der, als eine Tochter Karls IV. nachgeboren wurde, selbst die Königsherrschaft als Philipp VI. (1328–1350) antrat.

Der Dynastiewechsel von Kapetingern zu Valois bedeutete keinen tiefen Bruch; man blieb, in etwas erweitertem Kreis, letztlich weiterhin »unter sich«. Die Großen des Reichs versuchten nicht einmal, die Gelegenheit für einen ungebundenen Wahlakt zu nutzen, und Proteste wurden nur vereinzelt laut. Im Jahr 1328 waren die Weichen eigentlich schon durch die präjudizierenden Vorgänge von 1316/1317 gestellt. Denn damals war de facto ein Staatsstreich legitimiert worden, hatte doch eine – erst nach der Reimser Krönung – im Februar 1317 in Paris zusammenkommende Versammlung, gestützt auf das gelehrte Votum der Universität, sich unter Berufung auf die seit altersher im Königreich übliche Sukzession im Mannesstamm für den grundsätzlichen Ausschluß von Frauen bei der Thronfolge ausgesprochen. Ungeachtet der sonst in Frankreich und Europa durchaus praktizierten weiblichen Erbfolge wurde hier Recht aus politischen Erwägungen gesetzt. In der zweiten Hälfte des 14. Jahrhunderts stieß man im Zuge weiterer Suche nach rechtlicher Legitimierung auf die *Lex Salica*, ein im 6. Jahrhundert kodifiziertes und in mehreren Fassungen überliefertes Rechtsbuch des größten Stammes der Franken, als deren direkte Nachfahren sich die Franzosen betrachteten. Sie schloß bei Landbesitz die Erbfolge in weiblicher Linie aus – ein Grundsatz, der nunmehr auf die Thronfolge übertragen wurde und von dem man im 15. Jahrhundert behauptete, er sei schon 1316 und 1328 zur Anwendung gelangt. Notwendig erwies sich solch zusätzlicher Rekurs, um englische Ansprüche auf die französische Königswürde in einem den Waffengang begleitenden Krieg der Federn zurückzuweisen.

Denn in jener Situation des Jahres 1328 hatte der junge König Eduard III. erstmals Ansprüche auf den französischen Thron angemeldet; seine Mutter Isabella war eine Tochter Philipps des Schönen, die gemäß den Abmachungen von Montreuil Eduard II. von England geehelicht hatte. In weiblicher Linie stand ihr Sohn als einziger direkter Nachfahre Philipps des Schönen dem Kapetinger näher als der gradfernere, indes in männlicher Linie verwandte Philipp von Valois. Es handelte sich also um einen dynastischen Konflikt, bei dem der heutige Betrachter aber schon vereinzelt nationale Momente zu konstatieren glaubt, wenn französische Stimmen der Zeit gegen Eduard III. vorbrachten, er stamme nicht aus dem Königreich. Dies bedeutete den Anfang einer erneuten französisch-englischen Auseinandersetzung, die nunmehr – mit großen Unterbrechungen – bis zur Mitte des 15. Jahrhunderts dauerte, als »Hundertjähriger Krieg« weite Teile des Königreichs heimsuchte und sich im Verbund mit einer durch die Große Pest ausgelösten allgemeinen Krise um 1350 zu einer für das Land bis dahin unbekannten Bedrohung steigerte.

Es gibt indes Historiker, für die das gesamte 14. Jahrhundert unter dem Zeichen der Krise steht, der *siècle de St-Louis* schon nach 1314 vom *siècle des malheurs* abgelöst wird – eingeleitet während der Jahre 1315 bis 1317 durch drei Mißernten in Folge, die vor allem den Norden heimsuchten und Hungersnöte und Epidemien nach sich zogen. Tod durch Unterernährung und Krankheit führte zu einem Bevölkerungsrückgang. Zudem setzte damals eine bis zur Mitte des 15. Jahrhunderts reichende Klimaverschlechterung ein; die Winter wurden kälter, die Sommer nässer, was auch einen Rückgang des Weinbaus in den nördlichen Regionen des Königreichs zur Folge hatte. Da es schwerfiel, eine Familie zu ernähren, blieben Männer zunehmend ehelos oder vermählten sich erst in späteren Jahren. Relativ viele Ehen hatten nicht zuletzt aus wirtschaftlichen Gründen keine Kinder, was in Reims etwa bei der Hälfte aller Paare der Fall gewesen sein soll, und es wurde auch abgetrieben. Andererseits bedeutete solche Entwicklung auch Entlastung. Denn das frühere starke Bevölkerungswachstum und, damit

Philipp VI. bei einer Gerichtssitzung im Prozeß gegen Robert von Artois, 1331

einhergehend, die Parzellierung und Auslaugung der Böden, hatten dazu geführt, daß z. B. in der Pikardie um 1300 fast 70 % der Bauern im Elend lebten oder nur unter Schwierigkeiten ein karges Auskommen fanden. Dieser Druck ließ nun nach, zudem machten abgabepflichtige oder verschuldete Landleute in Zeiten zunehmender Geldwirtschaft an den häufigen Münzverschlechterungen ihren Schnitt, was wiederum zu einer Krise der grundherrlichen Einkünfte führte, die sich seit der Mitte des 14. Jahrhunderts weiter verschärfte, als der Bevölkerungsrückgang noch wesentlich gravierender wurde und den Lebensmittelbedarf erheblich sinken ließ. Andererseits bewies das seigneuriale System erstaunliche Flexibilität und Lebenskraft. Die Krise lehrte die adeligen Herrn rechnen, hielt sie zu ökonomischerer Wirtschaftsführung an. Zudem bedeutete der große Krieg für sie nicht nur Gefährdung von Besitz und Lehen, Kosten für Ausrüstung und Auslöse, sondern er bot auch vielfältige Möglichkeiten der Bereicherung. Den gesellschaftlichen Status angesichts des ökonomischen Drucks zu wahren, *vivre noblement*, erforderte Anstrengung; allein von der landwirtschaftlichen Krise war der Edelmann in der Regel doch weniger als der Bauer betroffen.

Dieser versuchte sein Glück oft in den Städten; die relativ hohe Migration der Zeit spiegelt sicher nicht nur gestiegene Mobilität, sondern auch existentielle Not. In den Städten konzentrierte sich mit entwurzelten Neuankömmlingen, stellungslosen Söldnern, mit Armen und Vagabunden, Prostituierten und Kriminellen ein oft gewalttätiges Potential von Randständigen; aber aufs Ganze gesehen boten sie, durch ihre Mauern besser vor Kriegsgreueln geschützt, ein positiveres Bild als das Land. Die knapp gewordene qualifizierte Arbeitskraft wurde gut bezahlt und mußte weniger denn je für ihren Lebensunterhalt aufwenden (Lohn-Preis-Schere), insbesondere das Handwerk erwies sich als stabiler Faktor. Ungebrochene Nachfrage gerade nach Luxusprodukten etwa aus den Goldschmieden von Paris oder den Teppichwirkereien von Arras zeigt, daß von einer generellen Verarmung der Höfe und des Adels keine Rede sein kann.

Andere Quellen scheinen indes genau das Gegenteil der skizzierten Verhältnisse zu belegen. Das Bild ist verwirrend, unübersichtlich und in der Tat widersprüchlich. Es muß auch im Vergleich zu den heutigen großräumlichen Volkswirtschaften ungleich stärker regional differenziert werden, und vieles wird sich zudem auf Grund der Quellenlage nicht mehr klären lassen. Als sicher kann aber zumindest gelten, daß nach einer langen, über 1270 hinausreichenden Wachstumsperiode und vereinzelten frühen Anzeichen von Stagnation dann im Gefolge der Mißernten von 1315 bis 1317 Krisensymptome deutlich werden. Dafür sprechen auch andere Umstände von neuerlicher Verfolgung und Vertreibung der Juden und – damit erstmals verbunden – der Leprosen 1323/24 bis hin zum beginnenden Niedergang der Champagne-Messen. Wie eine statistische Momentaufnahme aus dieser Zeit wirkt ein zu Steuerzwecken spätestens seit 1326 in der Krondomäne angelegtes Dokument (*L'état des paroisses et des feux*), das 2 469 987 abgabefähige Herdstellen in 23 671 Pfarreien auf einem ungefähr 60 % der Gesamtfläche Frankreichs erfassenden Gebiet verzeichnet. Daraus hat die historische Demographie auf eine zwischen 14,5 und 18 Millionen liegende Zahl von Einwohnern für das gesamte Königreich geschlossen, die zu mehr als 90 % auf dem Land siedelten, während unter den Städten Paris mit vermutlich 200 000 Einwohnern weit herausragt. Trotz aller diesen Berechnungen zwangsläufig eigenen Unsicherheitsfaktoren steht fest, daß auch in einem Frankreich mit rückläufiger Einwohnerzahl weiterhin die meisten Menschen Europas lebten.

Die Pest in Tournai, 1349 (Miniatur aus den Annalen des Gilles le Muisit, um 1353)

An diesem Sachverhalt änderte sich grundsätzlich nichts, als im Herbst 1347 in Marseille einlaufende genuesische Schiffe den Schwarzen Tod in ein Land brachten, das ohnehin schon unter den Auswirkungen zweier erneuter Mißernten litt. Die Pest raffte ein gutes Viertel der Bevölkerung hinweg, und mehrere nachfolgende Wellen bewirkten, daß Frankreich erst in der ersten Hälfte des 16. Jahrhunderts wieder den Einwohnerstand von 1347 erreichte. Ein Register aus dem burgundischen Givry spiegelt Leid und Lebenswillen: Hatte der Pfarrer in der Regel jährlich etwa 30 Tote zu bestatten, so schnellte diese Zahl 1348 in elf Monaten auf 649 hoch. In jenem Jahr gab es keine einzige Heirat, während sonst an die 20 Eheschließungen zu verzeichnen waren; doch schon ein Jahr später heirateten nicht weniger als 86 Paare. Zur ökonomischen und demographischen Katastrophe kam das politische und militärische Desaster im Krieg gegen England, das vor Ort konkret Zerstörung, Raub, Plünderung, Flucht und Steuerdruck bedeutete. Wieder glaubte man, in Juden und Aussätzigen die Schuldigen für das Unglück gefunden zu haben; Jagd auf vermeintliche Sündenböcke wie auch hemmungsloses Ausleben von Gier und Lust waren indes Ausdruck einer tiefgreifenden Bewußtseinskrise. Ordnungen zerbrachen, beständig schien nur der Wandel; Versicherung in unsicherer Zeit verhieß allein die Religion: Exzessiv suchte der Geißler, rechnend der Kaufmann das Heil zu erzwingen. Zwischen Bittprozession und Buchhaltung für das Jenseits praktizierten die Verängstigten alle Möglichkeiten einer »Frömmigkeit der großen Zahl«. In einer Zeit, da Unfaßbares geschah, trachtete man nach Faßbarem, ob es sich um Reliquien und Wunderhostien oder Addition von Messen, Gebeten und Ablässen handelte.

Doch auch hier ist vor Verallgemeinerung zu warnen: Nur in wenigen Landstrichen starben 80 % der Bevölkerung wie in der Haute-Provence; zwar gab es Wüstungen, doch hielten sich völlige Auflassungen von Dörfern in Grenzen, so daß auch das Pfarrnetz im wesentlichen Bestand hatte. Frankreich blieb das bevölkerungs- und ressourcenreichste Land Europas und war dem von Natur aus ärmeren Kriegsgegner England, das gerade 3 Millionen Einwohner zählte, strukturell weitaus überlegen. Trotz Krisen und Katastrophen, trotz mangelnder Organisation und militärischer Fehler mußte sich dieses Faktum auf Dauer entscheidend auf den Waffengang auswirken. Gerade weil der Hundertjährige Krieg so lange dauerte, hieß sein Sieger zwangsläufig Frankreich. Für seinen Ausbruch waren wirtschaftliche Faktoren nicht ausschlaggebend, wohl aber für seinen Ausgang.

Mochte Eduard III. auch 1329 in Amiens dem französischen König als Lehnsherr gehuldigt und damit seine Anerkennung ausgesprochen haben, so waren es doch besagte Erbansprüche und die üblichen Lehnsstreitigkeiten, die neben der Furcht vor einem Rachefeldzug des nach seiner Niederlage bei Halidon Hill 1333 in Frankreich lebenden Schottenkönigs David II. Bruce und vor allem neben dem stets virulenten Problem Flandern zum großen Krieg führten. Dort war eine 1323 im Gebiet um Brügge ausgebrochene Bauernrevolte zum Volksaufstand geworden. Er richtete sich gegen eine unnachgiebig Abgaben einfordernde Verwaltung des mit dem französischen Hof verbundenen und auf Erfüllung aller Tributpflichten bedachten Grafen Ludwig von Nevers. Zwar konnte die Erhebung mit französischer Waffenhilfe im Juni 1328 bei Cassel niedergeschlagen werden, doch verstärkte dies nur noch die ohnehin feindselige Einstellung weiter Bevölkerungskreise. 1340 schlossen die Flamen einen förmlichen Bund mit England, und noch im selben Jahr nahm Eduard III. als »Erbe Ludwigs des Heiligen« auf einem Hoftag zu Gent den Titel eines Königs von Frankreich an, den seine Nachfolger bis zum Beginn des frühen 19. Jahrhunderts führen sollten. Die Vernichtung der in Sluis liegenden französischen Flotte ließ erkennen, daß er seine Ansprüche nunmehr gewaltsam durchzusetzen trachtete und somit natürlich die 1337 einmal mehr verfügte Konfiskation der Guyenne durch die französische Krone nicht hinzunehmen bereit war. Ebensowenig konnte er im bretonischen Erbfolgekrieg ab 1341 einen Sieg der mit Frankreich verbundenen Partei der Penthièvre, deren Ansprüche übrigens auf weiblicher Erbfolge gründeten, über die von ihm im keltischen Westen, der *Bretagne bretonnante*, unterstützten Montfort zulassen, die ihrerseits England über viele Jahre eine weitere Operationsbasis auf dem Kontinent boten.

Mit Philipp VI. trat Eduard III. ein Freund aufwendiger Feste und Turniere entgegen, der seine Regierung zwar mit energischen Maßnahmen begonnen hatte, um mögliche Zweifel an seiner Legitimität im Keim zu ersticken, dann aber seine Beamten weitgehend selbständig walten ließ. Der aus der überwachenden Obhut Philipps des Schönen entlassene Königsstaat konnte so selbständiger funktionieren, die Macht der Krone wurde unabhängiger von ihrem jeweiligen Träger – eine generell zukunftsweisende Tendenz.

Gravierend, aber nicht existenzgefährdend war selbst jene katastrophale Niederlage der Franzosen in der ersten großen Schlacht des Kriegs bei Crécy im August 1346, als Philipp dem in der Normandie gelandeten Eduard III. an der Somme den Weg nach Flandern zu versperren suchte. Hohe Verluste waren zu beklagen, unter den Gefallenen befanden sich königliche Verwandte und Verbündete wie der böhmische König Johann der Blinde aus dem Haus Luxemburg, dessen mit einer Schwester Philipps VI. verheirateter und soeben zum römischen König erwählter Sohn Karl IV. nur knapp dem Tod entkam. Die trotz erdrückender Überzahl fatale Unterlegenheit der Franzosen gründete in taktischen Fehlern – so mangelte es an einem abgestimmten Gesamtplan –, vor allem aber in der Tatsache, daß ihr Adelsheer die Schlacht als eine Art Turnier verkannte. Dem Zusammenspiel von englischen Fußtruppen und Rittern, dem Einsatz rasch und präzise schießender Bogenschützen hatte man nichts entgegenzusetzen. Hier wird nicht nur ein militärtechnischer, sondern auch mentaler Rückstand deutlich. Die französische Sicht des Kriegs als exklusiv-adligen Ritterkampfs in großem Stil sollte endgültig erst im 15. Jahrhundert überwunden werden, als ein einheitliches Heerwesen vom Königsstaat geformt und in diesen integriert wurde.

Die Einnahme des lange widerständischen Calais ein Jahr nach dem Sieg von Crécy – die spektakulären Umstände der Übergabe der bis 1559 als englischer Vorposten auf dem Kontinent fungierenden Stadt griffen noch moderne Künstler wie Auguste Rodin und Georg Kaiser auf –, ein neuerlicher Sieg über die Schotten bei Neville's Cross und das Angebot der deutschen Krone durch die wittelsbachische Partei sahen Eduard III. auf dem Höhepunkt seiner Macht. Doch der geschlagene Gegner, dessen Land obendrein von der Pest heimgesucht wurde, war 1349 noch immer in der Lage, endgültig den Dauphiné und dazu noch das zum Königreich Mallorca gehörige Montpellier zu erwerben; und Philipps Nachfolger Johann II. (1350–1364) – gleichfalls ein Freund verschwenderischer Pracht und aufwendiger Feste – verdankte seinen (späteren) Beinamen »der Gute« dem Umstand, Anhang und Umgebung, wenn auch um den Preis finanzieller Kalamitäten, reich entlohnen zu können.

Als ein Jahrzehnt nach Crécy die Schlacht von Maupertuis/Poitiers am 19. September 1356 eine weitere militärische Katastrophe brachte, da die französische Reiterei erneut im Hagel englischer Pfeile fiel, war dies wiederum Ausdruck der skizzierten taktischen wie mentalen Immobilität, doch jetzt auch Folge zweier individueller Faktoren: In Eduards gleichnamigem Sohn, wohl wegen seiner schwarzen Rüstung *Black Prince* genannt, war den Engländern ein glänzender Heerführer erwachsen, andererseits hatte sich Johann II. im eigenen Lager durch Morde, Günstlingswirtschaft und Hofkabale zahlreiche Feinde gemacht, allen voran König Karl II. von Navarra, über seine Mutter ein Enkel Ludwigs X. und überdies Schwiegersohn des Monarchen. Um »den Bösen« – dieses Epitheton begegnet jedoch

Gefangennahme Johanns II. durch den Prinzen von Wales in der Schlacht von Poitiers, 1356 (Miniatur aus einer Handschrift der »Chroniques« des Jean Froissart, Ende 14. Jahrhundert)

erst im 16. Jahrhundert – scharte sich nach der Gefangennahme des französischen Königs bei Maupertuis durch die Engländer ein Großteil der adligen Opposition. Über den demagogisch agierenden Bischof Robert Le Coq von Laon nahm sie auf der Versammlung der Stände der Languedoïl im Oktober 1356 Kontakt mit den unzufriedenen Bürgern von Paris auf, die ihrerseits unter Führung des Tuchhändlers und Vorstehers der Kaufmannschaft Étienne Marcel die Stadtregierung an sich rissen.

Durch die Generalstände wollte die Bürgerschaft nun Reformen für ein »gutes Regiment« erreichen, was Kontrolle des Königs und seines Rats, Minderung der Abgaben und Stabilität des Geldwerts hieß, der sich in den ersten fünf Jahren der Regierung Johanns II. um dreiviertel vermindert hatte. 1357 wurde sein ältester Sohn Karl zum Erlaß einer entsprechenden Ordonnanz gezwungen. Solche Abhängigkeit des Thronfolgers von der Partei des Étienne Marcel steigerte sich zur Demütigung, als im Februar 1358 hohe Beamte und Militärs, die als Symbole des Versagens bei Maupertuis, der Reformfeindlichkeit und Korruption galten, getötet wurden, und Karl diese Mordtaten ausdrücklich billigen mußte. Möglicherweise stand das Pariser Bürgertum auch hinter der im Mai 1358 im Beauvaisis ausbrechenden und bald auf Pikardie und Champagne übergreifenden Bauernrevolte. Denn die *Jacquerie* – sie hieß wohl so nach dem Spottnamen *Jacques Bonhomme*, mit dem der Adel die Bauern belegte – bot Aussicht, die nach Crécy und Maupertuis ohnehin geschwächte Aristokratie weitgehend zu entmachten, deren trotz Krieg und Pest unverminderte Abgabenforderungen und mangelnde Erfüllung von Schutzpflichten die – königstreuen – Rebellen hatte aufbegehren lassen. Bei den Verfolgungen und der Exekution der Aufständischen in der Schlacht bei Creil am 10. Juni 1358 sollen über 20 000 Landleute den Tod gefunden haben. Karl II. von Navarra stand dabei selber an der Spitze des Adels, dessen Reihen dank seiner Verbindungen von englischen und flämischen Standesgenossen verstärkt wurden. Gerade diese Beziehungen aber ließen in Paris die Abneigung gegen ihn, der sich über seine eigenen Ziele beharrlich ausschwieg, weiter wachsen, und als

Massaker an den Jacques auf der Brücke von Meaux, 1358 (Miniatur aus einer Handschrift der »Chroniques« des Jean Froissart, um 1460)

Étienne Marcel ihm und seinen englischen Hilfstruppen die Stadttore öffnete, fiel der *Prévôt des marchands* (Vorsteher der Kaufmannschaft) selber am 31. Juli 1358 einem Mordkomplott zum Opfer.

Daß die opponierenden Kräfte schließlich scheiterten, gründete in ihrem durch ständische Schranken und divergierende Ziele bedingten gegenseitigen Mißtrauen und der daraus resultierenden Unfähigkeit zu abgestimmt-einheitlichem Handeln. Daß das »gute Regiment« dann doch noch und zwar auf traditionellem Weg Wirklichkeit wurde, lag an der Persönlichkeit des Kronprinzen, der seit 1358 als Regent für seinen gefangenen Vater fungierte und auch den Titel eines *Dauphin de Viennois* führte, da ihm der Dauphiné noch von seinem Großvater übertragen worden war. Karl verstand es, in jenen Jahren der Wirrnis ein Königtum in der Krise zu bewahren und dies auch gegen einen König selbst, der, Kreuzzugsträumen nachhängend, in seiner Gefangenschaft auf maßlose Forderungen der Engländer einzugehen bereit war. Der Thronfolger dagegen betrachtete, wie später die kluge Christine de Pisan, Tochter eines an Karls Hof berufenen italienischen Arztes und Astrologen, bemerkte, »mit den Augen des Verstehens sein Volk und das geschlagene und geschundene Frankreich«.

Und er machte sich ans Werk. 1360 schloß er in Brétigny und Calais einen Frieden, der für Frankreich immer noch erhebliche territoriale und finanzielle Verluste bedeutete, denn gegen Eduards III. Verzicht auf den französischen Thron fielen Guyenne, Gascogne sowie Calais und das benachbarte Guines zu voller Souveränität an den Engländer, und für Johanns Freilassung waren 3 Millionen Goldschilde in Raten zu entrichten, was ungefähr den Staatseinnahmen von zehn Jahren entsprach. Daraus resultierte wiederum entsprechender Steuerdruck, aber auch die Schaffung einer Münze, die nach nicht weniger als 22 Manipulationen zwischen Herbst 1358 und Frühjahr 1360 Symbol für einen nunmehr festen Geldwert sein sollte: des Franc, vielleicht wegen der Befreiung des Königs aus englischer Haft, vielleicht auch wegen des freien Umlaufs im Königreich so genannt.

Daß sich der ritterlichen Vorstellungen verpflichtete Johann II. wenige Monate vor seinem Tod erneut nach England zu Verhandlungen begab, u. a. weil sein dort für ihn als Geisel einsitzender Sohn Ludwig von einem Urlaub auf Ehrenwort nicht zurückgekehrt war, stellt einen tragischen und zugleich typischen Epilog seiner unglücklichen Regierung dar, gegen deren Ende er ohne Wissen und Willen noch eine weitere, für die Monarchie folgenschwere Entwicklung einleitete: 1363 übergab er das Herzogtum Burgund nach dem Erlöschen einer kapetingischen Seitenlinie an seinen vierten Sohn Philipp den Kühnen († 1404) und legte so den Grund für ein Fürstentum, das alsbald in Konkurrenz zur Krone zur europäischen Großmacht aufsteigen sollte. Dabei tat er nur dasselbe, was er bereits bei der Ausstattung (Apanagierung) seiner Söhne Ludwig mit Anjou und Johann mit Berry getan hatte. Zwar hemmte solch »zweite Feudalität« – die erste hatten inzwischen meist ausgestorbene regionale Dynastien gebildet – die Entwicklung zum zentralen Königsstaat, weil die Prinzen eigene Ziele verfolgen und dabei ihre Hausmacht nutzen konnten, doch wäre es verfehlt, die seit dem früheren 13. Jahrhundert übliche Apanagierung nach modernen staatlichen Kriterien zu be- und verurteilen. Denn dem Herrscher oblag die hausväterliche Pflicht der Fürsorge für seine Familie, und im übrigen verhinderten zahlreiche königliche Hoheitsrechte, Exemtionen und ein immer dichteres »Personalnetz« der *Gallia regia*, teilweise gar für König und Fürsten zugleich arbeitende Beamte, daß sich bis auf den Sonderfall Burgund Staatlichkeit im spätmittelalterlichen Frankreich – ganz im Gegensatz zum Reich – in den Territorien voll ausbilden konnte.

Neue Ordnung, neue Gefährdung

(1364–1422)

1364–1380	Karl V. (der Weise).
1364/65	Ende des bretonischen Erbfolgekriegs.
1366/69	Intervention französischer *compagnies* unter der Führung des Bertrand Du Guesclin im kastilischen Bürgerkrieg.
1369	Wiederaufnahme des Kriegs gegen England.
1370	Bertrand Du Guesclin Konnetabel von Frankreich.
1375	Waffenstillstand von Brügge.
1378	Kaiser Karl IV. in Paris.
	Vertreibung Karls II. von Navarra aus Frankreich. Ausbruch des Großen Abendländischen Schismas.
1379	Residenz Clemens' VII. in Avignon.
1380–1422	Karl VI.
1382	Aufstände in Rouen (*Harelle*), Paris (*Maillotins*) und Flandern (Schlacht bei Rozebeke).
1388–1392	Selbständige Regierung Karls VI. im Verein mit den *Marmousets*.
1392	Ausbruch der Geisteskrankheit Karls VI.; Beginn der Auseinandersetzungen zwischen Burgund und Orléans.
1404–1419	Johann Ohnefurcht Herzog von Burgund.

1407	Ermordung des Herzogs Ludwig von Orléans durch die Burgunder.
1413	Aufstand der *Cabochiens*, Machtergreifung der Partei Orléans/Armagnac in Paris.
1414–1418	Konzil von Konstanz.
1415	Wiederaufnahme des Kriegs durch König Heinrich V. von England; Schlacht bei Azincourt.
1417	Beginn der englischen Eroberung der Normandie.
1418	Machtergreifung der Burgunder in Paris.
1419	Ermordung des Herzogs Johann Ohnefurcht in Montereau; Nachfolge Philipps des Guten (1419–1467).
1420	Vertrag von Troyes.

Im Gegensatz zum deutschen König des Mittelalters, der sein Amt zwar vornehmlich an Schwerpunkten, die durch Tradition und jeweilige Hausmacht vorgegeben waren, indes meist im Umherziehen ausübte, hatte der französische Herrscher schon recht früh in der Ile-de-France und dann in Paris feste Residenzen. Das gilt im besonderen für die Regierung Karls V., des Weisen (1364–1380), der als König nie weiter als bis Rouen und Orléans zog. Dies lag weniger an seiner Kränklichkeit und Kriegsgefahren als an einem Regiment, das sich eben immer noch bzw. wieder auf eine tragfähige Administration in Hauptstadt und Land stützen konnte, das persönlicher Präsenz vielerorts und hektischem Aktionismus ein auf Reflexion und Rationalität gegründetes Bemühen um das *bonum commune* vorzog, das auf systematische Analyse methodisches Vorgehen folgen ließ: Karl V., ein praktischer Intellektueller, in dessen Herrschaft Geist und Macht vereint scheinen, dem die von Nicolas Oresme übertragenen Lehren des Aristoteles zur Richtschnur eigenen Handelns wurden.

Rechte Seite: Karl V. empfängt von Nicolas Oresme dessen Aristoteles-Übersetzung (l. o.), Karl V. und seine Familie (r. o.), zwei Vorlesungsszenen (u.) (Miniatur aus der Übersetzung der Ethik des Aristoteles von N. Oresme, vor 1372)

Solches Zusammengehen von Theorie und Praxis personifizierte sich auch im Kreis um den König. Der in den unruhigen Jahren nach Maupertuis zum Menschenkenner gereifte Karl scharte Gelehrte um sich wie Raoul de Presles, Jean Golein und eben den Naturwissenschaftler und Philosophen Nicolas Oresme, der mit einer Abhandlung über das Münzwesen auch als politischer Ökonom hervortrat. Und er wußte qualifizierte Fachleute für das tägliche Regierungsgeschäft zu gewinnen wie die Kanzler Jean und Guillaume de Dormans oder Pierre d'Orgemont, den welterfahrenen Philippe de Mézières oder vor allem den aus bretonischem Kleinadel stammenden Bertrand Du Guesclin, deren Wirken von Kompetenz und Loyalität bestimmt war. Gerade auf dessen militärische Fähigkeiten war Karl V. angewiesen, der sich zwar als *roi réparateur* verstand, wie etwa seine Ordonnanz über die königlichen Forste (1376) exemplarisch erkennen läßt, der in solchem Wirken aber auch einen neuen Krieg eingeschlossen sah, weil er die Revision des Vertrags von Brétigny/Calais erstrebte. Eigene Klugheit, guter Rat und Fortune begünstigten ihn auf diesem Weg: Noch als Regent hatte er den nach jenem Frieden stellungslos gewordenen und

Ou .xx.e chapitre il touche une division de laue et declaire le premier membre
Ou .xxi.e il met et declaire lautre membre de la division de laue.
Ci finent les titres des chapitres du premier livre de ethiques. Et ci apres commence le prohemme qui contient .iii. chapitres. Ou premier chap. il propose la fin et le fruit de ceste science.
doctrine. Il entent par art science pratique. Et par doctrine science speculative.
desirent. par desir naturel comme leur fin et leur perfection et aucune foiz desire un homme mal mais ce est pour ce que il a aucune apparence de bien.
operacions. comme chanter ou dancier.
oeuvres. comme une maison ou un vaissel.
Tout art et toute doctrine. et semblablement tout fait ou operacion et eleccion appetent et desirent aucun bien. pour ce par loient bien les anciens en disant ainsi bien est ce que toutes choses desirent.
Et semble quil est difference de fins car les unes fins sont les operacions. Les autres sont aucunes oeuvres. ou choses faites hors les operacions ou facons et ces oeuvres sont meilleurs

seitdem im Königreich marodierenden Söldnern unter Führung von Du Guesclin mit Kastilien ein neues Ziel gewiesen, wo im Kampf gegen den zeitweise von England und Navarra unterstützten Peter den Grausamen mit den Trastámara schließlich die von Frankreich geförderte Partei siegte. Auf sie konnten die Valois nunmehr als Bundesgenossen zählen, wie sich schon 1372 bei der Versenkung der englischen Flotte vor La Rochelle zeigen sollte. Drei Jahre zuvor war es gelungen, die Erbtochter Ludwigs von Maele, des Grafen von Flandern, mit Karls V. Bruder Philipp dem Kühnen zu verheiraten; mithin stand zu erwarten, daß nach dem Tod Ludwigs die wirtschaftliche Potenz der Grafschaft auch Frankreich zugute kommen würde, da an der Loyalität des Herzogs von Burgund zum König kein Zweifel bestand.

1369 war Karl V. bereit, den Krieg wiederaufzunehmen. Großer juristischer Aufwand lieferte hinreichenden Vorwand, den 1360 geschlossenen Frieden für nichtig zu erklären. Das Ergebnis sechs Jahre später war der Waffenstillstand von Brügge, der den Engländern nur noch Calais und Guines im Norden sowie Bordelais, Bayonne, Aire und Dax im Süden ließ. Der Tod des Schwarzen Prinzen 1376, derjenige seines in den letzten Jahren dahinsiechenden Vaters 1377, die Vertreibung Karls II. von Navarra aus dem Königreich 1378 und die neuerliche Residenz eines frankreichnahen Papstes in Avignon 1379 sahen das französische Königtum nur wenige Jahrzehnte nach Crécy und Maupertuis, nach Pest und Krise auf einem neuen Höhepunkt. Als der betagte Luxemburger Karl IV. 1378 nach St-Denis und Paris an die Stätten seiner Jugend reiste, empfing Karl V. den verwandten und Frankreich vielfach verbundenen Kaiser bei aller Reverenz als ein ihm ranggleicher Monarch, als Kaiser in seinem Reich.

Doch wie sah dieses Reich aus: Noch geschlagener und geschundener als zuvor schien es vielerorts, denn man hatte das Land weitgehend den Engländern überlassen und sich in die neu befestigten und verproviantierten Städte zurückgezogen, die der Gegner anrennend und belagernd nicht zu nehmen vermochte. Diese Maßnahme im Verbund mit einer Taktik zermürbenden Kleinkriegs aus dem Hinterhalt bedeutete zwar militärisch die Wende, allein die Opfer hierfür hatte eben das flache Land zu tragen. Aber auch den überfüllten Städten wurden beträchtliche Lasten aufgebürdet, mußten sie doch selber die Verteidigungskosten bestreiten und wurden obendrein 1373/74 und 1379 von neuen Pestwellen heimgesucht. Und alles Bemühen um eine *bonne policie*, um gutes Geld änderte nichts an der Tatsache, daß der Krieg auch für einen weisen König seinen Preis hatte. Da seine auf Rationalität und Systematik gegründete Regierung nicht nur berechenbar war, sondern sich auch aufs Rechnen verstand, bedeutete dies für die Untertanen eine derart intensive steuerliche Erfassung, daß man etwa zu Montpellier 1379 sein Heil in der Revolte suchte, und schließlich der um sein Seelenheil fürchtende Monarch noch am Sterbetag die direkten Abgaben aufhob. Am Ende war der Gegner geschlagen, aber nicht besiegt; in der Bretagne hatte sich 1364/65 die England nahestehende Partei Montfort durchgesetzt, und auch eine vom Parlament 1378 verhängte Konfiskation des Herzogtums war folgenlos geblieben.

Dennoch hat man vereinzelt sogar – im merkwürdigen Kontrast zum *siècle des malheurs* – das 14. Jahrhundert als *siècle de Charles V* bezeichnet, was schon angesichts der relativen Kürze seiner Regierungszeit übertrieben erscheint. Wenn auch in diesem Jahrhundert, da an den Türmen der Städte Uhren angebracht wurden – und damit an die Stelle der zyklischen, in sich ruhenden Zeit der Kirche die lineare, kostbare des Kaufmanns trat –, just unter der Regierung Karls V. die am königlichen Palast angebrachte Uhr das Zeitmaß für alle anderen setzte, so ging indes im Reich des Weisen noch vieles nicht den von ihm gewollten Gang. Im Gegenteil, die folgenden Jahrzehnte sollten sogar alle fraglosen Teilerfolge seiner Restaurationspolitik ernsthaft in Frage stellen.

Denn hinter den nun einsetzenden dramatischen Ereignissen wie Prinzenmorden und Bürgerkrieg, hinter individuellen Faktoren wie der seit 1392 in Schüben auftretenden Geisteskrankheit des Königs Karl VI. (1380–1422) zeichnete sich eine tiefe strukturelle Krise ab, die man vereinfacht als Auseinandersetzung zwischen einem traditionell-personalistischen und einem zwar ebenfalls älteren, aber doch zukunftsweisend-etatistischen Verfassungsprinzip charakterisieren kann. Ihr Ausgang sollte im Verbund mit einer neuen, nationalen Qualität des 1415 erneut ausbrechenden Kriegs gegen England das Profil Frankreichs auf Jahrhunderte prägen. Nach Karls V. Tod am 16. September 1380 traten mit dessen Brüdern Ludwig von Anjou, Johann von Berry und Philipp von Burgund sowie Ludwig von Bourbon, dem Bruder der 1378 verstorbenen Königin, gleich vier Anwärter auf die Regentschaft für den jungen Thronfolger auf den Plan. In dem vor allem zwischen Anjou und Burgund ausgetragenen Kampf um Macht und Einfluß griffen die Beteiligten nicht nur auf die Ressourcen ihrer Fürstentümer zurück, sondern sie plünderten auch bedenkenlos den Staatsschatz. Dies machte schon 1382 die Wiedereinführung indirekter Steuern notwendig, nachdem die Herzöge erst kurz zuvor in populistischer Übersteigerung von Karls V. Erlaß sämtliche seit Philipp dem Schönen erhobenen Abgaben abgeschafft hatten – Unruhen in den Städten (*Harelle* von Rouen, *Maillotins* in Paris) blieben denn auch nicht aus. Der König war nur mehr eine Figur im Machtspiel der Prinzen, der Staat ein Instrument ihrer Interessen. Die »zweite Feudalität« schickte sich an, die seit dem 12. Jahrhundert betriebene Ausbildung eines auf den König zentrierten, durch das Wirken der Räte, Beamten und Behörden aber zugleich selbständiger gewordenen Staats prinzipiell in Frage zu stellen.

Dagegen stand dann allerdings das 1388 beginnende persönliche Regiment Karls VI., der sich hierfür vornehmlich auf Männer aus der »Schule« seines Vaters wie Bureau de La Rivière, Jean de Montaigu oder Olivier de Clisson stützte, die ihrerseits über ein weitgespanntes personelles »Netzwerk« verfügten. Diese im Anschluß an einen zeitgenössischen Chronisten seit Michelet *Marmousets* genannten Räte arbeiteten an Reformen der Ver-

Krönung Karls VI. durch seine Barone und seine Bischöfe (Miniatur aus den »Grandes Chroniques de France«, Ende 14. Jahrhundert)

waltung, an einer Steigerung der Einkünfte aus Krondomäne und Verbrauchssteuern, sie richteten mit der *Cour du Trésor* und der *Cour des Aides* Kontrollorgane für die Finanzen ein. Vor allem aber bemühten sie sich um eine homogene, ganz der *chose publique* verpflichtete Beamtenschaft, die, auch familiär verflochten, Korpsgeist und Ethos auszeichnen und ein Gegengewicht zur prinzlichen Willkür bilden sollte. Durch Zeremonien und Feste suchten sie das Volk an einen so sinnenfällig inszenierten Königsstaat zu binden. Doch kriegerische Auseinandersetzungen um die Bretagne und vor allem die 1392 beginnende Demenz des Königs boten den Prinzen Gelegenheit zu erfolgreichem Schlag gegen die *Marmousets*.

Um die Vorherrschaft am Hof rivalisierten von jetzt an Philipp der Kühne und der jüngere Bruder des Königs, Ludwig von Orléans, da Anjou seine alten italienischen Pläne wiederaufgenommen und der kunstliebende Berry sich auf sein Fürstentum zurückgezogen hatte. Burgund verfügte dabei über eine wesentlich verbreiterte Machtbasis, weil Philipp nach Niederschlagung eines erneuten Aufstands bei Rozebeke 1384 sein Erbe im flandrischen Norden antreten konnte, das sich zudem um die Freigrafschaft Burgund, den Artois und andere kleinere Herrschaften vergrößert hatte. Durch eine am französischen Vorbild orientierte Administration versuchte er die Wirtschaftskraft der neuen Provinzen für seine großfürstlichen Ambitionen abzuschöpfen. Sie fanden ihren Ausdruck auch in einer glanzvollen, unter seinen Nachfolgern voll aufblühenden frankoflämischen Hofkultur und in starker burgundischer Beteiligung an einem – 1396 vor Nikopolis scheiternden – Kreuzzugsunternehmen gegen die Türken. Zweifellos war Philipp der Kühne zunächst ein Mann des Königs, allein dessen Geisteskrankheit und die Auseinandersetzungen mit den Brüdern und alsdann dem Neffen ließen ihn als Herrn über das Herzogtum Burgund, die oberen Lande (*pays par delà*), sowie über die reichen, in eigenen historischen Traditionen stehenden niederen Lande im Norden (*pays par deçà*) zunehmend eigene Interessen verfolgen. Eine geschickte Heiratspolitik mit den Wittelsbachern in Holland, Seeland und im Hennegau zeigte schon den Weg künftiger Expansion.

Diese Politik stand in krassem Gegensatz zu Orléans: Während in Philipps Kalkül Flandern an Bedeutung gewann, versuchte sich der mit einer Tochter des Mailänder Herzogs verheiratete Ludwig an der Errichtung eines oberitalienischen Königreichs Adria, um im Verein mit den Anjou die gesamte Apenninhalbinsel zu beherrschen und Clemens VII., Papst von Frankreichs Gnaden in Avignon, den Weg nach Italien zu eröffnen. Der Burgunder hatte wiederum zu berücksichtigen, daß Flandern im 1378 ausgebrochenen Großen Abendländischen Schisma der Oboedienz des in Rom residierenden Papstes Urban VI. anhing. Beide Prinzen konkurrierten des weiteren beim Ausbau ihrer territorialen Positionen in Frankreich und dessen angrenzenden Gebieten, wie sie auch den kostspieligen Aufbau von Gefolgschaften betrieben. Gerade im Westen des Deutschen Reichs bedeutete das für manchen Fürsten von Geldern bis Baden ein einträgliches Geschäft – Parteiwechsel eingeschlossen.

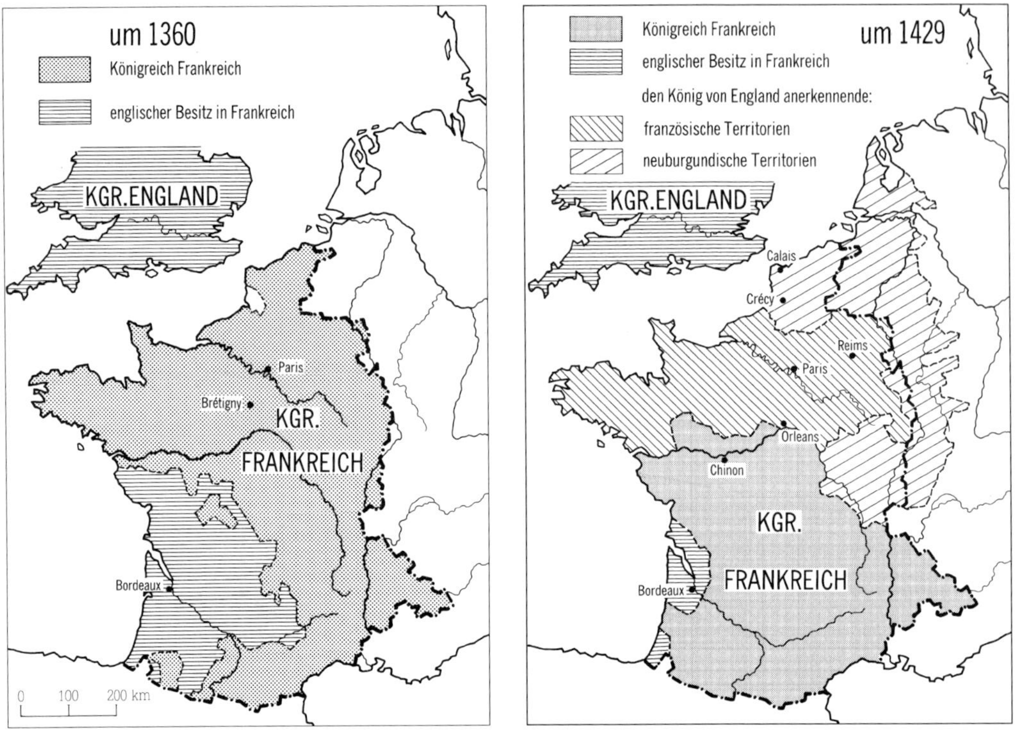

Das Königreich Frankreich im Hundertjährigen Krieg

Ihren Höhepunkt erreichte die Konfrontation unter Philipps Nachfolger Johann Ohnefurcht (1404–1419), der mit jovialem Wesen und stetem Abweisen der von Orléans inspirierten königlichen Steuerforderungen die Hauptstadt gegen den arrogant-verhaßten und obendrein mit der übelbeleumundeten Königin Elisabeth von Bayern verbündeten Ludwig hinter sich zu bringen wußte. Immer stärker bestimmten Orléans und die Königin einen Hof, der auch in diesen Jahren der Spannung Schauplatz aufwendigen Raffinements und kultureller Animation blieb; Ludwig verfügte weitgehend über die Finanzen und betrieb eine – steueraufwendige – Modernisierung des Staatswesens, womit er in gewissem Umfang die Tradition der *Marmousets* fortsetzte. Der Burgunder sah sich zunehmend von der Macht ausgeschlossen und ließ Orléans am 23. November 1407 in Paris ermorden. Die Tat blieb ungesühnt, in dem Dominikaner Jean Petit fand Johann einen Universitätstheologen, der das Verbrechen als Tyrannenmord rechtfertigte.

Militärisch sammelte sich die immer stärker dem Königtum verpflichtete Partei Orléans nunmehr um Bernhard von Armagnac, den Schwiegervater von Ludwigs Sohn Karl. Diese »Armagnaken« fanden ihrerseits in dem Universitätskanzler Jean Gerson einen intellektuellen Streiter. Im Verein mit seinen Sodalen aus dem königsnahen und einem patriotischen Humanismus verpflichteten Navarrakolleg versuchte er, auf einer Synode in Paris (*Concile de la foi*) 1413 wie auf dem Konstanzer Konzil (1414–1418) den

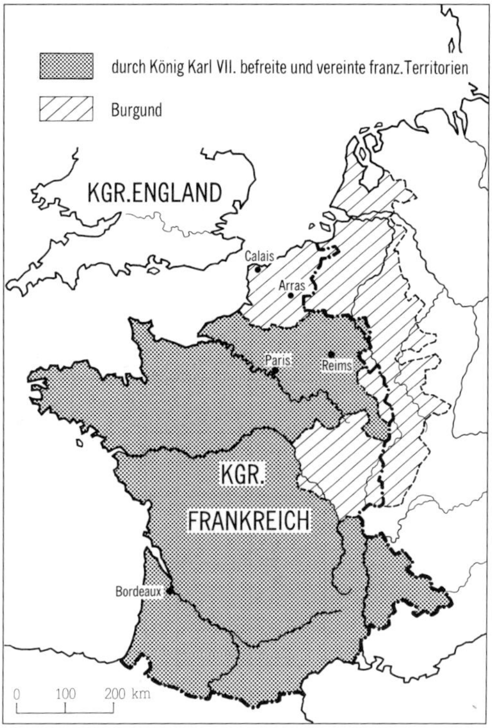

Das Königreich Frankreich und der burgundische Staat, um 1477

Mord nicht nur justiziabel zu machen, sondern auch auf eine theologische Ebene zu heben. Hier wird ein vertieftes Verständnis von Staat und Gesellschaft deutlich, die auf Recht und Wahrheit gegründet sein sollen, um so eine *paix parfaite* zu verwirklichen, während dem burgundischen Lager pragmatisch an einer Wiederherstellung der *paix civile* gelegen war. Doch die Wege beider Parteien führten alsbald zu Gewalt und Blutvergießen, die auch zeitweilige Vermittlungsversuche des Dauphin Ludwig von Guyenne († 1415) nicht aufzuhalten vermochten. Das zeigte der 1411 beginnende Bürgerkrieg zwischen *Armagnacs* und *Bourguignons* wie der vor allem von den mächtigen Metzgern inszenierte und vom Burgunderherzog begünstigte Aufstand der Pariser Zünfte 1413 unter Führung des Abdeckers Simon Le Coutelier, genannt *Caboche*. Ihr Versuch, ein von eigenen Standesinteressen diktiertes »gutes Regiment« zu erzwingen, scheiterte möglicherweise an Gruppenrivalitäten, die von ebendiesen beiden Parteien mit Geld geschürt wurden. Und das zeigte schließlich 1419 die Ermordung des Mörders Johann Ohnefurcht im Beisein des Dauphin Karl auf der Brücke von Montereau, nachdem die Burgunder ein Jahr zuvor die seit dem Scheitern von Caboche in Paris bestehende Gewaltherrschaft der Armagnaken in einem Blutbad beendet hatten.

Von beiden Parteien wurde auch der Lancasterkönig Heinrich V. von England (1413–1422) als Bundesgenosse umworben, der nach langem Waffenstillstand die Bürgerkriegssituation in Frankreich für günstig erachtete, um als Vertreter eines neuen Geschlechts die alten Ziele auf dem Festland für sich zu reklamieren. Im Juli 1415 erklärte er in aller Form den Krieg, am 25. Oktober fügte er den Franzosen bei Azincourt eine vernichtende Niederlage zu – die Schlacht war in jeder Hinsicht ein potenziertes Crécy und Maupertuis. Seit 1417 baute Heinrich V. die Normandie, die zwischen England und Paris strategisch wichtig gelegene Heimat seiner Vorfahren, zum Zentrum des Kontinentalbesitzes aus und gewann zudem in dem neuen burgundischen Herzog Philipp dem Guten (1419–1467) einen Bundesgenossen, dessen oberstes Ziel Rache für Montereau hieß. Im Vertrag von Troyes (1420) vereinbarten die neuen Alliierten unter Zustimmung der Königin die Hochzeit des Engländers mit Katharina, der Tochter Karls VI., und sein bzw. seines Nachfolgers Anrecht auf den französischen Thron nach dem Tod des Königs, während Karls gleichnamiger Sohn wegen des Mords von Montereau aller Rechte für verlustig erklärt wurde. Die Sache des scheinbar indolenten und von Zweifeln an seiner Legitimität geplagten, aufs Reichsinnere zurückgeworfenen und daher als *roi de Bourges* verspotteten Dauphin schien verloren, als Heinrich V. am 1. Dezember 1420 in Paris einziehen konnte. Keine zwei Jahre später trat dann nach seinem Tod und dem Ableben Karls VI. nunmehr mit dem einjährigen Heinrich VI. ein König von England und Frankreich die Herrschaft an, der auf dem Kontinent in seinem Onkel, Herzog Johann von Bedford, einen Regenten von staatsmännischen Qualitäten hatte. Dieser verstand es, politisches Geschick beim Werben um Adel, Klerus und Bürger in der Normandie wie in den Beziehungen zu seinem burgundischen Bundesgenossen und Schwager mit neuen militärischen Erfolgen 1423/24 bei Cravant und Verneuil zu vereinen.

Das Werden der Königsnation

(1422/29–1461)

1422–1461	Karl VII.
1423/1424	Englische Siege bei Cravant und Verneuil.
1428–1433	Anfall von Hennegau, Holland und Seeland, Namur, Brabant und Limburg an Burgund.
1429	Auftreten der Jeanne d'Arc; Befreiung von Orléans. Krönung Karls VII. in Reims.
1430	Gründung des Ordens vom Goldenen Vlies durch Philipp den Guten. Gefangennahme von Jeanne d'Arc bei Compiègne.
1431	Prozeß und Tod der Jeanne d'Arc in Rouen.
1431–1449	Konzil von Basel.
1435	Vertrag von Arras.
1436	Wiedereroberung von Paris.
1438	Pragmatische Sanktion von Bourges.
1440	Fürstenaufstand *Praguerie*.
1444	Waffenstillstand von Tours.
1445	Erste Reformordonnanz (Heerwesen).
1450	Wiedereroberung der Normandie; Schlacht von Formigny.
1453	Verurteilung des Jacques Cœur. Einnahme Konstantinopels durch die Türken; Pläne einer *croisade bourguignonne*. Wiedereroberung der Guyenne; Schlacht von Castillon: faktisches Ende des Hundertjährigen Kriegs.
1456	Abschluß des Nullitätsprozesses Jeanne d'Arc. Flucht des Dauphin Ludwig zu Philipp dem Guten.

Karl VII. (Porträt von Jean Fouquet, um 1453)

Einige Jahrzehnte später wird dieser unentschlossene Kleinkönig von Bourges als Karl VII., der Siegreiche (1422–1461), an der Spitze einer zur Nation gewordenen Vormacht Frankreich stehen. Schon auf ihn trifft das seinem Sohn und Nachfolger Ludwig XI. zugedachte Wort Rankes zu, daß er, selber ohne persönliche Größe, ein Königreich großgemacht habe. Verdienste und Grenzen lassen seine weiteren, weniger bekannten Beinamen »der Wohlberatene« und »der Wohlbediente« erkennen. Denn nach wechselvollen und schwierigen Anfängen, die ihn zum – nach außen apathisch wirkenden – Menschenkenner hatten werden lassen, umgab er sich mit fähigen Räten und Amtsträgern, um sie in der Regel über viele Jahre kontinuierlich wirken zu lassen. Karl VII. alterte mit seinem Rat und der Rat mit ihm. Dafür stehen Persönlichkeiten wie der Kanzler Regnault de Chartres, der Konnetabel Arthur de Richemont und der Seneschall Pierre de Brézé, aus dem Haus Anjou Graf Karl von Maine und die Königinmutter Yolande von Aragón, Militärs wie Dunois, La Hire und die Gebrüder Bureau, Prälaten wie Robert de Rouvres und der königliche Beichtvater Gérard Machet, aber auch bürgerliche Aufsteiger wie die Juvénal des Ursins oder der »königliche Kaufmann« Jacques Cœur. Dessen Sturz von den Höhen eines internationalen Wirtschaftsimperiums ist wiederum ein Indiz unter vielen, daß der König bei aller Abneigung gegen Wandel und Wechsel in seiner Umgebung selber Entscheidungen traf, daß er keineswegs ihr willenloses Werkzeug war, wie er sie im übrigen – entgegen Behauptungen von burgundischer Seite – auch nicht skrupellos gegen und mißbrauchte. Zu Vertrauen und Konstanz kamen Kompetenz und Qualifikation: Viele Männer des Hofs hatten ihre Laufbahn noch in den Behörden der Hauptstadt begonnen oder stammten aus der seit 1418 zu Bourges, Tours und Poitiers recht schnell aufgebauten Exiladministration; die in Paris verbliebenen Amtsträger verstanden oder arrangierten sich unterdes mit Burgundern und Engländern. Möglich war solcher Aufbau nur, weil ein entsprechend großes Reservoir an Fachkräften zur Verfügung stand, mithin die – ihrerseits an frühere Entwicklungen anknüpfenden –

Aktivitäten eines Karl V. und der *Marmousets*, aber auch des vielgescholtenen Ludwig von Orléans über Prinzenkämpfe, Bürgerkrieg und englische Siege hinweg fortwirkten. Das System Staat produzierte Qualität, die Qualität vervollkommnete – auch in Krisenzeiten – wieder das System.

Leistung und Erfolg, die wesentlich auf derartigen, obendrein durch Corpsgeist und Exilsituation eng verknüpften »Personalnetzen« beruhten, mag ein Beispiel aus dem Bereich der Kirchenpolitik illustrieren: Von 1431 bis 1449 tagte auf dem Boden des Deutschen Reichs das allgemeine Basler Konzil. Karl VII. machte es, vor allem auf den Rat seines Beichtvaters Gérard Machet, durch das Zusammenspiel seiner Gesandten mit den zahlreichen Konzilsvätern aus dem Königreich bald schon zu einer französisch dominierten Veranstaltung, weil der Versuch des Konzils, die päpstliche Vollgewalt durch eine stärker synodal-repräsentative Kirchenstruktur einzugrenzen, partiell mit den landeskirchlichen Interessen des Königtums übereinstimmte. Nachdem die Basler Dekrete in einer entsprechend diesen Interessen modifizierten Form 1438 auf einer Versammlung des französischen Klerus zu Bourges als Pragmatische Sanktion zum Grundgesetz der gallikanischen Kirche gemacht und damit die Früchte der konziliaren Bewegung in die landeskirchlichen Scheuern eingefahren worden waren, wurde bald darauf das Konzil weitgehend fallengelassen und am Ende von der europäischen Vormacht Frankreich sogar liquidiert. Die Pragmatische Sanktion läßt sich ihrerseits der Sache nach als erste jener großen Ordonnanzen bezeichnen, die in den vierziger und fünfziger Jahren zur grundlegenden Reform von Justiz, Finanzen und Militär erlassen wurden und den Staat endgültig zum Königsstaat machten.

Doch er war schon seit Ende des 14. Jahrhunderts dabei, eine weitere substantielle Qualität zu gewinnen: die nationale. In den Jahrzehnten der Krise beschworen Jean Gerson, Philippe de Mézières, Jean de Montreuil, Jean de Terrevermeille und Christine de Pisan oder später Jean II. Juvénal des Ursins und Alain Chartier in ihren Traktaten Unteilbarkeit und Dauer Frankreichs, die sie durch das Königtum als einheitsstiftende Institution gewährleistet sahen. Man stellte die Königssymbolik mit Heiliger Ampulle, Lilie und Oriflamme heraus; der *roi tres chrestien* wurde als Erwählter des Himmels und Lebensquell des *corpus mysticum* Frankreich gepriesen. Selbst wenn sich eine direkte Wirkung solch intellektueller Propaganda konkret nur schwer fassen läßt, steht doch anzunehmen, daß sie einem auch in breiteren Kreisen schon vorhandenen, royalistisch getönten Gemeinschaftsgefühl Ausdruck verlieh. Vor solchem Hintergrund wird das Wort eines französischen Historikers verständlich, Jeanne d'Arc sei kein Wunder, sondern das Ende einer Entwicklung gewesen.

In der *Pucelle* wurde sie jedenfalls mit äußerst erstaunlicher Kraft wirksam, in ihr verdichtete sich diese im Volk offensichtlich existierende Verbindung von Zusammengehörigkeitsgefühl und dynastischer Loyalität zu historischer Größe. Der Lebensweg der um 1412 im lothringischen Domrémy geborenen Bauerntochter hat von der Kindheit in einem patriotisch gesonnenen Dorf an der Grenze bis zu ihrem Tod auf dem Scheiterhaufen

von Rouen 1431 die Menschen bis heute fasziniert. Ihre unbeirrbare Überzeugung, einen Auftrag Gottes erfüllen zu müssen, erklärt Johannas Sicherheit in unsicherer Zeit; der Historiker aber hat nur deren geschichtliche Wirkmächtigkeit zur Kenntnis zu nehmen. Und Wirkung zeigte Johannas unerschütterliche Gewißheit schon bald vor jener von den Engländern belagerten Stadt, mit der im Deutschen bis heute ihr Name verbunden ist: Orléans. Ihr die Soldaten mitreißendes Auftreten war nach übereinstimmenden späteren Zeugenaussagen entscheidend für die Befreiung am 8. Mai 1429 und damit auch für die Abwehr des drohenden englischen Einfalls in die dem Valois verbliebenen Gebiete südlich der Loire. Am 17. Juli erreichte sie ein weiteres Ziel: Die Salbung Karls VII. in Reims bedeutete Höhepunkt, doch zugleich Wende in Johannas Leben. Weil sie militärische Konfrontation, Entscheidung auf dem Schlachtfeld um jeden Preis suchte, schlug ihr zunehmend Feindseligkeit der Männer am Königshof entgegen, die Verhandlungen den Waffen vorzogen, um so Philipp den Guten zur Aufgabe der Allianz mit England zu bewegen. Für »Realpolitiker« vom Schlage eines Regnault de Chartres war die *Pucelle* ein blindwütig losschlagendes Bauernmädchen, deren »Bellizismus« ein schon gesponnenes diplomatisches Netz zu zerstören drohte. Ihr Ziel einer gewaltsamen Befreiung des Königreichs von den Engländern vermochte Johanna, hingehalten und nur noch halbherzig unterstützt, denn auch nicht mehr zu erreichen. Der Kanzler dürfte kaum der einzige gewesen sein, der unverhohlene Genugtuung über ihre Gefangennahme vor Compiègne im Mai 1430 empfand; der Hof unternahm nichts zu ihrer Auslöse. Allein sah sie sich auf einem politischen Tribunal der Engländer in Rouen, das unter Leitung des Bischofs Pierre Cauchon von Beauvais in Form eines Inquisitions- und Häresieprozesses durchgeführt wurde, einer gelehrten Phalanx der Pariser Universität gegenüber. Mochte sie sich auch noch so trefflich verteidigen – auf den erhaltenen Prozeßprotokollen beruhen im übrigen unsere detaillierten Kenntnisse über ihr Leben –, eine Chance hatte sie nie: Am 30. Mai 1431 starb sie auf dem Scheiterhaufen.

Johanna von Orléans mit Schwert und Banner (Miniatur 15. Jahrhundert)

Unwirklich-faszinierend sind das Leben und Sterben dieser jungen Frau, deren kurzes Wirken die Wende im Säkularkonflikt zweier europäischer Mächte markiert. Doch bleibt einschränkend an besagtes Wort von Bernard Guenée zu erinnern, die *Pucelle* stehe am Ende eines Prozesses, nämlich erster nationaler Formierung des Königreichs. Der lange Krieg hatte in der Tat Frankreich französischer – und England englischer – werden lassen. Zu berücksichtigen ist des weiteren das einende, von untereinander verflochtenen Eliten getragene Phänomen Staatlichkeit. Entfalten konnte es sich allerdings nur, wenn entsprechende Ressourcen zur Verfügung standen.

Philipp der Gute während der Belagerung von Mussy-sur-Seine (Miniatur aus dem »Advis directif pour faire passage d'Outremer«, einem auf Veranlassung Philipps aus dem Deutschen übersetzten Werk)

Und dies war auch für ein Valoiskönigtum im Exil noch der Fall. Nach wie vor beherrschte es ja die Kernprovinzen des Reichs insbesondere der Süden sollte sich als königstreu erweisen –, und Karls Bitten an Stände und Städte verhallten nicht ungehört. Demgegenüber wurde mit fortschreitender Kriegsdauer Englands strukturelle Unterlegenheit immer deutlicher, die sich auch durch den Festlandbesitz nicht mehr ausgleichen ließ. Führungspersönlichkeiten vom Rang Eduards III. und des Schwarzen Prinzen oder Heinrichs V. und Bedfords hatten lange die permanente Überspannung der Kräfte verdeckt. Bezeichnenderweise gelang es 1429 den Engländern nicht mehr, ihren Belagerungsring um Orléans fest zu schließen, so daß Johanna noch kurz vor der Entscheidung mit den Kommandanten Dunois und La Hire in die bestens verproviantierte Stadt einreiten konnte. Die Befreiung von Orléans und damit die Rettung der Zentralprovinzen vor englischer Invasion ist und bleibt dennoch eine kriegsentscheidende Tat, zugleich aber wurden gerade hierbei die grundlegenden englischen Schwächen sichtbar.

Und sie blieben auch dem burgundischen Alliierten nicht verborgen: Philipp der Gute, ohnehin verstimmt, weil Humphrey von Gloucester, der Londoner Regent Heinrichs VI., sich in den Niederlanden festzusetzen suchte, bemerkte mit dem ihm eigenen Gespür recht frühzeitig die sich anbahnende politisch-militärische Wende. Seine Vorahnung der Gefahr künftiger Feindschaft mit einem wiedererstarkten Frankreich tat im Verein mit den auf Verhandlung setzenden Diplomaten beider Seiten unter Führung der Kanzler Regnault de Chartres und Nicolas Rolin sowie den zahlreichen verwandtschaftlichen Adelsbeziehungen, aber auch mit kirchlichen Verflechtungen und sondierenden Gesprächen auf neutralem Konzilsterrain zu Basel ein übriges, um im September 1435 in Arras Frieden mit Karl VII. zu schließen, den dieser u. a. mit Gebietsabtretungen und der Freiheit des Burgunders von Lehnspflichten gegenüber der Krone auf Lebenszeit erkaufen mußte. Indes bedeutete Arras nach Orléans einen zweiten entscheidenden Markstein auf dem Weg zu Frankreichs Wiederaufstieg: nach dem Sieg der *Pucelle* jetzt der Sieg der Diplomaten, und der endgültige Sieg über das zunehmend führungslose England war nur mehr eine Frage der Zeit. Schon 1436 konnte Richemont in das wiedereroberte Paris einziehen, und mit dem Verlust der Normandie 1450/51 (Schlacht von Formigny) und von Gascogne und Guyenne 1450 bis 1453 (Schlacht von Castillon) war die englische Niederlage besiegelt. Die Karrees der Bogenschützen und Fußkämpfer unter dem Heerführer John Talbot wurden von französischer Artillerie zusammengeschossen – ein neues Waffenzeitalter hatte begonnen; die Kanonen der Gebrüder Bureau ließen die Krontheologie eines Jean Gerson triumphieren.

Zur selben Zeit Kanonendonner auch am Bosporus – am 29. Mai 1453 wurde Konstantinopel von den Türken erobert; die Antwort des Westens erschöpfte sich weitgehend in Rhetorik. Anders freilich der Burgunderherzog, der schon nach dem Ausgleich von Arras – möglicherweise auch mit dem Ziel der Königswürde – erste Vorbereitungen für einen Kreuzzug begonnen hatte und dessen Pläne und Politik bis ans Lebensende von der *croisade bourguignonne* bestimmt sein sollten. Der Orden vom Goldenen Vlies, den Philipp der Gute gründete, um so den Adel als Ferment der Einheit seiner großfürstlichen Machtkonzentration zu gewinnen – bis 1433 kamen noch Hennegau, Holland und Seeland, Namur, Brabant und Limburg hinzu –, sollte zugleich Kreuzzugsgemeinschaft sein. Eine entsprechende, weitgespannte burgundische Bündnispolitik im Zeichen des Kreuzes läßt mit ihrer Einbeziehung Aragóns und Habsburgs und ihrer gleichzeitigen Frontstellung gegen Frankreich schemenhaft bereits das europäische Mächtesystem der frühen Neuzeit erkennen. Denn trotz des Ausgleichs von Arras prägten Mißtrauen und bis an die Schwelle eines neuen Kriegs reichende Spannungen weiterhin das Verhältnis zwischen König und Herzog.

Der französische Hof lehnte denn auch kategorisch alle burgundischen Kreuzzugspläne ab; willkommenen Grund bzw. Vorwand lieferte die Gefahr eines neuen Kriegs mit England. Er setzte seinerseits eindeutige Prioriäten mit einer strikten Politik des *renouveau national*. Das sich wieder bevölkernde Frankreich nach der Jahrhundertmitte war ein Land in der Euphorie des Wiederaufbaus, selbst wenn die Erholung von Landwirtschaft, Gewerbe und Handel ihre Zeit brauchte. In die weiterhin seigneurial geprägte Landwirtschaft investierte jetzt auch das Bürgertum; es ging nicht mehr nur um Selbstversorgung, sondern zunehmend um Gewinn, und auch zu diesem Zweck wurden nunmehr verstärkt Spezialkulturen wie Safran, Hanf, Waid und Ölsaaten angelegt. Am Ende eines langen Kriegs und langer Klimaverschlechterung nahm die Produktion von Getreide und Wein merklich zu; selbst ohne wesentliche technologische Fortschritte konnte das Land die wachsende Bevölkerung in den Städten versorgen. Diese wenige Jahre zuvor vom König noch umworbenen Städte hatten nunmehr auf Befehl steigende Leistungen aus ihrer wachsenden ökonomischen Potenz zu erbringen und gingen gleichzeitig – bei wirtschaftlicher Privilegierung – ihrer in Notzeiten erlangten politischen Bedeutung rasch wieder verlustig. Die gleichfalls früher bittend angegangenen Stände wurden gar überhaupt nicht mehr einberufen.

Dem über das effizienteste Fiskalsystem im Europa der Zeit verfügenden Königsstaat eignete eine neue Qualität als Königsnation, und in dieser auf den Monarchen ausgerichteten Zusammengehörigkeit gründete nunmehr die französische Identität. Darum war auch dem Fürstenaufstand im Jahr 1440, der mit Blick auf die König Sigismund bekriegenden böhmischen Hussiten *Praguerie* genannt wurde, schon bald zum Scheitern verurteilt. Die Zeit der »zweiten Feudalität« neigte sich ihrem Ende zu, Karls VII. Ordonnanzen – insbesondere diejenige zur Reform des Heerwesens (1445) – engten die Macht des Adels zunehmend ein, und die wiedereroberten Gebiete wurden denn auch nicht mehr an ihn ausgegeben, sondern der Krone unterstellt.

An der Schwelle zur Neuzeit

(1461–1498)

1461–1483	Ludwig XI.
1461	Aufhebung der Pragmatischen Sanktion.
1462/75	Erwerb von Roussillon und Cerdagne.
1463	Königliches Messeprivileg für Lyon.
1465	Fürstenaufstand *Ligue du Bien public.*
1467–1477	Karl der Kühne Herzog von Burgund.
1468	Versammlung der Generalstände in Tours.
	Treffen Ludwigs XI. mit Karl dem Kühnen in Péronne.
1473	Verhandlungen Karls des Kühnen mit Kaiser Friedrich III. in Trier.
	Erneuerung der Pragmatischen Sanktion.
1474/75	Belagerung von Neuß durch Karl den Kühnen.
1475	Ende des burgundisch-englischen Bündnisses durch den Frieden von Picquigny zwischen Ludwig XI. und König Eduard IV. von England.
1476	Niederlagen Karls des Kühnen gegen die Schweizer bei Grandson und Murten.
1477	Tod Karls des Kühnen vor Nancy.
	Heirat der burgundischen Erbtochter Maria und Maximilians von Habsburg.
1480/81	Anfall von Barrois und Anjou, Maine und Provence an die Krone.
1482	Vertrag von Arras.
1483–1498	Karl VIII.
1483–1491	Regentschaft Annas und Peters von Beaujeu.
1484	Versammlung der Generalstände in Tours.
1485–1488	Fürstenaufstand *Guerre folle.*
1488	Beginn der französischen Besetzung der Bretagne.
1491	Heirat der Herzogin Anna von Bretagne und Karls VIII.
1493	Vertrag von Senlis.
1494	Einfall Karls VIII. in Italien.
1495	Bildung der Heiligen Liga gegen Frankreich; Schlacht von Fornuovo.

Mit gutem Grund und erfolgreich hatten die Aufständischen von 1440 den Dauphin umworben, wußten sie doch um den umtriebigen Ehrgeiz des mit seinem Vater zerstrittenen Thronfolgers ebenso wie Philipp der Gute, an dessen Hof Ludwig 1456 unter dem Vorwand seiner Teilnahme am Kreuzzug Zuflucht in der Hoffnung suchte, sich bei seinem Ränkespiel gegen Karl VII. fortan burgundischer Macht bedienen zu können. Solche Opposi-

Ludwig XI. (im Vordergrund beim Diktat), umgeben von den Großen des Reiches (Frontispiz zu einer Handschrift der Memoiren des Philippe de Commynes)

tion hatte – ähnlich wie im Fall der Gegnerschaft Karls des Kühnen zu Philipp dem Guten – einen Grund im weitgehenden Ausschluß von der lange und wirkungsvoll ausgeübten Herrschaft des Vaters. Als Karl VII. am 22. Juli 1461 gestorben war, schien – wie der burgundische Chronist Georges Chastellain schrieb – unter Ludwig XI. (1461–1483) eine neue Welt zu entstehen. Ob die alten Räte entlassen oder die Pragmatische Sanktion aufgegeben wurde, der Bruch konnte größer kaum sein.

Doch nur kurz währte er, in den folgenden zwei Jahrzehnten sollte der Sohn das Erbe des Vaters vielmehr sichern und kontinuierlich mehren. Endlich im Zentrum der Macht etabliert, gab es wenig Anlaß, eine in der Sache erfolgreiche Politik grundlegend zu ändern. Ändern sollte sich indes der Stil: Persönlich anspruchslos und hart arbeitend, hielt Ludwig XI. das Staatsgeschäft mit dem Terror kalter Klugheit in festen Händen. Der intelligente Zyniker wußte um die Käuflichkeit von Menschen, und so kaufte er fürstliche Treue wie er Informationen und Bündner kaufte – er machte Praktiken seiner Vorgänger zum System. In einem Klima gewollter Angst und Unsicherheit knüpfte Ludwig mit Ausdauer an einem »Spinnennetz«, darin seine Gegner sich verfangen sollten; die Installation eines Nachrichtensystems mit Eilboten und Relais sorgte für Wissens- und Befehlsvorsprung. Aristokratische Opponenten überzog er ohne Respekt vor geltendem Recht mit Prozessen, Kerker und Tod. Daß eine 1465 ausgebrochene Fürstenverschwörung – die *Ligue du Bien public* – letztlich erfolglos blieb, daß Ludwig gegen Ende seiner Regierung mit dem Anfall von Burgund, Anjou, Bar, Maine und der Provence die Krondomäne erheblich erweitert hatte, war auch das Ergebnis solcher List und Entschlossenheit. Im Fall der Provence, wo der angevinische Titularkönig von Sizilien René der Gute Kunst und Gelehrsamkeit fördernd Hof gehalten hatte, bedeutete dies weiteres Vordringen der *langue d'oïl* im Gefolge der meist aus dem Norden stammenden neuen Amtsträger. Frankoprovenzalisch und Okzitanisch (*langue d'oc*) existierten wie das Baskische, Bretonische und Niederländische aber weiterhin als Regionalsprachen. Auch gelang dem Königtum noch keine Vereinheitlichung des Rechts: Neben den *coutumes* des Nordens behauptete sich im Süden der *droit écrit*, der allerdings ebenfalls wesentlich Gewohneitsrecht, indes mit römisch-rechtlicher Basis war.

In einem zu Beginn der selbständigen Regierung von Ludwigs Sohn Karl VIII. verfaßten Traktat machte sich Robert de Balsac zum Sachwalter der Ideen des alten Königs, wenn er die monarchische Machtfülle umfassend und möglichst durch keinerlei sonstige Mitsprache eingeschränkt wissen wollte – den 1468 nach Tours erstmals wiedereinberufenen Generalständen war denn auch nur darum Erfolg beschieden gewesen, weil sie sich dem König willfährig gezeigt hatten. Es verwundert kaum, daß Balsac für die religiöse Dimension des Königtums kaum Worte fand: Kirche hieß für Ludwig XI., der als erster französischer Herrscher vom Papst offiziell als *rex christianissimus* tituliert wurde, trotz vorübergehender Aufhebung der Pragmatischen Sanktion zuvörderst Ausbau der gallikanischen Königskirche. Und seine persönliche Frömmigkeit kennzeichnet, daß er in späten Jahren zahlreiche Stiftungen nicht um seines Seelenheils oder auch nur Andenkens willen machte, sondern als Bollwerk gegen den Tod: Noch das eigene Weiterleben glaubte er bis zuletzt erkaufen zu können. Ein Zeitgenosse, der zwischen Schmutz und Schönheit dem Tod immer wieder ins Auge geblickt hatte, zeigte in seinem »Testament« mehr Größe als dieser König: der 1463 aus Paris vertriebene Poet der Gosse François Villon.
Begrenztes Vertrauen brachte Ludwig XI. ihm ergebenen Aufsteigern entgegen; zwar war er kein *roi des bourgeois*, doch gewannen unter ihm bürgerliche Amtsträger vor allem in Balleien und Parlamenten an Bedeutung. Überhaupt rückten in den Jahrzehnten des Wiederaufbaus Bürgertum und Städte stärker in den Vordergrund; dabei vom König zu eigenem Nutzen gefördert, ohne daß dies auch jetzt eine erkennbar systematische Wirtschaftspolitik bedeutet hätte. Besonders die gleich Caen und Rouen mit Messeprivileg bedachte Grenzstadt Lyon nahm in Konkurrenz zum savoyischen Genf als Handelsplatz wie als Zentrum von Seidenmanufaktur, Druck und Bankwesen großen Aufschwung, der zudem im 16. Jahrhundert zu einer von der italienischen Renaissance stimulierten Kulturblüte führen sollte. Denn hier fand das stark von Italienern bestimmte internationale Geld- und Handelsgeschäft, das während des Hundertjährigen Kriegs teilweise das Königreich umgangen hatte, seinen Anlaufort, an dem solche Finanzkraft auch die neue Kunst Gutenbergs unter starker Beteiligung deutscher Fachkräfte etablierte. Wenn im übrigen am Ausgang des Mittelalters ungefähr 10–15% der Bevölkerung lesen konnten und im Verlauf des 15. Jahrhunderts zu den vier »klassischen« Hochschulen mehr als zehn

Johanna v. Champagne-Navarra, † 1304 ∞ Philipp IV. (der Schöne), † 1314
Kg. 1285–1314

Ludwig X., † 1316
Kg. 1314–1316

Johann I., † 1316

Philipp V., † 1322
Kg. 1316–1322

Karl IV., † 1328
Kg. 1322–1328

Karl V. (der Weise), † 1380
Kg. 1364–1380

Johann I., † 1416
Hz. v. Berry 1360

Valentina, † 1408
T. v. Giangaleazzo
Visconti
∞ Ludwig v. d. Touraine u. v. Valois, † 1407
Hz. v. Orléans
Reg. 1392

Johann, † 1467
Gf. v. Angoulême

Karl, † 1465
Gf. v. Angoulême
Hz. v. Orléans

Johann (unehelich), † 1468
Gf. v. Dunois u. Longueville
»Bastard v. Orléans«

Karl, † 1496
Gf. v. Angoulême

Anna, † 1514
Erbin d. Bretagne
∞ 2. Ludwig XII., † 1515
Kg. 1498–1515

Margarete, † 1549 ∞ 2. Heinrich v. Albret
† 1555
Kg. v. Navarra

Franz I., † 1547 ∞ Claudia
Kg. 1515–1547
† 1524

Johanna v. Albret, † 1572 ∞ Anton v. Bourbon, † 1562
Kg. v. Navarra
Kg. v. Navarra

Heinrich IV., † 1610 ∞ 1. Margarete, † 1615
Kg. v. Navarra 1562
Kg. v. Frankreich
1589–1610
(geschieden)

Margarete v. d. Provence, † 1295 ∞ Ludwig IX. (der Heilige), † 1270
Kg. 1226–1270

Robert v. Clermont, † 1317

Isabella v. Aragón, † 1271 ∞ Philipp III., † 1285
Kg. 1270–1285

Margarete, † 1299 ∞ Karl, † 1325
T. v. Kg. Karl II. v. Neapel
Gf. v. Valois

Isabella ∞ Eduard II.
† 1357
Kg. v. England

Eduard III.
Kg. v. England

Philipp VI., † 1350
Kg. 1328–1350

Johann II. (der Gute), † 1364
Kg. 1350–1364

Ludwig I., † 1384
Hz. v. Anjou
Titularkg. v. Neapel

Philipp II. (der Kühne), † 1404
Hz. v. Burgund

Isabeau (Elisabeth) v. Bayern-Ingolstadt
† 1435
∞ Karl VI., † 1422
Kg. 1380–1422
regierungsunfähig 1392

Ludwig II., † 1417
Hz. v. Anjou
Titularkg. v. Neapel

Katharina, † 1438
∞ 1. Kg. Heinrich V. v. England
2. Owen Tudor

Karl VII., † 1461
Kg. 1422–1461

Ludwig III., † 1434
Hz. v. Anjou
Titularkg. v. Neapel

René, † 1480
Hz. v. Anjou
Titularkg. v. Neapel

Ludwig XI., † 1483
Kg. 1461–1483

Margarete v. Anjou ∞ Heinrich VI.
† 1482
Kg. v. England

Anna ∞ Peter II. v. Beaujeu
† 1522
† 1503
Hz. v. Bourbon

Anna, † 1514 ∞ 1. Karl VIII., † 1498
Erbin d. Bretagne
Kg. 1483–1498

Katharina v. Medici, † 1589 ∞ Heinrich II., † 1559
Kg. 1547–1559

Franz II., † 1560
Kg. 1559/1560

Karl IX., † 1574
Kg. 1560–1574

Heinrich III., † 1589
Kg. 1574–1589

Kapetinger – Valois – Orléans-Angoulême – Bourbon

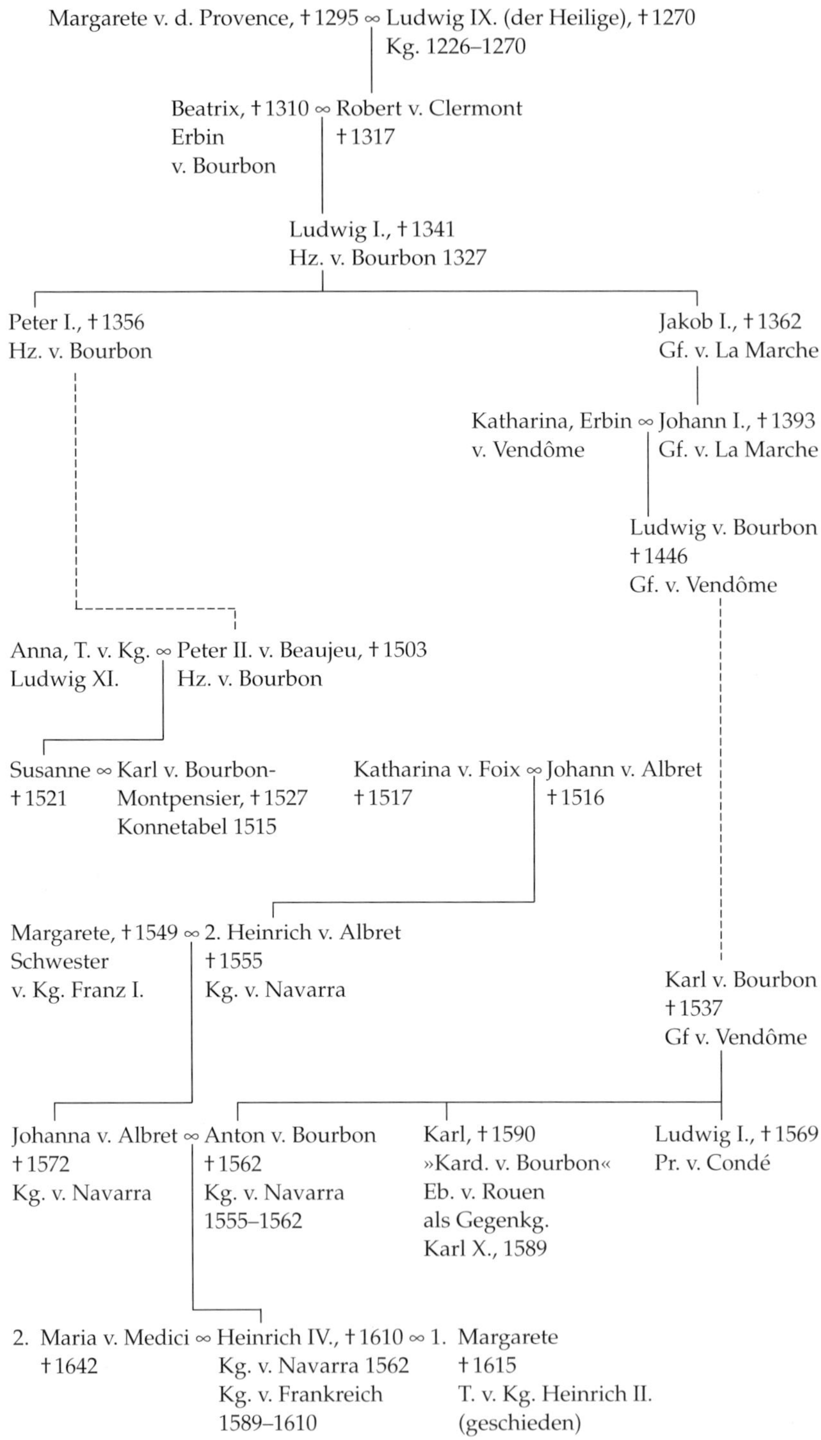

Die Linie Kapetinger – Bourbon von Ludwig IX. bis Heinrich IV.

neue Universitäten von Caen und Nantes bis nach Grenoble und Aix-en-Provence kamen, so zeigt dies, im Einklang mit der europäischen Entwicklung, eine steigende relative Breitenbildung vor allem in den Städten.

Ludwigs XI. Politik der Bestechung und der Angst erforderte ebenso wie der weitere Ausbau des Königsstaats oder die mit dem Erwerb von Roussillon und Cerdagne verbundene Intervention im katalanischen Bürgerkrieg natürlich enorme Finanzmittel. Sie wurden durch verschärfte Steuereintreibung, neue Gebühren und Zölle, Verkauf von Ämtern und Adelsbriefen, Judensteuern und mehr oder minder erzwungene Sonderleistungen der Kirchen und Städte aufgebracht und führten in zwei Jahrzehnten zu einer Steigerung der königlichen Jahreseinnahmen um mehr als das Zweieinhalbfache auf 4 650 000 Livres. Die königliche Politik des Geldes und der List hatte vor allem in der großen Auseinandersetzung mit Herzog Karl dem Kühnen von Burgund (1467–1477) ihre Bewährungsprobe zu bestehen. Da Frankreich sich nicht dauerhaft schwächen oder zumindest neutralisieren ließ, wollte der Burgunder den von ihm schon 1468 in Péronne und vor Lüttich gedemütigten König stürzen und durch seinen Schwager Eduard IV. von England ersetzen, derweil er selber für den Preis der Verheiratung seiner einzigen Tochter Maria mit dem Habsburger Maximilian die römische Königskrone und die Anwartschaft auf das Kaisertum von Friedrich III. auf einem Treffen zu Trier im Herbst 1473 zu erlangen suchte.

Karl der Kühne, Herzog von Burgund (Porträt von Rogier van der Weyden)

Der unbändige Ehrgeiz des Herzogs hatte zunächst System: Rastlos und zielstrebig bemühte sich *Charles le Travaillant* um die Schaffung eines selbständigen und geschlossenen, von der Nordsee bis vor die Tore Lyons reichenden Staates Burgund, der von Mecheln und später von Nancy aus zentral verwaltet und bis zum linken Rheinufer arrondiert werden sollte. Dem dienten Intervention und Expansion von Geldern bis ins Oberelsaß, wobei Karl allerdings im Erzstift Köln an einem antiburgundisch motivierten Reichspatriotismus und einem militärisch-finanziellen Kraftakt der

Stadt Köln scheiterte, so daß er im Juni 1475 die Belagerung von Neuß aufgeben mußte. Immer mehr trat nun an die Stelle sorgfältiger Planung hektische Ubiquität. Eigene Unzuverlässigkeit und französisches Geld kosteten ihn seinen englischen Verbündeten und führten sogar die alten Feinde Habsburg und Eidgenossen im gegnerischen Lager zusammen. Die vor allem um ihre eigenen Freiheiten und Privilegien besorgten Schweizer erklärten Karl dem Kühnen den Krieg und fügten ihm bei Grandson und Murten 1476 zwei verlustreiche Niederlagen zu. Der Herzog fiel in eine psychosomatische Krise; sein Ende war am 5. Januar 1477 vor Nancy gekommen, als er den Tod im Kampf gegen René II. von Lothringen fand, den wiederum Schweizer, die besten Fußsoldaten der Zeit, unterstützten. Schließlich aber waren es weder der Freiheitswille am Oberrhein und in der Eidgenossenschaft noch Geld und List Ludwigs XI., noch gar militärische Probleme in letzter Minute, an denen der *Temerarius* – so wird er in einem zeitgenössischen Eintrag im Protokollbuch der Pariser Dekretfakultät bezeichnet – scheiterte. Dieser Beiname deutet, anders und treffender als das positiv getönte deutsche Epitheton, darauf hin, daß Karls Untergang in ihm selbst beschlossen lag. Der Zwang, den verhaßt-erfolgreichen Vater um jeden Preis übertreffen zu müssen, war seine ganz persönliche Tragik, allerdings mit weltgeschichtlichen Konsequenzen: Sie führte zu seinem Ende vor Nancy, sie ließ sogleich Streit um sein Erbe entstehen, der dann in den über Jahrhunderte währenden französisch-habsburgischen Antagonismus mündete.

Nach der Schlacht von Guinegate 1479 und dem Vertrag von Arras 1482 mußte Ludwig XI. sich mit dem Herzogtum Burgund und der Pikardie begnügen und auf die Vermählung des Dauphin mit Marias und Maximilians Tochter Margarete von Österreich hoffen, die den Artois und die Freigrafschaft Burgund in die Ehe einbringen sollte. In den Niederlanden aber stand fortan Habsburg; und als Philipp der Schöne, Sohn Maximilians und der Burgunderin, 1496 mit Johanna der Wahnsinnigen die Erbin der Kronen Aragón und Kastilien heiratete, zeichnete sich wieder jene schon vom Burgunderherzog Philipp dem Guten unter dem Signum des Kreuzes geschlossene und gegen Frankreich gerichtete Allianz ab – nunmehr aber auf Dauer, und sie sollte die Regierung König Karls VIII. (1483–1498) sogar noch selbst durch den Ausgriff nach Italien mitbefördern.

So scheint es, manch modernem Kritiker zum Trotz, durchaus angebracht, in der Tradition Rankes jene Zeit allgemein unter vorwaltend außenpolitischen Vorzeichen, d. h. auch Frankreich am Ausgang des 15. Jahrhunderts im Rahmen eines sich formierenden europäischen Mächtesystems zu sehen. Das gilt schon für die damals virulente bretonische Frage, an deren Lösung noch Anna, die ältere Schwester des verstorbenen Königs, und deren Gatte Peter von Beaujeu erheblichen Anteil hatten, die beide über den Eintritt von Karls VIII. Volljährigkeit hinaus das Hofregiment ganz im Sinne Ludwigs XI. führten. Nach dem Tod des dagegen erfolglos in einer Fürstenfronde opponierenden Herzogs Franz II. von Bretagne mußte dessen Erbtochter Anna immer stärkerem, auch militärischem

Druck Frankreichs nachgeben und 1491 Karl VIII. heiraten. Selbst wenn das Herzogtum nicht annektiert wurde – der König respektierte im Gegensatz zum Vater und auf Rat seines Kanzlers Guillaume de Rochefort das Recht –, sondern nur eine Personalunion eintrat, so ließ die Vereinbarung, daß Anna im Fall kinderloser Ehe den Nachfolger ihres Gatten zu heiraten habe, doch schon die Zukunft erkennen: 1532 sollte die dank effizienter herzoglicher Administration zu einem modernen Fürstenstaat ausgebaute Bretagne in *union perpetuelle* denn auch endgültig Teil des Königreichs werden. Um ebendem zu entgehen, war die Erbtochter allerdings noch im Jahr vor ihrer französischen Heirat prokuratorisch eine Ehe mit dem seit 1482 verwitweten Habsburger Maximilian eingegangen, und Karl VIII. löste wiederum wegen der Vermählung mit Anna die im Vertrag von Arras abgemachte Verbindung mit Margarete von Österreich. Mochte dem mithin gleich doppelt düpierten Habsburg daraufhin im Vertrag von Senlis 1493 mit der Freigrafschaft und dem Artois auch das vereinbarte Heiratsgut erstattet werden, so verstärkte die bretonische Sukzession doch den habsburgisch-französischen Antagonismus, um sich 1494 mit Karls VIII. Einfall in Italien entscheidend zu verschärfen.

In der Nachfolge Renés von Anjou war Ludwig XI. nämlich auch in dessen Anspruch auf Neapel und Sizilien eingetreten, und als Karl VIII. sich anschickte, ihn nach langen diplomatischen Vorbereitungen einzulösen, ließ dieses die Zeitgenossen beeindruckende Ereignis – Savonarola hatte den Monarchen in Florenz als Schwert Gottes angekündigt und begrüßte ihn als Gesandten des Herrn – die betroffenen Mächte alsbald auf den Plan treten: allen voran eben Habsburg, da Maximilian I. als römischer König italienische Herrschaftsrechte geltend machte und überdies 1494 die für den Zusammenhalt seines Hausbesitzes benötigte Kaiserkrone noch nicht besaß, sowie das durch den französischen Zugriff unmittelbar in Neapel und Sizilien bedrohte Aragón, das seinerseits in Union mit Kastilien stand. Die französische Monarchie war mithin selbst daran beteiligt, ihre Gegner zusammenzuführen und als Großherrschaft zu etablieren. Zunächst hatte sich die Invasion als »militärischer Spaziergang« nach Neapel angelassen, wo Karl VIII. am 22. Februar 1495 einziehen konnte, doch Habsburg und Aragón-Kastilien schlossen sich am 31. März mit Papst, Venedig und Mailand in der Heiligen Liga zusammen. Das Übergewicht dieser Mächte vor Ort zwang die Franzosen in die Defensive; ein Sieg bei Fornuovo am 5. Juli 1495 eröffnete gerade noch die Möglichkeit zur Rückkehr in ein Königreich, das wie schon zu Beginn der achtziger Jahre von Hungersnot und Seuchen – seit 1493 auch einer neuen: der Syphilis – heimgesucht wurde. Ohne Rücksicht auf die finanziell verschlechterte Lage verfolgte Karl VIII., nicht zuletzt im Hinblick auf einen Kreuzzug, weiterhin seine italienischen Pläne; die angevinische Tradition ließ Frankreich im übrigen nach wie vor stärker auf das Mittelmeer als auf den Atlantik schauen.

Mochten auf europäischer Bühne die habsburgischen Gegner Maximilian I., Karl V. und deren Nachfolger im Reich und in Spanien auch meist das Gesetz des Handelns diktieren, Frankreich einkreisend bis in das Zeitalter

Karl VIII. (italienische Bronzeskulptur, Ende 15. Jahrhundert)

Richelieus immer wieder in die Defensive zwingen, so hatten sie der Kohärenz der Königsnation auf Dauer indes wenig entgegenzusetzen. Der territorialen Geschlossenheit des Landes entsprach eine innere Einheit, deren Fundament durch den Königsstaat des Mittelalters gelegt worden war. Räte, Beamte und Behörden hatten einen auf die Krone zentrierten *status* geschaffen, bei dem altes Personen- und neues Institutionsdenken konvergierten. Präsenz und Permanenz einer solchen Staats»maschinerie«, die Macht konkret vor Ort etablierte und so den Zugriff auf die finanziellen Ressourcen des von Natur aus reichen Landes möglich machte, bildeten Grundlage und Voraussetzung für eine Königsnation, die ihrerseits in den Erfahrungen des Hundertjährigen Kriegs Fundierung erfuhr, als der von einer gelehrten Elite propagierte Königsmythos Widerhall fand, wie exemplarisch und außergewöhnlich zugleich das Wirken der Jeanne d'Arc erweist. »Signum der Einheit von Reich und Königtum« – dieses Wort hat mit neuem, vertieften Sinn ebenfalls Gültigkeit auch für ein Frankreich am Ausgang des Mittelalters, das vom Königsstaat zur Königsnation geworden war.

Literaturhinweise

Allgemeine, zum Teil epochenübergreifende Darstellungen

Contamine, Philippe / Ehlers, Joachim / Bulst, Neithard / Blumenkranz, Bernard: Frankreich. In: Lexikon des Mittelalters. Bd. 4. München/Zürich 1989. Sp. 747–798.

Ehlers, Joachim: Geschichte Frankreichs im Mittelalter. Stuttgart [u. a.] 1987.

Die französischen Könige des Mittelalters. Von Odo bis Karl VIII. (888–1498). Hrsg. von Joachim Ehlers, Heribert Müller und Bernd Schneidmüller. München 1996.

Gauvard, Claude: La France au Moyen Age du Ve au XVe siècle. Paris 1996.

Guenée, Bernard: État et nation en France au Moyen Age. In: Revue historique 237 (1967) S. 17–30. Nachdr. in: Politique et histoire au Moyen Age. Recueil d'articles sur l'histoire politique et l'historiographie médiévale. Paris 1981. S. 151–164.

Guillot, Olivier / Rigaudière, Albert / Sassier, Yves: Pouvoirs et institutions dans la France médiévale. 2 Bde. Paris 1994.

Medieval France. An Encyclopedia. Hrsg. von William W. Kibler und Groover A. Zinn. New York / London 1998.

Nouvelle histoire de la France médiévale. 5 Bde. Paris 1990.

Schramm, Percy Ernst: Der König von Frankreich. Das Wesen der Monarchie vom 9. zum 16. Jahrhundert. Ein Kapitel aus der Geschichte des abendländischen Staates. 2 Bde. Darmstadt ²1960.

Darstellungen des Spätmittelalters

Autrand, Françoise: Naissance d'un grand corps de l'État. Les gens du Parlement de Paris 1345–1454. Paris 1981.

Beaune, Colette: Naissance de la nation France. Paris 1985. ²1993. [Engl. Übers. 1991.]

Chevalier, Bernard: Les bonnes villes de la France du XIVe au XVIe siècles. Paris 1982.

Contamine, Philippe: Guerre, État et société à la fin du Moyen Age. Études sur les armées des rois de France 1337–1494. Paris 1972.

– La noblesse au royaume de France de Philippe le Bel à Louis XI. Paris 1997.

Gauvard, Claude: »De grace especial«. Crime, État et société en France à la fin du Moyen Age. 2 Bde. Paris 1991.

Kerhervé, Jean: Histoire de la France: la naissance de l'État moderne 1180–1492. Paris 1998.

Krynen, Jean: L'Empire du roi. Idées et croyances politiques en France. XIIIe–XVe siècle. Paris 1993.

Lewis, Peter Shervey: La France à la fin du Moyen Age. La société politique. Paris 1977. [Engl. Orig.-Ausg. 1968.]

– Essays in Later French Medieval History. London/Ronceverte 1985.

Mollat, Michel: Genèse médiévale de la France moderne (XIVe–XVe siècle). Paris ²1977.

Mollat Du Jourdin, Michel / Vauchez, André (Hrsg.): Die Geschichte des Christentums. Religion – Politik – Kultur. Bd. 6: Die Zeit der Zerreißproben (1274–1449). Dt. Ausg. bearb. von Bernhard Schimmelpfennig. Freiburg i. Br. / Basel / Wien 1991.

Literatur zu einzelnen Herrschern und Perioden

Herde, Peter: Karl I. von Anjou. Stuttgart [u. a.] 1979.

Demurger, Alain: Die Templer. Aufstieg und Untergang 1118–1314. München 2000.
Favier, Jean: Philippe le Bel. Paris 1978.
Guillemain, Bernard: Les papes d'Avignon 1309–1376. Paris 1998.
Nicholas, David: Medieval Flanders. London/New York 1992.
Strayer, Joseph Reese: The Reign of Philipp the Fair. Princeton, N. J. 1980.

Barber, Richard: The Life and the Campaigns of the Black Prince. Woodbridge 1997.
Bois, Guy: La crise du féodalisme. Paris ²1981.
Contamine, Philippe: La guerre de Cent Ans. Paris ⁷1994.
Ehlers, Joachim: Die Kapetinger. Stuttgart [u. a.] 2000.
Favier, Jean: La guerre de Cent Ans. Paris 1980.
Geremek, Bronislaw: Les marginaux parisiens aux XIVe et XVe siècles. Paris 1976. [Engl. Übers. 1987.]
Paravicini, Werner: Die Krise der französischen Gesellschaft im Zeitalter des Hundertjährigen Krieges. In: Europa 1400. Die Krise des Spätmittelalters. Hrsg. von Ferdinand Seibt und Winfried Eberhard. Stuttgart 1984. S. 210–220.
Sumption, Jonathan: The Hundred Years War. 2 Bde. London 1990–99.

Cazelles, Raymond: La société politique et la crise de la royauté sous Philippe de Valois. Paris 1958.
– Société politique, noblesse et couronne sous Jean le Bon et Charles V. Genf/Paris 1982.
Deviosse, Jean: Jean le Bon. Paris 1985.

Autrand, Françoise: Charles V le sage. Paris 1994.
– Charles VI. La folie du roi. Paris 1986.
– Jean de Berry. L'art et le pouvoir. Paris 2000.
Famiglietti, R. C.: Royal Intrigue. Crisis at the Court of Charles VI (1392–1420). New York 1986.
Guenée, Bernard: Un meurtre, une société: l'assassinat du duc d'Orléans (23 novembre 1407). Paris 1992.
Krynen, Jean: Idéal du prince et pouvoir royal en France à la fin du Moyen Age (1380–1440). Étude de la littérature politique du temps. Paris 1981.

Krumeich, Gerd: Jeanne d'Arc in der Geschichte: Historiographie, Politik, Kultur. Sigmaringen 1989.
Mollat, Michel: Der königliche Kaufmann. Jacques Cœur oder der Geist des Unternehmertums. München 1991.
Müller, Heribert: Die Franzosen, Frankreich und das Basler Konzil 1431–1449. 2 Bde. Paderborn / München / Wien / Zürich 1990.
Thomas, Heinz: Jeanne d'Arc. Jungfrau und Tochter Gottes. Berlin 2000.
Vale, Malcolm Graham Allan: Charles VII. London 1974.

Bulst, Neithard: Die französischen Generalstände von 1468 und 1484. Prosopographische Untersuchungen zu den Delegierten. Sigmaringen 1992.
Favier, Jean: Louis XI. Paris 2001.

La France de la fin du XVe siècle, renouveau et apogée. Économie – Pouvoirs – Arts. Culture et conscience nationales. Hrsg. von Bernard Chevalier und Philippe Contamine. Paris 1985.
Labande-Mailfert, Yvonne: Charles VIII. Paris 1986.

Bittmann, Karl: Ludwig XI. und Karl der Kühne. Die Memoiren des Philippe de Commynes als historische Quelle. Bd. 1. Bd. 2/1. Göttingen 1964–70.
Bonenfant, Paul: Philippe le Bon. Sa politique, son action. Brüssel 1996.
Calmette, Joseph: Die großen Herzöge von Burgund. München 1996.
Huizinga, Johan: Herbst des Mittelalters. Studien über Lebens- und Geistesformen des 14. und 15. Jahrhunderts in Frankreich und in den Niederlanden. Stuttgart [12]1987.
Müller, Heribert: Kreuzzugspläne und Kreuzzugspolitik des Herzogs Philipp des Guten von Burgund. Göttingen 1993.
Paravicini, Werner: Karl der Kühne. Das Ende des Hauses Burgund. Göttingen 1976.
– Guy de Brimeu. Der burgundische Staat und seine adlige Führungsschicht unter Karl dem Kühnen. Bonn 1975.
Prevenier, Walter / Blockmans, Wim: Die burgundischen Niederlande. Weinheim 1986.
Schnerb, Bertrand: L'État bourguignon (1363–1477). Paris 1999.
Vaughan, Richard: Philip the Bold. The Formation of the Burgundian State. London 1962. Nachdr. 1979.
– John the Fearless. The Growth of Burgundian Power. London 1966. Nachdr. 1979.
– Philip the Good. The Apogee of Burgundy. London 1970.
– Charles the Bold. The Last Valois Duke of Burgundy. London 1973.
– Valois Burgundy. London 1975.

RENAISSANCE, RELIGIONSKRIEGE UND BEGRÜNDUNG DER ABSOLUTEN MONARCHIE

(1498–1661)

Von Ernst Hinrichs

Epochenüberblick

In den ersten eineinhalb Jahrhunderten seiner neuzeitlichen Geschichte wandelte sich das französische Königreich grundlegend. Zu Beginn des 16. Jahrhunderts, unter den Königen Ludwig XII. (1498–1515) und Franz I. (1515–1547), erreichte es im Zeichen einer günstigen Wirtschaftskonjunktur und weitgehender Ruhe im Inneren einen Höhepunkt seiner machtpolitischen Entfaltung. Es wurde von Königen regiert, die bei ihren Untertanen weithin Anerkennung genossen. Zwar war Frankreich noch kein moderner Einheitsstaat; es kannte innerhalb seines Territoriums noch große Gebiete, die nicht der direkten Autorität des Monarchen unterstanden, sondern von Prinzen von Geblüt oder anderen Mitgliedern des Hochadels praktisch wie selbständige Herrschaftsbezirke besessen wurden. Doch die nationale Monarchie überstrahlte diese Restbestände der alten Herrschaftsverfassung schon beträchtlich. Außenpolitisch geriet Frankreich in einen Dauerkonflikt mit der Großmacht Habsburg (Spanien, Österreich und das Reich) unter Karl V., der zwar insgesamt zugunsten des Kaisers ausging, das Territorium Frankreichs aber nicht berührte und zur Steigerung des Bekenntnisses der französischen Bevölkerung zur Monarchie beitrug.

Durch das Eindringen der Reformation nach Frankreich und die Krise der Valois-Dynastie änderte sich diese Situation in der zweiten Hälfte des 16. Jahrhunderts grundlegend. Der französische Protestantismus, nicht von Luther, sondern von dem nach Genf geflohenen Franzosen Johannes Calvin (Jean Cauvin) geprägt, erfaßte nicht nur beachtliche Teile des französischen Bürgertums im Westen und Süden des Landes; auch der Adel, darunter einige Familien aus dem Hochadel, zeigte sich der neuen Religion gegenüber aufgeschlossen. Die Krone entschloß sich jedoch unter Heinrich II. (1547–1559) zur Fortsetzung ihrer an Rom orientierten Religions- und Kirchenpolitik, die ihr in langen Auseinandersetzungen große Vorteile gebracht hatte: Sie konnte über den größten Teil der hohen kirchlichen Stellen in Frankreich verfügen. So entstand der Konflikt mit den protestantischen Kräften, die an die Möglichkeit eines protestantischen Königtums glaubten. Seit 1562 gab es 30 Jahre lang Religionskriege in Frankreich, die sich in ihrer heftigsten Phase (1584–1593) zu einem religiösen Bürgerkrieg auswuchsen.

Die Religionskriege wurden auch deshalb zu einer ernsthaften Bedrohung für den bis dahin erreichten Staatsausbau, weil die Krone in der Nachfolge Heinrichs II. das politische Heft immer mehr aus den Händen verlor. Die drei Söhne Heinrichs – Franz II. (1559/60), Karl IX. (1560–1574) und Heinrich III. (1574–1589) – waren jung und unerfahren und wurden in ihrer Handlungsfähigkeit durch die langjährige Regentschaft ihrer Mutter, Katharina von Medici, noch zusätzlich eingeschränkt. Vor allem vermochten sie die Erbfolge der Valois nicht zu sichern, so daß diese Dynastie gerade in der Zeit der Religionskriege an ihr Ende kam: Grund genug für die sich bekämpfenden Religionsparteien, die auf beiden Seiten von herausragenden Mitgliedern des Hochadels geführt wurden, an eine Veränderung der französischen Verfassung im Sinne einer dauerhaften Schwächung der Monarchie zugunsten des Adels zu denken.

Das war die innenpolitische Konstellation, als 1589 mit Heinrich IV. (1589–1610) der erste Bourbone auf den französischen Thron kam. Er war der nächste Verwandte der mit Heinrich III. ausgestorbenen Valois. Als Protestant sah er sich einer starken inneren Opposition gegenüber. Durch seinen Übertritt zum Katholizismus (1593) räumte er dieses Haupthindernis für eine erneute breite Anerkennung des nationalen Königtums aus dem Weg; anschließend betrieb er die innere Versöhnung zwischen den beiden Parteien des Religionskriegs; sie fand mit dem Toleranzedikt für die Protestanten (1598) ihren Höhepunkt.

Mit Heinrich IV. gewann die französische Monarchie an Stärke zurück, doch führten seine Ermordung 1610 und die Tatsache, daß erneut eine Regentschaft für seinen minderjährigen Sohn Ludwig XIII. nötig wurde, wiederum in eine Epoche innenpolitischer Wirren. Aus ihnen führte die französische Politik in den 1620er Jahren mit starker Hand Kardinal Richelieu heraus, indem er den Protestantismus militärisch entmachtete und den wieder sehr eigenmächtig gewordenen Adel mit Erfolg bekämpfte. Zudem nahm Richelieu die außenpolitische Leitlinie Frankreichs aus dem 16. Jahrhundert, die Eindämmung des habsburgisch-spanischen Einflusses in Europa, wieder auf und führte das Land zielstrebig an der Seite Schwedens und anderer protestantischer Mächte Mitte der dreißiger Jahre in eine Beteiligung am Dreißigjährigen Krieg hinein. Im Westfälischen Frieden konnte das Land trotz erheblicher innerer Probleme die Früchte aus dieser Politik ernten und zu einer Führungsmacht in Europa werden.

Die erheblichen Belastungen aus dem Kriegsbeitritt und der konsequente Staatsausbau riefen im Inneren allerdings mehrere Wellen von Volksaufständen hervor, an denen sich auch der Adel und zahlreiche Beamtenkorporationen beteiligten. Diese Bewegungen gipfelten nach dem Tod Richelieus (1642) und Ludwigs XIII. (1643) in den Aufstandsereignissen der Fronde (1648–1653), in deren Verlauf die Monarchie erneut in größte innere Schwierigkeiten geriet.

Frankreich in der ersten Hälfte des 16. Jahrhunderts

Äußere Umrisse

Zu Beginn des 16. Jahrhunderts hatte das französische Königreich schon manche Ähnlichkeit mit dem heutigen Frankreich. In einem weiten Gebiet ungefähr zwischen Schelde und Maas im Norden, Saône und Rhone im Osten, dem Mittelmeer und den Pyrenäen im Süden und dem Atlantik im Westen übte der französische König entweder direkte Herrschaft aus oder hatte als Lehnsherr die Oberhoheit über die verbliebenen, mehr oder minder selbständigen Territorien inne. Die aktive Erwerbungspolitik der französischen Könige im späten Mittelalter, besonders auch im 15. Jahrhundert unter Ludwig XI. (1461–1483) und Karl VIII. (1483–1498), war der Ausgangspunkt für die Bildung eines schon relativ geschlossenen territorialen Flächenstaats, der für seine Nachbarn Vorbild und Herausforderung zugleich wurde.

Einige territoriale Fragen sollten sich allerdings erst in der Neuzeit stellen, so z. B. im Westen, in der Bretagne! Sie war zunächst nur als Titel der Königin Anna von Bretagne, der Frau Karls VIII. und Ludwigs XII., bei Frankreich und wurde erst 1532 endgültig mit der Krondomäne vereinigt. Gewisse Sonderrechte behielt sie bis hin zur Französischen Revolution. Im Zentrum und im Süden des Landes ragten noch immer große Besitztümer königlicher Nebenlinien tief in die vom König inzwischen direkt beherrschten Landschaften hinein, vor allem die Gebiete der beiden Linien des Hauses Bourbon. In der Auvergne war es Karl von Bourbon, der sich, bei allem formalen Respekt für die königliche Lehnsherrlichkeit, wie ein kleiner Souverän benahm. Im Süden, in Béarn, Navarra und anderen Pyrenäenlandschaften war es der König von Navarra, dessen Gebiete erst mit Heinrich von Navarra Anfang des 17. Jahrhunderts ganz zu Frankreich kamen, nachdem dieser als Heinrich IV. 1589 König von Frankreich geworden war.

Andererseits hatte das französische Königtum um diese Zeit im Osten und Südosten schon weit über jene Grenzen hinausgegriffen, die ihm einst im Teilungsvertrag von Verdun (843, vgl. S. 12 f.) gesteckt worden waren. Die Provinz Dauphiné, ein ehemaliges Fürstentum, war schon im 14. Jahrhundert durch Kauf erworben worden, die Grafschaft Provence kam im späten 15. Jahrhundert hinzu. In beiden Provinzen stellte die Rhone keine Grenze mehr dar, sondern einen binnenfranzösischen Strom. Schließlich hatte sich die französische Monarchie aus dem alten burgundischen Reich nach dessen Ende (1477) das Herzogtum Burgund wieder einzuverleiben gewußt, das im Teilungsvertrag schon zur westlichen Teilungshälfte gehört hatte.

Insgesamt war Frankreich um 1500 etwa 460 000 Quadratkilometer groß und damit größer als England und jeder deutsche Einzelstaat und nicht sehr viel kleiner als die in Personalunion vereinigten iberischen Monarchien.

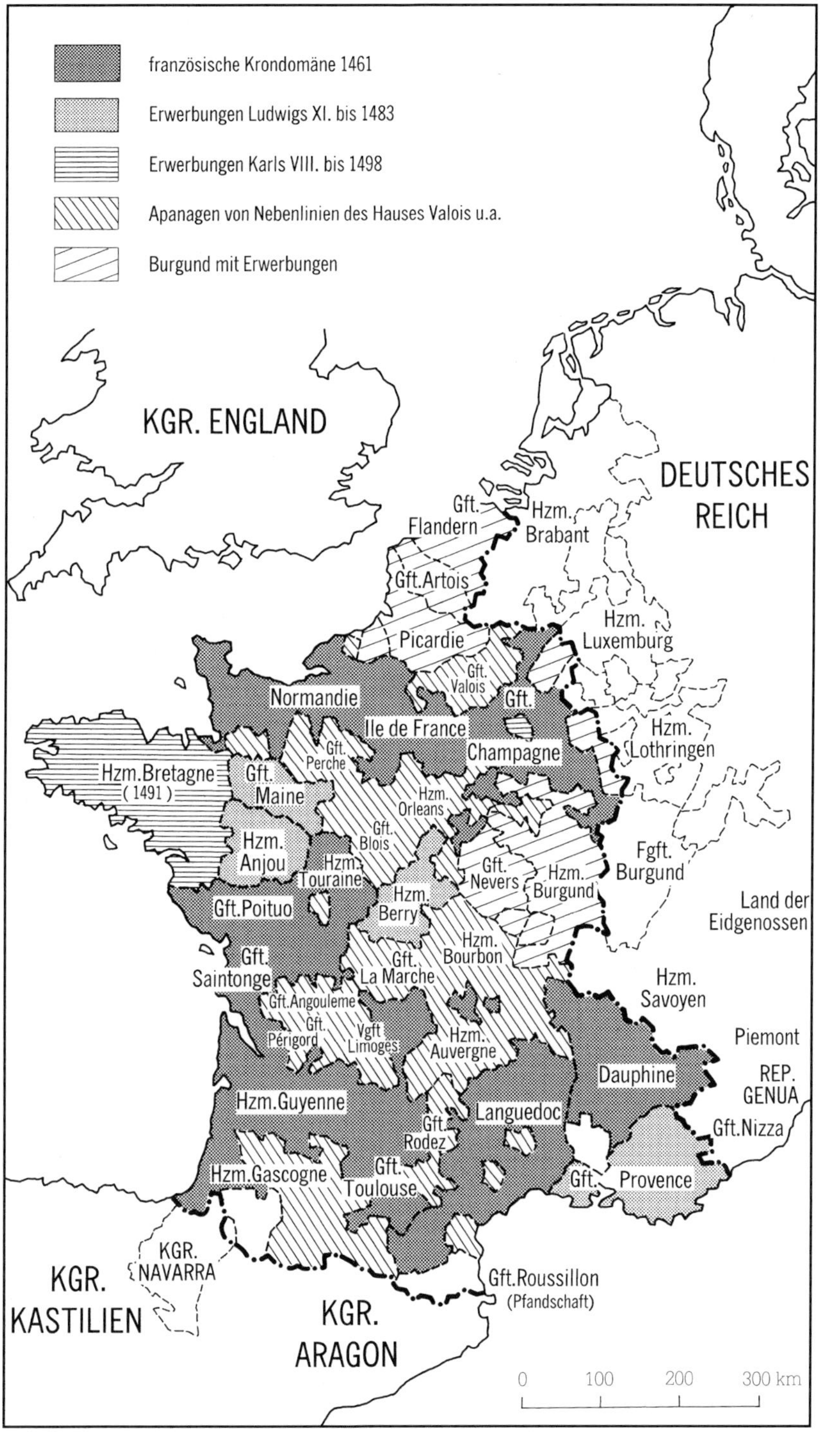

Das Königreich Frankreich um 1500

Bedenkt man, daß Frankreich heute etwa 544 000 Quadratkilometer mißt, so tritt der fortgeschrittene Stand der Territorialisierung dieses Staates zu Beginn der Neuzeit deutlich hervor.

Bevölkerung und frühes nationales Bewußtsein

In diesem Territorium lebten um 1500 etwa 15 Millionen Menschen. Das waren weniger als zweihundert Jahre zuvor. Ab etwa 1320 hatte das Land einen langdauernden Bevölkerungsrückgang erlebt, der im »Schwarzen Tod« in der Mitte des 14. Jahrhunderts seinen Gipfelpunkt gefunden hatte. Doch gerade jetzt, seit dem Ende des 15. Jahrhunderts, standen hier wie in anderen Ländern Europas die Zeichen wieder auf Wachstum. Um 1550 verfügte Frankreich wieder über die Bevölkerungsgröße von 16 Millionen, die es vor den spätmittelalterlichen Einbrüchen schon einmal gekannt hatte, und hinfort sollte diese Zahl trotz erheblicher Einbrüche nicht wieder unterschritten werden.

Diese Menschen empfanden sich noch keinesfalls alle als »Franzosen« im Sinne unserer heutigen Vorstellung. Jede Stadt, jede Provinz, jedes kleine Land, jede soziale Gruppe, jeder Stand existierte zunächst einmal für sich selbst und war durch eigene Bräuche und eigene Interessen von anderen unterschieden und in vieler Hinsicht geschützt. Und dennoch: Schon in der ersten Hälfte des 16. Jahrhunderts gab es deutliche Anzeichen dafür, daß man auch »französisch« zu denken begann. Am deutlichsten wurde das, wie so oft, in der Dichtung oder in den Schriften gelehrter Autoren, die sich über das Land und seine Politik Gedanken machten. So ist etwa der Traktat des Juristen Claude de Seyssel über »Die große Monarchie Frankreichs« (1519) ein frühes Zeugnis staatlich orientierten französischen Nationalbewußtseins. Und als im Jahr 1506 die Tochter Ludwigs XII. an einen Ausländer, einen habsburgischen Fürsten, verheiratet werden sollte, wiesen die Generalstände nachdrücklich darauf hin, daß ein anderer Prinz, Monsieur François – der spätere Franz I. –, zur Verfügung stünde, der ganz und gar »französisch« sei (»qui est tout françois«).

Man muß davon ausgehen, daß nicht nur in Frankreich, sondern in vielen europäischen Ländern im Verlauf des 16. Jahrhunderts Nationalgefühle keimten. Niemand trug stärker zu ihrer Entwicklung bei als die großen nationalen Monarchien mit ihrem Prestigebewußtsein und ihrem Drang, die Bewohner ihres Herrschaftsgebiets zu loyalen Untertanen des Königs im Interesse einer alle einigenden Idee zu machen. Die politischen Auswirkungen dieses frühen Nationalgefühls blieben allerdings noch gering. Viele Kräfte standen ihm entgegen. In den ehemals selbständigen Herrschaften, die allmählich zu Provinzen des Königreichs wurden, zählte regionales Identitätsbewußtsein noch bis ins späte 18. Jahrhundert stärker als jedes Nationalgefühl. Vor allem die provinzialen Eliten kultivierten einen ausgeprägten Regionalismus und setzten diesen auch politisch ein, wenn es darum ging, den Zentralismus des Königtums zu bekämpfen. Andererseits gab es auch viel Internationalismus im Frankreich der Renaissancezeit. Die Familienverbindungen vieler Adeliger reichten weit über die Grenzen des Landes hinaus. Die gelehrten Humanisten korrespondierten mit ihren Kollegen in ganz Europa, viele Studenten wanderten durch die europäischen Länder und besuchten die wenigen, traditionsreichen Universitäten. Die alte katholische Kirche war eine internationale Institution par excellence und wurde gerade als solche von den französischen Königen mit Argwohn betrachtet. Und auch die Reformatoren standen über die Grenzen hinweg miteinander in Beziehung.

Wirtschaft

Mit seinen vielen fruchtbaren Böden im Norden und in der Mitte war Frankreich ein Land der Getreideproduktion. An erster Stelle stand, wie heute noch, der Weizen, doch auch der Roggen-, Gerste-, Hafer- und Buchweizenanbau waren beträchtlich. Den Kirchenarchiven mit ihren Zehntregistern läßt sich entnehmen, daß die Getreideproduktion im frühen 16. Jahrhundert spürbar zunahm, ein Indiz für den umfassenden Wiederaufbauprozeß der französischen Landwirtschaft nach den langen Krisenzeiten des Spätmittelalters. Die Bevölkerung des Landes stieg seit dem letzten Drittel des 15. Jahrhunderts wieder, und mit ihr wuchs die Nachfrage nach den Grundnahrungsmitteln, insbesondere dem Brotgetreide.

Auch der Wein profitierte vom günstigen konjunkturellen Geschehen. Weit mehr als in den nordeuropäischen Ländern zählte er in Frankreich zu den bedeutenden Zweigen der Landwirtschaft. Ein Landarbeiter des Languedoc verfügte, so hat man errechnet, um 1530 über eine Tagesration von etwa 2 Litern Wein. Im Gegensatz zu heute wurde der Wein in keiner Provinz monokulturell, sondern stets in Nachbarschaft mit anderen Gewächsen angebaut.

Einsammeln von Getreidesäcken auf einer königlichen Domäne, unter Aufsicht eines Beamten (Miniatur aus dem 16. Jahrhundert)

Im Vergleich zur Getreide- und Weinproduktion erlebte die Viehzucht im 16. Jahrhundert einen deutlichen Rückgang. Auch dies entsprach dem Konjunkturverlauf. Die breiten Bevölkerungsschichten konnten sich in erster Linie Brotgetreide und Wein, nicht aber teures Fleisch leisten, und die französische Landwirtschaft war in dieser Zeit schon so anpassungsfähig, daß sie diesem Bedürfnis mit einem Ausbau der Ackerbauflächen entsprach.

Außerhalb der Landwirtschaft dominierte in Frankreich wie überall in Europa die Textilindustrie, vor allem im Westen des Landes, in den Landschaften Maine, Poitou, Bretagne und Touraine. Daneben hatte das Land eine beachtliche Glasproduktion und hier und dort auch Zentren für die Eisenverhüttung. Das einzige bedeutende Handelszentrum für den Waren- wie für den Geldverkehr war die Stadt Lyon. Mit einem Wachstum der Einwohnerzahlen von 40 000 um 1500 auf 70 000 war die Stadt an der Rhone um 1560 nach Paris (1547 220 000 Einwohner) die bedeutendste Großstadt des Landes. Frankreich wies zwar kein überregional bedeutsames Wirtschaftszentrum auf, wie es für diese Zeit für Oberdeutschland, Flandern und zuvor für Norditalien galt. Insgesamt war die französische Wirtschaft jedoch in der ersten Hälfte des 16. Jahrhunderts von Dynamik, Wachstum und einer Öffnung nach außen gekennzeichnet. Grundlage war die solide Landwirtschaft, die den Bodeneigentümern – selbständigen Bauern, Bürgern, dem Adel, der Kirche und auch dem König – wachsende Erträge bescherte. Der König profitierte in jeder Weise von dieser Situation; sie machte große, ehrgeizige Unternehmungen möglich – vor allem die kostspieligen Auseinandersetzungen mit Habsburg (vgl. S. 113–116).

Sozialstruktur

Frankreich war wie alle anderen mittel- und westeuropäischen Staaten zu Beginn der Neuzeit eine Ständegesellschaft mit der formalen Unterscheidung von Adel, Klerus und Drittem Stand. Auf den nicht sehr häufigen Sitzungen der Generalstände trat diese Dreigliederung auch sehr deutlich hervor. In der sozialen Realität des Alltags spielte sie nicht dieselbe Rolle, denn jeder Stand war in sich weitaus differenzierter, als es die Dreiteilung erkennen läßt.

Auch im 16. Jahrhundert war die wichtigste Frage die, ob jemand auf dem Land oder in der Stadt wohnte. Die nichtprivilegierte französische Landbevölkerung war in sich sehr fein gegliedert, mit einem beachtlichen selbständigen und juristisch freien Bauerntum an der Spitze. Wo die Böden gut waren, stellte der besitzende Bauer eine respektable Persönlichkeit von einigem Wohlstand dar; er gab in den Bauerndörfern den Ton an und diente ihnen oft als Mittelsmann zum Landadeligen, der über diesen Dörfern als Grundherr thronte und von ihnen Abgaben in Naturalien oder Geld und hier und dort auch Dienstleistungen verlangen konnte. Der französische Landadel des 16. Jahrhunderts war um diese Zeit im wesentlichen ein »präsenter« Adel, der sich um die Verwaltung und Nutzung seiner Ländereien kümmerte. Daher zählte die Zweigleisigkeit von adeligen und bäuerlichen Landbesitzern um diese Zeit noch zu den besonderen Kennzeichen vieler Provinzen. Im Zuge der guten Agrarkonjunktur des 16. Jahrhunderts versuchte der Adel, die Leistungsfähigkeit und Produktivität seiner Güter zu steigern, was Spannungen mit den Bauern mit sich brachte und neben den besitzenden Bauern den Pächtern des Adels zu einiger Bedeutung verhalf. Unterhalb dieser ländlichen »Oberstände« gab es kleine Bauern, die oft auch noch im Landhandwerk tätig waren, Landarbeiter mit ganz kleinen Besitzungen, Kleinpächter und die im Laufe der Zeit ständig zunehmenden Landlosen, Tagelöhner und ländlichen Arbeitslosen, die auf der Suche nach Arbeit ständig umherwanderten, häufig der Armenkasse zur Last fielen und von der ständischen Gesellschaftsordnung letztlich nicht erfaßt wurden.

Was die Städte angeht, so waren es nicht die wenigen ganz großen Städte wie Paris, Lyon, Marseille, die das städtische Gesicht Frankreichs bestimmten. Es überwog vielmehr die Mittelstadt mit 6000 bis 12 000 Einwohnern, die sich nur durch das Vorhandensein von bestimmten Dienstleistungen, Berufen und Funktionen in Justiz, medizinischer Versorgung, Marktwesen von den großen Dörfern unterschieden. Auch diese Städte kannten eine sehr differenzierte soziale Hierarchie – von der Kaufmannschaft über die handwerkliche Mittelschicht bis zu den Kleinhändlern, Tagelöhnern, Lohnarbeitern, Arbeitslosen und Armen, die in der ersten Jahrhunderthälfte freilich noch nicht dominierten.

Die französische Stadt des frühen 16. Jahrhunderts war Geburtsstätte eines für Frankreich besonders wichtigen sozialen Typs, des kleinen Beamten (*officier*), der sich um eine dauerhafte Plazierung in der königlichen Beamtenhierarchie bemühte. Zusammen mit den in der Stadt wohnenden Geistlichen und der Elite der örtlichen Kaufmannschaft bildete der *officier* die Spitze der städtischen Gesellschaft, in der der Adel zu dieser Zeit noch keine Rolle spielte.

Die beiden Oberstände Klerus und Adel waren in der sozialen Hierarchie Frankreichs am besten definiert. Es gab etwa 10 000 Weltgeistliche und eine quantitativ nicht abzuschätzende Zahl von Ordensgeistlichen. Nicht einmal die Zahl der Ordenskongregationen ist genau bekannt, doch wissen wir z. B. allein von 600 Benediktinerabteien und etwa 400 Bettelmönchkonventen.

Vom sozialen Ansehen und seiner politischen Bedeutung her stand der Adel an der Spitze der gesamten Sozialhierarchie des Königreichs. Zu Beginn des 16. Jahrhunderts lassen sich am Hof des Königs wie in den Adelsschlössern der Provinz noch zahlreiche alte, dem Mittelalter entstammende Adelsgeschlechter identifizieren, was zweihundert Jahre später kaum mehr möglich sein wird. Doch schon in dieser Zeit begannen Mechanismen zur Erneuerung des Adels zu greifen, wie sie Frankreich unter den Ansprüchen einer machtvollen Monarchie stärker entwickelt hat als jedes andere europäische Land. Schon immer konnte der König einzelne Persönlichkeiten für ihre Verdienste, vor allem bei Heerzügen, mit dem persönlichen oder erblichen Adel auszeichnen. Seit etwa 1485 kam die Nobilitierung über bestimmte Ämter und Funktionen – z.B. die des »königlichen Rats« (*conseiller du Roi*) – hinzu. Seit den zwanziger Jahren des 16. Jahrhunderts spätestens ist die Käuflichkeit von königlichen Ämtern nachgewiesen, die bald schon die Schaffung von solchen Ämtern zum Zweck ihres Verkaufs nach sich zog. Nicht alle Ämter brachten den persönlichen oder gar erblichen Adel mit sich, aber die wertvollsten taten es und wurden im Verlauf der folgenden Jahrhunderte gerade aus diesem Grunde von wohlhabenden Nichtadeligen heiß begehrt. Schließlich führte auch die nackte Usurpation in den Adel – ein in einem Großreich wie Frankreich durchaus praktikables Verfahren. Wohlhabende Bürger und Bauern erwarben ein adeliges Gut, bemühten sich um eine möglichst adelige Lebensweise und um entsprechende formale Titel, setzten diese im Rechtsverkehr möglichst oft ein und wurden eines Tages wie selbstverständlich in ihrer neuen Standesqualität akzeptiert. Wichtig war es jedoch, von den Steuerlisten des Königs herunterzukommen, denn dies war das wesentlichste Ziel des Adelserwerbs: die Befreiung von der *taille,* der wichtigsten direkten Steuer des Landes, von der der Adel im größten Teil Fankreichs befreit war.

Staat und Verwaltung

Der Staat war im Frankreich des 16. Jahrhunderts schon eine feste Größe. In seinem Zentrum stand die Monarchie. Der französische König war »von Gottes Gnaden« und wurde nicht gewählt, er erbte sein Land. Das darf jedoch nicht zur Vorstellung eines Willkürregiments führen: Er war kein unbeschränkter, sondern ein durch das Gottes- und Naturrecht, d. h. im wesentlichen die Zehn Gebote, und die sogenannten Grundgesetze (*lois fondamentales*) in Grenzen gehaltener Monarch. Die beiden wichtigsten Grundgesetze lauteten: 1. Das Amt des Königs von Frankreich vererbt sich nur in männlicher Linie, und zwar immer an den nächsten ältesten männlichen Verwandten (Primogenitur); Töchter, selbst die Söhne von Töchtern haben keinen Anspruch. 2. Die königliche Domäne, d. h. die Gesamtheit des königlichen Eigentums aus Ländereien und Rechten, ist unverkäuflich. Freilich konnte niemand den französischen König wirklich kontrollieren. Ein hoher Richter beschrieb dieses Dilemma einmal so: »Der König kann alles, was er will, aber er darf nicht alles wollen, was er kann.«

Der König regierte nicht allein, auch wenn er allein entschied. Ihm zur Seite stand ein königlicher Rat, ein im Prinzip ungeteiltes Gremium mit Ratgebungskompetenzen, das sich im 16. Jahrhundert gemäß der komplizierter gewordenen Verwaltungsstruktur des Landes in mehrere Ratsgremien aufteilte. Minister in unserem Sinne gab es in dieser Zeit noch nicht; erst im Verlauf des 16. Jahrhunderts bildete sich die Funktion von vier »Staatssekretären« heraus, denen bestimmte ministerielle Aufgaben und die Betreuung von Gebietsteilen des Königreichs oblag. Dagegen gab es schon eine recht differenzierte Justiz- und Finanzverwaltung. In den Steuersprengeln der Provinzen (*élections*) waren ursprünglich von der Bevölkerung gewählte, inzwischen fest angestellte königliche Steuerbeamte (*élus*) für die Eintreibung der direkten Steuer (*taille*) zuständig, die unterste Ebene der königlichen Rechtsprechung waren die im Norden *bailliage,* im Süden *sénéchaussée* genannten Gerichtsbezirke, die zugleich auch als Wahlkreise dienten, wenn Abgeordnete zu den Generalständen gewählt werden mußten.

Über den provinzialen Gerichtsbehörden standen als Berufungsinstanz königliche Obergerichte. Sie waren aus dem mittelalterlichen königlichen Ratsgremium hervorgegangen und hießen deshalb »Parlamente« (*parlements,* von *parler,* der Ort, wo der König Recht spricht; sie dürfen mit dem englischen oder unseren modernen Parlamenten nicht verwechselt werden). Sie hatten neben ihrer Funktion als Berufungsinstanz eine Fülle anderer Aufgaben, z.B. in der Lokalverwaltung und der Verwaltungsaufsicht. Vor allem aber oblag es ihnen, königliche Gesetze in ein Register einzutragen, wodurch diese für rechtlich unbedenklich erklärt und damit rechtswirksam wurden.

Bedeutendster Gerichtshof dieser Art mit dem größten Zuständigkeitsbereich war das Pariser Parlament; daneben gab es Parlamente in allen großen, in den vergangenen Jahrhunderten zu Frankreich gekommenen Provinzen: Burgund (Dijon), Provence (Aix), Languedoc (Toulouse), Guyenne (Bordeaux), Dauphiné (Grenoble), Normandie (Rouen). Als die Bretagne 1537 endgültig französisch wurde, erhielt auch diese Provinz in ihrer Hauptstadt Rennes bald ein Parlament.

Alle genannten Institutionen des Finanz- und Justizwesens gerieten im 16. Jahrhundert in den Sog der Ämterkäuflichkeit und des Ämterhandels. Die Monarchie, mit den Domänen- und Steuereinkünften für ihre aufwendige Machtpolitik nach außen nicht auskommend, nutzte dieses Mittel als zusätzliche Verdienstquelle und nahm die dadurch eintretende Verselbständigung ihres Beamtentums – ein Beamter, dem sein Amt als Privateigentum gehörte, konnte nur gegen Entschädigung aus dem Amt gejagt werden – offenen Auges in Kauf. Daß es sich in der Zeit Franz' I. dabei nicht um unbedeutende Summen handelte, zeigt ein Blick auf Prozentzahlen und ihre Steigerungen: 1527 stammten etwa 2,5 % der französischen Staatseinkünfte aus dem Verkauf und dem Handel mit Ämtern, 1546 waren es schon 12,8 %.

Die Untertanen hatten im Frankreich der Renaissance keine substantiellen Mitspracherechte. Die Generalstände (*états généraux*) wurden nur in dringenden Notzeiten einberufen und vermochten damit, anders als das englische *Parliament,* weder eine gewisse Regelmäßigkeit ihrer Sitzungen noch bestimmte Machtansprüche, etwa das Recht auf Steuerbewilligung, zu erringen. In der französischen Geschichte dominierte seit dem 14. Jahrhundert weit mehr als in England das Königtum und setzte einer ständischen Entwicklung enge Grenzen.

Nur in den neu gewonnenen Provinzen – im Languedoc, in der Provence, in vielen Landschaften der Pyrenäen, im Dauphiné, in Burgund und auch in der Bretagne – gab es im 16. Jahrhundert noch funktionierende provinziale Ständeversammlungen (*états provinciaux*). Manchen von ihnen gelang es, ihre Provinz von dem direkten Zugriff des königlichen Finanzwesens freizuhalten; sie bauten statt dessen ein eigenes auf und trugen zur Finanzierung des Königreichs durch Zahlungen aus der Ständekasse bei.

Französische Politik von Ludwig XII. bis Heinrich II.: Vom italienischen Abenteuer bis zur inneren Verfeindung

(1498–1559)

1498–1515	Ludwig XII.
1503	Das französisch besetzte Neapel geht wieder an Spanien verloren.
1513	Mailand wird an die Schweiz abgetreten.
1515–1547	Franz I.
1515	Rückeroberung Mailands durch den Sieg Franz' I. bei Marignano.
1516	Konkordat mit Papst Leo X. bestätigt die Herrschaft Franz' I. über die französische Kirche.
1521	Kaiserliche Truppen nehmen Mailand ein.
1525	Franz I. unterliegt dem Heer Karls V. und wird gefangengesetzt.
1526	Friedensschluß von Madrid und Freilassung Franz' I.
1526–1529	2. Krieg gegen Kaiser Karl V.
1529	Friede von Cambrai.
1536–1538	3. Krieg gegen Karl V.
1536	Im Zuge der Auseinandersetzungen mit Karl V. schließt Franz I. ein Bündnis mit dem Osmanischen Reich.
1539	Ordonnanz von Villers-Cotterêts: Französisch wird Amtssprache im Gerichtswesen.
1542–1544	4. Krieg gegen Karl V.
1544	Erschöpfungsfriede von Crépy beendet die Serie von Feldzügen Franz' I.
1547	Institution des Staatssekretärs (Finanzen, Äußeres) wird ins Leben gerufen.
1547–1559	Heinrich II.

1547 Einrichtung einer gesonderten Kammer für Ketzerprozesse (*chambre ardente*) im Pariser Parlament.

1551 Pflicht zur Anzeige von Ketzern; in den folgenden Jahren münden die königlichen Edikte in die Androhung der Todesstrafe für Ketzer.

1552–1556 Krieg Karls V. gegen Frankreich.

1556 Waffenstillstand zwischen Heinrich II. und Karl V.; Rückzug des Kaisers aus der Politik und Teilung des Reichs.

1557/58 Zwei vernichtende Niederlagen des französischen Heers gegen spanisch-habsburgische Truppen bei Saint-Quentin und Gravelingen.

1559 3. April: Friedensschluß mit Spanien in Cateau-Cambrésis (Cambrai): endgültiger Verzicht Frankreichs auf Mailand.

Großmachtambitionen unter Ludwig XII. und Franz I.

(1498–1547)

Ludwig XII. aus der Nebenlinie der Orléans, seit 1498 König von Frankreich, verfolgte in Italien zunächst ähnliche Ziele wie sein Vorgänger Karl VIII.: Machterwerb und Machtbehauptung in Italien auf der Grundlage der alten Ansprüche des Hauses Anjou in Neapel und der eigenen Visconti-Herkunft in Mailand. Beide Territorien wurden zunächst glanzvoll erobert, mußten aber 1503 und 1513 jeweils nach Niederlagen gegen die Spanier und die Schweiz wieder abgetreten werden. Der innenpolitisch erfolgreiche Ludwig XII. mußte mitansehen, daß die unausgereiften und insgesamt planlosen Italienvorhaben seines Vorgängers, die er nicht korrigierte, sondern nur modifizierte, ein für Frankreich auf längere Sicht gefahrvolles Ergebnis heraufbeschworen: das Zusammenrücken seiner Gegner. Vor allem die dynastische Verbindung zwischen dem Habsburg Maximilians I. und den spanischen Königreichen durch die doppelte Eheverbindung zwischen Margarete von Burgund, der Tochter Maximilians I., und Don Juan, dem Erbsohn der spanischen Könige (1497), sowie zwischen Maximilians Sohn, Philipp dem Schönen, und der Tochter des spanischen Königspaars, Johanna »der Wahnsinnigen« (1496), sollte Frankreich noch zu schaffen machen. Denn aus dieser Ehe ging 1501 ein Sohn mit Namen Karl hervor, der nach 1519 als Kaiser Karl V. für fast vier lange Jahrzehnte der große Gegner Frankreichs in Europa werden sollte.

Nach Ludwigs Tod betrat mit seinem Neffen Franz I. aus dem Hause Orléans-Angoulême der bedeutendste französische Renaissancekönig die Bühne. Auch er träumte anfangs nur von Italien. Wie seinem Vorgänger gelang ihm mit der Rückeroberung Mailands durch den Sieg über die Eidgenossen bei Marignano (1515) zunächst ein schneller Erfolg. Alle späteren Versuche jedoch, in Italien dauerhaft Fuß zu fassen, mündeten in die

grundlegende Auseinandersetzung mit der neuen habsburgischen Großmacht Karls V. ein. Denn dieser wurde 1516 zunächst König von Kastilien und Aragón und 1519, nach dem Tod Maximilians, Erbe in Österreich und schließlich – zeitweise in Konkurrenz mit Franz stehend – römischer König und Kaiser.

In vier großen Kriegszügen trafen die französische und die habsburgische Großmacht aufeinander. Neben Italien spielten dabei die Länder des ehemaligen Burgund eine zentrale Rolle. Der erste Krieg fand 1525 in der Niederlage und Gefangensetzung Franz' I. bei Pavia seinen Höhepunkt und wurde durch einen Friedensschluß in Madrid 1526 abgeschlossen. Dem gefangenen Gegner diktierte Karl harte Bedingungen. Doch Franz widerrief sofort nach der Freilassung, was zum nächsten, dreijährigen Feldzug führte. Auch er wurde kein Erfolg für die französische Politik. Im Frieden von Cambrai (1529) verzichtete Frankreich auf alle Ansprüche in Italien, behielt aber seinen Anteil aus dem burgundischen Erbe. Man konnte jetzt von einer Konsolidierung der spanischen Vormachtstellung in Italien sprechen.

Linke Seite: Franz I. und (zu seiner Linken) Karl V. beim gemeinsamen, feierlichen Einzug in Paris, 1540 (Fresco von Taddeo Zuccaro im Palazzo Farnese, Caprarola)

Den nächsten Waffengang brach 1536 wiederum Franz I. vom Zaun in der Hoffnung, eine neuerliche unklare Erbfolge in Mailand im Interesse Frankreichs auszunutzen. 1538 gelang es Papst Paul III., einen weiteren Waffenstillstand auf der Basis des Status quo zu vermitteln. Dies war auch das Ergebnis der nächsten Auseinandersetzung zwischen 1542 und 1544. Erneut ergriff Franz I. die Initiative, diesmal mit einem Angriff auf die niederländischen Provinzen des Kaisers, der immer wieder Schwächen zeigte, weil ihn die Reformation in Deutschland weit mehr in Anspruch nahm, als es dem Heerführer und Außenpolitiker lieb sein konnte. Doch trotz seiner erfolgversprechenden Versuche, deutsche protestantische Fürsten gegen den Kaiser aufzuwiegeln, mußte sich Franz auch diesmal schnell mit einem Erschöpfungsfrieden begnügen.

Durch das Gleichförmige dieser begrenzten Waffengänge scheinen einige neuartige, »systemische« Komponenten europäischer Mächtepolitik hindurch:

1. Habsburg und Valois begaben sich, über die konkreten Streitfragen Mailand und Burgund hinaus, in diesen Jahrzehnten immer mehr in einen dauerhaften Konflikt um die Vorherrschaft in Westeuropa.

2. Alle Kriegszüge standen unter wechselnden Koalitionen auf beiden Seiten. Das Papsttum band sich in aller Regel an den Kaiser, weil es ein Vordringen des machtvollen französischen Potentaten nach Norditalien mehr fürchtete als eine mögliche Dominanz Habsburgs. Dies wiederum war die Voraussetzung dafür, daß sich der französische König innenpolitisch freie Hand gegenüber seiner Kirche verschaffen konnte. Im Konkordat von 1516, das in einer Zwischenphase gütlicher Verständigung zwischen Franz I. und der Kurie ausgehandelt wurde, ließ sich der König seine de facto schon längst bestehende Herrschaft über die Kirche in Gestalt eines Zugriffs auf die Mehrzahl der französischen Kirchenpfründen noch einmal bestätigen.

3. Frankreich führte ab 1530 zwei neue, von moralisierenden Zeitgenossen gern als verwerflich gebrandmarkte Bündniskonstellationen in die Politik ein: Es koalierte zum Zweck einer Schwächung des Reichs gelegentlich sowohl mit dem Erbfeind der Christenheit, den Osmanen, als auch mit den innerreichischen Gegnern des katholisch gebliebenen Kaisers – den Protestanten.

4. England verhielt sich in fast allen Waffengängen abwartend, achtete darauf, daß keine der Festlandsmächte in ihrem Verlauf eine zu starke Stellung erhielt und ging nur kurzfristige, niemals dauerhafte Bündnisverpflichtungen ein.

5. Die italienischen Staaten wandten sich, anders als die Kurie, in der Regel jener Macht zu, die weniger stark als die andere in Italien Fuß zu fassen schien. Mit wenigen Ausnahmen war dies Frankreich.

Innere Entwicklung unter Franz I.

Jean Jacquart, der beste gegenwärtige Biograph Franz' I., hat einen wichtigen Abschnitt im Leben dieses Königs unter das Motto »von den Träumen zu den Realitäten« gestellt – ein glücklich gewählter Titel für jene Jahre, in denen der König den Weg vom politischen Abenteurertum zur nüchternen Einschätzung seiner Möglichkeiten fand. Das große Glück dieses Monarchen war es, daß keines der großen innenpolitischen Probleme, mit denen andere europäische Mächte zu dieser Zeit zu ringen hatten, in seinem Frankreich schon zu schwer lösbaren Friktionen führten. Es gab keine dem deutschen Bauernkrieg oder den spanischen *communeros* vergleichbaren Bauern- oder Volksaufstände. Das Problem der französischen Reformation stellte sich frühestens ab 1540, und es führte Frankreich noch nicht in einen inneren Krieg, wie ihn das Reich im Zeichen von Schmalkalden mit aller Härte erlebte. Franz I. bekannte sich von vornherein entschieden zur alten Kirche. Seine Anweisungen an seine Gerichte im Hinblick auf die Verfolgung der Ketzer kannten kein Wenn und Aber, wenn er auch in Einzelfällen befreundeten Humanisten aus der Klemme half. Daß sich einer der Großen des Landes, der Herzog Karl von Bourbon, von seinem Lehnsherrn abwandte und unter den Schirm des Kaisers begab, irritierte zwar viele Franzosen; doch für eine dauerhafte Vertrauenskrise gab dieser Verrat keinen Stoff her. Schließlich blieb Frankreich trotz vier größerer Feldzüge von der Anwesenheit fremder Truppen im eigenen Land weitgehend verschont. Daß der König im Verlauf seines politischen Lebens zudem noch lernte, sich der Begrenztheit seiner finanziellen Ressourcen bewußt zu werden und seine Kriegsplanungen darauf einzustellen, rundet das Bild eines vor allem nach innen stabilen und erfolgreichen Regiments ab.

Es taucht die Regierung dieses kunstsinnigen Renaissancefürsten im Rückblick in das milde Licht der Bewunderung, ja Verklärung, der man auf Schritt und Tritt begegnet, wenn man die königstreue Geschichtsschreibung der späteren Zeit durchblättert. Dahinter verbirgt sich ein anderes, weniger strahlendes, aber nicht weniger bedeutsames Bild: das eines herrschafts- und machtbewußten Potentaten, dem das an solchen Persönlichkeiten nicht gerade arme Frankreich nicht unwesentliche Bestandteile seiner modernen Staatlichkeit verdankt.

Die Ausbreitung des französischen Protestantismus

Als Franz' I. Sohn Heinrich II. 1547 im Alter von 28 Jahren die Regierung übernahm, hatte sich die religionspolitische Lage Frankreichs erheblich gewandelt. Kaum eine Provinz war jetzt von der reformatorischen Bewegung mehr unberührt. Im Gegensatz zu den zwanziger Jahren, als Franz I. es mit einigen wenigen französischen Lutheranern zu tun hatte, dominierte jetzt der aus Genf in das Land hineinwirkende Calvinismus. Und da diese Variante der Reformation weit mehr als das Luthertum auf Gemeindebildung und synodale Organisation gerichtet war, wuchs sie sich für das französische Königtum sehr schnell zu einem Problem aus. Seit 1555 sind reformierte Gemeinden nach dem Vorbild Genfs nachgewiesen, 1558 san-

Protestantischer Tempel in Lyon (Jean Perrissin, um 1565)

gen zum ersten Mal französische Protestanten in Paris öffentlich Psalmen, und 1559 tagte dort die erste Synode der französischen Reformierten. All dies geschah, wohlgemerkt, gegen das Gesetz, denn die Abwehrmaßnahmen der Krone schon in den letzten Jahren Franz' I., vor allem aber seit dem Regierungsantritt Heinrichs II., waren eindeutig: 1547 wurde beim Pariser Parlament eine besondere Kammer für Ketzerprozesse (*chambre ardente*) eingerichtet, seit 1551 gab es die für jeden geltende Anzeigepflicht von Ketzern. Eine ganze Reihe von königlichen Edikten der Folgezeit (von Chateaubriand 1551 bis Compiègne 1557) führte schließlich bis hin zur Todesstrafe für Ketzerei und die entsprechende gerichtliche Ausstattung des Landes zur Bewältigung der neuen Aufgabe.

Trotz dieser harten Repression, hinter der die ganze Sorge der Krone um den Erhalt des kostbaren, dem König unmittelbar zugänglichen Machtinstruments »alte Kirche« sichtbar wird, ließ sich die Ausbreitung des französischen Protestantismus nicht aufhalten. Neben dem persönlichen und in vielen Fällen überaus mutigen Einsatz von Pastoren in ihren Gemeinden spielte dabei eine zweite, sozialgeschichtlich bedeutsame Entwicklung eine Rolle: Der Protestantismus Genfer Prägung erwies sich für den französischen Adel, vor allem den Hochadel, als attraktiv. Jeanne d'Albret, als Königin von Navarra Souveränin eines eigenen Staates, als Herrin von Albret französische Untertanin, war nach einer Phase des Zweifels ab 1555 fest und dauerhaft für die Genfer Sache gewonnen. Als Tochter der großen französischen Humanistin Margarete von Navarra, der Schwester Franz' I., mit dem humanistischen Gedankengut intim vertraut, ging sie doch einen entscheidenden Schritt weiter als ihre Mutter und drückte dem französischen Protestantismus dann den Stempel ihrer starken, zu keinen Kompromissen bereiten Persönlichkeit auf. Ihr Mann, Antoine, entstammte der jüngeren bourbonischen Linie und gehörte somit zu den Prinzen von Geblüt. Auch er öffnete sich dem neuen Glauben, und ihm folgten andere Familien des Hochadels, so die Condés, so die Châtillons, unter ihnen der Admiral von Frankreich und erfolgreiche Heerführer, Gaspard de Coligny.

Man hat immer wieder nach den glaubensgeschichtlichen Gründen für diese Affinität zwischen französischem Hochadel und Calvinismus gesucht und auf die elitären Grundlagen der calvinischen Lehre verwiesen. Ebenso wichtig scheint jedoch die Tatsache gewesen zu sein, daß die Krone so entschieden und schnell die Partei der alten Kirche ergriff und dem insgesamt unruhigen, zu Separatismus neigenden Hochadel damit den Griff zur neuen Religion als einer Manifestation politischer Selbständigkeit förmlich nahelegte. Anton von Bourbon ist ein Musterbeispiel für diese politische Vereinnahmung der religiösen Sache. Als es ihm ratsam erschien, hat er, zum Entsetzen seiner Gemahlin, den Schritt zurück in den Schoß der alten Kirche sofort getan.

Heinrich II. bei der Heilung von Skofulösen (Miniatur aus dem Stundenbuch Heinrichs II.)

Die Außenpolitik Heinrichs II.

Auch Heinrich II. war, wie seine Vorgänger, ein aktiver Italienpolitiker, und er wurde darin von seiner Gemahlin, Katharina von Medici aus dem berühmten Haus der Florentiner Regenten und Bankiers, nach Kräften unterstützt. Sie erhoffte sich auf längere Sicht Einfluß auf die Politik ihrer Heimatrepublik Florenz. Doch der neue Konflikt brach nicht hier, sondern in der Nachbarrepublik Siena aus. 1552 gelang es den Bürgern von Siena, die Besatzung Karls V. aus der Stadt zu vertreiben. Sofort übernahm Frankreich den Schutz der Republik gegen etwaige kaiserliche Repressalien. Daraus entspann sich ein neuer Feldzug, der freilich in der Toskana für Frankreich wenig glücklich verlief und mit der Wiedereroberung Sienas durch kaiserliche Truppen 1555 endete. Sehr erfolgreich dagegen handelte Heinrich II. in Richtung auf die Osterweiterung des eigenen Staatsgebiets. Wie sein Vater paktierte er mit deutschen Fürsten, die sich um 1552 zu einer regelrechten Fürstenopposition gegen den Kaiser verbunden hatten. Für seine Hilfe erhielt er die drei geistlichen Fürstentümer Toul, Metz und Verdun, ein beachtlicher und dauerhafter Gebietsgewinn, den Heinrich am Ende seiner Regierungszeit mit dem Kauf von Calais (1558) abrunden konnte.

Weitergehende Expansionsträume des im Vergleich zu seinem Vater weniger bedeutenden, aber hartnäckigen und zielstrebigen Königs gingen nicht auf. Als Karl V. sich 1556 aus der Politik zurückzog und sein Riesenreich zwischen seinem Bruder, Ferdinand I., dem Nachfolger in Österreich und im Reich, und seinem Sohn, Philipp II., dem neuen König von Spanien, den Niederlanden und Westindien, aufteilte, erlosch der Kampf an der Ost- und Südostflanke Frankreichs, schrumpfte der Konflikt zwischen Habsburg und Valois zu einer französisch-spanischen Auseinandersetzung. Hauptkampfgebiet wurde jetzt die Grenze zu den Niederlanden, wo Frankreich im Hinblick auf Flandern und das Artois massive Ansprüche geltend machte. Doch das Kriegsglück war nicht auf seiten des Valois. Bei Saint-Quentin (1557) und Gravelingen (1558) von den spanisch-habsburgischen Heeren zweimal vernichtend geschlagen, mußte der König sich 1559 auf einen Erschöpfungsfrieden mit Spanien einlassen. In Cambrai (Cateau-Cambrésis) verzichtete Frankreich nun endgültig auf Mailand und gab auch das mittlerweile eroberte Korsika an die Republik Genua zurück. Auch Savoyen, seit einiger Zeit von Frankreich besetzt, ging an Herzog Emmanuel Philibert, den Sieger von Saint-Quentin, zurück.

Mächtegeschichtlich brachte der Friede von Cateau-Cambrésis die neue Hegemonie Spaniens in Europa zum Ausdruck. Frankreich hatte keinen Fuß mehr in Italien und mußte sich auch im Westen Europas mit der zweiten Position begnügen. Heinrich II. konnte mit diesem Stand der Dinge nicht völlig unzufrieden sein. Denn sein besorgter Blick galt schon seit Jahren dem inneren, religionspolitischen Geschehen, das immer mehr auf einen Bürgerkrieg zwischen Protestanten und Altgläubigen hinauslief. Die Häresie vollständig auszurotten, sah er daher als seine wichtigste Aufgabe an, als der Friede mit Spanien unter Dach und Fach war. Wegen seines frühzeitigen Tods nach einer Turnierverletzung kam er nicht mehr dazu.

Die Religionskriege

(1562–1598)

1559	Erste Synode der französischen Reformierten in Paris.
1559–1574	Regentschaft der Königinmutter Katharina von Medici.
1559/60	Franz II.
1560–1574	Karl IX.
1560	Verschwörung der katholischen Guise in Amboise. Michel de l'Hôpital Kanzler. Aufkommen der Bezeichnung »Hugenotten« (vermutlich von *aignos* ›Eidgenossen‹) für die an Genf orientierten französischen Protestanten.
1561	Tagung der Generalstände in Pontoise. Auf einem nationalen Kolloquium des Klerus in Poissy sucht Katharina von Medici beide Konfessionen miteinander auszusöhnen.
1562	Im Edikt von Saint-Germain erhalten die französischen Protestanten erstmals eine gewisse rechtliche Anerkennung. Massaker von Vassy an Protestanten, für das die Guise die Verantwortung tragen.
1562/63	1. Religionskrieg.
1563	Herzog Franz von Guise wird von einem Protestanten erschossen. Das Befriedungsedikt von Amboise gewährt den Hugenotten eine freiere Religionsausübung.
1567/68	2. Religionskrieg; Admiral Coligny führt die protestantische Seite.
1568–1570	3. Religionskrieg.
1570	8. August: Im Frieden von Saint-Germain erhalten die Hugenotten vier Sicherheitsplätze im Südwesten Frankreichs zugesprochen.
1572	23./24. August: Bartholomäusnacht: Nach einem mißglückten Attentat auf Coligny während der Hochzeit Heinrichs von Navarra mit Margarete von Valois Ermordung von mindestens 3000 Hugenotten in Paris (darunter Coligny) und weiteren etwa 10 000 im übrigen Frankreich.
1572–1574	4. Religionskrieg.
1574–1589	Heinrich III.
1575/76	5. Religionskrieg.
1576	6. Mai: Pazifikationsedikt von Beaulieu erneuert die Zugeständnisse an die protestantische Seite. Tagung der Generalstände in Blois. Gründung der Heiligen Liga durch katholische Adlige.
1576/77	6. Religionskrieg.
1580	7. Religionskrieg.
1584	Heinrichs III. jüngster Bruder, der Dauphin Franz von Anjou,

	stirbt; Thronansprüche des Hugenottenführers Heinrich von Navarra.
1584–1598	8. Religionskrieg.
1585	Bündnis Heinrichs III. mit der katholischen Liga.
1588	Flucht Heinrichs III. vor radikalisierten Ligaanhängern aus Paris. Erneute Tagung der Generalstände in Blois. Heinrich III. läßt die Führer der Liga, Heinrich und Ludwig von Guise, ermorden.
1589	Annäherung zwischen Heinrich III. und Heinrich von Navarra. 2. August: Ermordung Heinrichs III.
1589–1610	Der Bourbone Heinrich von Navarra als Heinrich IV. französischer König.
1590/91	Mit spanischer Unterstützung behauptet sich die Liga in Paris gegen die königliche Belagerung.
1593	25. Juli: Konversion Heinrichs IV. zum Katholizismus.
1594	Königsweihe in Chartres und feierlicher Einzug Heinrichs IV. in Paris. Verbot der Jesuiten.
1595	Absolution Heinrichs IV. durch den Papst.
1595–1598	Krieg gegen Spanien.
1597	Sully wird leitender Minister und ordnet das Finanz- und Agrarwesen neu.
1598	13. April: Edikt von Nantes sichert den Hugenotten erneut ihre politisch-religiösen Existenzgrundlagen zu und beendet die Religionskriege.

Die Vorgeschichte

Inzwischen hatte sich das Religionsproblem auch in Frankreich zu seiner vollen Schärfe entwickelt, und der frühe Tod des Königs trug nicht wenig zur weiteren Verschärfung bei. Franz II., der älteste Sohn und Nachfolger, war 1559 zwar schon fünfzehn Jahre alt, doch ein regierungsfähiger König stand mit ihm nicht zur Verfügung. Vielmehr geriet er sogleich in die Mühlen des Kampfes zwischen zerstrittenen Hofparteien, die von Hochadeligen angeführt wurden und das Religionsproblem zum Kristallisationspunkt ihrer Gegensätze stilisierten. Auf der einen Seite stand die katholische Hofpartei unter der Führung der Brüder Franz und Karl von Guise, der erste seit 1550 Herzog, sein Bruder seit 1547 Kardinal von Lothringen. Auf der anderen Seite rangen die führenden Protestanten aus den Familien Bourbon, Condé und Châtillon (Coligny) um Einfluß auf den neuen König. Anfang 1560 wagten sie sich dabei weit vor und versuchten, den in Amboise weilenden König in ihre Hand zu bekommen – ohne Erfolg! Zwischen beiden Gruppen suchte die Königinmutter, Katharina von Medici, nach einer vermittelnden Haltung und bemühte sich, dafür Anhänger zu

Die drei Brüder Guise: Karl, Herzog von Mayenne, Heinrich, Herzog von Guise, und Ludwig, Kardinal von Lothringen (von links; anonymes Gemälde, 16. Jahrhundert)

gewinnen. Ihre stärkste Stütze war der von ihr 1560 zum Kanzler berufene, gebildete Jurist Michel de l'Hôpital. Er war stark von Erasmus von Rotterdam beeinflußt und suchte schon in dieser Zeit intensiv nach Wegen, den Religionskonflikt zu entschärfen und den Gedanken der religiösen Toleranz zu verbreiten.

Auf die im Benehmen mit Katharina gefaßte politische Linie l'Hôpitals gehen die ersten vermittelnden Initiativen und Beschlüsse zur Religionsproblematik zurück: 1560 fand zum ersten Mal ein Religionsgespräch zwischen hohen geistlichen und weltlichen Würdenträgern beider Konfessionen in Fontainebleau statt, das schnell wegen der Unvereinbarkeit der Auffassungen scheiterte. Für Ende 1560 wurden die Generalstände zusammengerufen, die nicht nur über das Religionsproblem, sondern auch über die inzwischen eingetretene Finanznot Frankreichs beraten sollten. Bevor es dazu kam, starb Franz II. überraschend. Katharina schob sich jetzt endgültig in den Vordergrund und bestimmte von nun an für ihre weiteren, minderjährigen Söhne die Politik der französischen Krone.

Trotz einiger wichtiger Reformansätze in der Religions- und Finanzpolitik vermochten die Generalstände, die in Pontoise zusammentraten, die Krise nicht zu bewältigen. Sie waren selbst gespalten und gingen daher schon bald wieder auseinander. Der gegenseitige Haß der religiösen Parteien aufeinander wuchs um so mehr, je stärker die Hugenotten wurden. Und ihre Zahl stieg gerade in dieser Zeit lawinenartig an. Katharina versuchte es mit einem weiteren Versöhnungsgespräch und rief 1561 den französischen Klerus zu einem nationalen Kolloquium nach Poissy zusammen. Es war das erste und einzige Mal, daß hier ein bedeutender Theologe des Protestantismus, Theodor de Bèze, Gelegenheit erhielt, vor dem altgläubigen Klerus die hugenottische Lehre darzulegen. Doch Versöhnung vermochte er damit nicht zu stiften. Im Gegenteil: In den Tagen des Kolloquiums meldeten sich zum ersten Mal ausländische Stimmen mit ihren Sorgen über die Ausweitung der »Ketzerei« in Frankreich zu Wort, und sie sollten bis zum Ende der Religionskriege nicht mehr verstummen: Philipp II. von Spanien, in den folgenden Jahren der mächtigste weltliche Beschützer des Katholizismus, und die Jesuiten, deren General Laínez in Poissy anwesend war.

Katharina von Medici und Michel de l'Hôpital hielten trotzdem an ihren Ausgleichsbemühungen fest. Durch Vertreter aller hohen Gerichtshöfe (*parlements*) beraten, erließ die Regentin am 17. Januar 1562 in St-Germain ein Edikt zur Religionsfrage, in dem die Krone den französischen Protestanten zum ersten Mal in der Geschichte eine rechtliche Existenzgrundlage zusicherte. Zwar mußten die Hugenotten alle von ihnen besetzten Kirchen an die Katholiken zurückgeben und ihre Synoden vom König genehmigen lassen, zwar durften sie innerhalb der Städte nur in Privathäusern religiöse Versammlungen abhalten, doch außerhalb der Städte wurde ihnen das Recht auf regelrechte Gottesdienste zugesichert. Das Edikt von St-Germain atmete den auf Versöhnung gerichteten Geist seines Schöpfers,

Versammlung der Generalstände, 1561 (kolorierte Radierung von Hogenberg, nach J. Tortorel und J. Perrissin)

des Humanisten l'Hôpital. Wie alle späteren Edikte spricht es vom Wunsch der Krone, alle Untertanen wieder zu einem einzigen Glauben zurückführen zu können, der nur der katholische sein konnte. Aber dies sollte auf friedlichem Wege geschehen.

Der Verlauf

Dieser Wunsch ging nicht in Erfüllung. Im Gegenteil! Dem Edikt von St-Germain folgte eine mehr als 30jährige Epoche mehr oder minder heftiger Kämpfe zwischen beiden Parteien und ihren hochadeligen Anführern. Wir nennen diese Zeit die Epoche der Religionskriege, die freilich niemals nur dies waren. In den Kampf um den wahren Glauben mischte sich auch hier, wie später in den Niederlanden und im Heiligen Römischen Reich, viel Politik, und er war nicht nur Bürgerkrieg zwischen den inneren Parteien, er wurde später auch Existenzkrieg Frankreichs gegen den vor allem von Norden eingreifenden spanischen Gegner und, in seiner letzten Phase, schließlich auch Entscheidungskampf um das zukünftige Aussehen des französischen Staats: Sollte das Land eine flächenstaatliche Monarchie bleiben oder, wie es zeitweilig der Wunsch hochadeliger Heerführer war, in einen Verband weitgehend selbständiger Herrschaftsbezirke zerfallen?

Insgesamt kam es zwischen 1562 und 1598 zu acht deutlich voneinander unterscheidbaren militärischen Auseinandersetzungen: 1562/63; 1567/68; 1568–1570; 1572–1574; 1575/76; 1576/77; 1580; 1584–1598. Die Feldzüge an sich waren für Frankreich nicht verheerend, weil sie in der Regel kurz waren; um so mehr aber waren es ihre inneren Auswirkungen. In der Epoche der Religionskriege verwandelte das in der ersten Jahrhunderthälfte blühende Land sein Aussehen. Landwirtschaft, Handel und Gewerbe wurden von den Kriegszügen und den auch in Friedenszeiten marodierenden Heerhaufen schwer getroffen, der religiöse Haß veränderte die Maßstäbe des menschlichen Miteinanders in allen betroffenen Städten und Gemeinden, die kollektive physische Gewalt, in Zeiten wirtschaftlicher oder militärischer Not im Europa der Renaissance ohnehin omnipräsent, wurde zum Hauptkennzeichen des Alltagslebens. Die »Kämpfer Gottes«, wie ein Historiker die religiösen Fanatiker genannt hat, kannten auf beiden Seiten kein Pardon.

Alle Feldzüge wurden, da sie keinen definitiven Sieger kannten, mit Waffenstillständen und erneuten Befriedungsedikten der Krone abgeschlossen. 1563 (Edikt von Amboise) erhielten die Hugenotten die freie Religionsausübung in je einer Stadt jedes Amtes oder in einem Hauptort einer in der Nachbarschaft der Städte liegenden Grundherrschaft. Das katholische Paris blieb ihnen, zum großen Unwillen Calvins, versperrt. 1570 (Edikt von St-Germain) bekamen sie zum ersten Mal vier befestigte Sicherheitsplätze im Südwesten Frankreichs zugestanden, Orte also, in denen ein protestantischer Gouverneur befehligte und der König praktisch auf seine Hoheitsrechte verzichtete.

Die Bartholomäusnacht 1572

Das Wechselspiel der Religionskriege wurde durch markante politische Ereignisse unterbrochen, die das Kriegsgeschehen zugleich vorantrieben. Das bedeutendste dieser Ereignisse, die Bartholomäusnacht von 1572, brachte dabei das äußerst komplizierte Verhältnis zwischen der Krone und den beiden Religionsparteien zum Ausdruck. Daß die Protestanten bis zu Beginn der siebziger Jahre große Erfolge hatten erringen und auch im raffinierten Spiel der Hofparteien gut mithalten können, lag ohne Frage an den überragenden politischen und militärischen Fähigkeiten ihres wichtigsten Führers, des Herzogs Gaspard de Coligny, der nicht nur Mitglied einer bedeutenden Adelsfamilie, sondern als Admiral von Frankreich auch Trä-

Das Massaker der Bartholomäusnacht (Gemälde von François Dubois)

ger eines vornehmen Hofamtes war. Lange Zeit war die enge Verbindung zu ihm ein wichtiges politisches Kalkül im Spiel Katharinas. Sie lebte, auch wenn sie sich zeitweise der Guisepartei näherte, unter dem Eindruck, daß der Monarchie, d. h. ihrem Sohn Karl IX. und seinen nach ihm erbberechtigten Brüdern, von dieser Seite eine größere Gefahr drohte als von den Protestanten: die Gefahr einer Einmischung Spaniens, dessen Monarch Philipp II. längst Ansprüche seines Hauses auf den französischen Thron erhob. Im zweiten Krieg (1567/68) wurden die protestantischen Heere allerdings so stark, daß selbst der kluge Coligny seine Chancen zu überschätzen und von einem protestantischen Königtum in Frankreich zu träumen begann. Er versuchte, Karl IX. von seiner Mutter und ihren italienischen Beratern zu lösen und ganz unter den Einfluß der protestantischen Partei zu bringen. Katharina reagierte prompt, wandte sich der katholischen Hofpartei zu und sah von nun an in dem immer stärker werdenden Admiral die größte Gefahr für die Krone.

Katharina von Medici (Porträt von François Clouet)

So war die Bartholomäusnacht von 1572 zunächst eine persönliche Racheaktion der Regentin an dem Admiral. Was geschah im einzelnen? Im August 1572, noch galt der vor zwei Jahren ausgehandelte Frieden, weilten nahezu alle führenden protestantischen Heerführer und Politiker in Paris, um ein bedeutsames, von Katharina seit langem vorbereitetes Ereignis zu feiern: die Hochzeit ihrer Tochter Margarete von Valois mit Heinrich von Navarra, dem Sohn des ehemals als Führer der Hugenotten tätigen, inzwischen aber zum Katholizismus zurückgekehrten Anton von Bourbon. Bedeutend war diese Hochzeit vor allem deshalb, weil sie ein Bündnis zwischen der am Ende ihrer Zeugungskraft stehenden Dynastie der Valois und den Bourbonen schmiedete: Als Herren in den Territorien der Bourbonen, der Albrets und des Königreichs Navarra stellten die Bourbonen nicht nur eines der mächtigsten französischen Fürstengeschlechter dar; als nächste Verwandte der Valois durften sie sich auch Hoffnungen auf eine Kronnachfolge in Frankreich machen, falls diese in männlicher Linie aussterben würden.

Katharina nutzte die Gunst der Stunde, um den in Paris weilenden Coligny durch ein Attentat aus der Welt zu schaffen. Als dieses Unternehmen nur mit der Verwundung des Admirals endete, als die Erregung unter den

Protestanten angesichts des Attentats beträchtlich wuchs, gaben die Königinmutter, der König und die Guisen gemeinsam das Signal zur Ermordung der führenden Hugenotten in Paris. Schnell geriet die Aktion außer Kontrolle. In Paris und bald im ganzen Land wuchs sie sich zu einer umfassenden Mordaktion gegen die Hugenotten aus; radikalisierte Banden waren dafür verantwortlich, die gelegentlich selbst Katholiken nicht verschonten. Ein regelrechter Pogrom schloß sich an, der in Paris allein mindestens 3000, im ganzen Land zusätzlich etwa 10 000 Menschen das Leben kostete. Grausam sind die überlieferten Bilder von der bestialischen Anwendung von Gewalt. Die beteiligten Massen enthemmten sich immer mehr und steigerten sich in einen wochenlangen Gewaltrausch hinein. Rituelle Gewalt brach sich Bahn und stempelte jegliche erasmianische Sehnsucht der Gebildeten nach Frieden und Toleranz zur schrecklichen Illusion. Manch notabler Protestant fiel dem Massenmorden zum Opfer, der verwundete Coligny ebenso wie viele seiner Getreuen. Andere konnten sich nur durch eine abenteuerliche Flucht, wochenlanges Sichverstecken oder durch die Rückkehr in den Schoß der alten Kirche retten. Dies war auch das Schicksal des siebzehnjährigen Heinrich von Navarra, der zu einem Gefangenen des Hofes wurde.

Es kann kein Zweifel bestehen, daß die Regentin die Hauptschuld an der »Pariser Bluthochzeit« trug, auch wenn ein Pogrom mit Sicherheit nicht in ihren Absichten gelegen hatte. In ganz Europa verdunkelte sich von nun an das Bild dieser Herrscherin, die bis dahin verhältnismäßig geschickt das Staatsschiff durch eine schwere dynastische und innen- wie außenpolitische Krise gesteuert hatte. Vor allem brachte die Bluttat für sie, die Guisen und den König keinen Gewinn. Der Gegner war zwar personell schwer getroffen, zog aus dem Ereignis aber eine bedeutende politische Stärkung. Schon bald trieb er die Regentin von neuem so in die Enge, daß sie im Pazifikationsedikt von 1576 nicht nur alte Zugeständnisse erneuern, sondern auch ausdrücklich das Bedauern und die Mißbilligung des Königs über die Geschehnisse vom August 1572 zum Ausdruck bringen mußte.

Die Entwicklung von 1576 bis 1584

Dieser König war nicht mehr der 1574 verstorbene Karl IX., sondern sein Bruder Heinrich III., seit 1572 Wahlkönig von Polen und beim Tod seines Bruders eiligst aus Polen zurückgekehrt. Er war der vorletzte der Söhne Heinrichs II., und auch von ihm erwartete man keinen männlichen Nachfolger mehr. Sein Bild ist umstritten, frühere, radikal negative Bewertungen sind inzwischen korrigiert worden. Zumindest konnte dieser 1551 geborene und damit beim Regierungsantritt volljährige Herrscher für sich in Anspruch nehmen, die Belange der Krone in dem andauernden religiösen Parteienkampf deutlicher als zuletzt seine Mutter zur Geltung gebracht zu haben. 1576 berief er erneut die Generalstände ein, und sie sind durch eine

Reihe von profunden Reformvorschlägen zum Religionsproblem und zur allgemeinen Verwaltung des Königreichs in die Geschichte eingegangen. Bewirken konnten sie freilich nichts, denn allzu sehr war die politische Situation festgefahren.

Als Reaktion auf den Fehlschlag der »Bluthochzeit« entstand unter katholischen Adeligen ein Bündnis, eine *Liga*, die nicht nur die Wiederherstellung der altgläubigen Einheit im Sinn hatte. Ihren Mitgliedern ging es auch um altständische Privilegien und Freiheiten, die im frühen Mittelalter zur Stärkung der Monarchie beigetragen hätten. In bemerkenswerter Annäherung der Positionen glichen sie in dieser Hinsicht vielen hochadeligen Protestanten, die inzwischen in weiten Gebieten des Südens und Südwestens nahezu selbständige Herrschaftsbezirke mit eigenem Heer, eigener Justiz- und eigener Finanzverwaltung aufgebaut hatten. Zwischen beiden Parteien, der Liga und den Hugenotten, führte eine dritte Partei, die Partei der »Politiker«, um diese Zeit noch ein Schattendasein. Sie setzte auf die Fortentwicklung der Monarchie unter den bisherigen Vorzeichen: Zentralisierung, Kampf gegen die altadelig-feudale Selbstherrlichkeit, religiöse Toleranz bei Aufrechterhaltung des gallikanischen Katholizismus als Staatsreligion, damit endlich Ruhe einkehren und die französische Monarchie sich erneuern könne. Es waren vor allem geadelte bürgerliche Beamte, Mitglieder der hohen Gerichtshöfe und der königlichen Räte, die so dachten. Sie hatten keine Heere zur Verfügung, wohl aber die Feder des Publizisten, den gelehrten Rat des Juristen, die taktische Meisterschaft des Politikers.

Noch drang ihre Stimme nicht durch, stand doch der Höhepunkt der Religionskriege erst bevor. Im Jahr 1584 starb der jüngste Bruder Heinrichs III., der Herzog von Anjou, der letzte erbberechtigte Valois. Thronansprüche hatte nun Heinrich von Navarra, der Cousin aus dem Hause Bourbon, der seit seiner Flucht vom Hof im Jahr 1576 die protestantische Sache wieder zu seiner eigenen gemacht hatte und inzwischen unbestrittener Chef der hugenottischen Partei war. Mit ihm lag somit ein hugenottisches Königtum im Bereich des Möglichen.

Es ist schwer abzuschätzen, wen dieses Ereignis mehr in Erregung versetzte – die Protestanten, die sich nun von ihrem Gott ganz nah an eine Beendigung der religiösen Kämpfe zu ihren Gunsten herangeführt wähnten, oder die Partei der Liga, die jetzt auch breite Unterstützung in Paris, vor allem bei den Ordensgeistlichen und im Kleinbürgertum, fand und den Kontakt mit Spanien durch einen Geheimvertrag 1585 ganz eng knüpfte. Jedenfalls waren eine gewaltige Mobilisierung der Öffentlichkeit und der Ausbruch neuer Feindseligkeiten die unmittelbaren Folgen der neuen Konstellation. Auf bezeichnende Weise verkehrten sich nun die Fronten. Zählten seit der Bartholomäusnacht vor allem protestantische Adelige und Publizisten zu den vehementen Anhängern einer durch den Adel und die Stände gemäßigten Monarchie, gab es in ihren Reihen sogar einige Autoren, die den Tyrannenmord gegenüber einem Willkürregiment wie dem Karls IX. predigten, der 1572 den Massenmord befohlen hatte, so sah es nun ganz anders aus: Protestantische Autoren verfochten plötzlich die Größe, die Traditionen und die unveränderlichen Grundgesetze der französischen Monarchie, darunter vor allem das »Salische Gesetz«, das ihrem Hauptmann die Erbfolge sicherte. Anhänger der Liga hingegen, nun auch aus dem Bürgertum, trieben in ihren Schriften die Zersetzung der Monarchie voran.

Die Zuspitzung nach 1584

Zwischen 1584 und 1598 vollzog sich der letzte Akt dieses Bürgerkriegs, und jetzt standen dabei nahezu täglich die Monarchie und die ganze Verfassung Frankreichs auf dem Spiel. König Heinrich III. setzte 1585 unter dem Druck der Liga seine antiprotestantische Politik fort. Navarra sah sich somit einer breiten inneren Front gegenüber, und er hatte nur wenig Erfolg mit seinen Bemühungen, ausländische protestantische Kräfte (England, deutsche Fürsten) dagegen zu mobilisieren. In Paris radikalisierten sich die Kräfte der Liga so stark, daß der König selbst der Lage nicht mehr Herr

wurde und 1588 vor einem ligistischen Volksaufstand schließlich nach Blois fliehen mußte. Paris war von nun ab bis 1594 »königsfrei«, große Teile seiner Bevölkerung gewöhnten sich unter dem Einfluß eines radikalen ligistischen Magistrats und der Predigten radikaler Geistlicher an diesen Zustand. 1588 traten in Blois erneut Generalstände zusammen, die praktisch von der Liga beherrscht wurden. Heinrich III. erkannte seine bedenkliche Lage angesichts einer Liga, die von seiten des Adels und der Pariser Bevölkerung massiv an den Fundamenten der Monarchie rüttelte. Wie seine Mutter 1572 entschloß er sich zu einem königlichen Gewaltakt und ließ Heinrich und Ludwig von Guise, die beiden unbestrittenen Führer des Adels in der Liga, im Schloß von Blois ermorden.

Wie nicht anders zu erwarten, trieb dies die Entwicklung noch radikaler voran. In Paris bildete sich neben dem Magistrat ein neues, revolutionäres Stadtregiment. Die von der katholischen Orthodoxie beherrschte Sorbonne sprach im Januar 1589 die Untertanen vom Eid gegenüber dem König los, das von königstreuen Räten gereinigte Pariser Parlament schließlich ernannte einen jüngeren Bruder der Guisen, den Herzog von Mayenne,

Demonstration der katholischen Liga in Paris, 1590 (anonymes zeitgenössisches Gemälde)

zum »Generalleutnant des Staates und der Krone von Frankreich« – ganz so, als sei ein »normaler« König nicht mehr vorhanden. Diesem, Heinrich III., blieb nun nichts anderes übrig, als sich den Protestanten und ihrem Anführer anzunähern. König und Protestanten vereinigten ihre verbliebene Heeresmacht und zogen in Richtung auf Paris, »wo die Union von Valois und Bourbon den Haß gegen den König ins Maßlose gesteigert hatte« (E. Hassinger). Vor Paris angekommen, wurde Heinrich III. am 1. August 1589 von dem Dominikanermönch Jacques Clément ermordet. Auf dem Totenbett fand er noch die Kraft, den an seinem Bett knienden Navarra zur Rückkehr in den Schoß der alten Kirche zu drängen. Vor den anwesenden Ratgebern und Gefolgsleuten rief er den Vetter zum Nachfolger aus und nahm ihnen den Treueid auf den neuen König ab.

Ein König ohne Königreich

Der Form nach war Heinrich IV. unmittelbar nach dem Tod des Vorgängers König von Frankreich. Doch ab wann war er es tatsächlich? Bis zu seinem Übertritt zum katholischen Glauben (1593) blieb er das, was er vorher war: protestantischer Hauptmann und »Parteichef«. Die Hauptstadt Paris öffnete sich ihm erst 1594. Ein friedliches Land regieren aber konnte er erst nach der Überwindung des letzten hochadeligen Ligaanhängers, des Herzogs von Mercœur in der Bretagne, und nach der Beendigung des Kriegs mit Spanien im Jahr 1598. Noch neun weitere, schwere Jahre stand das Land ganz im Zeichen des Bürgerkriegs, dessen heftigste Laute nun aus der Hauptstadt drangen, die ihrem König den Einlaß verweigerte und von diesem monatelang belagert wurde. Denn Paris war nun ganz in der Hand der Liga, ihrer radikalisierten Priester und ihres kleinbürgerlichen Gefolges. Zum König hielten, außer den Protestanten, nur jene bürgerlichen und amtsadeligen Schichten, die zwar mehrheitlich katholisch-gallikanisch dachten, denen der Radikalismus der Pariser Geistlichkeit, die Orthodoxie der Sorbonne und die offene Gewaltbereitschaft der Pariser Bevölkerung jedoch zuwider war.

Vier lange Jahre versuchte Heinrich IV., der Lage militärisch Herr zu werden. Das wichtigste Ziel, die Einnahme von Paris, das seit 1590 durch eine spanische Garnison geschützt wurde, gelang nicht. Immer stärker bedrängten seine katholischen Anhänger den König, den »Salto mortale« zu tun, in den Schoß der alten Kirche zurückzukehren und damit die Voraussetzung für eine breite Anerkennung seines Königtums zu schaffen. Persönlich zu diesem Schritt seit langem bereit, zögerte der Béarner aus Rücksicht auf seine Glaubensbrüder und die protestantischen Mächte in Europa immer noch. Denn nur die wenigen, »politisch« denkenden Protestanten wußten, daß der Schritt nicht zu vermeiden war, und berieten den König in diesem Sinne. Als jedoch 1593 die Gefahr heraufzog, daß die königstreuen Katholiken von ihm abfielen und sich mit gemäßigten Ligaanhängern verbündeten, um erneut eine »dritte Partei« – diesmal zwischen Liga und König – zu bilden, als der spanische König immer offener für eine spanische Lösung der Frage agierte, als eine in Paris ohne Zustimmung des Königs tagende Versammlung der Generalstände für eine weitere Aufheizung der Stimmung sorgte, schwor Heinrich IV. am 25. Juli in St-Denis dem neuen Glauben ab.

Mit der Konversion hatte Heinrich IV. seinen verständigungsbereiten Gegnern ihr wichtigstes Argument gegen ihn genommen. Schritt für Schritt ging er nun auf diplomatischem Weg weitere notwendige Aufgaben an: Anfang 1594 ließ er sich in Chartres zum König weihen – der traditionelle Ort für diese Zeremonie, Reims, war in der Hand der Liga –, im März darauf zog er in Paris ein und setzte auf dem Verhandlungsweg den Abzug der spanischen Garnison durch. 1595 hatten seine Diplomaten in Rom nach langen Bemühungen Erfolg und erreichten die Absolution des Königs durch den Papst. Sie nahmen damit allen monarchietreuen Katholiken die letzte Hemmung, sich offen und ohne Vorbehalt zu Heinrich IV. zu bekennen. Daß das Papsttum im Westen Europas ein zu starkes spanisches Gewicht fürchtete, war der tiefere politische Grund für diesen beachtlichen französischen Verhandlungserfolg.

Die Befriedung Frankreichs

Danach blieben drei große Aufgaben zur Befriedung des Landes übrig: die Überwindung des ligistischen Adels, der in zahlreichen Gouvernements des Landes schwer überwindbare Machtpositionen gewonnen hatte; der Krieg gegen Spanien und, ein besonders wichtiges Anliegen, der Erlaß eines neuen Toleranzedikts für die Hugenotten. Heinrich IV. ging alle drei Aufgaben mit größtem Elan an und bewies dabei zum ersten Mal vor der interessierten europäischen Öffentlichkeit seine politische Meisterschaft. In Sachen Liga setzte er ausschließlich auf Verhandlungen und Geld. Den ohnehin notleidenden Staatsschatz und alle denkbaren Anleihequellen rücksichtslos auspressend, erkaufte er sich zwischen 1595 und 1598 die Loyalität sämtlicher Gegner und band sie einzeln an sich, darunter auch den Guisen Mayenne. Auch mit Spanien suchte der König, sehr zum Unwillen seiner englischen und niederländischen Verbündeten, schnell zum Frieden zu kommen. Als die Spanier 1597 aufgrund einer Unachtsamkeit der Verteidiger Amiens einnahmen und damit Paris direkt bedrohten, nahm der König die Vermittlerdienste Papst Clemens' VIII. an. Am 2. Mai 1598 wurde in Vervins ein auf beiden Seiten von finanziellem Ruin und militärischer Erschöpfung bestimmter Frieden unterzeichnet.

Nach innen war zweifellos der Erlaß des Edikts von Nantes (13. April 1598) die bedeutendste Befriedungsaktion Heinrichs IV. Weder die rigiden Protestanten noch die orthodoxen Katholiken zählten nach der Konversion zu den Anhängern des Königs. Beide Seiten warfen ihm, mehr oder minder offen, religiöse Heuchelei vor und setzten auf seine Kosten die publizistischen Grabenkämpfe der vergangenen 30 Jahre fort. Die Protestanten, ihres Chefs beraubt, taten zudem alles, um die Schlagkraft ihrer politischen, militärischen und synodalen Organisation zu erhalten. So lernte Heinrich IV. schon bald nach seiner Konversion, nun aus der Sicht des Königs, die Gefahren kennen, die der Protestantismus mit seiner Tendenz, ein »Staat im Staate« zu werden, für die Einheit des Königreichs bedeutete. Zutiefst davon überzeugt, daß nur ein friedliches Nebeneinander beider Konfessionen Frankreich jenen inneren Frieden sichern könnte, von dem so viele Menschen träumten, entschloß er sich zu dem Edikt, das er anläßlich der Versöhnung mit Mercœur in Nantes unterzeichnete.

Das Edikt selbst ging nicht wesentlich über das hinaus, was den Protestanten immer wieder einmal zugestanden worden war: Gewissensfreiheit im ganzen Land; Kultfreiheit überall dort, wo Gottesdienste zwischen 1596 und August 1597 gehalten worden waren sowie in je einem Amtsort und auf den Schlössern des Adels; kein Gottesdienst in Paris und einem Umkreis von 5 Meilen; dazu uneingeschränkte Rechtsfähigkeit, ungehinderter Zutritt zu allen Ämtern und die Einrichtung von gemischtkonfessionellen Untersuchungskammern an einigen Parlamenten. Im übrigen gewährte der König den Hugenotten in einem Sondererlaß auf 8 Jahre mehr als 100 Sicherheitsplätze und machte auf diese von katholischer Seite heftig kritisierte Weise deutlich, wie ernst es ihm mit der Sicherung seiner ehemaligen Kampfgefährten war. Dies war denn auch das eigentlich Neue an dem Edikt: Es wurde von einem König erlassen, der seine beharrliche Bereitschaft erklärte, für seine Umsetzung zu sorgen. Und er löste dieses Versprechen in den folgenden Jahren im Kampf mit dem Pariser und jenen anderen Parlamenten ein, die sich der Registrierung des Edikts widersetzten.

Heinrich IV. und die Begründung der absoluten Monarchie

(1598–1610)

1598	Friede mit Spanien in Vervins. Sully Oberintendant der Finanzen.
1600	Krieg gegen Savoyen, einen Verbündeten Spaniens. Förderung der neugegründeten Seidenmanufakturen. Heirat Heinrichs IV. mit Maria von Medici.
1601	Frieden von Lyon: Gebietsgewinne zwischen Rhone und Saône. Geburt des Thronfolgers, des späteren Ludwig XIII.
1602–1606	Verschwörung Hochadeliger gegen Heinrich IV.

1602 Hinrichtung des Herzogs von Biron, Marschall von Frankreich, wegen Verschwörung.
1603 Wiederzulassung der Jesuiten.
1604 *Paulette,* Edikt, das die Erblichkeit und freie Käuflichkeit von Ämtern durch Zahlung einer jährlichen »Beamtenabgabe« erleichtert.
1609 Unterstützung protestantischer Reichsfürsten in der Frage der Jülisch-Clevischen Erbfolge.
1610 14. Mai: Ermordung Heinrichs IV. durch Ravaillac.

Der Wiederaufbau Frankreichs

Heinrich IV. (Porträt von Franz Pourbus le Jeune)

Heinrich IV. nimmt in der langen Reihe bedeutender französischer Könige eine Sonderstellung ein. Vor allem durch seinen bisherigen Lebenslauf und seine bemerkenswerte Persönlichkeit hob er sich von seinen Valois-Vorgängern ab. Trotz seiner hohen Abkunft väter- wie mütterlicherseits war er bis weit in seine Lebensmitte hinein nur wenig König gewesen, sehr dagegen Feldhauptmann, adeliger Heerführer, Reitersmann, der ganz Frankreich mehrfach auf dem Rücken seines Pferdes durchquert und dabei hochpolitische oder militärische Termine gern mit solchen verbunden hatte, die ihn für einige Stunden in die Arme einer Mätresse oder Geliebten führten. Er hat nach 1598 gleichwohl die politischen Zügel straff in die Hand genommen, dabei unkonventionelles Denken und Handeln mit entschiedenem Gespür für die Bedürfnisse des französischen Staates und die Bedeutung der Monarchie verbindend.

Das wurde sogleich bei seiner Politik zum Wiederaufbau Frankreichs spürbar. Gerade in ihrer letzten Phase hatten die Religionskriege dem ganzen Land schweren wirtschaftlichen Schaden zugefügt. Aus den Rechnungsbüchern der großen Grundbesitzer und den kirchlichen Zehntakten wissen wir, wie sehr die Getreideproduktion, das Herzstück der französischen Renaissancewirtschaft, in diesen Jahren zurückging. Überall nahmen die brach liegengelassenen Ländereien zu. Auch die Gewerbe in Stadt und Land, insbesondere die Leinen- und Seidenweberei, erlitten Einbußen bis zur Hälfte ihrer früheren Produktion. Die marodierenden Heerhaufen aus dem In- und Ausland brachten Hunger und Seuchen mit sich, so daß sich um 1600 die Pest wieder einmal gefährlich über Frankreich verbreitete. Es gab nicht nur den Religionskrieg zwischen den großen Parteien, sondern auch den Kleinkrieg zwischen den Bauerngemeinden und herumziehenden Soldaten- und Räuberbanden. Im Süden, im Limousin und im Périgord, gab es 1594 und 1595 größere Bauernaufstände. Die unzufriedenen Landleute kämpften für eine Entlastung vom dreifachen Steuerdruck, den Grundherren, Zehntherren und König auf sie ausübten.

Wie Heinrich IV. auf diese Situation reagierte, war typisch für seine Regierungszeit und seine Verhaltensweisen. Zwischen 1599 und 1602 nahm er die Belastung allzu hoher direkter Steuern vom Land, indem er die *taille*, eine »Bauernsteuer« par excellence, erheblich reduzierte. Das brachte spürbare Erleichterung, wenn die Kehrseite der Medaille auch bei den indirekten Steuern, insbesondere der Salzsteuer (*gabelle*), sichtbar wurde: Sie stiegen in dieser Zeit kräftig an. Ohnehin darf die Regierungszeit dieses der Landbevölkerung besonders zugewandten, leutseligen Monarchen nicht im Sinne der von ihm selber geförderten Legende idealisiert werden: Gewiß hatten viele französische Bauern es schon deshalb besser, weil der Krieg und die schlimmen inneren Unruhen vorüber waren. Doch den Bauern entstanden gerade durch die Ruhe neue Gegner: die Kirche einerseits, die ihre Zehntverwaltung nun wieder in Ordnung brachte, die alten und vor allem neuen Landadeligen andererseits, die begierig nach dem Besitz verschuldeter oder ruinierter Bauern schielten. Es waren diese Jahre des Wiederaufbaus, in denen in nahezu allen französischen Provinzen der Besitzanteil des selbständigen Bauerntums deutlich unter 50 % sank. Das goldene Zeitalter Franz' I. war vorüber.

Bedeutende Leistungen erbrachte Heinrich IV. in der Gewerbe- und Handelspolitik. Persönlich förderte er, wo er konnte, Initiativen auf diesem Gebiet und erwies sich damit als erster »Merkantilist« Frankreichs, dem Richelieu und Colbert viel verdankten. Die Textilindustrie für Massen- wie Luxuskleidung erholte sich kräftig, die Seidenproduktion wurde durch die gezielte Förderung des Anbaus von Maulbeerbäumen und durch die Zucht von Seidenraupen gefördert. Von kompetenten Wirtschaftsfachleuten beraten, sah der König auf eine Politik der aktiven Handelsbilanz und ermutigte die französischen Kaufleute zum Vordringen in die nordamerikanischen Kolonien.

Heinrich IV., Sully und die Stärkung der monarchischen Autorität

Heinrich IV. gilt zu Recht als Monarch, der das französische Königtum deutlich in Richtung auf den Absolutismus gelenkt hat. Er bezog in die Entscheidungsvorgänge am Hof nur einen kleinen Kreis von kompetenten Ratgebern ein. Er bediente sich dabei virtuos eines Kreises von politischen Technikern, die zumeist schon seinem Vorgänger gedient und nach der Konversion keine Probleme mit dem neuen Monarchen hatten. Die Korporationen des Landes, die auf unterschiedlichste Weise Anspruch auf Gehör oder gar Mitsprache an königlichen Entscheidungen hatten – die Parlamente, die provinzialen Ständeversammlungen, die Gremien der Städte, die gerade in den Religionskriegen große Unabhängigkeit gewonnen hatten –, wußte er durch Nachgiebigkeit und Härte an die Tatsache zu gewöhnen, daß nun wieder eine starke königliche Hand regierte. In der Finanzpolitik ließ er seinem ihm seit den siebziger Jahren treu ergebenen hugenottischen Gefolgsmann Sully freie Hand. Ohne allzuviel Rücksicht auf vorhandene Verträge ging dieser das Problem der hohen Staatsschuld an: Er reduzierte Zinsen, strich Zinsrückstände, zahlte Renten weit unter Tarif zurück, nutzte alle Schwächen einer in Kriegszeiten nicht immer übersichtlichen Haushaltsführung zugunsten des Staatsschatzes aus. Sully erreichte es, daß um 1605 nicht nur die Verschuldung Frankreichs deutlich gesunken und der Haushalt ausgeglichen war, sondern daß auch wieder ein gewisser Staatsschatz zur Verfügung stand.

Beamtentum, Gesellschaft und Krone unter Heinrich IV.

Heinrich IV. hat die Gesellschaftsstrukturen Frankreichs im Verlauf seiner Regierungszeit nicht bewußt verändert, sie haben sich allerdings unter den Einflüssen seiner Politik nicht unbeträchtlich zu wandeln begonnen. Er sah in dem Adel, dem er sich zeitlebens zugehörig fühlte, die führende, in militärischer Hinsicht unverzichtbare Kraft seines Staates. Doch das war nur eine Seite seiner politischen Vorstellungswelt. Die andere wurde sichtbar, wenn er im königlichen Rat, in den Gouvernements Frankreichs, bei den abgesandten Emissären, die in den Provinzen nach den Religionskriegen die Autorität des Königs festigen sollten, »neue Leute« bevorzugte, die zwar oft schon über adelige Insignien verfügten, aber dem »neueren« Robenadel entstammten und einer völlig anderen, moderneren »bürokratischeren« Dienstauffassung huldigten als der alte Adel.

Und auch in einer anderen Hinsicht verletzte dieser König das soziale Selbstwertgefühl des alten Adels und all jener, die noch in der überkommenen Vorstellungswelt der französischen Renaissancemonarchie lebten. Die von Sully gegen erheblichen Widerstand durchgesetzte *Paulette* (1604), ein nach dem Bankier Paulet benanntes Edikt, das die Erblichkeit und freie

Ball am Hof Heinrichs IV. (Gemälde von Louis de Caulery)

Verkäuflichkeit von Ämtern für die Amtsinhaber wesentlich erleichterte, ließ das bis dahin schon intensiv entwickelte Beamtentum in der Finanz- und Justizverwaltung (*officiers*) weiter expandieren. Für Sully spielten dabei fiskalische Erwägungen eine wichtige Rolle, denn der Staat, der sich hier durch Privatisierung seiner Ämter entledigte, war durch eine neu eingeführte Beamtenabgabe (*droit annuel*) zur Sicherung der freien Verfügung des Beamten über seine Stelle mit im Geschäft. Dem Ergebnis nach hatte diese Entscheidung jedoch mehr als nur fiskalische Bedeutung. Von einer schwierigen Phase im zweiten Drittel des 17. Jahrhunderts abgesehen, schuf sich die Monarchie der Bourbonen in den *officiers* einen neuen, »staatstragenden« Stand, und naturgemäß war er gerade in dieser Hinsicht dem alten Adel ein Dorn im Auge. So nimmt es nicht wunder, daß die Regierungszeit Heinrichs IV. weniger ruhig verlief, als ihre Verklärung durch die Historiker des Königs und seine aufklärerischen Bewunderer im 18. Jahrhundert es wahrhaben wollten. Drei große Adelverschwörungen machten dem König zwischen 1602 und 1606 zu schaffen; und wenn sie auch von sehr unterschiedlichen, zum Teil sehr persönlichen Motiven getragen wurden, so wird darin doch ein hohes Maß alt- und hochadeliger Unzufriedenheit sichtbar, die sich nicht nur gegen den König persönlich, sondern gegen den neuen Geist richtete, der mit seinem Regiment in Frankreich eingekehrt war.

Die Außenpolitik Heinrichs IV.

Heinrich IV. ist erst am Schluß seiner Regierung und seines Lebens zum gestaltenden Außenpolitiker geworden. Bis dahin fand er wenig Zeit dazu und handelte nur, wenn sich ihm eine günstige Gelegenheit bot. Dies war 1601 der Fall, als es ihm gelang, dem Herzog von Savoyen, seit langem ein schwieriger, mit Spanien verbündeter Nachbar Frankreichs, mittels eines erfolgreichen Kriegszugs ein großes Gebiet zwischen Rhone und Saône abzunehmen. Neben dem Gebietszuwachs spielte hier die Militärstrategie eine Rolle; Spanien verfügte von nun an nur noch über eine einzige Durchgangsstraße von Italien über Savoyen in die Niederlande.

Im Jahr 1609 bot sich dann eine aussichtsreichere Möglichkeit zum Handeln. Im Herzogtum Jülich-Cleve, im Westen des Heiligen Römischen Reichs gelegen, war die Erbfolge offen, und sowohl Österreich-Habsburg, von Spanien unterstützt, als auch deutsche protestantische Fürsten (Brandenburg, Pfalz-Neuburg) machten Erbansprüche geltend. Heinrich IV., die grundsätzliche Gegnerschaft Frankreichs gegen habsburgische Expansionspläne an den Grenzen Frankreichs von seinen Vorgängern erbend und an seine Nachfolger vermachend, entschloß sich zu einer Unterstützung der protestantischen Interessen. Er hatte dabei vermutlich keine »großen Pläne« im Sinne einer umfassenden europäischen Friedensordnung im Auge, wie es sein Minister Sully in seinen Memoiren später behauptete. Daß er aber an einem Gleichgewicht zwischen Habsburg und Frankreich interessiert war, daß er dies durch die Festsetzung Habsburgs an der Westgrenze des Reichs massiv gefährdet sah, läßt sich leicht denken. In diesem Sinne bereitete er sich erneut auf Krieg vor, rüstete auf und beendete damit selber die lange, für Frankreich so segensreiche Epoche der Ruhe und des Friedens.

Ende und Wirkung Heinrichs IV.

Bevor er jedoch persönlich in den Krieg eingreifen konnte, wurde Heinrich IV. am 14. Mai 1610 von zwei Messerstichen des Laienbruders und religiösen Fanatikers Ravaillac getötet. Religiöser Fanatiker? – gewiß, doch keinesfalls irregeleiteter Außenseiter, als der Ravaillac früher immer gesehen wurde! Heinrich IV. hatte zeit seines Lebens viele Feinde. Eine beeindruckende Serie von Attentatsversuchen beleuchtet das. Der Geist der Liga war während seiner gesamten Regierungszeit lebendig, er wurde durch die Protestantenpolitik des Königs noch gekräftigt. Doch auch die »rigiden« Protestanten hatten sich nur äußerlich mit dem König, ihrem ehemaligen Hauptmann, versöhnt, der nach 1598 vieles tat, um als guter Katholik zu erscheinen, bis hin zur Wiederzulassung der Jesuiten (1603), mit der selbst viele gallikanisch denkende Katholiken keinesfalls einverstanden waren. Dreißig Jahre Religionskrieg mit der permanenten Predigt vom Tyrannenmord wirkten fort, und das wurde in den Dolchstößen Ravaillacs spürbar; sie trafen den König gerade zu einer Zeit, als er allen skeptischen Katholiken im Land durch seine protestantenfreundliche Außenpolitik erneut zu demonstrieren schien, daß es mit der Ernsthaftigkeit seines Bekenntnisses zum Katholizismus nicht allzuweit her war.

Doch wie so oft in der Geschichte trug dieser Königsmord langfristig zur Festigung dessen bei, was er verhindern sollte: Die Politik Heinrichs IV. wurde ab 1624 bis in die Einzelheiten hinein von seinem Sohn, Ludwig XIII., und Richelieu fortgesetzt. Einem »frommen« Monarchen und einem Kardinal nahm man nicht mehr übel, was der Konvertit nur gegen größten Widerstand hatte ins Werk setzen können.

Das Frankreich Richelieus und Mazarins

(1624–1661)

1610–1643	Ludwig XIII.; bis 1617 Regentschaft der Königinmutter Maria von Medici.
1611	Entlassung Sullys; maßgeblicher Einfluß italienischer Favoriten (Concini) auf die Politik der Regentin.
1614	Versammlung der Generalstände in Paris.
1616	Bischof Richelieu agiert im königlichen Rat.
1617	Königinmutter wird von Ludwig XIII. und seinem Berater Luynes zum Verlassen des Hofes gedrängt, Concini ermordet.
1624–1642	Kardinal Richelieu leitender Minister Ludwigs XIII. Politik des konsequenten inneren Staatsausbaus.
1624–1644	Vielzahl meist regional begrenzter Revolten gegen die königliche Steuerpolitik und Provinzialverwaltung.
1626	Edikte gegen Duelle und die Wiederherstellung adeliger Burgen.
1627/28	Belagerung und Einnahme der protestantischen Festung und Hafenstadt La Rochelle durch königliche Truppen.
1629	Das Edikt von Alès sichert den Hugenotten ihr konfessionelles Überleben, verwehrt ihnen zugleich aber jede politisch-militärische Eigenständigkeit.
1633	Beginn des Einsatzes von Intendanten in der Provinzialverwaltung.
1635	Auf der Seite Schwedens und der protestantischen Kriegsparteien greift Frankreich offen in den Dreißigjährigen Krieg ein.
1643–1661	Während der Minderjährigkeit Ludwigs XIV. Regentschaft der Königinmutter Anna von Österreich; Kardinal Mazarin leitender Minister.

1648–1653 Aufstand der adeligen Fronde gegen die von Richelieu und Mazarin betriebene Ämter- und Steuerpolitik.
1659 7. November: Pyrenäenfrieden mit Spanien: Gebietsgewinne im Norden und Süden des Landes.

Wirren in der Regentschaft Marias von Medici

Nicht anders als nach dem Tod Heinrichs II. geriet Frankreich durch die Minderjährigkeit des neuen Königs zunächst erneut in große innere Schwierigkeiten. Frankreich war eine wirkliche Monarchie, das Fehlen eines erwachsenen, handlungsfähigen Monarchen wirkte sich sofort aus. Zudem war Maria von Medici, von Heinrich IV. vor dem geplanten Auszug in den Krieg zur Regentin ernannt und vom Pariser Parlament als solche anerkannt, alles andere als eine kluge Politikerin. Italienische Favoriten gewannen Einfluß auf ihr Handeln, der von Heinrich IV. mühsam gebändigte Hochadel begehrte erneut auf, die Protestanten begannen, um ihre Sicherheit zu fürchten – das ganze Werk des Friedens und der Versöhnung, für das Heinrich IV. persönlich gebürgt hatte, schien gefährdet.

Auch die Versammlung der Generalstände, die sich Maria im Jahr 1614 abringen ließ, änderte daran nichts. Sie brachte weit mehr die Zwietracht der Stände als ein gemeinsames Wollen zum Ausdruck. Vor allem die Konflikte zwischen dem alten Adel und der »neuen Elite« der *officiers,* die im Dritten Stand vertreten waren, aber in den Adel drängten, brachen zu voller Schärfe auf. Maria zog daraus zunächst Vorteile, denn eine einheitliche Front der Stände gegen ihr Regime kam wegen dieses Gegensatzes nicht zustande. Doch sie wußte diese in der Folgezeit nur wenig zu nutzen. Zwar sicherte ihr italienischer Favorit Concini die Zentralgewalt erneut, indem er vor allem die Adelsfronden im Lande erfolgreich bekämpfte. Doch der junge König stand nicht auf der Seite seiner Mutter und ihres italienischen Günstlings. 1617 mußte Maria, vom König und dessen Vertrauten, Charles d'Albert de Luynes, gedrängt, den Hof verlassen, während Concini mit Wissen des Königs ermordet wurde.

Für einige Jahre war jetzt Luynes der unbestrittene Herr im Rat des Königs. Vom König gestützt, errang er einige Erfolge gegen die Protestanten. Der junge König verfolgte dabei eine radikal-katholische Politik, die man seit dem Tod seines Vaters gern als »devot« bezeichnete. Ihr Höhepunkt war die Wiedereinführung des katholischen Kults in Béarn, einer Provinz des ehemaligen Königreichs Navarra (1621). Sie hatte ihr Pendant in der Außenpolitik der »Devoten«: Unter der Führung von Luynes verlor die französische Politik ihren seit Ludwig XII. entwickelten Focus – den französisch-habsburgischen Gegensatz. Unter aktiver Duldung Frankreichs konnte Österreich 1620 Herr des böhmischen Aufstands werden, konnte sich Spanien im Veltlin, der strategisch wichtigen Alpenregion südlich von Graubünden, festsetzen. Die Sorge allerdings, daß Frankreich

Der Profos der Kaufleute und die Schöffen von Paris huldigen dem jungen Ludwig XIII. (Radierung von Louis Bobrun, 1620)

erneut in die Gefahr einer habsburgischen Umklammerung geraten könnte, nahm viele politisch denkende Franzosen gegen die Außenpolitik der »Devoten« ein. Ihre Furcht bildete den Humus für den politischen Aufstieg eines Mannes und Gegners von Luynes, den Ludwig XIII. 1624 in den Rat des Königs holte: Richelieu.

Der Ausbau der königlichen Macht unter Richelieu

Armand-Jean du Plessis, Herzog von Richelieu, hatte bis zu diesem Zeitpunkt keinen geradlinigen Aufstieg hinter sich. Er war kein Mann des Königs, sondern hatte zunächst auf den Generalständen, dann unter Concini als Getreuer der Königinmutter agiert. Nach der Ermordung des Italieners zeitweise verbannt, gelang es dem 1607 zum Bischof und 1622 zum Kardinal ernannten Kleriker aus altem Adelsgeschlecht, zwischen dem inzwischen volljährigen König, der vom Selbstbewußtsein seines Vaters wenig geerbt hatte, und seiner Mutter Versöhnung zu stiften und zugleich die Außenpolitik Luynes' anzuschwärzen. Das wurde Grundlage für eine politische Karriere, die von nun an ohne Unterbrechung mit dem Schicksal Ludwigs XIII. verknüpft blieb. Bis 1630 hatte Richelieu noch ernsthafte Gegner im Rat, den »Devoten« nahestehende Anhänger eines innenpolitischen Reformkurses, die den Aufgaben der inneren, religiösen Erneuerung Priorität einräumten gegenüber dem außenpolitischen, gegen Spanien und Österreich gerichteten Machtausbau Frankreichs, wie Richelieu ihn plante. Am 20. November 1630 (»Tag der Geprellten«) gelang es ihm, diese Gruppe zu entmachten und das Land damit konsequent in Richtung auf einen Kriegskurs zu lenken, der das Aussehen dieser Monarchie bis weit in das 18. Jahrhundert hinein bestimmen sollte.

Richelieu hatte eine klare Konzeption von den Aufgaben französischer Politik: Im Inneren mußten die beiden wesentlichen Bedrohungen der staatlichen Einheit beseitigt werden – die Selbständigkeitsbestrebungen des französischen Protestantismus und der Widerstandsgeist des Hochadels. Außenpolitisch mußte Frankreich wieder auf einen anti-habsburgischen Kurs gebracht werden, um der Hegemonie Spaniens in Europa entgegenzuwirken und Frankreich eine seiner Bedeutung angemessene Position zu erobern.

Da sich im Hugenottentum des Südwestens in den zwanziger Jahren in alter Religionskriegstradition erneut kämpferisch-religiöser Geist und altadeliger Widerstandsgeist zusammenfanden, gingen Richelieu und Ludwig XIII. dieses Problem zwischen 1626 und 1629 politisch-militärisch an. Nach einigen erfolglosen Verhandlungen griff das königliche Heer, von Richelieu zeitweise persönlich geführt, die bedeutendste protestantische Festung La Rochelle an. 1627/1628 kam es hier zu einer mehr als einjährigen Belagerung, bevor der König mit Richelieu an seiner Seite am 1. November 1628 in die von Hunger und Seuchen gezeichnete Hafenstadt einzogen. Das letzte militärische Kapitel in der Geschichte des französischen Protestantismus war damit beendet. Der König gewährte den Hugenotten ein Gnadenedikt (Alès, 1629); es nahm die Toleranzbestimmungen des Edikts von Nantes auf, unterband jedoch jegliche militärische und politische Organisation der Protestanten. Als Konfession überlebte der französische Protestantismus, als »Partei« hörte er auf zu existieren.

Nicht weniger konsequent verfuhr Richelieu mit dem rebellischen Hochadel, der teilweise mit der Königinmutter und dem Bruder des Königs konspirierte. Das war keine geschlossene Partei wie »die von der Religion«, hier half kein militärisches Vorgehen, hier waren einzelne, »exemplarische« Maßnahmen vonnöten. So nutzten Ludwig und Richelieu mehrfach persönliches Fehlverhalten – z.B. bei der Verletzung der Duelledikte – einzelner, herausragender Adeliger, um sie unnachsichtig bis zur gerichtlichen Verurteilung und zur Verweigerung der erwarteten königlichen Gnade zu verfolgen. Wo immer sich die Gelegenheit bot, ließ Richelieu adelige Burgen schleifen. Es ging ihm nicht um den adeligen Stand als solchen, dem er selber entstammte und dessen soziale Führungsrolle er zu keiner Zeit bestritt; es kam ihm vielmehr auf eine neue Bestimmung der Position dieses Adels in einem Staat an, in dem die Monarchie inzwischen zur unbestrittenen Gewalt gediehen und für eine politische Sonderrolle des Adels kein Platz mehr war.

Für die Nachbarn Frankreichs wurde Richelieu durch seine Außenpolitik zu einem festen Begriff. Er nahm die Tradition Heinrichs IV. auf und suchte den Einfluß Spaniens und Österreichs, wo immer es ging, zurückzudrängen. Er malte erneut das Schreckensbild der drohenden Umklammerung Frankreichs durch Habsburg an die Wand, dabei dem defensiven Grundton dieses Bildes ganz allmählich offensive, hegemoniale Züge beimischend. Ohne jede Rücksicht auf sein geistliches Amt und die Devoten im Land paktierte er, allein das Staatsinteresse Frankreichs im Auge, mit protestantischen europäischen Mächten gegen Gesamthabsburg. Im Kampf Graubündens um das Veltlin griff Frankreich auf seiten der Schweizer ein, ohne Erfolg allerdings, denn Spanien sicherte sich ein Recht auf Durchzug. Im Mantuanischen Erbfolgestreit (1628–1631) operierte es erfolgreich gegen die habsburgischen Ansprüche auf Mantua und sicherte sich zudem wichtige Gebiete und Alpenpässe in Westsavoyen. Im Dreißigjährigen Krieg operierte Frankreich bis 1635 verdeckt, indem es z.B. an das lutherische Schweden Subsidien zahlte oder im Reichtsterritorium Lothringen Truppen stationierte, seit 1635 offen, als durch die Erfolge der Kaiserlichen und der Spanier im Reich ein Eingreifen Frankreichs auf seiten Schwedens und der protestantischen Kriegsmächte unumgänglich schien.

Die Beteiligung am Dreißigjährigen Krieg wurde für Frankreich zum Ausgangspunkt seiner Führungsstellung in Europa. Richelieu konnte die Früchte dieser Politik, die im Westfälischen Frieden (1648) reiften, nicht mehr ernten. Er hat jedoch bis zu seinem Tod den inneren Machtausbau Frankreichs mit dem Blick auf dieses Ziel energisch und zuweilen rücksichtslos vorangetrieben und dabei auch schwere innere Konflikte in Kauf genommen.

Niemals zuvor ging der innere Staatsausbau Frankreichs so zügig voran wie in der Zeit Richelieus. Das lag einerseits an dem konsequenten Machtwillen des Kardinals, der einer der ersten europäischen Staatsmänner war, für die der Dienst für den Staat und die Staatsräson zu Aufgaben *an sich* wurden, für die sich die Bewohner eines Territoriums rückhaltlos einzusetzen hatten. In diesem Sinne brachte er das Staatliche zur Geltung, wo immer er konnte – in der Verwaltung wie im Gewerbe, im Handel wie in der Sprachpolitik, im Kriegswesen wie in der Kultur. Zu seinen bedeutendsten Schöpfungen zählte die Umorganisation der Provinzialverwaltung. Da das alte Beamtentum im Justiz-, Finanz- und Polizeiwesen (*officiers*), durch die Ämterkäuflichkeit mit einer gehörigen Portion Unabhängigkeit von der Krone ausgestattet, nicht sehr effektiv arbeitete und häufig feste Bindungen mit den örtlichen Eliten eingegangen war, setzte Richelieu in vielen Provinzen, älteren Vorbildern folgend, Intendanten ein, die ihr Amt nicht kaufen konnten, sondern von der Zentrale eingesetzt und entlohnt wurden und ihre bisherige Laufbahn in der Regel in der Zentrale absolviert hatten. Ihre Aufgabe war es, die *officiers* zu überwachen und ihnen, wo nötig und möglich, Befugnisse zu entziehen.

Kardinal Richelieu (Porträt von Philippe de Champaigne, 1634)

Auf der anderen Seite spielte der zunächst passive, dann aktive Eintritt Frankreichs in den Dreißigjährigen Krieg bei der Ausdehnung der Staatstätigkeiten eine kaum zu überschätzende Rolle. Jeder Krieg brachte damals wie heute erhebliche Steuererhöhungen mit sich; in Frankreich stieg die direkte Steuer zwischen 1624 und 1661 nominell um das Dreifache. Da die konjunkturellen Zeichen schlecht standen, mußte diese Steuerleistung mit sehr viel Zwang aus dem Land und seinen Menschen herausgeholt werden, soweit diese nicht durch Steuerprivilegien geschützt waren. Das setzte eine Steigerung der staatlichen Präsenz im ganzen Land voraus. Richelieu bediente sich dabei vor allem der Intendanten; daneben setzte er auf eine erneute Verschuldung des Staates, die Sully so erfolgreich zurückgedrängt hatte. Auch er, von seinem Denken her ein ausgesprochener Reformer, trug damit nolens volens zur Vermehrung jener für das alte Frankreich so charakteristischen Schicht von Finanzleuten bei, die von Finanzierungsgeschäften für die Krone lebten und einen erheblichen Teil der königlichen Steuerverwaltung in ihre Hand bekamen, indem sie Pauschalzahlungen an die Staatskasse vorschossen. Kein klarsichtiger Politiker, auch Richelieu nicht, war ihnen wohlgesonnen, alle Regierungen zwischen Heinrich IV. und Ludwig XV. waren aber auf sie angewiesen, wenn sie europäische Machtpolitik betreiben und zur Durchsetzung der französischen Interessen ein kostspieliges Heer unterhalten wollten. Ein Staat, der darauf verzichtete, seine Steuerlast auf seine steuerfähigen Bevölkerungsschichten umzulegen und diese an den Entscheidungen über die Höhe der Steuern zu beteiligen, wurde zwangsläufig von solchen Leuten abhängig, die ihrerseits den Druck auf das Land vermehrten und in wirtschaftlichen Krisenzeiten zur Unruhe im Land beitrugen.

Die große Zahl von Volksaufständen in Frankreich während der Regierungszeit Ludwigs XIII. wird von der Forschung als Antwort des Landes auf den mächtig gestiegenen Steuerdruck und die Vermehrung des Staatspersonals bewertet. Sie waren nicht nur dies, aber sie waren dies in erster Linie. Im 16. Jahrhundert, vor allem während der Religionskriege, waren neben dem Staat auch der Grundherr und die Kirche mit ihren Zehntforderungen Zielscheibe von Aktionen, die vor allem von Bauern getragen wurden. Jetzt erweiterte sich das soziale Spektrum der Aufständischen: Die ländlichen und städtischen Unterschichten und nicht selten Notabeln aus Stadt und Land bis hin zum niederen Adel nahmen daran teil, und ihre Aktionen richteten sich jetzt so gut wie ausschließlich gegen die königlichen Steuereinnehmer, Steuerpächter und Verwalter von Salzdepots, die sich um die Eintreibung der *taille* und der Salzsteuer (*gabelle*) zu kümmern hatten. Wie eine Perlenkette von Ereignissen ziehen sich große, lokale und regionale Aufstandsbewegungen durch die Regierungszeit Ludwigs XIII.: 1624 im südfranzösischen Quercy, 1630 in Burgund (Dijon), 1631 in der Provence (Aix), 1632 in Lyon, 1633 und 1635 in der Guyenne, 1636 in Angoumois, Saintonge und Poitou, 1639 in der Basse-Normandie, 1643 in der Auvergne und im Rouergue, 1644 in Marseille. In der Regel beschränkten sich die Aufstände auf die Grenzen einer Provinz, weil ihre Anführer die Verteidigung traditioneller provinzialer »Freiheiten«, z. B. die Freiheit von der Salzsteuer, im Auge hatten; deshalb blieb die militärische Stoßkraft dieser nicht immer schlecht geführten, aber schlecht ausgerüsteten Aufstandsbewegungen gering. Durch Verhandlungen, Zugeständnisse und militärische Gegenwehr ließen sie sich verhältnismäßig leicht auseinandertreiben. Ihre Signalwirkung für die königliche Politik war gleichwohl beträchtlich: Da ständische Mitwirkungsformen schon unter Heinrich IV. und mehr noch unter Richelieu immer weiter zurückgedrängt worden waren, suchte sich die Bevölkerung in Zeiten der Not und des allzu hohen Steuerdrucks andere Wege des Protests.

In anderer Hinsicht ist Frankreich unter Richelieu allerdings »ruhiger« geworden. Nach langen, durch die Skepsis der Gallikaner bedingten Verzögerungen wurden die Trienter Konzilsbeschlüsse in Frankreich eingeführt. Die katholische Reform reifte nun auch in diesem Land, große Teile der Eliten wandten sich nach den Stürmen des Religionskriegs neuen Zielen der Innerlichkeit und Frömmigkeit zu und sorgten dafür, daß Gewaltexzesse, wie sie in der Ligazeit an der Tagesordnung waren, nun durch Predigt, Erziehung und Kontrolle erschwert wurden. Aus diesem neuen geistigen Klima zog eine aus den Niederlanden nach Frankreich eindringende katholische Reformbewegung – der Jansenismus – besonderen Nutzen. Sie etablierte sich fest in Frankreich und wurde im Verlauf des 17. Jahrhunderts zur Trägerin einer Elitenkultur, die weit in das politische und gesellschaftliche Leben ausstrahlte.

Toleranter wurde dieses neue Frankreich dadurch freilich nicht. Richelieus Wendung von der »positiven Protestantenpolitik« Heinrichs IV. zur Eindämmung des politisch-militärischen Hugenottentums fand in den französischen Führungsschichten Unterstützung. Auch die der Hexerei verdächtigen Frauen und Männer bekamen zu spüren, daß die etwas chaotischen, aber auch Freiheiten bietenden Zustände des Valoiszeitalters vorüber waren. Bisher zwar keinesfalls tolerant behandelt, aber noch nicht systematisch verfolgt, wurden sie jetzt zu Opfern einer gezielten, von Haß und Verfolgungswahn getragenen Kampagne. Schwere Zeiten brachen auch an für jene Menschen, die nach religiöser Freiheit dürsteten und deshalb von der offiziellen Gesellschaft zunehmend als *libertins* abqualifiziert wurden; ebenso für jene, die philosophischer, wissenschaftlicher Freiheit bedurften zum Zweck der Kenntnisausweitung des Menschen und von denen einige – so René Descartes – Frankreich wegen der Gewagtheit ihrer Philosophie verlassen mußten, obwohl sie keine *libertins* waren.

Mazarin und die Fronde

Wie prekär das Werk war, das Richelieu und Ludwig XIII. geschaffen hatten, zeigte sich, nachdem beide innerhalb eines Jahres (1642/43) gestorben waren. Der Thronfolger, der spätere Ludwig XIV., war beim Tod seines Vaters erst sechs Jahre alt. Erneut geriet Frankreich in eine Regentschaft und damit, wie so oft zuvor und danach, in eine Phase innerer Destabilität und »konstitutioneller« Unsicherheit. Sie dauerte bis 1661, als auch der Nachfolger Richelieus in der Staatsführung, seine »Kreatur«, der Italiener Giulio Mazarini (Mazarin), starb. Im Zentrum dieser Übergangszeit standen die fünf Jahre der Fronde (1648–1653), einer sich zunächst in Paris, dann in den Provinzen abspielenden Aufstandsbewegung gegen das Regime des Kardinals Mazarin und der Regentin.

Träger der Fronde (»Schleuder«) in ihrer ersten Phase waren das Pariser Parlament und andere hohe Gerichtshöfe des Landes. Ihr Ziel war es, den von Richelieu und Mazarin eingeleiteten Bürokratisierungsschub zu stoppen und vor allem das neue Instrument des Königs, die Intendanten, wieder außer Kraft zu setzen; ihr Mittel war die Verweigerung der Einregistrierung von königlichen Edikten, insbesondere von Steueredikten. Die Parlamente wollten den Charakter der Monarchie nicht grundsätzlich verändern; sie stilisierten sich in den intensiven Auseinandersetzungen mit dem Hof, in deren Verlauf dieser Paris für einige Zeit fluchtartig verlassen mußte, zu Hütern der eigentlichen monarchischen Traditionen Frankreichs, die von Richelieu, Mazarin und ihren »Kreaturen« zugunsten neuer traditionswidriger Verfahrensweisen verletzt worden seien. Sie erreichten immerhin, daß die Intendanten zurückgerufen und die angestammten Rechte der Gerichtshöfe erneut bestätigt wurden. Als diese Erfolge feststanden, lenkten sie auf einen Kompromißkurs mit der Regierung ein.

Der zweite Teil der Fronde spielte sich zwischen 1649 und 1652 in den Provinzen ab, und er hatte wieder einmal den unzufriedenen Hochadel, die ewig unzufriedenen Opfer der absolutistischen Zentralisierungspolitik zum Träger, die im Südwesten und Süden Frankreichs ihre stärkste Basis und in Spanien einen interessierten Partner fanden. Dennoch führten ihre Operationen nicht weit, weil kein tragfähiges politisches Konzept ihre Aktionen beflügelte. Der Haß auf den »Fremdling« Mazarin, der im Verlauf der gesamten Fronde eine Sturmflut von Flugschriften (*Mazarinades*) auf sich einstürzen sah, reichte allein nicht aus.

In Paris und Bordeaux entwickelte die Fronde durch die Teilnahme »kleinbürgerlicher« Aufständischer zeitweise eine eigene Dynamik. In Paris unterstützte das »Volk« für einige Zeit die Politik des Parlaments, ohne daß dieses sich um die Beschwerden der Pariser besonders geküm-

Die Einsetzung Anna von Österreichs zur Regentin durch Ludwig XIV., ihren minderjährigen Sohn (anonyme Zeichnung, 1643)

mert hätte. Wieder einmal, wie schon zu Zeiten der Liga (und wie später in der Revolution), wurden in Paris Barrikaden errichtet und Flugschriften mit radikalen, gegen die Monarchie in ihrer bestehenden Form gerichteten Inhalten veröffentlicht. Doch das Pariser Parlament, das sich in seiner Mehrheit als Hüter der traditionellen Ordnung verstand, war nicht bereit, einen solchen Kurs zu steuern. Die Aufstandsbewegung von Bordeaux, die *Ormée,* hat die besondere Aufmerksamkeit der Forschung auf sich gelenkt, weil hier zahlreiche Aufstandsführer von einer Autonomie der Stadt und ihrer Herauslösung aus dem militärisch-bürokratischen Staatssystem der absoluten Monarchie träumten. Ihre Träume gingen sowenig in Erfüllung wie die der Prinzen. Im Gegenteil: Die Fronde, so interessant sie als Reaktion auf den Zentralisierungsprozeß der absoluten Monarchie war, blieb auf lange Sicht eine Episode – eine Episode und ein Lehrstück zugleich. Lehren freilich zogen weniger ihre Anführer aus diesen unruhigen Jahren als vielmehr ein anderer, der die Stürme der Fronde aus nächster Nähe als unauslöschlichen Jugendeindruck miterlebt hatte: Ludwig XIV.

Kardinal Mazarin (Werkstatt Philippes von Champaigne, um 1653)

Literaturhinweise

Quellen und Dokumente

André, Louis (Hrsg.): Cardinal de Richelieu, Testament politique. Paris 1947.
Babelon, Jean-Pierre (Hrsg.): Henri IV, Lettres d'amour et écrits politiques avec quelques lettres reçues par le Roi. Paris 1988.
Bodin, Jean: Les six livres de la République. Paris 1976. Dt. Ausg.: Sechs Bücher vom Staat. 2 Bde. München 1984.
Coudy, Julien (Hrsg.): Die Hugenottenkriege in Augenzeugenberichten. München ^{2}1980.
Duplessis-Mornay, Philippe / Languet, Hubert: Vindiciae contra Tyrannos. 1579.
Grillon, Pierre (Hrsg.): Les Papiers de Richelieu. Section politique intérieure, correspondance et papiers d'état. Bd. 1 (1624–1626). Paris 1975.
Hotman, François: Franco-Gallia. 1573.
Isambert, François André / Jourdan, Athanase-Jean-Léger (Hrsg.): Recueil général des anciennes lois françaises. 29 Bde. Paris 1821 bis 1833.
Loyseau, Charles: Cinq livres du droict des offices, avec le livre des seigneuries et celui des ordres. Paris 1613.
Moreau, Célestin (Hrsg.): Choix de Mazarinades. 2 Bde. Paris 1853.
Naudé, Gabriel: Considérations politiques sur les coups d'État. Rom 1639.
Seyssel, Claude de: La Grand'Monarchie de France. Paris 1519.

Literatur

Babelon, Jean-Pierre: Henri IV. Paris 1982.
Barnavi, Elie: Le parti de Dieu. Étude sociale et politique des chefs de la Ligue parisienne, 1585–1594. Löwen 1980.
Barnavi, Elie / Descimon, Robert: La Sainte Ligue, le juge et la potence. Paris 1985.
Braudel, Fernand / Labrousse, Ernest (Hrsg.): Histoire économique et sociale de la France, Bd. 1: 1450–1660, Paris 1977.
Chevallier, Pierre: Henri III. Paris 1985.
Cloulas, Ivan: Catherine de Médicis. Paris 1979.
– Henri II. Paris 1983.
Crouzet, Denis: Les guerriers de Dieu. La violence au temps des troubles de religion (vers 1525 – vers 1610). 2 Bde. Paris 1990.
Davis, Natalie Zenon: Society and Culture in Early Modern France. Stanford 1975.
Descimon, Robert: La Ligue à Paris (1585–1594): une révision. In: Annales E. S. C. 37 (1982) S. 72–111.
– Qui étaient les Seize? Paris 1983.
Duby, Georges: Histoire de la France de 1348 à 1852. Paris 1991.
Estèbe, Janine de: Tocsin pour un massacre: la saison des Saint-Bartélemy. Paris 1968.
Hassinger, Erich: Das Werden des neuzeitlichen Europa. 1300–1600. Braunschweig 1959.
Henshall, Nicholas: The Myth of Absolutism. Harlow 1992.
Hinrichs, Ernst: Fürstenlehre und politisches Handeln im Frankreich Heinrichs IV. Untersuchungen über die politischen Denk- und Handlungsformen im Späthumanismus. Göttingen 1969.

– Fürsten und Mächte. Zum Problem des europäischen Absolutismus. Göttingen 2000.
– Ancien Régime und Revolution. Studien zur französischen Verfassungsgeschichte zwischen 1589 und 1789. Frankfurt a. M. 1989.
Jacquart, Jean: François I. Paris 1981.
Kossmann, Ernest: La Fronde. Leiden 1954.
Le Roy Ladurie, Emmanuel: Über die Bauernaufstände in Frankreich 1548–1648. In: Bog, Ingomar (Hrsg.): Wirtschaftliche und soziale Strukturen im säkularen Wandel. Fs. Wilhelm Abel zum 70. Geburtstag. Bd. 1: Agrarische Wirtschaft und Gesellschaft in vorindustrieller Zeit. Hannover 1974. S. 277–301.
– L'État royal: de Louis XI à Henri IV; 1460–1610. Paris 1988.
– L'Ancien Régime: de Louis XIII à Louis XV; 1610–1770. Paris 1991.
Mager, Wolfgang: Frankreich vom Ancien Régime zur Moderne, 1630 bis 1830. Stuttgart 1980.
Malettke, Klaus (Hrsg.): Soziale und politische Konflikte im Frankreich des Ancien Régime. Berlin 1982.
Méthivier, Hubert: L'Ancien Régime en France, XVIe–XVIIe–XVIIIe siècles. Paris 1981.
Meyer, Jean: Frankreich im Zeitalter des Absolutismus. 1515–1789. Dt. Ausg. bearb. von K. F. Werner. Stuttgart 1990.
Mieck, Ilja: Die Entstehung des modernen Frankreich, 1450 bis 1610. Stuttgart 1982.
Moote, Alanson Lloyd: The Revolt of the Judges. The Parlement of Paris and the Fronde 1643–1652. Princeton 1971.
Mousnier, Roland: Ein Königsmord in Frankreich. Berlin 1970.
– Les institutions de la France sous la Monarchie Absolue. 1598–1789. 2 Bde. Paris 1974–80.
Richet, Denis: La France moderne: L'esprit des institutions. Paris 1973.
– De la Réforme à la Revolution. Études sur la France moderne. Paris 1991.
Van Kley, Dale: The Religious Origins of the French Revolution. From Calvin to the Civil Constitution, 1560–1791. New Haven, Conn. / London 1996.
Voss, Jürgen: Geschichte Frankreichs. Bd. 2: Von der frühneuzeitlichen Monarchie zur Ersten Republik. 1500–1800. München 1980.
Wollenberg, Jörg: Richelieu. Staatsräson und Kircheninteresse. Zur Legitimation der Politik des Kardinalpremier. Bielefeld 1977.

ABSOLUTE MONARCHIE UND ANCIEN RÉGIME

(1661–1789)

Von Ernst Hinrichs

Epochenüberblick

Mit der Regierung Ludwigs XIV. gewann der französische Staat – und mit ihm die französische Politik – eine neue Qualität. Außenpolitisch wurde Frankreich unter dem Sonnenkönig zur Hegemonialmacht Europas, gegen die sich immer wieder Bündnisse aus den übrigen europäischen Mächten zur Aufrechterhaltung eines Gleichgewichts der Mächte in Europa zusammenfanden. Innenpolitisch richtete dieser dritte König aus dem Hause Bourbon das Land ganz auf seinen gesteigerten Macht- und Herrschaftswillen aus. Zwar konnte er auch als »absoluter Monarch« keinesfalls tun und lassen, was er wollte; aber die Präsenz seines Königtums im ganzen Land, seine Repräsentation in den völlig neugeschaffenen Palast- und Gartenanlagen von Versailles, sein Einfluß auf die Produktionen der Kultur waren so gewaltig, daß ganz Frankreich »sein« Staat wurde.

Innenpolitisch erwuchsen dem Land daraus erhebliche Probleme, denn die vielfachen Kriegszüge, die Ludwig XIV. zur Steigerung seines Ruhms in Europa unternahm, belasteten das Land, das wie das übrige Europa seit der Mitte des 17. Jahrhunderts unter einer erlahmenden Wirtschaftskonjunktur litt. Mehr und mehr sah sich Ludwig XIV., der als rigoroser Reformer seines Staatswesens, insbesondere der Verwaltung, begonnen hatte, zur Duldung alter Mißbräuche und zur Nutzung problematischer Finanzierungsquellen genötigt, um seine aufwendige Kriegspolitik zu bezahlen. So kam es, daß sein Regiment am Ende schließlich von vielen Franzosen als Belastung empfunden wurde. Er hatte dem Land ein Gefühl von nationaler Größe vermittelt, es aber am Schluß überfordert. Daraus erwuchs in Frankreich und Europa einerseits Bewunderung für diesen Monarchen, andererseits gab es zum ersten Mal auch deutliche Kritik an der Autokratie der absoluten Monarchie.

Im Verlauf des 18. Jahrhunderts wurde das Verhältnis von Monarchie und Bevölkerung differenzierter und komplizierter. Der monarchische Staat baute unter Ludwig XV. seine Zentral- und Provinzialverwaltung immer mehr aus (die »administrative« Monarchie), er versäumte es jedoch, seine Staatstheorie und seine Finanzierungsgrundlagen zu modernisieren. Immer noch lebte dieser Staat von Steuern, die im wesentlichen vom Bauerntum bezahlt wurden, von Abgaben auf den Warenverkehr, vom Ämterhandel und von Anleihen. Dazu schob er noch aus der Zeit Lud-

Der junge Ludwig XIV. in Gestalt Jupiters als Sieger über die Fronde (anonymes Gemälde, 2. Hälfte 17. Jahrhundert)

wigs XIV. eine hohe Schuldenlast vor sich her, die sich mit jedem außenpolitischen Engagement erhöhte. Daraus entstanden in der zweiten Hälfte des Jahrhunderts viele Konflikte mit einzelnen Institutionen, insbesondere den hohen Gerichten, und den sich neu formierenden Eliten aus Adel, Beamtenschaft und Bürgertum, die durch Aufklärung und Modernisierung immer mehr lernten, sich von der Monarchie unabhängig zu sehen. Der Sinn der monarchischen Herrschaft ließ sich so von Jahr zu Jahr schwerer vermitteln.

Zudem konnte Frankreich seine unter Ludwig XIV. errungene außenpolitische Führungsstellung nicht mehr halten. Im Rahmen des europäischen Mächtesystems nahm das Königreich England immer entschiedener seine Schiedsrichterrolle wahr, die auf ein Mächtegleichgewicht in Europa zielte und daher im wesentlichen gegen Frankreich gerichtet war. Mit der Niederlage Frankreichs gegen England im Siebenjährigen Krieg, vor allem auf dem amerikanischen Kontinent, trat der außenpolitische Gewichtsverlust Frankreichs deutlich zutage. Auch er trug zur Steigerung der inneren Unzufriedenheit mit dem System der administrativen Monarchie bei.

Zwar versuchte die Monarchie, durch eine ganze Kette von Reformen im Innern Frankreichs etwas zu ändern und damit ihre Machtbasis wieder zu konsolidieren. Doch sie ging dabei in den letzten Jahren Ludwigs XV. und unter Ludwig XVI. hastig, gelegentlich unüberlegt vor und war oft bereit, nach dem Scheitern einer Reform den Gegnern dieser Reform die politische Initiative zu überlassen. So entstand allmählich eine vorrevolutionäre Situation. Unzufriedenheit in weiten Kreisen des Landes mit dem innenpolitischen Versagen der Monarchie und dem außenpolitischen Gewichtsverlust Frankreichs weitete sich zu einer Bedrohung des inneren Friedens aus. Als im letzten Drittel des 18. Jahrhunderts die seit langen Jahrzehnten günstigen Wirtschaftsverhältnisse des Landes umschlugen und wirtschaftliche Krisen das Land erschütterten, übertrug sich diese Stimmung von den Eliten auf die breite Bevölkerung. Man rief nach grundlegenden Reformen des Königreichs, und diesem Ruf konnte der König nach langem Zögern und Finassieren schließlich nur mit der Einberufung der Generalstände begegnen. Damit war die Geschichte des Ancien Régime in Frankreich beendet.

Französischer Staat und französische Zivilisation unter Ludwig XIV.

(1661–1685)

1661–1715	Selbstregierung Ludwigs XIV.
1663–1671	Lionne Außenminister.
1665–1683	Colbert Generalkontrolleur der Finanzen, Entwicklung des Merkantilismus.
1665	Degradierung der Parlamente von *Cours souveraines* zu *Cours supérieures*.
1667	*Ordonnance du droit civil.*
1667/68	Devolutionskrieg gegen Spanien.
1668	2. Mai: Im Frieden von Aachen fallen Teile Flanderns an Frankreich.
1668–1691	Louvois Kriegsminister.
1669	*Ordonnance des Eaux et Forêts.*
1670	*Ordonnance criminelle.*
1672–1679	Pomponne Außenminister.
	Krieg gegen Holland; im Frieden von Nimwegen kommt u.a. der Franche-Comté an Frankreich.

1673	*Ordonnance générale sur le commerce.* Ludwig XIV. nimmt den Parlamenten ihr Einspruchsrecht gegen königliche Gesetze. Französische Expedition an den Mississippi.
1677	Verlegung des Hofs von Paris nach Versailles.
1679–1696	Colbert de Croissy Außenminister.
1679	Vauban beginnt mit dem Ausbau des französischen Befestigungssystems und revolutioniert dabei den Festungsbau. Beginn der Reunionspolitik im Elsaß.
1681	Annexion der Reichsstadt Straßburg.
1682	In den »Vier Artikeln« relativiert der französische Klerus den päpstlichen Macht- und Unfehlbarkeitsanspruch.
1685	18. Oktober: Aufhebung des Edikts von Nantes; mindestens 300 000 Hugenotten verlassen Frankreich. *Code noir* regelt die Sklavenfrage in den Kolonien.

Ludwig XIV. stand zeit seines Lebens unter dem Eindruck der Unruhen in seinen frühen Regierungsjahren. Nach dem Tod seines Ministers Mazarin (1661) reagierte er sofort auf den monarchischen Autoritätsverlust und nahm ihn zum Anlaß, die Regierung Frankreichs neu zu organisieren. Dabei ging er jedoch über defensive, nur auf Vermeidung von weiteren Unruhen zielende Maßnahmen weit hinaus. Seine starke, herrschaftsbewußte Persönlichkeit, seine Erziehung und die Erfahrungen seiner ersten beiden Lebensjahrzehnte führten ihn dazu, die Stellung des Königs in Frankreich neu zu konzipieren und viele neue Elemente in die Praxis und die Repräsentation der monarchischen Herrschaft einzuführen.

Absolutismus

Diese Veränderungen gingen einher mit einer deutlichen Betonung der königlichen Allmacht. Wenn Ludwig XI., Franz I., vor allem aber Heinrich IV. und Ludwig XIII. in ihren Briefen, Edikten, Reden und Memoiren die unerreichbare, nur Gott gegenüber untergeordnete Stellung des allerchristlichsten Monarchen immer wieder einmal hervorgehoben hatten, so wurde dies bei Ludwig XIV. zum Prinzip. Wir verwenden für dieses königliche Selbstverständnis seit langem den Begriff »Absolutismus«, der dem 16. und 17. Jahrhundert fremd war, aber in der konkreten französischen Bezeichnung *monarchie absolue* durchaus auftauchte. Gemeint war damit die dem Monarchen zugeschriebene Stellung »losgelöst« (*absolutus*) von, d. h. *über* den Gesetzen. Das bedeutete keinesfalls, daß er sich als über dem Recht stehend begreifen durfte, als sei er dem Gottes- und Naturrecht – z. B. dem Eigentumsrecht – nicht unterworfen. Es bedeutete aber, und dies war für jeden handelnden König (und seine Regierung) von Bedeutung, daß er

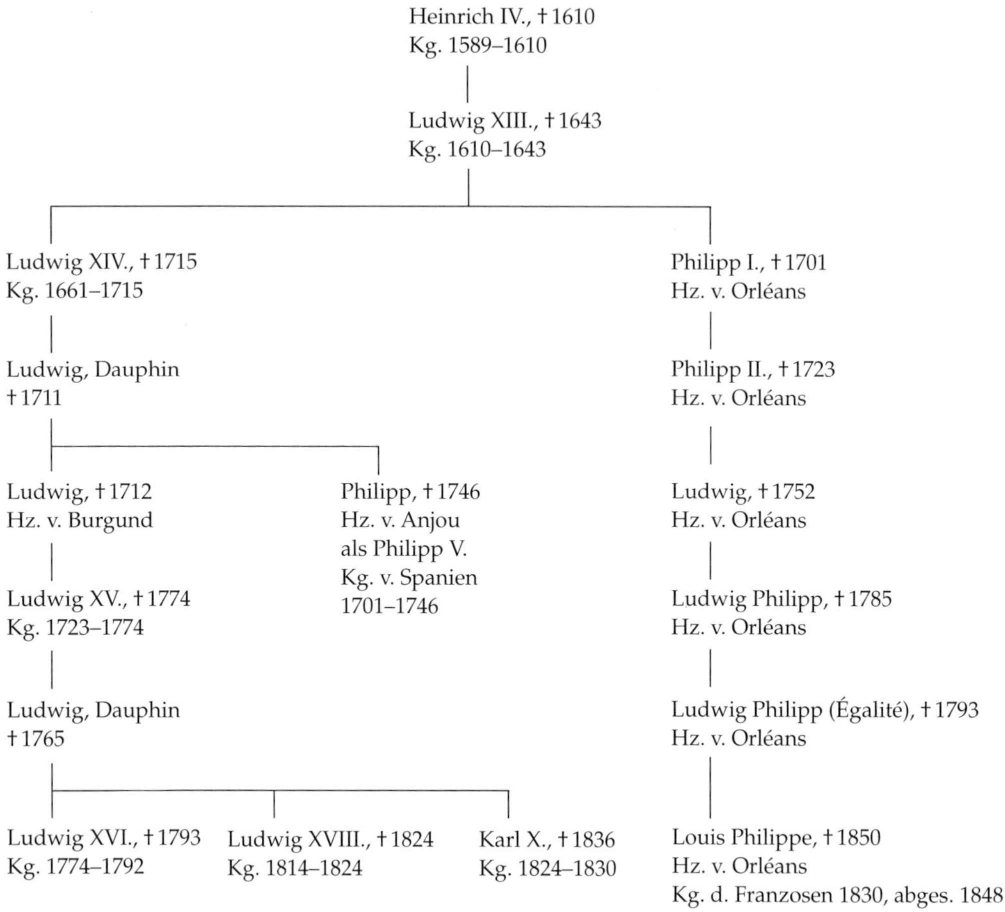

Die Bourbonen

die von ihm selbst oder seinen Vorgängern erlassenen Gesetze verändern und abschaffen, neue Gesetze einführen konnte, wenn die politische Notwendigkeit dies verlangte oder der Monarch es wollte. Gerade diese Möglichkeit machte nach den Vorstellungen der monarchiebezogenen Staatsrechtler Frankreichs seit dem ausgehenden 16. Jahrhundert die Souveränität des französischen Königs nach innen aus. Ludwig XIV. kannte diese Argumentation gut und machte sie für sich nutzbar. Und er beschränkte sich nicht auf die Dokumentation seines politischen Rechtsanspruchs, sondern ergänzte und erweiterte ihn durch die gesteigerte, umfassende Betonung der *maiestas* des Monarchen – in der bildenden Kunst, in der Architektur, in der Literatur, im höfischen Leben. Auf diesem Wege wurde der absolute Monarch zum dargestellten, präsentierten, »inszenierten« König, zum – nach Gott – höchsten Prinzip im Königreich.

Die Selbstregierung des Königs

In seinen »Memoiren für die Unterrichtung des Dauphins«, die Ludwig XIV. schon nach einem Jahrzehnt der Selbstregierung niederschreiben ließ – nach Ansicht der Historiker vermitteln sie einen ziemlich guten Eindruck vom politischen Denken des Sonnenkönigs in seinen ersten, erfolgreichen Jahren –, berichtet Ludwig XIV. von seinem Entschluß im Jahr 1661, hinfort ohne ersten Minister zu regieren. In der Tat gehörte eine Reform der Regierungsspitze zu seinen ersten Schritten auf dem Weg zum fürstlichen Selbstregiment. Am königlichen Rat (*Conseil d'en haut*), sofern er wichtige Entscheidungen zu treffen hatte und vom König selber geleitet wurde, sollten nur noch die herausragenden Funktionsträger, nicht mehr die bisher gewohnheitsmäßig dort sitzenden Standespersonen aus der königlichen Familie, dem Adel und dem Klerus teilnehmen. In der Tat duldete Ludwig XIV. in den folgenden Jahrzehnten um sich herum nur einen erstaunlich kleinen Kreis von politischen Ratgebern, für das Justizwesen den Kanzler, drei bis vier sogenannte Staatssekretäre, die für das Äußere, das Kriegswesen und die Marine zuständig waren, schließlich einen Experten für das Finanzwesen, der zunächst noch »Oberintendant der Finanzen« genannt wurde und dann unter Colbert bis zum Ende des Ancien Régime den Titel eines »Generalkontrolleurs der Finanzen« annahm. Ein solcher Kreis ließ sich leicht lenken und kontrollieren und zu gesteigerter Effektivität anregen. Die großen Reformleistungen Ludwigs XIV. in den ersten zwanzig Jahren seines Selbstregiments waren das Werk eines fleißigen Monarchen und weniger, rastlos arbeitender Minister: Lionnes in der Außenpolitik, Le Telliers, später Louvois' für das Kriegswesen, vor allem aber Colberts für Verwaltung, Wirtschaft und Finanzen.

Jean-Baptiste Colbert (anonymes zeitgenössisches Gemälde)

Das Intendantensystem

Ebenso bedeutsam wie die Reform der Regierungsspitze wurde die der Provinzialverwaltung. Frankreich war ein großes Territorium, und jeder Versuch, den Absolutismus im Land durchzusetzen, mußte scheitern, wenn der König in den Provinzen nicht über einen loyalen und kompetenten Repräsentanten verfügte. Die alte Beamtenschaft im Justiz- und Finanzwesen leistete das nicht, denn sie hatte sich mit Hilfe der Ämterkäuflichkeit und -erblichkeit inzwischen weitgehend verselbständigt; die adeligen Gouverneure, die in den Religionskriegen und in der Fronde ihre Bereitschaft zum Ungehorsam zur Genüge unter Beweis gestellt hatten, kamen für diese Aufgabe erst recht nicht in Frage. So griffen der König und Colbert erneut auf die unter Richelieu schon einmal eingesetzten Intendanten zurück und setzten sie jetzt auf Dauer als königliche Verwaltungsfachleute durch. In allen Provinzen, in denen Provinzialstände nicht mehr existierten oder keinen Einfluß auf die Steuererhebung hatten, übernahmen Intendanten die Verteilung der wichtigsten direkten Steuer, der *taille*; daneben hatten sie die Aufgabe, die örtliche Beamtenschaft zu überwachen, sich um Fragen der öffentlichen Ordnung zu kümmern und dabei, so gut es ging, die königliche Macht immer mehr zur Geltung zu bringen. Da jeder der zunächst etwa 30 Intendanten direkt vom König ernannt wurde, sein Amt nicht kaufen und jederzeit abberufen werden konnte, war die Bindung dieses neuen Personals an die Krone ihr wichtigstes Kennzeichen.

Justiz, Verwaltung, Wirtschaft und Finanzen

Unter dem Einfluß solcher institutioneller Veränderungen wurden in den ersten zwanzig Jahren der Regierung Ludwigs XIV. erstaunlich weitgehende Reformen konzipiert. Im Rechtswesen versuchte der König, die Autorität des Monarchen, der immer auch höchster Richter des Landes war, gegenüber den in der Fronde aus seiner Sicht selbstherrlich gewordenen Obergerichten wieder herzustellen. 1665 wurden die Parlamente, bisher *Cours souveraines* genannt, zu *Cours supérieures* degradiert, die die königlichen Gesetze ohne jede Debatte in die Gerichtsregister einzutragen hatten. Schon in den Begriffen sollte deutlich werden, daß sie keinen Anteil an der königlichen Souveränität beanspruchen durften. 1673 nahm der König ihnen ihr wichtigstes Recht, indem er ihnen schlichtweg verbot, gegen königliche Gesetze zu remonstrieren.

Und daß Ludwig unter dem Einfluß des um Ordnung und Übersicht bemühten Colbert gesetzgeberische Ideen hatte, zeigt die eindrucksvolle Serie seiner großen Vorhaben: 1667 (*Ordonnance civile*) und 1670 (*Ordonnance criminelle*) wurde das Zivil- und Strafrecht neu geordnet; 1669 sorgte der König mit einer *Ordonnance des Eaux et Forêts* für eine bessere, dem Schiffbau zugutekommende Nutzung der ausgedehnten französischen

Wälder; am Ende dieser Reformepoche legte er mit drei weiteren großen Gesetzen (1673: Handel; 1680: Handelsschiffahrt; 1685: Behandlung der Sklaven in den französischen Kolonien – mit einer gewissen Tendenz zur Humanisierung der Sklavenarbeit) die Grundlage für die geplante Handelsgroßmacht Frankreich, die in der Lage sein sollte, den übermächtigen Konkurrenten Holland auszustechen.

Es war kein Zufall, daß die Mehrzahl dieser Verordnungen den wirtschaftlichen Verhältnissen Frankreichs galt. Im 17. Jahrhundert begannen die europäischen Territorialstaaten nach dem Vorbild des italienischen Stadtstaats die Wirtschaft, vor allem den Handel, als Staatsangelegenheit zu begreifen. Tiefere Ursache dieser Einsicht war, daß diese Staaten, im Vergleich zum 16. Jahrhundert, konjunkturell gesehen nicht mehr aus dem vollen schöpfen konnten. Die einst reichlich vorhandenen Edelmetalle waren rar geworden, die Umlaufgeschwindigkeit der noch vorhandenen Gold- und Silbermünzen hatte sich verringert, Europa stand in der Mitte des 17. Jahrhunderts im Zeichen einer allgemeinen Erlahmung der wirtschaftlichen Aktivitäten, zu der u.a. auch der Bevölkerungsrückgang im Dreißigjährigen Krieg beitrug.

In dieser Situation waren staatliche Initiativen plötzlich gefragt, da man begriff, daß auch der Wohlstand eines Staates, d. h. die Höhe seiner Steuereinkünfte, mit dem wirtschaftlichen Erfolg seiner Kaufleute, Händler und Gewerbetreibenden zusammenhing. In Frankreich erkannte Colbert die Situation und entwarf ein umfassendes Programm der wirtschaftlichen Staatstätigkeit, das, da es im Handel sein zeitgemäßes Zentrum hatte, später »Merkantilismus« genannt wurde. Eine aktive Handelsbilanz nicht nur für die einzelnen Kaufleute, sondern für ganz Frankreich; die Errichtung von staatlich geförderten Handelsgesellschaften; die Förderung der Einfuhr von Edelmetallen und der Versuch, sie möglichst lange im Lande zu halten; die Produktion möglichst vieler Güter im Lande und ihr Export ins Ausland; die Gründung von staatlichen Manufakturen, vor allem für bestimmte Luxusgüter – dies und vieles andere waren Grundsätze des französischen Merkantilismus, den man nach seinem Schöpfer auch gern »Colbertinismus« nennt. Seine Erfolge waren geringer, als es die Klarheit der Schriften Colberts vermuten läßt, zumal Frankreich, im Gegensatz zu Holland und England, bisher keine mit Macht auf die Küste, das Meer und den Austausch konzentrierte Handelsnation gewesen war und sich in dieser Hinsicht nur sehr schwer durch Programme »von oben« verändern ließ.

Zudem war nicht eigentlich die Wirtschaftsförderung Colberts wichtigstes Ziel. Colbert entstammte zwar dem handeltreibenden Bürgertum aus Reims, doch seine Familie hatte schon seit längerem den lukrativen Schritt aus dem Tuchhandel in den Dienst der königlichen Finanzen getan. Auch Colbert sah hier das Zentrum seiner Tätigkeit: in der Verbesserung der königlichen Finanzen auf der Grundlage einer gesonderten Verwaltung, einer verbesserten Infrastruktur im Lande (Straßen- und Kanalbau, Abschaffung von inneren Handelshindernissen wie Zollschranken u. ä.), einer florierenden Wirtschaft und einer Steuerpolitik, die Aktivitäten nicht behinderte, sondern förderte. Das alles tat er für einen König, der sich für Wirtschaft als solche so gut wie überhaupt nicht interessierte, sondern in seinen ersten Jahrzehnten nur eins im Auge hatte: den Ruhm Frankreichs als Folie für seinen eigenen Ruhm und seine unvergleichliche Größe.

Angesichts dieser Auffassung des Königs hat sich Colbert schließlich vor allem dort bewährt, wo Ludwig ihn am dringendsten brauchte: in der Ordnung der Finanzen und der Steigerung ihrer Erträge. Ähnlich wie Sully am Anfang des Jahrhunderts konnte Colbert die relativ lange Friedenszeit nach 1661 für einige wesentliche Erfolge nutzen. Vor 1661 betrug die Steuerlast in Frankreich insgesamt 85 Millionen Pfund, die Kosten für die »Regie«, d. h. die Erhebung, Eintreibung usw. verschlangen nicht weniger als 53 Millionen Pfund, so daß ein bescheidener Nettoertrag von nur 32 Millionen Pfund blieb. 1667, nach nur 6jähriger Tätigkeit Colberts, sahen die Relationen schon wesentlich besser aus: die Gesamtsteuerlast war jetzt auf 96 Millionen Pfund gestiegen, die Regiekosten jedoch auf 33 Millionen Pfund gesunken, so daß sich der Nettoertrag mit 63 Millionen Pfund binnen kurzem nahezu verdoppelt hatte.

Wie schaffte Colbert das? Außer den Erfolgen seiner Wirtschafts- und Steuerpolitik – wie Sully verminderte Colbert die direkte Steuerlast und kompensierte dies durch eine Erhöhung der indirekten Steuern – schlugen hier repressive Maßnahmen gegen die finanziellen Nutznießer der vorangehenden Kriegspolitik Frankreichs – die »Kreaturen« Richelieus und Mazarins – zu Buch. Colbert verdankte den eigenen Aufstieg seinem rigorosen Vorgehen gegen seinen Vorgänger Fouquet und dessen Anhänger. Fouquet wurde verhaftet und in einem spektakulären Verfahren für die vorangehende Mißwirtschaft verantwortlich gemacht. Den Steuerpächtern und Finanziers, die in seinem Schatten groß und reich geworden waren, wurden die Gewinne erheblich beschnitten, langfristige Schuldverschreibungen des Staates, die zu Wucherzinsen ausgegeben worden waren, wurden zurückgekauft, eine Reihe von käuflichen Ämtern wurde eingezogen, manch ein Adeliger, der dies von Geburt nicht war, sondern sich das Privileg der Steuerfreiheit erschlichen hatte, wurde nachträglich wieder »entnobilitiert«. Das waren keine großartigen strukturellen Reformen, sondern bescheidene, aber wirksame Ordnungsmaßnahmen eines starken Finanzministers und Verwaltungschefs, der gerade nach 1661 für mehr als ein Jahrzehnt den Vorteil hatte, daß sein König keinen großen Krieg plante und damit keine unangemessenen Ansprüche an den Staatsschatz stellte.

Versailles und der französische Klassizismus

Der Wunsch des Königs, das Königreich Frankreich nach seinen Vorstellungen von Größe, Macht und Ruhm umzuformen, beschränkte sich nicht auf Politik und Verwaltung. Wie kein Monarch vor ihm hat er auch die Literatur, Architektur, Musik und Kunst seiner Zeit zu beeinflussen versucht.

Da dies im Geiste eines sehr disziplinierten, rationalen Kunstwillens geschah, der sich gegen die Auswucherungen und Extreme des »Barock« richtete, nahm die französische Kunst unter Ludwig den Charakter des »Klassischen« an, weshalb diese Epoche, im Gegensatz zum übrigen Europa, in Frankreich in künstlerischer Hinsicht als Klassizismus bezeichnet wird. Gerade in den ersten Jahrzehnten seiner Regierung, als der Krieg noch nicht wieder das Maß aller Dinge war, flossen erhebliche Finanzmittel des Staates in die Künste. Dabei ließ sich Ludwig nicht von den selbstlosen Intentionen eines Mäzens leiten. Die Kunst in allen ihren Sparten

Ludwig XIV., der »Sonnenkönig« (Porträt von Hyacinthe Rigaud, um 1700)

gehörte nach seinen Vorstellungen vielmehr zum unmittelbaren Einflußfeld des souveränen, absoluten Monarchen, und es war ihre wichtigste Aufgabe, das Bild dieses Monarchen zu formen, ihn unablässig ins Zentrum ihrer Bemühungen zu stellen, den Blick der Menschen über die Produkte der Kunst auf ihn zu lenken. Auch die Kunst diente also der Machtsicherung und Machterweiterung des absoluten Monarchen. Ludwig XIV. hat zeit seines langen Lebens nicht nur selbst agiert und regiert, er wurde von vielen dazu bestellten und bezahlten Künstlern auch regelrecht »gemacht«. Unausgesetzt hat er sein Leben, seine Erfolge, ja selbst seine Mißerfolge von den bildenden und schreibenden Künstlern seiner Zeit kommentieren, überhöhen, ins rechte Bild setzen lassen. Die großen Staatsporträts gehören dazu, darunter als bekanntestes das von Hyacinthe Rigaud um 1700 gemalte, Medaillen wurden in Hülle und Fülle produziert, förmliche Statuenkampagnen in Paris und in den Provinzen geführt und, natürlich, alte Schlösser restauriert und neue errichtet.

In gewisser Weise war Versailles als Gesamtkunstwerk aus Gebäuden, Statuen, Gemälden, Gärten, Wasserspielen, Bühnen, Kapellen der Höhepunkt dieses kombinierten Kunst- und Herrschaftswillens. Nach anfänglichem Zögern des Königs, an welchem der vielen, schon vorhandenen Orte höfischer Prachtentfaltung er sich auf Dauer niederlassen sollte, wurde Versailles schon ab 1661 zum einzigen Zentrum seines herrschaftlichen Bauwillens. Es beleuchtet den streng rationalen, »verwaltungsmäßigen« Charakter seines Vorgehens, daß auch auf diesem Sektor sein Minister Colbert, als Oberintendant des Bauwesens für den Schloßbau zuständig, einen umfassenden, weit über das Baugeschehen hinausgehenden Einfluß gewann.

Versailles war Anfang der achtziger Jahre weitgehend, um 1711 erst endgültig fertig. Die Baukosten beliefen sich am Ende auf insgesamt 70 Millionen Pfund und entsprachen damit einer durchschnittlichen Jahreseinnahme Frankreichs – eine gewaltige Summe, die dennoch nicht das Verdikt der Verschwendung verdient, das so oft gegen derartige Bauwerke erhoben wird. Denn Versailles war nicht als zusätzlicher prunkvoller Aufenthaltsort des Königs neben anderen geplant worden, es wurde wirkliche königliche Residenz, Zentrum der Macht, nicht sehr luxuriöser Aufenthaltsort für einen Hofstaat von etwa 20 000 Menschen, Pflichtresidenz für den Adel, sofern er sich Versorgung durch den Hof in Heer, Verwaltung oder Klerus erhoffte.

Ludwig XIV. baute in Versailles sein Hofsystem zur alles überragenden Institution der Repräsentation und gesellschaftlichen Steuerung aus, in der in gewisser Weise alle Elemente zusammenflossen, die das Neue der ludovizianischen Herrschaft ausmachten: Konzentration der Herrschaftsmittel um den König herum, Konzentration der Repräsentation der königlichen Erhabenheit, Öffentlichkeit und Allgegenwart, Konzentration der sozialen Hierarchie auf den König hin durch persönliche Anwesenheit aller Kräfte, die in seinem System Teilhabe an der Macht begehrten.

Außenpolitische Erfolge

Nimmt man es ganz genau, so standen nur die ersten sechs Jahre der Regierung Ludwigs im Zeichen der »kriegsfreien« inneren Aufbauarbeit Jean-Baptiste Colberts. Ludwig XIV. ließ vom Beginn seiner Selbstregierung an keinen Zweifel daran, daß die Suche nach Ruhm, die für ihn die einzig angemessene Herrschertätigkeit war, vor allem eine außenpolitische Komponente besaß. Demgemäß gehörten die Professionalisierung der französischen Diplomatie und der Aufbau eines schlagkräftigen stehenden Heeres zu den dauerhaften Konstanten seiner Regierungszeit. Alle diplomatischen Beziehungen Frankreichs wurden sorgsam auf die Frage hin untersucht, ob und wo Rechte der französischen Krone gegenüber anderen europäischen Mächten geltend gemacht werden konnten, und da Spanien einerseits traditioneller Gegner, andererseits enger dynastischer Partner Frankreichs war, richteten sich die ersten außenpolitischen Unternehmungen des Sonnenkönigs auf die spanischen Niederlande, d. h. auf die Gebiete jenseits der nördlichen Grenze des Königreichs. Im sogenannten Devolutions- oder Flandrischen Krieg nahm Ludwig die propagandistisch laut vertretenen Rechte seiner Ehefrau Maria-Theresia, einer Tochter Philipps IV. von Spanien, aus dem letzten großen Friedensschluß zwischen Frankreich und Spanien (Pyrenäenfrieden 1659) zum Anlaß, Gebietsansprüche geltend zu machen. Zum ersten Mal hatte das übrige Europa Gelegenheit festzustellen, was für diesen jungen König »Suche nach Ruhm« bedeutete, zum ersten Mal gab es so etwas wie eine konzertierte Reaktion auf sein dynamisches Vorgehen, indem die Vereinigten Niederlande, England und Schweden ihre Vermittlung zwischen Frankreich und Spanien durchsetzten. Ein leichter, zeitweise von Ludwig selbst geführter Feldzug in den südlichen Niederlanden endete daher schon 1668 mit dem Frieden von Aachen, durch den Frankreich immerhin etwa zwölf flandrische Orte – darunter so wichtige wie Lille, Tournai, Douai – auf Dauer gewann.

Lief in diesem ersten militärischen Unternehmen des Königs alles nach Wunsch, so zeigte das zweite, der Krieg gegen Holland, schon von seiner zeitlichen Ausdehnung (1672–1679) her die zukünftigen Probleme der ludovizianischen Machtpolitik auf. Warum überhaupt Krieg gegen Holland, den Feind des Feindes Spanien? Zugrunde lag ein strategisches und ein ökonomisches Kalkül. Eine Ausweitung der französischen Nordgrenze war, so dachte man in Frankreich, nur gegen Holland durchzusetzen, und dieses kleine Land, dessen Schiffe vier Fünftel des Welthandels bestritten und praktisch den gesamten Seehandel Frankreichs monopolisiert hatten, mußte ohnehin einmal in seine Schranken gewiesen werden. Wider Erwarten sah sich Ludwig im Verlauf des holländischen Kriegs größten Schwierigkeiten gegenüber, da sich die meisten der vorher sorgsam umworbenen europäischen Mächte (außer Schweden) nach und nach auf die holländische Seite schlugen, auf der schließlich sogar Spanien stand. Eine erste große Koalition gegen Ludwig war damit zustande gekommen, und zum ersten Mal entwickelten vor allem deutsche Staaten aus dem Gegensatz

gegen ein expansiv, ja imperialistisch auftretendes Frankreich so etwas wie eine ideologische Einheitsfront. Zudem entstand dem König und seinen Heerführern in dem jungen Wilhelm von Oranien ein politisch und militärisch überaus ernstzunehmender Gegner. Es bedurfte einer gewaltigen Anstrengung Frankreichs in finanzieller und militärischer Hinsicht, um gleichwohl als Sieger aus diesem Ringen hervorzugehen.

Im Frieden von Nimwegen (1679) trat Frankreich dann als dominierende europäische Großmacht auf. Von Spanien, das die größte Rechnung bezahlen mußte, übernahm es die vom König selbst eroberte Freigrafschaft Burgund (Franche-Comté) und erneut einige wichtige Plätze an der Nordgrenze auf der Linie Cambrai-Valenciennes-Maubeuge. Ludwig war jetzt so etwas wie der Schiedsrichter Europas, ohne den keine Bewegung im Mächtesystem stattfinden konnte.

Ludwig XIV. und das Papsttum: der Streit um die Regalien

Der Streit um den Zugriff auf die kirchlichen Pfründen und Einkünfte war ein uraltes Konfliktthema zwischen Papsttum und französischem Königtum, und es war zu Beginn der Neuzeit in einer für den König von Frankreich höchst befriedigenden Weise dauerhaft geregelt worden: Im Konkordat von 1516 (s. S. 115) war dem König sein Präsentationsrecht für die große Mehrzahl der hohen kirchlichen Stellen bestätigt worden, dem Papst blieb das – freilich bedeutsame – Recht auf die geistliche Investitur. Nur – ein Konkordat regelt niemals alles und beläßt mannigfache Möglichkeiten der Revision, je nachdem, ob ein starker Papst oder ein starker König danach suchte. Ludwig, hier wie auf so vielen Gebieten in der Offensive, tat dies und fand viele Anlässe zum Konflikt, z. B. die Ausdehnung des Regalrechts, d. h. des Rechts auf Nutzung der Einkünfte vakanter Diözesen, auf jene Provinzen (Languedoc, Provence, Guyenne, Dauphiné), die im Konkordat von 1516 nicht genannt waren. In Papst Innozenz XI. (1676–1689) und einigen wenigen französischen Bischöfen fand Ludwig hartnäckige Gegner seiner Ansprüche, und der Konflikt geriet bald ins Grundsätzliche. Der französische Klerus, in seiner großen Mehrheit gallikanisch, d. h. antipäpstlich eingestellt, stützte die Ansprüche Ludwigs und publizierte 1682 einen kämpferischen Traktat, die sogenannten Vier Artikel, in denen die Freiheit der Könige vom Papsttum in weltlichen Angelegenheiten, die Unterordnung des Papstes unter ein ökumenisches Konzil, die Unantastbarkeit der »gallikanischen Freiheiten« und die Unfehlbarkeit des Papstes allein für den Fall erklärt wurde, daß die gesamte Kirche seine Meinung gebilligt habe. Der Streit nahm jetzt scharfe Formen an und führte sogar zu einer – freilich wirkungslos gebliebenen – Exkommunikation des Königs, bevor dieser in den neunziger Jahren unter dem Einfluß »devoter« Persönlichkeiten in seiner Umgebung einen Kompromiß suchte und einen zunehmend romfreundlichen Kurs steuerte.

Linke Seite: Der Schlosshof von Versailles (Gemälde von Jean-Baptiste Martin)

Die Zerstörung des französischen Protestantismus

Die französischen Protestanten konnten von Ludwigs Konflikten mit Rom nicht profitieren, im Gegenteil. Ludwig XIV. gab sich zeit seines Lebens überaus katholisch und wollte auch in dieser Hinsicht von keinem Untertanen übertroffen werden. Religiöse Einheit im Reich war daher für ihn strenges Gebot, was die Protestanten gerade in jenen Jahren zu spüren bekamen, als der Streit mit Rom auf seinen Höhepunkt zutrieb.

Daß diese Politik mit der Widerrufung des Edikts von Nantes enden würde, war seit langem abzusehen. Schon seit Jahren hatten die Beamten Ludwigs in den Provinzen auf eine strenge und restriktive Interpretation des Edikts Heinrichs IV. (s. S. 133 f.) geachtet. In vielen Provinzen gab es den ungehinderten Zutritt der Hugenotten zu Ämtern und freien Berufen nicht mehr, auch die wenigen »gemischten« Untersuchungskammern in den Provinzparlamenten traten nicht mehr zusammen. Führende Protestanten, auch viele Pastoren, standen seit der Zeit Heinrichs IV. unter dem Druck heftiger Pressionen (und finanzieller Verlockungen) von katholischer Seite, in den Schoß der alten Kirche zurückzukehren. Seit langem war der Große Condé, einer der besten Heerführer Frankreichs, wieder Katholik, unter Ludwig XIV. folgte ihm der als Heerführer nicht minder bedeutende Turenne. Zu diesen Erfolgen der französischen Gegenreformation trug auch bei, daß die von Heinrich IV. zurückgerufenen Jesuiten im Frankreich Ludwigs XIII. und seines Sohns freie Entfaltungsmöglichkeiten fanden. Um 1680 setzten schließlich massive, mit Hilfe nackter Gewalt vollzogene Konvertierungsversuche ein. Dragoner des Königs wurden in Hugenottenhäusern einquartiert und förderten durch alle Arten von Repressalien und direkten Zwang (»Dragonaden«) die Bereitschaft der Malträtierten zum Übertritt zum alten Glauben. Als Ludwig dann das Edikt von Nantes am 18. Oktober 1685 in Fontainebleau widerrief, war es Zynismus und Annäherung an die Wirklichkeit zugleich, wenn er in der Präambel behauptete, »der bessere und größere Teil Unserer Untertanen von der besagten vorgeblich reformierten Religion« habe die katholische Religion angenommen, das Edikt von Nantes könne daher aufgehoben werden. Daß Ludwig gerade diesen Zeitpunkt wählte, hatte im übrigen auch außenpolitische Gründe: Das Revokationsedikt sollte dem Papst signalisieren, wie sehr der König trotz aller Fehden eifriger Katholik geblieben war, und es sollte dem 1683 über die Türken siegreichen Kaiser zugleich zeigen, daß er sich keinesfalls als oberster oder alleiniger Beschützer der katholischen Christenheit wähnen durfte.

Mit dem Revokationsedikt verbannte der König die protestantischen Pastoren aus Frankreich, untersagte den »Neukonvertierten« die Flucht ins Ausland, ordnete die katholische Taufe ihrer Kinder, die Schließung der Schulen und die Zerstörung der Kirchen der Hugenotten an. Das Edikt traf auf ungeteilte Zustimmung der Mehrheit der französischen Katholiken und war insofern, im Gegensatz zum Edikt von Nantes, durchaus populär. Es hatte aber verheerende Folgen für Ansehen und Wirtschaftskraft des

Landes: Mindestens 300 000 Hugenotten, darunter viele Spezialisten aus technischen, kaufmännischen und handwerklichen Berufen, verließen Frankreich trotz des Verbots und suchten in der Schweiz, in Holland und in verschiedenen deutschen Staaten (Brandenburg, Hessen) eine neue Heimat. Angesichts gigantischer Emigrationswellen des 20. Jahrhunderts ist diese in den protestantischen Ländern den Haß auf Frankreich schürende Vertreibung gewiß inzwischen zu relativieren, für die frühe Neuzeit bleibt sie gleichwohl die größte, durch eine einzige Verordnung hervorgerufene Massenemigration. Sie beendete das Leben des französischen Protestantismus jedoch nicht. Auch nach 1685 gab es in Frankreich Hugenotten, die versuchten, trotz des Verbots zu ihrem Glauben zu stehen oder zumindest nicht zu den katholischen Messen und Sakramenten zu gehen. Ihren Wünschen trug der König, der in späteren Jahren die Fehler seiner Protestantenpolitik erkannte, mit neuen Edikten in den Jahren 1698/99 ein wenig Rechnung. Sobald freilich das Bekenntnis zum Calvinismus, wie in den Cevennen im Süden Frankreichs, einherging mit erneuten, massiven Aufstandsversuchen von Protestanten, bliesen Ludwig und seine Intendanten zu einer gnadenlosen Hatz auf die dort in unwirtlichem Gelände lebenden Hugenotten, die Camisarden, und auf die vermeintlich von ihnen beeinflußte Bevölkerung.

Das Jansenismusproblem

Religionseinheit hieß für den Sonnenkönig nicht nur Kampf gegen die Protestanten. In dem in seiner großen Mehrheit immer katholisch gebliebenen Land übte seit der Jahrhundertmitte der Jansenismus (s. S. 147) einen erheblichen Einfluß aus, vor allem auf jenen Teil der katholischen Elite, dem es um eine Verinnerlichung des Glaubens ging. Religiöser Asketismus, moralischer Rigorismus, gesteigerte Spiritualität, konsequente Hingabe an die Gnade Gottes ohne das sehr menschliche Konstrukt eines freien Willens – das waren einige Kennzeichen dieser Glaubenslehre, die in Frankreich vor allem unter den Gebildeten und Schriftstellern (z. B. Pascal) Anhänger fand. Das religionspolitisch Pikante dieser Lehre lag darin, daß sie sich in nahezu allen Punkten gegen die Jesuiten und ihre vermeintlich laxe, weltorientierte Religiosität richtete.

Ludwig XIV. und seine Berater scheinen vor allem im jansenistischen Hang zur Sektiererei einen Skandal gesehen zu haben. Unter der alles überstrahlenden Sonne des absoluten Monarchen durfte es keine Nischen geben, in denen Untertanen eine unabhängige geistige Existenz führten. Schon bald nach Beginn seines Selbstregiments (1661) begannen in Paris heftige Polemiken gegen die »Sekte« und gegen das Zisterzienserinnenkloster von Port-Royal, wo sich vor allem adelige Damen im Zeichen des Jansenismus aus der Welt zurückzogen. Papst Clemens IX. gelang es 1668 noch einmal, einen »Frieden« zwischen dem König und seinen auf Absonderung erpichten Untertanen herzustellen, doch in den letzten Jahrzehnten des

Das Kloster Port-Royal-des-Champs (anonyme Gouache, 17. Jahrhundert)

17. Jahrhunderts verschärfte der Hof unter dem Einfluß seiner staatskirchlichen und jesuitischen Berater die Repression. Das komplizierte Dreiecksverhältnis zwischen König, Papsttum und Sekte wuchs sich zu einem derart gravierenden Problem aus, daß es fortan den französischen Staat bis an das Ende des Regiments Ludwigs XIV. und, in verwandelter Form, im ganzen 18. Jahrhundert prägen sollte.

Europäische Hegemonie und innerer Wandel

(1685–1715)

1686	In der Augsburger Allianz formiert sich der Widerstand europäischer Mächte gegen Frankreich.
1688–1697	Französischer Einfall in Süddeutschland führt zum Pfälzischen Krieg; Bündnis Wilhelms von Oranien mit der Augs-

	burger Allianz; Verwüstung der Pfalz, Zerstörung des Heidelberger Schlosses und der Kaisergräber im Speyrer Dom. Im Frieden von Rijswijk behält Frankreich die im Elsaß besetzten Gebiete, alle sonstigen Ansprüche und Reunionen werden widerrufen.
1696–1715	Colbert de Torcy Außenminister.
1700	Nach dem Tod Karls II. von Spanien bekräftigt Ludwig XIV. die Erbansprüche seines Enkels, des Herzogs von Anjou.
1701–1711	Haager Allianz der europäischen Großmächte gegen Frankreich und Spanien.
1702–1714	Spanischer Erbfolgekrieg; nach den Frieden von Utrecht (1713) und Rastatt (1714) beginnt Englands Aufstieg zur Weltmacht.
1702	Aufstand der calvinistischen Camisarden in den Cevennen.
1711	Zerstörung des jansenistischen Zisterzienserinnenklosters Port-Royal.
1713	Papstbulle *Unigenitus* gegen Jansenisten.

Seit dem Frieden von Nimwegen (1679) konnte sich Ludwig als Schiedsrichter Europas fühlen, und er betrachtete in der Folge Krieg und Frieden nur aus einer Perspektive: Verbessert eine bestimmte Entscheidung die Stellung Frankreichs und seines Königs in Europa? Diese Sicht vermochte ungeheure Kräfte im Land zu mobilisieren; zugleich drohte sie aber, das politische Blickfeld des Königs derart zu verengen, daß er die mächtepolitischen Realitäten in Europa und Übersee nicht mehr korrekt wahrnahm. Beides ist in der Außenpolitik seiner zweiten Regierungshälfte zwischen 1679 und 1715 deutlich hervorgetreten.

Stehendes Heer und Diplomatie

Frankreich entwickelte sich unter Ludwig XIV. zu einer regelrechten Militärmonarchie. Eine deutliche Sprache spricht das Wachstum der Linientruppen in seiner Regierungszeit: 1665 bildeten 45 000 Mann das stehende Heer, 1672 waren es schon 120 000, 1688 220 000 und um 1703 nicht weniger als 400 000 Mann. Neben den Milizen für die Territorialverteidigung und einer nicht unbeträchtlichen Anzahl an Fremdenregimentern war das eine gewaltige Heeresmacht. Entsprechend bedeutsam waren auch die institutionellen Neuerungen: Ein regelrechtes Kriegsministerium wurde eingerichtet, ein Generalinspekteur für die Überwachung von Ausbildung und Disziplin in den Truppen ernannt, der Bau von Kasernen, Lazaretten, Übungsplätzen organisiert, alle Fragen der Heereslogistik in einer für die Zeit modernen Weise angepackt. Noch heute sichtbar sind die Spuren der im Norden und Osten Frankreichs gebauten Festungen, für die Vauban, der bedeutende Festungsbaumeister Ludwigs XIV., verantwortlich war. Und obwohl Ludwig in den Folgejahren aus den Augen zu verlieren schien, daß Krieg niemals Selbstzweck, sondern immer nur politisches Mittel zur Durchsetzung eines Friedensziels sein konnte, baute er auch die ohnehin schon weit entwickelte französische Diplomatie in ganz Europa aus. Unter einer Reihe von Staatssekretären, die praktisch Außenminister waren (Lionne 1663–1671; Pomponne 1672–1679; Colbert de Croissy 1679–1696; Colbert de Torcy 1696–1715), bekam die französische Diplomatie ein derartiges Niveau, daß sie in der Lage war, die unausgewogene und unüberlegte Kriegspolitik ihres Herrn auf diplomatischem Wege immer wieder auszugleichen.

Reunionen, Pfälzer Kriege und Spanischer Erbfolgekrieg

Nach dem Frieden von Nimwegen (s. S. 165) richtete Ludwig sein Interesse auf die französische Nordostgrenze und seine Möglichkeiten, dort auf rechtlich-politisch-militärischem Wege eine Vergrößerung des französischen Staatsterritoriums zu betreiben. Ab 1679 führte er im Elsaß in großem Stil sogenannte Reunionen durch – die Angliederung von Lehen jener Territorien des Heiligen Römischen Reichs, die seit 1648 zu Frankreich gekommen waren; nach französischer Rechtsauffassung waren solche Lehen gleichfalls französisch. Im Verlauf dieser Unternehmungen (1681) nahm Frankreich auch, und zwar ohne rechtlichen Vorwand, die Reichsstadt Straßburg ein – ein Vorgehen, das der Feindschaft gegen Ludwig XIV. im Reich, aber auch im übrigen Europa ungeheuren Auftrieb gab. Und als nach 1685 die Revokation des Edikts von Nantes das Bild des Königs in protestantischen deutschen Ländern noch mehr eintrübte, kam es 1686 in Augsburg sogar zu einer Allianz zahlreicher protestantischer und katholischer deutscher Reichsstände mit dem Kaiser, Leopold I., und Spanien mit dem Ziel, den Ansprüchen Ludwigs auf Teile des Reichs entschieden entgegenzutreten (Augsburger Allianz).

Ludwig XIV. mit seinem Bruder, dem Herzog von Orléans, im Schützengraben der französischen Front bei Bergen, 1691 (zeitgenössischer anonymer Kupferstich)

Ludwig XIV. ließ sich davon nicht beeindrucken, sondern nahm die nächste Gelegenheit wahr, um seine Annexionspolitik gegenüber dem Reich fortzusetzen. 1688 nahm er die – rechtlich problematischen – Erbansprüche seiner Schwägerin, Liselotte von der Pfalz, auf die Pfalz zum Anlaß, in Süddeutschland einzumarschieren. Die europäischen Mächte handelten schnell: England, in dem durch die »Glorreiche Revolution« (1688) inzwischen der Erzgegner Ludwigs XIV., Prinz Wilhelm von Oranien, an die Macht gekommen war, die Niederlande, weitere deutsche Reichsstände und sogar Frankreichs traditioneller Verbündeter Schweden fanden sich mit der Augsburger Allianz zu einem umfassenden Bündnis gegen den französischen Kriegskönig zusammen. Der Friede von Rijswijk (1697) beendete den langjährigen, durch heftige Stellungskämpfe und Belagerungen gekennzeichneten Krieg, der u. a. der Pfalz die Zerstörung bedeutender Bauwerke (Heidelberger Schloß, Speyrer Dom) gebracht hatte. Frankreich mußte auf alle Ansprüche an der Pfalz (und an Lothringen) verzichten, zahlreiche Reunionen wurden widerrufen, das Elsaß (mit Straßburg) aber blieb ihm auf Dauer erhalten.

Auch nach den Pfälzer Kriegen blieb Ludwig XIV. bei seiner machtpolitischen Linie. Es ging ihm dabei gewiß nicht um die Errichtung eines riesigen, zentraleuropäischen Territorialstaats, wohl aber um die Wahrung der Hegemonie Frankreichs in Europa. Eine Chance bot sich erneut, als die seit langem erwartete spanische Erbfolge nach dem Tod des letzten Habsburgers auf dem spanischen Thron, Karls II., im Jahr 1700 akut wurde. Das äußerst verwickelte Spiel der europäischen Großmächte um einen erbmäßig berechtigten Kandidaten einerseits, um die Vermeidung eines neuen Hegemonialreichs – sei es bourbonischer, sei es habsburgischer Prägung – andererseits, verlief insofern günstig für Frankreich, als Karl II. selber in seinem Testament Philipp von Anjou, den Enkel Ludwigs XIV., zum Alleinerben erkoren hatte. Als Ludwig diese Entscheidung zum Anlaß nahm, nachdrücklich für die Rechte seines Enkels einzutreten, sah er sich erneut einer großen europäischen Mächtekoalition (England, Niederlande, das Reich, Preußen u. a.) gegenüber. Und mehr noch als zuvor wurde dieser Kampf immer auch in Nordamerika geführt, wo Frankreich und England um ihre Zukunft als koloniale Großmächte rangen. Die europäische Allianz ging erst zu Bruch, als 1711 auch eine habsburgische Lösung des spanischen Problems möglich wurde, die England ebensowenig wünschte wie eine französisch-bourbonische. Nach langen Verhandlungen kam es 1713 zum Frieden von Utrecht, dem Kaiser und Reich in getrennten Verträgen 1714 beitraten. Frankreich, das in diesem Krieg wenige Erfolge aufweisen konnte, erreichte zwar sein Hauptziel, die Anerkennung Philipps V. von Spanien, doch durften beide Länder niemals vereinigt werden; zudem verlor es große Teile seines Kolonialbesitzes an England und mußte eine beachtliche Stärkung Österreichs durch die Übertragung großer, ehemals spanischer Besitzungen (u. a. die spanischen Niederlande, Mailand) an Habsburg zulassen.

Insgesamt war das Utrechter Ergebnis für Ludwig unbefriedigend, denn er hatte für ein fragwürdiges dynastisches Ziel eine schwere Belastung Frankreichs in Zeiten großer wirtschaftlicher Not und einen weitgehenden außenpolitischen Prestigeverlust hingenommen. England nutzte diesen Krieg wie die vorigen zum Ausbau seiner Stellung, deren ganze Bedeutung erst sichtbar wird, wenn man neben dem kontinentalen auf das maritime und überseeische Geschehen blickt. In Utrecht spätestens begann Englands Aufstieg zur führenden Welt- und Kolonialmacht. Es gehört zur persönlichen Tragik Ludwigs XIV., daß er diese Gefahr niemals klar gesehen und sie deshalb kontinuierlich heraufbeschworen hat.

Sozialer Wandel

Mit seiner forcierten Kriegspolitik seit den Reunionen stellte Ludwig XIV. die Erfolge seiner Reformpolitik in den sechziger und siebziger Jahren nachdrücklich in Frage. Hohe Kriegskosten waren keine gute Voraussetzung für eine innere Konsolidierung des Königreichs, wie sie Colbert vorgeschwebt hatte. Hinzu kam, daß Ludwigs Kriege in der massiven, von plötzlichen Teuerungen vorangetriebenen Abschwungsphase der französischen Wirtschaft am Ende des 17. und zu Beginn des 18. Jahrhunderts stattfanden. Da wurde die Kriegsfinanzierung schnell wieder zu einem Problem. Ludwig und die Nachfolger Colberts zögerten freilich keinen Augenblick, es erneut mit den stets für schlecht befundenen, offensichtlich unentbehrlichen Mitteln zu lösen: Erhöhung der indirekten Steuern; Schöpfung und Verkauf von unzähligen (und unsinnigen) Ämtern, von Adelstiteln, von Privilegien aller Art; Ausgabe von Renten- und Anleihepapieren, wann immer es ging. Sogar die Geldpolitik Frankreichs änderte sich nach 1689 zum ersten Mal seit der Zeit Richelieus: Durch Manipulation des Silbergehalts des Pfundes betrieb das Land eine verdeckte Inflationspolitik, um sich von einem Teil seiner Schuldenlast zu befreien. Daneben verdienen auch die Versuche Ludwigs Erwähnung, durch zeitweise direkte Steuern auf die gesamte Bevölkerung (z. B. eine sogenannte Kopfsteuer) auch die von der *taille* nicht belasteten, vermögenden Bevölkerungsschichten zur Steuerleistung heranzuziehen.

Unter solchen Auspizien gewann im sozialen Spektrum Frankreichs die Schicht der *finance* erneut kräftig an Boden, jene an den königlichen Finanzen auf profitable Weise beteiligten Finanzleute (*financiers*), die ihren Reichtum für ihren eigenen sozialen Aufstieg nutzten. Mental wurden sie weder vom Adel noch vom hohen, etablierten Bürgertum akzeptiert, faktisch aber gelang ihnen, je schwieriger die Zeiten waren, um so besser das Eindringen in diese Schichten. Ihr wichtigstes Instrument auf diesem Wege war die Heiratspolitik. Der Erfolg der *financiers* unter Ludwig XIV. war ein Zeichen dafür, daß sich schon in seiner Zeit die alte ständische Sozial- und Werteordnung zu verändern begann. »Wenn ein Financier schlapp macht, dann sagen die Leute am Hof von ihm: er ist ein Bürger, ein kleiner Mann, ein

Rüpel; wenn er Erfolg hat, dann bitten sie ihn um die Hand seiner Tochter« – so kommentierte der Moralist und Philosoph La Bruyère den sich abzeichnenden sozialen Wandel, der Frankreich – sozialgeschichtlich gesehen – von nun an in Atem halten und der im späteren 18. Jahrhundert mit der weitgehenden Verschmelzung von Teilen des alten Adels, Robenadel, hoher Finanz und hohem Bürgertum zu einer neuen Ancien-Régime-Elite enden sollte.

Die französische Aristokratie trug ihren Teil zu dieser Entwicklung bei. Sie hatte sich, nach langem, hinhaltenden Widerstand, mit dem neuen Staatswesen Ludwigs XIV. abgefunden, sich von ihm und dem Versailler Hof »domestizieren« lassen, was bedeutete, daß sie ihre frühere Unabhängigkeit gegen Versorgungspositionen am Hof, im Heer, in der Diplomatie und in der Kirche eingetauscht hatte und, als Gegenleistung, Gehorsam leistete. Damit wurde sie zu einem funktionalen Element des ludovizianischen Staatswesens und öffnete sich auch den in ihm praktizierten Wirtschafts- und Finanzierungsformen. Auf diese Weise holte sie sich ein gutes Stück der Macht zurück, die sie woanders verloren hatte: Wer an den königlichen Finanzen beteiligt war, wer dem König Geld lieh und von diesem dafür Pfründen, Einkommensgarantien und Machtchancen erhielt, war in der Kriegswirtschaft einer Militärmonarchie ein mächtiger Mann, der im Kontakt mit anderen dem absoluten Monarchen durchaus Grenzen zu setzen vermochte.

Die Entrichtung der Kopfsteuer 1708 (anonymer Kupferstich, 1709)

Ludwig XIV. und 20 Millionen Franzosen

Als Ludwig XIV. im Jahr 1715 auf dem Totenbett auf die 54 Jahre seiner Selbstregierung zurückblickte, soll er sich skeptisch über seine persönliche Leistung geäußert haben. In der Tat gab es in diesem langen Regiment viele Brüche und Widersprüche, vor allem nach 1680, die freilich bei einer Gesamtwürdigung hinter den Leistungen zurücktreten. Ludwig XIV. hat wie kein Monarch vor oder nach ihm die französische Gesellschaft nach seinen Vorstellungen von oben zu formen versucht; und er hat seine Bevölkerung durch die Belastungen eines riesigen Militärapparats und durch eine schier endlose Kette von Kriegszügen unter Druck gesetzt. Aufs Ganze gesehen, ist es ihm gelungen, die Realität Frankreichs nach seinen Vorstellungen zu gestalten. Opposition gab es häufig in seiner langen Regierungszeit: Da war die hartnäckige Weigerung der Jansenisten, sich der Religionspolitik des Königs zu unterwerfen; erst mit der Zerstörung des Klosters Port-Royal (1711) und der Unterstützung der päpstlichen Verfolgungspolitik (Bulle *Unigenitus*, 1713) konnte Ludwig diesen Widerstand äußerlich brechen, und er verhinderte das Überleben des Jansenismus im 18. Jahrhundert damit nicht. Da gab es viele an der Freiheit des Handels interessierte Kaufleute, die in Frankreichs Entwicklung zur Militärmonarchie einen schweren Fehler sahen und das Land zu einem dynamischen Handelsstaat umzubauen empfahlen. Es gab auch eine intellektuelle Opposition jener Schriftsteller, Philosophen, Künstler, die unter der Last des offiziellen Versailles stöhnten, sich nach einem freien geistigen Leben in den Salons der großen Städte sehnten und aus diesem Lebensgefühl die Ansätze einer dauerhaften Monarchiekritik zogen, die im Verlauf des 18. Jahrhunderts zum Tragen kam. Schließlich war da die Opposition der alten Aristokratie, die mit der Umformung des alten Herrschaftsstandes, des Adels, überhaupt nicht fertig wurde, überall die Herrschaft der neuen kleinen Leute vermutete und am liebsten das Rad der Geschichte in die Zeit irgendwann vor den Religionskriegen zurückgedreht hätte. Doch keine dieser Bewegungen hat je dem Regiment Ludwigs XIV. wirklich gefährlich werden können, und auch nicht die materielle Unzufriedenheit der wirklichen kleinen Leute, denen es in der zweiten Regierungshälfte nicht gut ging und die dennoch gefesselt waren von der Faszination der Monarchie. Ludwig XIV., in verwaltungsgeschichtlicher Hinsicht ein Revolutionär auf dem Thron, als Kriegsherr häufig ein Illusionist, hat eines von Anfang bis Ende glänzend verstanden: monarchische Herrschaft darzustellen und ihr den Eindruck der Legitimität zu verschaffen.

Die Entstehung des Ancien Régime

(1715–1723)

1715–1723	Regentschaft Philipps von Orléans während der Minderjährigkeit Ludwigs XV.
1716–1720	Der Schotte John Law wird Finanzberater des Regenten und strengt eine grundlegende Reform des staatlichen Finanz- und Steuerwesens an; Papiergeldinflation und Bankrott des »Systems Law«.
1721	Pest in Marseille.

Frankreich um 1715

Lange Zeit haben die Historiker von Frankreich im Todesjahr Ludwigs XIV. ein negatives Bild gezeichnet. Das lange Regiment mit seinen Kriegen und Schulden, mit seinem Wirtschaftsabschwung, mit seinen Seuchen- und Hungerkrisen wurde am Schluß von so vielen Franzosen als schwere Belastung empfunden, daß die späteren Betrachter sich wie selbstverständlich ihrer Bewertung anschlossen. Die neuere Forschung sieht das differenzierter, und sie läßt sich dabei vor allem von der Einsicht leiten, daß das wirtschaftliche Aufblühen Frankreichs im 18. Jahrhundert nur schwer erklärt werden kann, wenn das Land um 1715 unheilbar daniederlag. Gewiß hatte die Bevölkerung nach 1690 durch Seuchen, Hunger und Kriege einen schweren Einbruch erlitten, doch die Demographen haben inzwischen erkannt, daß er die produktiven Jahrgänge am wenigsten betraf, so daß sich im demographischen Niedergang die Voraussetzungen für eine neue Dynamik verbargen, die dann im 18. Jahrhundert erstaunlich schnell einsetzte. Gewiß hatte die Kriegspolitik Ludwigs XIV. einen riesigen Schuldenberg anwachsen lassen – man sprach von insgesamt dreieinhalb Milliarden Pfund –, doch hatte es um 1660 wesentlich anders ausgesehen? Was die Landwirtschaft anging, so hemmte die niedrige Agrarpreiskonjunktur naturgemäß ihre Dynamik, was aber nicht bedeutete, daß die auf Selbstversorgung angewiesenen Bevölkerungsschichten nicht produzierten. Schon um 1710 setzte ein neues Interesse an Pachtstellen ein, und bald schon begann in Frankreich ein lang andauernder Anstieg der Grundrente, mit dessen Hilfe der spektakuläre Glanz des 18. Jahrhunderts finanziert werden sollte. Auch Handel und Manufakturen lagen um 1715 nicht so danieder, wie es früher behauptet wurde, insbesondere dort nicht, wo sie direkt oder indirekt im Dienst der aufwendigen Kriegswirtschaft Ludwigs XIV. gestanden hatten. Die französische Handelsschiffahrt erlebte seit Beginn des 18. Jahrhunderts trotz des Verlustes großer Teile des Kolonialbesitzes sogar einen gewissen Aufschwung. Sicher, das Problem herumziehender Banden von arbeitslosen Söldnern, Vagabunden und Banditen sorgte seit langem und noch für einige Jahre für Unruhe im ganzen Land, doch war das Ausmaß solcher Belästigungen nicht zu vergleichen mit der Zeit der Religionskriege, der Adelsaufstände und der Fronde, in denen sie mehr oder minder die alltägliche Ordnung ganzer Provinzen bestimmt hatten.

Bei aller Gedrücktheit, die um 1715 herrschte, ließen sich Aktivposten des langen Regiments nicht übersehen. Frankreich wurde um 1715 kompetenter verwaltet als 1661; nach Osten und Norden hatte sich das Königreich erheblich vergrößert bzw. arrondiert, was nicht nur außenpolitischen Prestigegewinn, sondern auch Sicherheit der Grenzen mit sich brachte. Ludwigs angestrengten und in seinen letzten Dezennien gewiß überanstrengten Bemühungen um Gehorsam im ganzen Land, der nicht in erster Linie auf Zwang und Gewalt, sondern auf dem Dienst für die »Religion des Königtums« (P. Goubert) beruhte, hatten immerhin bewirkt, daß nicht das

Der Regent Philipp II., Herzog von Orléans (Gemälde von Antoine Dieu, 1718)

Königtum als solches, sondern allenfalls das Regiment dieses Königs schließlich als Last empfunden wurde. Im Jahr 1715 lebten die Franzosen unter dem Eindruck, daß dieser König zu lange regiert und ihnen zu viel zugemutet hatte; sie sahen nicht mehr so fasziniert auf den Glanz von Versailles wie in den »Jahren der Größe« nach 1661. Knapp zwanzig Jahre nach dem Tod des Sonnenkönigs wird Voltaire mit der Niederschrift seines *Siècle de Louis XIV* beginnen; die Belastungen des Regiments werden dann zwar nicht vergessen, aber verdrängt, Ludwig jedoch zum Markenzeichen eines ganzen Jahrhunderts, einer ganzen Zivilisation gediehen sein.

Nach dem Tod

Zunächst freilich stand das Land wieder einmal vor den Schwierigkeiten einer Regentschaft, denn wie in den Jahren 1559, 1610, 1643 war kein erwachsener Monarch vorhanden. Der 1710 geborene rechtmäßige Thronfolger war weder Sohn noch Enkel, sondern Urenkel Ludwigs XIV. – zwei Generationen regierungsfähiger Nachfolger waren dem König unter den Augen weggestorben. Der greise Monarch hatte noch auf dem Totenbett per Testament den Versuch unternommen, einem seiner Bastarde die Erziehung des jungen Königs und damit Anteil an der Macht zu übertragen. Das Pariser Parlament, von Ludwig zum Schweigen, aber keinesfalls um sein Selbstbewußtsein gebracht, nutzte die Chance der neuen Freiheit, kassierte das Testament, übertrug dem von Ludwig bestimmten Regenten, seinem Neffen Philipp von Orléans, die volle Gewalt und eroberte sich auf diesem Weg zugleich sein altes Remonstrationsrecht zurück. Bis zur Volljährigkeit des jungen Königs im Jahr 1723 regierte nun der Regent Orléans, zunächst (bis 1718) mit einer Reihe neugeschaffener Ratsgremien an seiner Seite, die die Machtkonzentration an der Spitze aufheben und viele Mitglieder der Hofelite an der Regierung beteiligen sollten (die sogenannte Polisynodie), danach wieder mit der gewohnten Hilfe von Staatssekretären, die wie Minister agierten.

Das Experiment John Laws (1716–1720)

Da Frieden herrschte, erwies sich die Tilgung der Schuldenlast erneut als wichtigste Aufgabe. Der Regent und seine Berater versuchten es zunächst wieder mit den alten, unter Sully und Colbert angewandten Mitteln – u. a. der Reduktion der Staatsrenten, dem Einzug von Ämtern, der Anklage gegen führende Profiteure der königlichen Finanzen, d. h. Steuerpächter und Steuereinnehmer. Sie kamen damit nicht sehr weit, erreichten aber eine gewisse Entlastung und vor allem eine Mobilisierung der öffentlichen Meinung gegen den immensen Einfluß, den private Finanzleute auf die öffentlichen Finanzen gewonnen hatten. Und dies war die Stimmung, die ein schottischer Projektemacher namens John Law gebrauchen konnte, der der französischen Regierung schon seit langem eine Finanzreform an Haupt und Gliedern vorgeschlagen hatte.

Law, dessen Biographie noch manches Geheimnis birgt, war es gelungen, sich durch sachkundige Schriften über »Geld« und »Reichtum« ins Gespräch zu bringen. Trotz heftiger Widerstände aus Pariser Finanzkreisen erlangte er das Vertrauen des Regenten und führte als privater Geschäftsmann, aber mit Billigung der Regierung, Reformen durch. 1716 eröffnete er eine Depositen-, Wechsel- und Notenbank; sie sollte die Geldwertstabilität und den Umlauf von Zahlungsmitteln überwachen. 1717 gründete er eine »Handelskompagnie des Westens« und übertrug ihr die Aufgabe, die französischen Besitzungen am Mississippi zu erschließen und für den Bau von Straßen, Kanälen und Manufakturen zu sorgen. Schließlich führte er ein Papiergeld ein, um die französische Wirtschaft von der Herrschaft der Edelmetalle zu befreien, und plädierte für eine umfassende Steuerreform; durch sie sollten die Macht der Steuerpächter gebrochen und die Steuergerechtigkeit in Frankreich vergrößert werden.

John Laws Ideen waren zukunftsweisend und entsprachen den Bedürfnissen eines Staats, der auf dem Wege war, seine wirtschaftliche Infrastruktur zu modernisieren, um mit den modernen Handelsstaaten England und Holland Schritt halten zu können. Als ihm der Regent 1720 sogar das Amt des Generalkontrolleurs übertrug und es ihm gelang, seine Bank zur Staatsbank zu erweitern und die wesentlichen Handels- und Finanzmonopole, die der Staat aus fiskalischen Gründen immer wieder an Privatgesellschaften verpachtet hatte, in seiner Hand zu vereinigen, schien die Grundlage eines dauerhaften Wandels Frankreichs in Richtung auf einen modernen Handelsstaat gelegt. Doch Law hatte seine Rechnung ohne die »Opfer« solcher Reformen gemacht. Die französische Elite war in ihrer großen Mehrheit keine Wirtschafts-, sondern eine Verwaltungs-, Beamten- und Finanzelite, die auf der Basis ihrer bisherigen Einkünfte glänzend lebte (s. S. 181 f.). Laws Ideen trafen in das Mark ihrer von Ludwig XIV. vorzüglich bedienten Finanzinteressen, und so taten sie unter der Führung des Pariser Parlaments alles, um seine Pläne zu sabotieren. Law hatte 1717 einen Fehler begangen, als er seine Handelskompagnie als Aktiengesellschaft konzipierte. Zwar war das Interesse der Pariser Öffentlichkeit groß und das Spekulationsfieber heftig, doch das Unternehmen war zu jung und wirtschaftlich viel zu schwach, um das Vertrauen von wild spekulierenden Aktieneignern zu gewinnen. Die Gegner Laws, unter ihnen vor allem die Brüder Pâris, Bankiers mit glänzenden Verbindungen zur traditionellen Finanzelite Frankreichs, konzentrierten sich auf diese Schwachstelle im System des Schotten, trieben die Spekulation voran, bauten Konkurrenzgesellschaften auf, die eine höhere Dividende zahlten, und sorgten auf diese und andere Weise dafür, daß das ganze Unternehmen 1720 mit einem einzigen Schlag zusammenbrach – und mit ihm der Generalkontrolleur und seine vielen guten Projekte. Law mußte sich verstecken, durfte schließlich das Land verlassen und beendete damit ein kurzes, aber innovatives Kapitel französischer Finanz- und Gesellschaftsgeschichte.

Laws Bankrott mit seiner spekulativen Hektik paßte gut zum Erscheinungsbild der Régence-Episode, in der vor allem in der Hauptstadt Paris hektischer Wandel an der Tagesordnung war. Als wollte man nach dem Ende des zeremoniösen Zeitalters vor allem erst einmal leben, jagte in Paris eine Aufregung die andere. Theater und Salons hatten Hochbetrieb, die Mode änderte sich, wurde leichter, der Ton der Schriftsteller ebenfalls. Montesquieu entwickelte in seinen *Lettres persanes* (1721) die Grundlinien einer ironisch gefaßten Sitten- und Sozialkritik des zeitgenössischen Frankreich, Voltaire hatte erste große Erfolge mit seinem Drama *Œdipe* (1718) und seinem Versepos *Henriade* (1723), der geniale Maler Watteau, der schon

Rechte Seite: Die Pest in Marseille (Gemälde von Michel Serre, 1721)

1721 starb, fand jetzt sein großes Publikum; er und sein Schüler François Boucher machten die *fêtes galantes* zu einer neuen Bildgattung und malten die dekolletierten Frauen, die in den Pariser Salons den Ton angaben. Die Stadt Paris, in deren Mauern nicht das traditionelle Pariser Bürgertum, sondern wohlhabende Adelige jüngerer und jüngster Provenienz aus ganz Frankreich den Ton angaben, machte in dieser Zeit unmißverständlich klar, daß sie, und nicht der Versailler Hof, dem Jahrhundert das Gepräge geben würde. Nur ungern nahm man im Rausch des neuen Lebensgefühls zur Kenntnis, daß Marseille 1721 von einer schweren Pestepidemie heimgesucht wurde, die etwa 40 000 Menschen das Leben kostete. Es war der letzte große Raubzug dieser Seuche in Europa.

Das Ancien Régime

(1723–1763)

1723–1774	Ludwig XV.
1726–1743	Kardinal Fleury leitet die Regierungsgeschäfte.
1730–1745	Orry Generalkontrolleur der Finanzen; Stabilisierung des Staatshaushalts.
1730–1770	Langanhaltender Aufschwung der französischen Wirtschaft.
1730	Papstbulle *Unigenitus* wird Gesetz.
1733–1738	Polnischer Erbfolgekrieg; versöhnliches Zusammenwirken von Österreich und Frankreich im Frieden von Wien.
1740–1748	Friedrichs II. Einmarsch in Schlesien führt zum Österreichischen Erbfolgekrieg; Friede von Aachen.
1743–1774	Alleinregierung Ludwigs XV., Einfluß der Favoritinnen (Mme. de Pompadour, Mme. Dubarry) auf die Gestaltung der Politik.
1744–1748	Kolonialkrieg zwischen Frankreich und Großbritannien.
1745–1754	Machault Generalkontrolleur der Finanzen; heftiger Widerstand der Privilegierten gegen seine Politik.
1751–1765	Die von d'Alembert und Diderot herausgegebene *Encyclopédie* erscheint.
1754–1763	Französisch-Britischer Kolonialkrieg.
1756–1763	Siebenjähriger Krieg; im Frieden von Paris verliert Frankreich große Teile seiner Kolonialbesitzungen in Nordamerika und Indien.
1758–1770	Choiseul Außenminister.

Die Gesellschaft der wohlerworbenen Rechte

Im Jahr 1723 war die Episode der Régence vorbei, der Urenkel Ludwigs XIV. wurde König von Frankreich. Prägte der neue König seinen Staat in ähnlicher Weise wie es sein Vorgänger getan hatte? Wie seinem Urgroßvater war Ludwig XV. eine ungewöhnlich lange Regierungszeit vergönnt – insgesamt 51 Jahre. In der Tat kann man in dieser Zeit von einem Frankreich Ludwigs XV. sprechen, doch in einem anderen Sinn als unter dem Vorgänger. Der neue König formte die Geselligkeit, die Moden und Stile, nicht aber das gesamte Leben seines Landes. Er zelebrierte wie sein Vorfahre die »Religion der Monarchie«, doch geschah dies nicht mehr mit jener Gestaltungskraft, die den Sonnenkönig ausgezeichnet hatte. Er verfocht wie dieser die Prinzipien der zentralisierten, auf die alleinige Autorität des Königs gerichteten Monarchie, doch trat er weit mehr hinter den Institutionen und ihrem Personal, hinter Gruppen, Cliquen, Ministern und Mätressen zurück. Er wachte nach dem Tod des greisen Ministers Fleury, der ihn erzogen hatte und bis 1743 wie einst Richelieu die Geschäfte führte, eifersüchtig über die monarchische Autorität und ernannte keinen ersten Minister mehr; und doch wurden gerade unter ihm die Entscheidungsvorgänge am Hof undurchsichtiger. Sein großer Kritiker, der preußische König Friedrich II., hat einmal spöttisch bemerkt, im Frankreich Ludwigs XV. seien im Grunde nicht der Monarch, sondern die Minister Könige, und, so hätte er ergänzen können, zeitweilig auch die Mätressen.

Dies alles lag gewiß auch an dem neuen König selbst, der weit weniger Talent zur monarchischen Herrschaft besaß als sein Urgroßvater. Doch auch die Gesellschaft Frankreichs hatte sich stark verändert, war komplizierter geworden. Unter dem Dach der absoluten Monarchie, die durch keine wesentliche Mitsprache der Untertanen an den politischen Entscheidungen eingeschränkt wurde, hatte sich ein weitverzweigtes soziales Geflecht ausgebildet, in dem die alten Sozialstrukturen aus der frühen Zeit Ludwigs XIV. kaum mehr auszumachen waren. Ein wenig überspitzt läßt sich sagen: Die alte ständische Gesellschaftsordnung bestand nicht mehr – außer in den Symbolen der Öffentlichkeit, der Ideologie ihrer Verteidiger und den Vorurteilen manches Adeligen. Statt dessen gab es eine nicht mehr an traditionellen Symbolen, sondern an materiellen Kriterien orientierte Gesellschaftsordnung mit einer breiten Oberschicht an der Spitze, die sich aus den erfolgreichen Schichten der alten Ständeordnung rekrutierte: aus dem Klerus, dem alten Adel, dem neuen Amts- oder Robenadel, dem hohen Finanzbürgertum, dem Handels- und Gewerbebürgertum und, sofern ein entsprechend langer sozialer Aufstiegsprozeß erfolgreich abgeschlossen war, selbst aus dem reichen Bauerntum.

Diese »Elite« im soziologischen Sinne des Worts, die sich deutlich abhob von den städtischen und ländlichen Mittel- und Unterschichten, gründete materiell auf den von der absoluten Monarchie seit Heinrich IV. geförderten Wirtschafts- und Einkunftsformen: Ämterbesitz, Renteneinkommen,

Teilhabe an den königlichen Finanzierungsangeboten, vermittelt über die wachsende Privatbürokratie der Steuerpächter. Sie verwob diese Einkünfte mit ihren übrigen Gewinnen aus Handel, Gewerbe, Manufakturen und, vor allem, Grundbesitz und schmückte ihren herausgehobenen Status, wenn irgend möglich, mit den Symbolen der feudalen Welt – mit Adelstiteln und Grundherrschaften. Voraussetzung des Erfolgs dieser Ancien-Régime-Elite war der langanhaltende Wirtschaftsaufschwung Frankreichs zwischen 1730 und 1770, der die Grundrente kontinuierlich ansteigen und selbst manchem Mitglied der nicht-privilegierten Bevölkerungsschichten einen bescheidenen Wohlstand entstehen ließ. Seine rechtliche Grundlage war das königliche Privileg oder, allgemeiner, die Tatsache, daß die Monarchie das Eigentumsrecht in seiner alten, umfassenden Form – ob für Grund-, Ämter-, Renten-, Abgaben-, Titel- oder Privilegienbesitz – garantierte. So galten z. B. Steuerfreiheit oder die Freiheit von staatlichen Frongebühren für den Straßenbau als veritable Eigentumstitel. Es entstand eine Gesellschaft der »wohlerworbenen« Rechte (*jura quaesita, droits acquis*), die Ausmaß und Grenzen der absolutistischen Herrschaft sehr genau bestimmte: Solange das Königtum sich als Rechtsgarant dieser Gesellschaft begriff, herrschten im Lande weithin Ruhe und Konsens; sobald es, um z. B. der Verschuldung des Landes zu begegnen, Reformen in Angriff nahm, setzte der Widerstand dieser Gesellschaft ein. Die zweite Jahrhunderthälfte sollte dafür eine Fülle von Belegen bieten.

Frankreich unter Kardinal Fleury

In der ersten Hälfte der Regierung Ludwigs XV. machte Frankreich nach über 50 Jahren wieder einmal die Erfahrung einer längeren Stabilitäts- und Friedensepoche. Der kontinuierliche Wirtschaftsaufschwung, ohne Überhitzungen oder schwere Einbrüche, und eine für europäische Verhältnisse ruhige außenpolitische Situation tauchen diese Jahre in ein freundliches Licht, das die Historiker gelegentlich vom »goldenen Zeitalter« Ludwigs XV. hat sprechen lassen. Nicht unbeträchtlichen Anteil an diesem Erfolg hatte Kardinal Hercule de Fleury, der von 1726 bis 1743 die Richtlinien der französischen Politik bestimmte. Er steht bis heute im Schatten anderer großer »Diener« der französischen Monarchie, Sullys etwa, Richelieus oder Colberts, sein unbestreitbares Verdienst, innen- wie außenpolitisch das Terrain für diese Friedensepoche bereitet zu haben, macht jedoch auch ihn zu einer der bedeutenden Gestalten des Ancien Régime.

Auf drei Ebenen zeigt sich in der Rückschau die ordnende, auf Ausgleich und Stabilität bedachte Hand dieses Kirchenmanns, der, als er vom König mit seiner Aufgabe betraut wurde, schon 70 Jahre alt war: in der Religions-, der Außen- und der Finanzpolitik. Fleury, ein Gallikaner mit einer moderaten Rom-Orientierung, setzte in intensiven Auseinandersetzungen mit dem Pariser Parlament und einer Reihe von Bischöfen, die sich inzwischen

Ludwig XV. (Porträt von Louis-Michel Van Loo, 1761)

offen zum Jansenismus bekannten und dafür verantwortlich waren, daß die 1713 vom Papst erlassene Bulle *Unigenitus* (s. S. 174) in Frankreich noch nicht Staatsgesetz war, die Anerkennung dieses Gesetzes durch. Damit war der Streit mit den Jansenisten zwar keinesfalls beendet, aber eine Art Waffenstillstand erreicht.

Außenpolitisch setzte Fleury, hierin Sully und Colbert verwandt, auf eine aktive Friedenspolitik Frankreichs, die es dem Land ermöglichte, seinen Staatshaushalt ein wenig zu konsolidieren. Zu seinem Programm gehörte in erster Linie die Aussöhnung mit dem jahrhundertelangen Gegner Frankreichs, mit Österreich; Gelegenheit dazu bot der sogenannte Pol-

Links: Kardinal Fleury, um 1728
Rechts: Philibert Orry, um 1735 (nach Porträts von Hyacinthe Rigaud)

nische Erbfolgekrieg (1733–1738). Im Frieden von Wien (1738) arbeiteten die beiden Mächte unter Führung Fleurys eng zusammen mit dem Ziel, für Europa insgesamt eine Friedensepoche einzuleiten und den Einfluß Englands einzudämmen. Europa sah mit Staunen, daß Frankreich nicht mehr mit der Geste des Hegemons auftrat, sondern als Friedensmacht. Vor diesem Hintergrund ist die berühmte Äußerung Friedrichs II. von Preußen zu verstehen, Frankreich sei unter Fleury zum »Schiedsrichter Europas« geworden.

Im Inneren steuerte Fleury, bis um 1740 von keinen hohen Kriegskosten behindert, einen Konsolidierungskurs. Nachdem schon 1726 die Geldwertstabilität per Erlaß des königlichen Rats auf Dauer festgelegt worden war (und sich in der Tat im 18. Jahrhundert nicht mehr veränderte), wandelte der von 1730 bis 1745 als Generalkontrolleur der Finanzen tätige Philibert Orry im wesentlichen auf Sullys und Colberts Spuren; er kämpfte gegen Steuerhinterziehung, Veruntreuung und anderen Mißbrauch und nahm die schon in den letzten Jahren Ludwigs XIV. geübte Praxis auf, neue, auch von den Privilegierten zu zahlende, direkte Steuern zu erheben (*dixième, vingtième*). Wirkliche Reformen waren das freilich nicht, und die durchaus meßbaren, positiven Ergebnisse dieser Politik beruhten in erster Linie auf der Tatsache, daß Frieden herrschte.

Einen besonderen Anteil an der Staatsfinanzierung hatten nach wie vor die Steuerpächter (*fermiers généraux*). Weder Fleury noch Orry trugen sich mit der Absicht, ihren Einfluß auf die Verwaltung der königlichen Finanzen zu reduzieren. Im Gegenteil: Fleury trug wesentlich zur dauerhaften Institutionalisierung dieser privatwirtschaftlichen Finanzorganisation bei, die trotz aller Klagen, die gegen sie in der Öffentlichkeit immer wieder erhoben wurden, eines belegt hatte: daß sie – für den König wie für sich selbst – ertragreich zu wirtschaften verstand. Im Sommer 1726 wurde zwischen der Krone und der Organisation ein neuer Vertrag auf 6 Jahre geschlossen, und in den folgenden Jahrzehnten wurde der Gewinn der Krone dabei von Abschluß zu Abschluß immer mehr erhöht. Die Organisation aber – 40 nominelle Inhaber mit (am Ende des 18. Jahrhunderts) mehr als 600 Angestellten in ihren Pariser Büros und etwa 25 000 Agenten in den Provinzen – baute im 18. Jahrhundert die vermutlich modernste »Privat«bürokratie in Frankreich aus und wurde so etwas wie eine »para-staatliche« Organisation (M. Antoine).

Die innere Modernisierung Frankreichs

In mancher Hinsicht wurde Frankreich unter Ludwig XV. ein modernes Land. Eine ganze Reihe von Reformen ging auf staatliche Initiativen zurück, die dem Regime Ludwigs in der Rückschau gute Noten sichern. Unter der Leitung des bedeutenden Kanzlers Henri François d'Aguesseau wurden umfassende Schritte zu einer Reform der Rechtslehre, der Gesetzgebung und der Justiz unternommen. Sie blieben allerdings auf halbem Weg stecken, weil gerade in diesem sensiblen Bereich sowohl der Widerstand der mächtigen gerichtlichen Oberbehörden (*Cours souveraines*) als auch die Reformunwilligkeit des Königtums enge Grenzen setzten. Weiter kamen die Reformer dagegen auf einigen Gebieten der öffentlichen Verwaltung. Berühmt geworden ist das Land durch seinen Chaussée- und Straßenbau, dessen *take-off* in der Mitte des 18. Jahrhunderts stattfand und der einer grundsätzlichen Modernisierung der Brücken- und Straßenbauverwaltung zu danken war. Bis zum Beginn des Autobahnbaus im 20. Jahrhundert sind die damals geplanten und gebauten Überlandstraßen mit ihrer leicht gewölbten Oberfläche und ihrer schnurgeraden Linienführung das Rückgrat des französischen Handels- und Personenverkehrs geblieben. Dadurch beschleunigte sich die Fahrtgeschwindigkeit erheblich: im späten 18. Jahrhundert fuhr die Postkutsche in 5 bis 6 Tagen von Bordeaux nach Paris, wofür sie um 1660 noch 10 Tage gebraucht hatte.

Nicht nur die Verkehrs-, auch die Lebens- und Wohnbedingungen wandelten sich im Zuge der Prosperität in der Mitte des 18. Jahrhunderts. Zwar blieb Frankreich, außer in den agrarintensiven Regionen um Paris herum, wo sich infolge der Modernisierung der Landwirtschaft auch das Aussehen des flachen Landes veränderte, in den ländlichen Regionen weitgehend von traditionellen, in abgelegenen Provinzen gar von archaischem Zuschnitt. In der Stadt jedoch, vor allem in den alten Provinzhauptstädten, veränderte sich vieles: Die hygienischen Bedingungen wurden verbessert, Beleuchtung und Bürgersteige angelegt, mittelalterliche Stadtviertel zumindest teilweise saniert, neue, prächtige Straßenzüge mit repräsentativen öffentlichen Gebäuden oder Wohnpalais für den Adel und das hohe Bür-

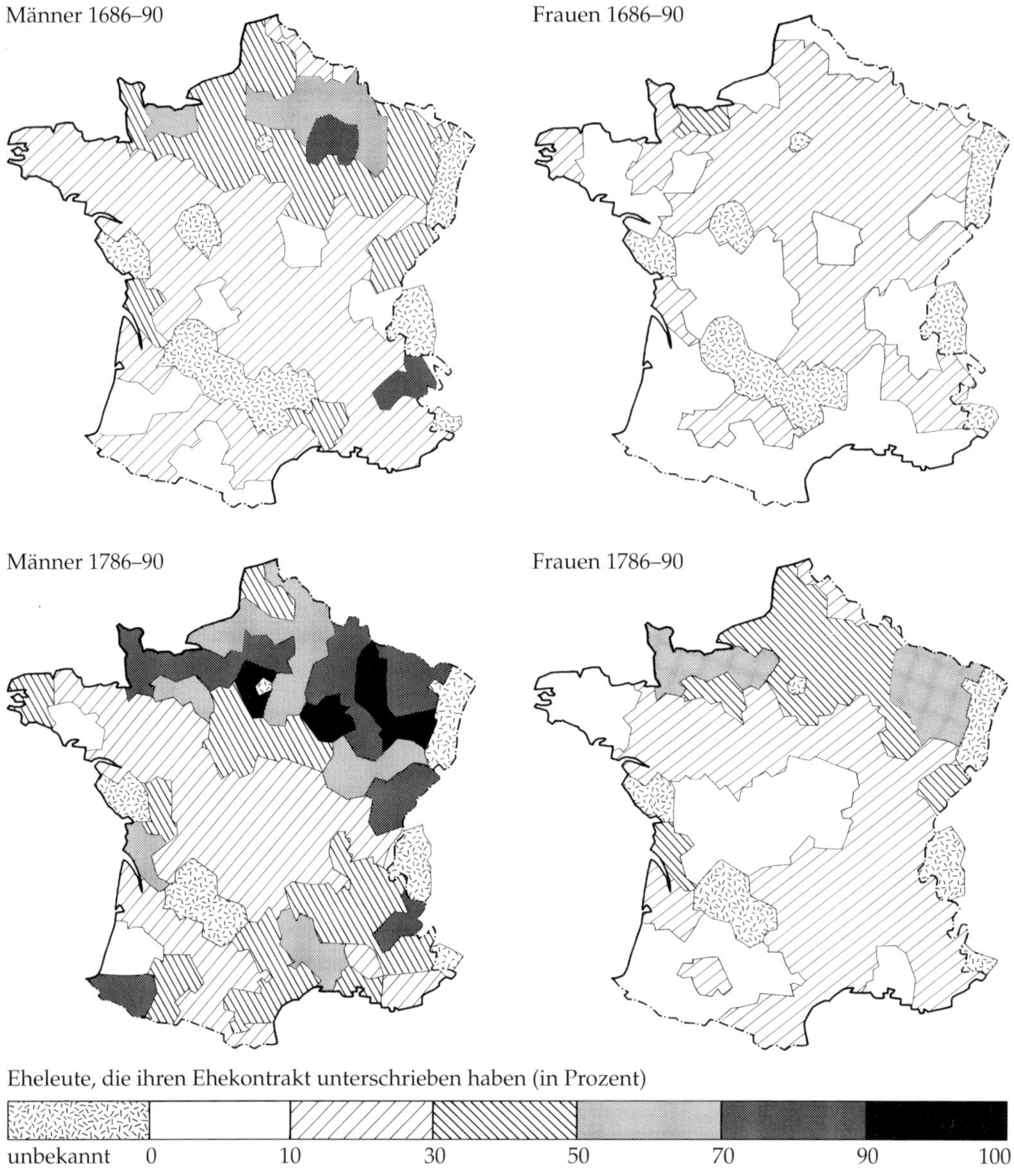

Eheleute, die ihren Ehekontrakt unterschrieben haben (in Prozent)

Die Alphabetisierung Frankreichs

gertum gebaut. Dies war das bevorzugte Betätigungsfeld der Intendanten, die im 18. Jahrhundert aufgehört hatten, kleine Vizekönige zu sein und sich in vieler Hinsicht mit der Provinz identifizierten (und arrangierten), in der sie wirkten. Bedeutende Intendanten gehören zu den Aktivposten dieser Phase des Absolutismus zwischen 1725 und 1755, in der – neben der günstigen Wirtschaftskonjunktur – Frieden und damit eine erträgliche Verschuldungssituation Modernisierungsprojekte vieler Art möglich machten.

Auch die französische Bevölkerung modernisierte sich in mancher Hinsicht. Die Elementarbildung (Alphabetisierung) nahm zu, sie erfaßte zumindest im Norden und Osten auch die breiten Bevölkerungsschichten. Die intensiven Bemühungen der Kirche und der Jesuiten um die Verbesserung der Bildung wirkten sich hier aus. In vielen Provinzstädten wurden Akademien gegründet, in denen sich die lokalen und regionalen Führungsschichten über den wissenschaftlichen Fortschritt informierten und zugleich in einen Gedankenaustausch über das Gelernte und andere Fragen traten. Ein relativ breites, nicht nur auf die Elite beschränktes Lesepublikum bildete sich aus, Basis für die französische Aufklärung, deren bedeutende Produktionen seit den 1720er Jahren zu erscheinen begannen. Selbst das Bauerntum wurde in diesen Jahrzehnten um einige Grade »moderner«, neben dem Kirchenbesuch gewann der sonntägliche Gang in die Kneipe für viele Landleute an Wert im Rahmen einer neuen, aus der Enge des Hauses herausführenden Soziabilität.

Ludwig XV. und die erste Krise des politischen Systems (1743–1757)

Die zweite Hälfte der Regierungszeit Ludwigs XV. stand unter weit ungünstigeren Vorzeichen als die Jahre des Kardinals. Wie sein Urgroßvater im Fall Mazarins reagierte der König auf den Tod Fleurys mit der Ankündigung, keinen ersten Minister mehr zu ernennen. Er hat das in der Tat durchgehalten, jedoch in einem ganz anderen Sinne als Ludwig XIV. Denn hinfort vollzog sich französische Politik unter wechselnden Machtverhältnissen am Hof, wo Hofcliquen und -parteien zeitweise Einfluß auf die Politik gewannen und führende Positionen in der Zentralverwaltung (Generalkontrolleur, Staatssekretäre u.a.) einnahmen, um sie bald wieder an eine gegnerische Fraktion zu verlieren. Es gehört zum widersprüchlichen Erscheinungsbild dieses Monarchen, daß er dabei von Zeit zu Zeit zwar Personen Einfluß einräumte, die für eine dauerhafte Veränderung der Staatsfinanzierung auch auf Kosten der Privilegierten kämpften, daß er aber viel zu schnell bereit war, unvermeidliche Konflikte durch eine schnelle Aufgabe solcher Pläne (und ihrer Protagonisten) zu entschärfen. Zwischen 1745 und 1754 etwa machte der Generalkontrolleur Jean-Baptiste Machault d'Arnouville eine ganze Reihe von Versuchen, zu einem höheren Maß an Steuergerechtigkeit für alle Stände in Frankreich zu gelangen und dabei auch die Kirche stärker in die Pflicht zu nehmen. Gegen ihn richtete sich schnell der geballte politische Widerstand der Privilegierten, die in der Mätresse des Königs, der Marquise von Pompadour, eine starke Stütze hatten. Nach anfänglichen Erfolgen verlor Machault 1751 durch Hofintrigen den Schutz des Königs. Der Beschluß, den Klerus direkt zu besteuern, wurde zurückgenommen, Machault kaltgestellt und später entlassen.

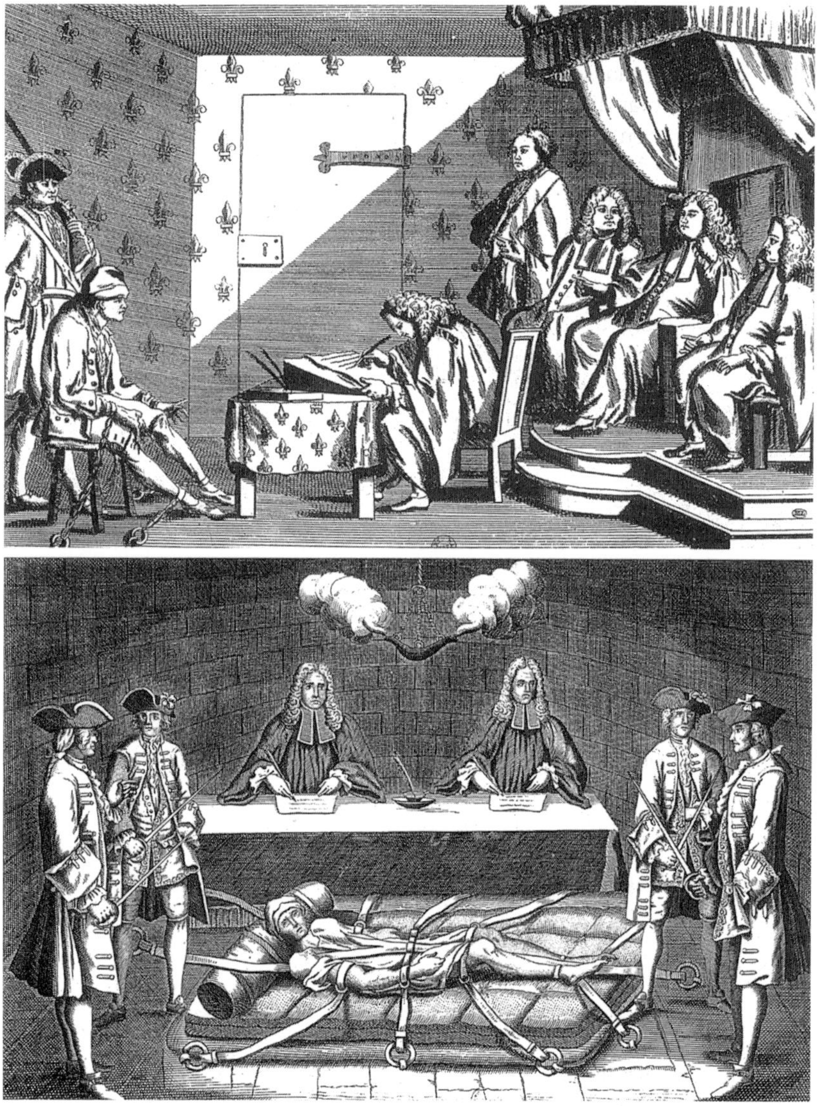

Verhör und Folter des Attentäters Robert François Damiens (anonyme Radierung, 1757)

Schon in diesen Jahren zeigte sich, daß viele der »souveränen Gerichtshöfe« unter Führung des Pariser Parlaments auf dem Wege waren, in eine grundsätzliche und dauerhafte Opposition zur Regierung zu treten. Dabei spielte gewiß die Tatsache eine Rolle, daß nahezu alle Mitglieder dieser Behörden selbst »Privilegierte« waren und ihren eigenen Besitzstand, ihre »wohlerworbenen Rechte« verteidigten. Bedeutsamer aber scheint die politische Mentalitätslage dieses ganzen Standes gewesen zu sein, der gerade in dieser Zeit unter einem zunehmenden Wertverlust seiner kaufbaren Amtsstellen litt. Die Richter verstanden sich als die eigentliche, herkömmliche Beamtenschaft des Königs, sahen sich jedoch von den neuen Institutionen (z. B. den Intendanten) an den Rand gedrängt. Sie kompensierten das durch eine massive Oppositionspolitik, die um die Jahrhundertmitte noch nicht primär die Versuche zur Finanzreform ins Visier nahm, sondern an einem anderen, bezeichnenden Punkt ansetzte – dem Konflikt zwischen Jansenisten und Jesuiten.

Die Richter und ein großer Teil der gebildeten Öffentlichkeit waren »politische« Jansenisten, Gegner Roms und seiner Getreuen, der Jesuiten. Sie gingen gegen Versuche der Kirche, allen neuen Priestern zum Eintritt in ihr Amt ein Bekenntnis zur Bulle *Unigenitus* (und damit zur katholischen Rechtgläubigkeit) abzunötigen, mit massiven, weit in die Öffentlichkeit hineinwirkenden Aktionen vor, die auch den König in größte Schwierigkeiten brachten. Dieser vehemente Streit um die *Billets de confession* – d. h. »Bekenntnisscheine« der Kirche, die einem neuen Priester seine Rechtgläubigkeit bescheinigten – nahm erst ab, als der König 1754 öffentliches Stillschweigen in dieser Angelegenheit verordnete und die von ihm selbst in die Provinz verbannten Räte des Pariser Parlaments wieder zurückrief.

Die inzwischen kritisch gewordene Situation seiner Monarchie hatte Ludwig XV. auf diese Weise ein weiteres Mal durch Nachgeben entschärft, ohne daß die Öffentlichkeit dadurch viel Vertrauen in die Weisheit der Regierung (und des Königs) gewonnen hätte. Als sollte die prekäre Situation des Königs auch nach außen deutlich sichtbar werden, verübte gerade in dieser Zeit ein Geistesgestörter ein Attentat auf Ludwig, das dieser nur mit Glück überlebte. Immerhin trug dieses Ereignis (1757) dazu bei, die Kompromißbereitschaft der Parlamente für einige Zeit zu fördern.

Siebenjähriger Krieg und außenpolitischer Gewichtsverlust (1757–1763)

Die schwierige innere Situation der Monarchie wurde noch dadurch kompliziert, daß Frankreich außenpolitisch nicht mehr, wie noch unter Fleury, Friedenspolitik betreiben wollte und konnte. Frankreich war immer noch eine der fünf dominanten Mächte im europäischen Gleichgewichtssystem und mußte sich kriegsfähig zeigen, wenn es diese Position nicht verlieren wollte. In dem Komplex von Kriegen, die man als Österreichischen Erbfolgekrieg (1740–1748) bezeichnet, war das Land daher wieder Partei, und zwar zunächst noch gegen Österreich, was ein enges Bündnis mit Preußen, dem Aggressor gegenüber Schlesien und Hauptgegner Österreichs im Reich, zur Folge hatte. Doch zu Beginn des Siebenjährigen Kriegs (1756–1763) entschied sich Frankreich unter Führung des inzwischen für die Außen-, Kriegs- und Marinepolitik zuständigen Herzogs von Choiseul, eines Günstlings der Pompadour, für einen Wechsel des Bündnisses. Choiseul ging davon aus, daß in Zukunft nicht mehr Österreich (in Europa), sondern England (in Nordamerika und Indien) der Hauptkonkurrent sein würde, dem nur in einem Bündnis mit Habsburg und dem inzwischen bourbonischen Spanien erfolgreich begegnet werden könnte.

Sieht man vom Ende her, hat sich diese Wendung der französischen Politik (*renversement des alliances*) nicht ausgezahlt. Frankreich mußte in den Kolonien und auf dem Kontinent einen kostspieligen und aufwendigen Doppelkrieg führen und wurde dafür keinesfalls mit Erfolgen belohnt. Im Gegenteil: Im Frieden von Paris (1763) verlor es wesentliche Teile seiner Kolonialbesitzungen in Nordamerika und Indien, und auf dem Kontinent gewann es weder Territorien noch Ansehen hinzu. Zwar blieb Frankreich weiterhin eine der »großen Mächte« Europas, es blieb aber auch eine Staatsschuld von 1,7 Milliarden Pfund. Erneut stand das Land vor gravierenden Finanzierungsproblemen. Zusammen mit der Enttäuschung über den Prestige- und Gewichtsverlust, den die Großmacht erlitten hatte, erfaßte eine erneute schwere Verschuldungskrise das Land. Sie läutete die Krise des ganzen politischen Systems ein, die dem Ausbruch der Revolution vorausging.

Die Krise des Ancien Régime

(1763–1787)

1764	Parlamente setzen Verbot des Jesuitenordens in Frankreich durch.
1765	Rehabilitation des 1762 hingerichteten Protestanten Calas auf Betreiben Voltaires.
1771	Unter Kanzler Maupeou Auflösung der Parlamente.
1774–1792	Ludwig XVI.
1774	Nach dem Ausscheiden der Minister Ludwigs XV. wird das Pariser Parlament wieder in seine alten Rechte eingesetzt.
1774–1787	Vergennes Außenminister.
1774–1776	Turgot Generalkontrolleur der Finanzen.
1777–1781	Necker Generaldirektor der Finanzen.
1775–1783	Amerikanischer Unabhängigkeitskrieg; Friede von Versailles.
1778	Bündnis mit den USA gegen England und französischer Kriegseintritt.
1783–1787	Calonne Generalkontrolleur der Finanzen.
1785	Halsbandaffäre um Marie-Antoinette.
1786	Handelsvertrag mit England.
1787	22. Februar – 25. Mai: Notabelnversammlung mit dem Ziel einer grundlegenden Reform der Staatsfinanzen. 8. April: Entlassung Calonnes, an seine Stelle tritt Loménie de Brienne.

Aufklärung und Öffentlichkeit in Frankreich nach 1750

Als in den siebziger Jahren am Hof über die Einrichtung eines Lehrstuhls für öffentliches Recht am *Collège Royal* (dem heutigen *Collège de France*) in Paris nachgedacht wurde, lehnte der zuständige Kanzler, nach heutigen Begriffen also der Justizminister, diesen Plan nach einigen Überlegungen mit dem Hinweis ab, er werfe für die königliche Autorität gefährliche Fragen auf. Diese Haltung des höchsten Justizbeamten des Landes beleuchtet eindringlich das intensive Spannungsverhältnis, in dem königliche Politik und Öffentlichkeit inzwischen zueinander standen. Die Regierungstätigkeit des absoluten Monarchen war – nach der durch die Tradition gedeckten Auffassung des Königs – ein durch und durch nicht-öffentliches Geschäft, das sich einer Bewertung und Beurteilung durch jeden nicht in den königlichen Rat Berufenen entzog. Die allgemeine Öffentlichkeit jedoch, in den großen Städten seit der »Freiheitszeit« der Régence (s. S. 177) immer mehr an breite Diskussionen in Salons, Lesegesellschaften, Kaffeehäusern, Kneipen, selbst auf Märkten und Straßen gewöhnt, hatte ein großes Interesse an allen Fragen des täglichen Lebens, darunter auch politischen, gewonnen. Sie hatte vor allem begriffen, daß im Geheimen des Hofes täglich über ihre eigenen Interessen, ihr eigenes Schicksal entschieden wurde, etwa, wenn die hohen Kriegskosten des Siebenjährigen Kriegs durch eine

Der Salon der Mme Geoffrin; in der Mitte die Büste Voltaires (Gemälde von Gabriel Lemonnier)

Serie von neuen Steuern beglichen werden sollten. Da wollte man mitreden, und zwar nicht nur die Privilegierten und Reichen, die um ihre wohlerworbenen Rechte fürchteten, sondern auch die kleinen Leute, die Hauptopfer jeglicher Steuererhöhung.

Um die Mitte des 18. Jahrhunderts hatte sich diese neue Kraft im politischen Leben Frankreichs, die Öffentlichkeit, zu ihrer vollen Stärke entwickelt. Kaum etwas »lief mehr« in diesem großen Land, ohne daß darüber öffentlich diskutiert wurde. Und wenn sich die Regierung davon auch nicht zu einer Änderung ihrer Entscheidungsverfahren bewegen ließ, sondern weiterhin so tat, als könne Frankreich so regiert werden, wie es unter Richelieu oder Ludwig XIV. der Fall gewesen war, so änderte sich unter diesem Druck der Öffentlichkeit der Charakter der Regierungspolitik doch ebenso unmerklich wie stetig.

Die Ausbildung einer räsonierenden und diskutierenden Öffentlichkeit ist ohne die Aufklärung (*Siècle des lumières*) nicht zu verstehen. Als 1763 mit dem Frieden von Paris der Siebenjährige Krieg abgeschlossen wurde, waren alle großen Werke der französischen Aufklärung – die Voltaires ebenso wie die Montesquieus, die *Encyclopédie* ebenso wie die Traktate Rousseaus – erschienen, und es begann nun ihr Verbreitungsprozeß über das ganze Land und weit über die Schicht der gebildeten Leser hinaus. Aufklärung hieß dabei nicht in erster Linie Verständigung über bestimmte Ideen und Inhalte, sondern über die Notwendigkeit, mit diesen (und miteinander) auf vernünftige Weise umzugehen. Wie das Verhältnis des Menschen zu Gott, wie eine weise Regierung, wie eine moderne Verfassung auszusehen hätten, darüber waren französische Aufklärer keinesfalls einer Meinung; einig waren sie sich aber in dem Bestreben, darüber keine Autoritäten aus Kirche oder Regierung allein und geheim entscheiden zu lassen, einig waren sie sich in dem Bewußtsein, daß vernunftgemäßes Reden und Handeln schließlich auch zu vernünftigen Ergebnissen führt. Insofern nutzte die Aufklärung die vielen neuen Institutionen und Medien, die seit dem ersten Drittel des Jahrhunderts entstanden waren, »besetzte« diese und sorgte dafür, daß allmählich das ganze Land von ihrem Sog mitgerissen wurde.

Die Regierung hätte dem etwas entgegensetzen können, wenn auch sie das neue Instrument der Öffentlichkeit für sich genutzt und ihre Entscheidungen den Führungsschichten des Landes deutlich gemacht, womöglich mit ihnen darüber diskutiert hätte. Das geschah nicht. Im Gegenteil: Regierung und Hof verharrten angesichts der aufgeklärten Öffentlichkeit und der Publizistik der Aufklärung einerseits in einem starren Traditionalismus, dem zufolge der König immer noch ein weit entrückter, nur Gott gegenüber verantwortlicher Regent war; sie begegnete ihr andererseits mit autoritären Handlungen und Machtsprüchen, indem sie die Zensur verschärfte, Mitglieder der intellektuellen Elite unter fadenscheinigen Gründen verhaften oder sie in die Provinz oder gar ins Ausland verbannen ließ. Voltaire, keinesfalls ein grundsätzlicher Gegner des Königtums, aus Ruhm- und Geltungssucht den Kontakt zu den Regierenden und Herrschenden

Vier große Aufklärer: o. l. Jean Lerond d'Alembert (Porträt von Louis Tocqué); o. r. Voltaire (anonym, 18. Jahrhundert); u. l. Jean-Jacques Rousseau (Pastell von La Tour); u. r. Denis Diderot (Jean-Baptiste Greuze, nach 1755)

ständig suchend, in grundsätzlichen politischen Fragen aber ohne Wenn und Aber für die Belange der Vernunft kämpfend – dieser bedeutendste Philosoph und Schriftsteller der französischen (und europäischen) Aufklärung hat diese Waffe der absolutistischen Repression mehrfach am eigenen Leibe zu spüren bekommen. Er hat durch seine Reaktionen deutlich gemacht, wie stumpf sie letztlich war: Mehrfach saß er in der Bastille ein, und große Teile seines Lebens mußte er als Verbannter weit weg von Paris zubringen. Und doch war der Blick der Öffentlichkeit fasziniert auf ihn gerichtet, wo immer er weilte, was immer die Regierung über ihn verlauten ließ oder gegen ihn unternahm. Ohne besonders »politisch« zu sein, wurde er ganz allein durch seine Feder zu einer politischen Institution.

Angesichts einer solchen Wirkung der öffentlichen Debatte und der öffentlichen Kritik geriet das Königtum, obwohl viele seiner Minister und Berater selbst zu den Aufklärern gehörten, ab 1763 zunehmend in die Defensive. Aus dem Prestigeverlust im erfolglosen Siebenjährigen Doppelkrieg erwuchs jetzt ein grundsätzlicher, kaum mehr zu korrigierender Ansehensverlust der ganzen Institution.

Die Opposition der Parlamente

Nach dem Ende des Siebenjährigen Kriegs setzten die hohen Gerichtshöfe Frankreichs unter der Führung des Pariser Parlaments ihre zuvor schon begonnene, systematische Oppositionspolitik gegen Hof und Regierung fort und erzielten mit dem Verbot des Jesuitenordens, ihres großen Gegners im Streit um den Jansenismus, 1764 einen spektakulären Erfolg. Neben den Jesuiten bekämpften die Gerichtshöfe auch den Protestantismus. Im Fall des 1762 hingerichteten Toulouser Kaufmanns Calas, der Voltaire zu seiner Schrift »Über die Toleranz« (1763) und zu einem vehementen Feldzug gegen das Parlament von Toulouse inspirierte, spielte dies bei der Erhebung der Schuldgründe von Calas eine äußerst dubiose Rolle: Der hugenottische Kaufmann soll seinen Sohn, der in Wirklichkeit Selbstmord begangen hatte, ermordet haben, um seine Konversion zum Katholizismus zu verhindern. Voltaire erreichte mit seiner europaweiten Kampagne eine Revision dieses Urteils und eine Rehabilitation des toten Calas.

Vor allem aber kämpften die Gerichtshöfe jetzt gegen die Steuer- und Verwaltungsreformpläne der Regierung, die nach 1763 in Frankreich nahezu ohne Unterbrechung propagiert wurden. Bis heute ist nicht in jedem Einzelfall geklärt, was sie genau erreichen wollten. Sie waren von ihrem Ursprung und ihrer Aufgabe her ein Teil des königlichen »Apparats« (s. S. 58 f.) und taten doch alles, um die Fundamente der Regierung zu unterminieren. Trotz einer entsprechenden, vom Pariser Parlament ausgehenden Theorie der Einheit aller Gerichtshöfe (*union des classes*) agierten sie nicht immer einheitlich und vertraten auch nicht ausschließlich die Interessen der Privilegierten. Ganz offensichtlich verfolgten sie die Absicht, weitere Reformen und eine weitere Modernisierung der alten Monarchie im Zentrum wie in den Provinzen zu verhindern, um die Antiquiertheit ihrer eigenen politischen Stellung und die Problematik der Ämterkäuflichkeit, der sie ihren eigenen Aufstieg verdankten, nicht noch stärker in das Bewußtsein der aufgeklärten Öffentlichkeit dringen zu lassen. Dabei nutzten sie das für das aufgeklärte Publikum Frankreichs wirkungsvolle Argument, daß es in diesem Land keine zentrale Ständeversammlung mehr gäbe wie in England; so müsse das Pariser Parlament diese Aufgabe übernehmen.

Überhaupt gingen die hohen Richter, vor allem in Paris, virtuos mit den neuen Möglichkeiten der Öffentlichkeit um. Mit ihrer Institution, von alters her mitten in Paris ansässig, waren sie besser, d.h. öffentlichkeitswirksamer

»plaziert« als der König im abgelegenen Versailles. Die großen Remonstrationen des Pariser Parlaments und anderer Höfe wurden schnell gedruckt und weithin gelesen, ein Verfahren, das sich deutlich von der Arkanpolitik der Regierung abhob und es den Richtern ermöglichte, zentrale Begriffe des Jahrhunderts zu besetzen: »Nation«, »Repräsentation«, »Freiheit«, »Volkssouveränität« erscheinen in den Texten dieser mit den Traditionen der europäischen politischen Rhetorik intim vertrauten Gebildeten.

Legitimationsverlust und Schuldenkrise: die Aporie der Regierungspolitik unter Ludwig XV. und Ludwig XVI.

Ludwig XVI. (Lithographie von Jean-Baptiste Mauzaisse nach einem zeitgenössischen Porträt, 1822)

Unterdessen nahm die französische Regierungspolitik einen immer unklareren Verlauf. Reformversuche wechselten sich mit ängstlichem Zurückweichen durch die Krone ab. Am Ende der Regierungszeit Ludwigs XV. steht eine der bedeutendsten Reformen: die Abschaffung der Mehrzahl der hohen Gerichtshöfe und ihre Ersetzung durch neue, nicht mehr auf der Ämterkäuflichkeit beruhender, »gefügigerer« Obergerichte. Die Aktion ging auf den Kanzler Maupeou zurück, der unter dem allmächtigen Außenminister Choiseul die Justizpolitik bestimmte. Die Öffentlichkeit honorierte sein als »Staatsstreich« verurteiltes Vorgehen nicht, das vom Stil her eines Ludwig XIV. würdig gewesen wäre. Dennoch hätte es der Monarchie neue Stärke vermitteln können, wenn diese fest dazu gestanden hätte. Doch Maupeous »Staatsstreich« überlebte den in dieser Frage fest entschlossenen Ludwig XV. nicht. Dessen Nachfolger und Enkel, Ludwig XVI., der 1774 den Thron bestieg und sich, mitten im Zeitalter der Aufklärung, noch einmal in Reims gemäß der uralten Tradition salben ließ, schaffte in Übereinstimmung mit weiten Teilen der Öffentlichkeit die neuen Parlamente wieder ab und ermöglichte den alten, und unter ihnen vor allem dem Pariser Parlament, eine triumphale Rückkehr in Ämter und Würden – wohlgemerkt: zu den alten Bedingungen.

Der neue König, dessen spätere Schwäche anfangs noch nicht hervortrat, sann gleichwohl auf Reformen und betraute zu diesem Zweck den vormaligen Intendanten Anne Robert Turgot mit dem Amt des Generalkontrolleurs (1774). Turgot war einer der bedeutendsten Wirtschaftstheoretiker Frankreichs, er gehörte zum Kreis der aufgeklärten Reformstrategen, die der Monarchie in ihren Schriften viele Wege aus der Krise der Verschuldung und den Sackgassen der Verwaltung wies; er hatte als Intendant in der Provinz Limousin Bedeutendes geleistet. Er war jedoch kein guter, geschickter Politiker. Ohne sich um die Fallstricke der Hofpolitik und die Oppositionslust des zu neuer Macht erstandenen Pariser Parlaments zu kümmern, ließ er den König eine Reihe von grundlegenden Reformen dekretieren, die samt und sonders schnell am Widerstand des Parlaments und der konservativen Gegner Turgots am Hof scheiterten. Dabei zählten die Reformprojekte Turgots zu den sinnvollsten, die im 18. Jahrhundert in Frankreich initiiert wurden: der Zunftzwang sollte aufgehoben, die Gewerbefreiheit eingeführt und die bisherige, unbezahlte königliche Fron zum öffentlichen Wegebau, welche vor allem die Bauern zu leisten hatten, durch eine allgemeine, von allen zu zahlende Abgabe ersetzt werden.

Turgots Sturz (1776) war das Zeichen dafür, daß sich um den Hof, um Ludwig XVI. und um dessen Frau, die österreichische Prinzessin Marie-Antoinette, herum immer stärker jene Kräfte sammelten, die Reformen im Stil Turgots auf jeden Fall verhindern wollten. Ihre Politik war auch deshalb wirkungsvoll, weil in Frankreich inzwischen nicht mehr die günstigen wirtschaftlichen Bedingungen herrschten wie zwanzig Jahre zuvor. Die französische Wirtschaft insgesamt war in eine Stockungsphase eingetreten, die von Zeit zu Zeit von heftigen Teuerungskrisen unterbrochen wurde. Turgots Vorgänger, der Abbé Terray, hatte versucht, eine Politik der Vorratshaltung für Getreide in staatlichen Magazinen durchzuführen und war wegen der kurzfristig ansteigenden Getreidepreise von den Parlamenten wie von den Teilnehmern einzelner Hungerrevolten der Verschwörung gegen das Volk geziehen worden. Turgot versuchte, wie gesagt, die Versorgungsprobleme auf dem Weg über den Freihandel zu lösen und scheiterte gleichfalls an den um ihre Marktaufsichtsbefugnisse besorgten Gerichten. Zudem lud sich Frankreich nach dem Sturz Turgots noch eine weitere schwere Last auf, indem es 1778 zunächst indirekt, seit 1780 direkt in den amerikanischen Freiheitskampf gegen England eingriff und damit seine Verschuldung erneut steigerte.

Originelle Konzepte zur Entschuldung Frankreichs und zur Reorganisation der Staatsverwaltung sind nach dem Sturz Turgots bis hin zur Revolution nicht mehr gefunden worden. Jene Gebildeten des Landes, die über den Tag hinaus sahen, erkannten immer deutlicher, daß der Absolutismus am Ende und die Stiftung einer Verfassung mit Mitbestimmungsrechten für ausgewählte Repräsentanten der Bevölkerung unumgänglich waren. Auch Jacques Necker, der aus der Schweiz stammende Bankier, der 1777 die Funktionen des Generalkontrolleurs der Finanzen übernahm, wußte das, doch war sein Einfluß am Hof viel zu schwach, um entsprechende Verfahren durchzusetzen. Finanziell verschaffte Necker der Krone ein weiteres Mal Aufschub, indem er einerseits durch eine Reihe von Maßnahmen, unter anderem die Veröffentlichung des Staatshaushalts (1781), ein wenig Ordnung in die Finanzverwaltung brachte, andererseits den Bankrott des Landes durch die Zeichnung weiterer Anleihen noch einmal verhinderte.

Auch Necker konnte sich, obwohl er dem Land finanzpolitisch keine weiteren Opfer abverlangte, nicht halten. Auch er war im Grunde ein Reformer, wollte die Finanzbürokratie modernisieren, die Steuerpachten abschaffen und Verfahren der Mitbestimmung ausgewählter Repräsentativorgane (z.B. einer Notabelnversammlung) einführen – Auffassungen, die ihn im Land populär machten und ihn im Jahr 1789 zum letzten Rettungsanker der Monarchie werden ließen. 1781 aber war das für Hof und Parlament noch zuviel, auch Necker wurde entlassen.

Nach dem Scheitern der zwar sehr gegensätzlichen, aber bedeutenden Reformer Turgot und Necker versank die französische Finanzpolitik erneut in der Routine des »Weiterwurstelns«, was vor allem bedeutete, daß das Land seinen Geldbedarf für den Schuldendienst, die Kriegsfinanzierung und die übrigen Ausgaben weiterhin aus Anleihen finanzierte, die erstaunlicherweise immer noch genug Interessenten im Binnenland (und selbst im Ausland) fanden. Das Land hatte eben ein Jahrzehnt ständig steigender Grundrenten hinter sich, es war im Grunde wohlhabend, ja reich.

Frankreichs Außenpolitik lag zwischen 1774 und 1787 in der Hand des Grafen von Vergennes, dem letzten bedeutenden Außenpolitiker des Ancien Régime. Seine wichtigste Tat war der Kriegsbeitritt auf seiten der amerikanischen Kolonien gegen England mit dem Ziel einer Schwächung des Inselstaats in den Kolonien und, vor allem, in Europa. Vergennes war ein ausgesprochener Gleichgewichtspolitiker und leistete in dieser Hinsicht Bedeutendes, indem er z.B. 1783 im Friedensschluß von Versailles auf große Rückeroberungen in Amerika (Kanada, Louisiana) verzichtete, auf anderen Kriegsschauplätzen in Europa (Rußland–Türkei, Österreich–Holland, bayerischer Tauschplan Josephs II.) ausgleichende Friedensschlüsse vermittelte und so das europäische Gleichgewicht aufrechterhielt. Schließlich trat Vergennes auch nachdrücklich für die Freiheit im internationalen Handelsverkehr ein und schloß eine ganze Reihe von Handelsverträgen mit europäischen Mächten, von denen der mit England (1786) der wichtigste war.

Es war aber höchst bezeichnend für die innerfranzösische Situation, daß die bedeutenden Erfolge von Vergennes in der französischen Öffentlichkeit im Grunde als Niederlagen interpretiert wurden. Daß Kanada und Louisiana nicht zurückerobert wurden, galt als Schmach, und am Handelsvertrag mit England hoben die Kritiker der Regierung nicht die Chancen für die französische Landwirtschaft und den Weinbau, sondern die Nachteile für die heimische Textilindustrie hervor.

Freilich trug Vergennes' Politik nicht zur finanziellen Gesundung Frankreichs bei. Die – nicht zuletzt durch den amerikanischen Krieg – desolate Situation der Staatsfinanzen zwang den seit 1783 tätigen Generalkontrolleur Charles de Calonne schließlich zu einem großen Schritt nach vorne. Er ließ den König, um die in der Öffentlichkeit immer häufiger geforderte Einberufung von Generalständen zu vermeiden, eine Versammlung von ausgewählten Notabeln des Reiches (144 Kleriker, Adelige, hohe Beamte) einberufen. Sie sollten den König beraten und durch ihre Zustimmung die Weichen stellen für eine grundlegende Reform der Staatsfinanzen: Calonne plante, ganz im Sinne früherer Reformversuche, eine Umstellung des Steuersystems auf eine Besteuerung der Einkommen aller Untertanen und damit die Aufgabe der klassischen Steuerprivilegien von Klerus, Adel und vielen Städten und Korporationen. Mit Hilfe dieser finanzpolitischen Revolution wollte er den Staatshaushalt ausgleichen und seine allmähliche Gesundung einleiten. In repräsentativen Provinzialversammlungen sollten zudem die Untertanen, unabhängig von ihrer ständischen Herkunft, über bestimmte Fragen der öffentlichen Ordnung mitbestimmen können.

Bevor ein Konsens zwischen den Notabeln und der Regierung über Calonnes Programm hergestellt werden konnte, gerieten beide in einen heftigen, wie stets von den Hofparteien geschürten Streit über die tatsächliche Höhe des Staatsdefizits. Erneut zog der König seinen Generalkontrolleur zurück und setzte ein führendes Mitglied der Versammlung, den Erzbischof von Toulouse, Étienne Charles de Loménie de Brienne, an seine Stelle. Dieser nahm Calonnes Pläne zwar auf, doch scheiterte das ganze Unternehmen schließlich daran, daß die Versammlung sich für inkompetent erklärte, über Reformen abzustimmen. Dem König blieb keine Wahl mehr: Er schickte die Notabeln nach Hause und schwenkte ein weiteres Mal auf die alte Politik ein. Es war wie immer bei Reformversuchen in den letzten Jahren: Gute Pläne waren vorhanden, auch Verständnis und ein Wille zum Handeln auf beiden Seiten; zumindest gab es eine Reihe von einsichtsvollen Privilegierten, die die Notwendigkeit von grundlegenden Reformen längst nicht mehr bestritten. Allerdings wollte man sich solche Reformen nicht von der königlichen Administration vorschreiben lassen, was alle Reformer seit Turgot mehr oder minder versucht hatten. Es fehlte an einer gemeinsamen Sprache von Hof und Öffentlichkeit; es fehlte an Vertrauen und an Verfahren, um Reformen in Ruhe durchzuführen; es fehlte vor allem die harte Hand eines Königs, die in der Lage gewesen wäre, den Hof mit seinen vielen Cliquen, darunter der der Königin, konsequent aus der Politik herauszuhalten.

Auf dem Weg in die Revolution

(1787–1789)

1787 Pariser Parlament opponiert vehement gegen die Krone und fordert Einberufung der Generalstände.
Auf die Exilierung des Parlaments nach Troyes folgt eine breite öffentliche Solidarisierung mit dem Parlament, Aufruhr in Paris.

1788 Mai: Justizreform, Schaffung einer *Cour plénière.*
August: Einberufung der Generalstände auf den 1. Mai 1789, Aufhebung der *Cour plénière;* Teilstaatsbankrott; Wiederberufung Jacques Neckers als Finanzminister.
September: Das Parlament von Paris fordert die Zusammensetzung der Generalstände nach dem Vorbild von 1614.

1788 Flut von Flugschriften und Reformbroschüren zur Verfassungssituation Frankreichs.
Dezember: Zweite Notabelnversammlung; Entscheidung des Staatsrats und des Königs für die »Verdoppelung des Dritten Stands« (*doublement du tiers*); die Frage nach dem Abstimmungsmodus (*vote par tête* oder *vote par ordre*) bleibt offen.

1789 Februar/März: Redaktion der »Beschwerdehefte« (*cahiers de doléances*).
März–Mai: Wahlen zu den Generalständen; Hungerrevolten in einigen Provinzen.
5. Mai: Eröffnung der Generalstände in Versailles.
6. Mai: Der Dritte Stand nennt sich *Les Communes* und fordert die Beglaubigung der Abgeordnetenvollmachten in einer gemeinsamen Sitzung aller drei Stände.
17. Juni: Die *Communes* erklären sich zur Nationalversammlung (*Assemblée nationale*).
20. Juni: Ballhausschwur.
23. Juni: Im Gegensatz zur königlichen Anordnung bleibt die Nationalversammlung zusammen; Proklamation der Immunität der Abgeordneten.
27. Juni: Ludwig XVI. veranlaßt Adel und Klerus, sich der Nationalversammlung anzuschließen.

Was in dem Jahr nach der Notabelnversammlung in Paris und im ganzen Land geschah, wird in neueren Darstellungen gern als »Revolte des Adels« bezeichnet. In der Tat gehörte der Adel in dieser Zeit zu den unruhigsten Ständen des ganzen Landes, weit unruhiger als das Bürgertum und die städtischen und ländlichen Unterschichten, deren Stunde erst 1789 schlug.

In vielen Provinzen kam es zum Wiederaufleben alter ständischer Traditionen, die nun gegen die – aus der Sicht der Betroffenen – willkürlichen, unklaren und widersprüchlicheren Reformvorhaben der Regierung ins Treffen geführt wurden. Und keinesfalls überall war die stupide Bewahrung von Privilegien der alleinige Grund für die adelige Unruhe. Durch die Reformvorhaben der Regierung in ihrem Selbstverständnis zutiefst getroffen, machten sich viele Adelige Gedanken über die Überlebensfähigkeit der absoluten Monarchie und dachten an »parlamentarische« Regierungsverhältnisse, wie sie in England seit langem herrschten. Die Mehrzahl der Parlamente machte sich diese Klagen zu eigen und setzte seine gegen die königliche Regierung gerichteten Aktionen fort. Immer massiver trat dabei das Pariser Parlament wie eine repräsentative Vertretung Frankreichs auf, immer häufiger erhob es die Forderung nach einer Einberufung der Generalstände. Und der Meinungskampf, der zwischen Regierung und Opposition hin- und hertobte, griff immer mehr um sich; in einer Flut von Flugschriften wurde die Frage nach der Handlungsfähigkeit der Regierung und der zukünftigen Verfassung Frankreichs gestellt.

Insofern war »Revolte des Adels« nur ein und auf längere Sicht nicht einmal der wichtigste Aspekt dieser letzten Krise des monarchischen Systems. Daß es den Parlamenten gelang, fast wie eine moderne Opposition immer breitere Kreise der Öffentlichkeit für sich zu gewinnen, beleuchtet den Stand des Verfalls dieses Systems eindringlich. Aufgeklärte Beobachter schätzten die Eigensüchtigkeit, Borniertheit und demagogischen Talente des hohen Gerichtspersonals zwar richtig ein, das wie sonst niemand die alten Werte des Ancien Régime verkörperte und an sich wenig berufen war, in Frankreich eine Revolution herbeizuführen; doch sie stellten ihre Bedenken zurück und stützten die Politik der Richter, weil sie nur auf diesem Wege eine definitive Lösung der Krise erhofften. Und eine solche Lösung hieß für sie mindestens: Einberufung der Generalstände und umfassende Beratung der Finanz- und Verfassungssituation des Königreichs.

Die Regierung allerdings war im Sommer 1787 noch nicht bereit, diesen Weg zu beschreiten. Sie exilierte das aufmüpfige Pariser Parlament nach Troyes und erreichte damit nur eine noch größere Solidarisierung der Öffentlichkeit mit dem Obergericht. Die hohen Richter wurden jetzt zu »Märtyrern des Despotismus«. Einen Gipfel erreichte die Entwicklung dann im Sommer 1788: Auf der einen Seite versuchte jetzt auch die Regierung, die Öffentlichkeit für sich zu gewinnen, indem sie für 1792 die Einberufung von Generalständen in Aussicht stellte; auf der anderen Seite ging sie, wie Jahre zuvor schon der Kanzler Maupeou, erneut gegen das Pariser Parlament vor, nahm ihm seine wichtigsten Rechte (Remonstration und Einregistrierung, s. S. 111) und übertrug diese auf eine neugeschaffene Institution. Die Antwort auf diesen neuerlichen »Akt des Despotismus« waren Unruhen im ganzen Land, vor allem in den Städten mit Parlamentssitzen, die sich mit dem Pariser Parlament solidarisierten. Auch der Klerus begann zu rebellieren, er verweigerte dem König ein Großteil seiner »freiwilligen« jährlichen Abgaben und protestierte wie die anderen Stände

Jacques Necker, Favorit des Dritten Standes, nach der Entlassung Briennes, 1788 (anonymer zeitgenössischer Stich)

gegen die Angriffe der Regierung auf die »Freiheiten« der Untertanen. Zwischen den Hauptstädten der Provinzen bildete sich ein Netz von Korrespondenten aus, die sich gegenseitig über ihre Aktionen informierten, und vielerorts griff die Bewegung jetzt auch definitiv über die privilegierten Stände hinaus. In Vizille (im Dauphiné) beriefen zwei Bürger, die Advokaten Antoine Barnave und Jean-Joseph Mounier, die seit langem nicht mehr zusammengetretene Versammlung der Provinzialstände des Dauphiné ein, und am Ende ihrer Beratungen stand als Ergebnis: die Forderung nach baldiger Einberufung der Generalstände. Angesichts dieser breiten Front, angesichts des ungeheuren Vertrauensschwunds, der sich in solchen Akten manifestierte und keine Hoffnung ließ, die leeren Kassen noch einmal durch Anleihen bei ihren Untertanen zu füllen, kapitulierten König und Regierung im Sommer 1788: Die Gerichtsreform wurde erneut aufgehoben, der dafür zuständige Siegelbewahrer Loménie de Brienne entlassen und Jacques Necker, dem allein noch die Fähigkeit zugetraut wurde, Ordnung in die Finanzen zu bringen, in seine frühere Funktion zurückgebeten. Vor allem aber wurden jetzt die Generalstände definitiv für Mai 1789 einberufen! Der erste Schritt in Richtung auf eine Revolution der Verfassung war damit getan, die absolutistische Regierung, seit fast zwei Jahrhunderten gewohnt, ohne jede formale Mitwirkung der Untertanen zu handeln, gestand ihr Scheitern ein und trat praktisch von der Bühne ab. Was jetzt folgen würde, mochte aussehen wie es wollte: Eine Rückkehr zum Absolutismus alter Prägung war nicht mehr vorstellbar.

Die acht Monate zwischen diesen Ereignissen und der Eröffnung der Generalstände am 5. Mai 1789 waren in Paris und weiten Teilen des Landes von einer ständigen Aufheizung des politischen Klimas gekennzeichnet. Überall im Land wurde über die dringenden, durch die Generalstände zu beschließenden Reformvorhaben diskutiert, eine Stimmung ständig sich steigernder Erwartungen machte sich breit, eine Flut von Reformbroschüren überschwemmte das Land. Diese Flugschriften machen deutlich, daß Politik nicht mehr Sache der wenigen Menschen in der Umgebung des Königs in Versailles war, sondern alle betraf; sie zeigen auch, daß die Lektüre solcher Schriften nicht mehr den Eliten des Landes vorbehalten blieb, sondern vielen Menschen möglich war. Im Zuge dieser wachsenden Politisierung der französischen Öffentlichkeit kristallisierte sich immer deutlicher eine Frage heraus, die sich für die Zukunft Frankreichs als besonders bedeutungsvoll erweisen sollte: Was war Frankreich eigentlich in politischer Hinsicht? Wer hatte bisher das Sagen in diesem Land, wer sollte es künftig haben? Die Antworten, die gegeben wurden, waren sehr vielfältig, doch liefen sie in ihrer großen Mehrheit auf eine Erkenntnis, eine zentrale Idee hinaus: Das Wesen der französischen Bevölkerung gründet nicht in jenen Schichten, die im Lande bisher den Ton angegeben haben – im Klerus, den mächtigen Führern der Staatskirche, und im Adel; vielmehr beruht es auf der Vielzahl jener Menschen, die in der bisherigen Ständeordnung als »Dritter Stand« zusammengefaßt wurden und die trotz ihrer großen Zahl nur wenig Einfluß auf die Politik in Versailles nehmen konnten und daher wenig Möglichkeiten zur politischen Mitbestimmung hatten. Der Kampf um die Selbstbewußtwerdung des Dritten Stands wurde zu einem der großen Themen dieser Wochen, und mit ihm zusammen wuchs die Erkenntnis, daß nicht Klerus und Adel, sondern dieser Dritte Stand im Grunde die ganze Nation ausmache. »Was ist der Dritte Stand?«, so fragte in der berühmtesten Flugschrift dieser Tage, die diesen Titel trug und Anfang Januar 1789 erschien, der aus dem Süden Frankreichs stammende Abbé Sieyès. Und er gab sogleich selbst die Antwort: »Alles!« Und er fragte und antwortete weiter: »Was ist er bis jetzt in der politischen Ordnung gewesen? Nichts! Was verlangt er? Etwas zu sein!«

In solchen Schriften wurden um die Wende zum Jahr 1789 alle wesentlichen Elemente der neuen Ordnung Frankreichs intensiv diskutiert, so etwa die Idee der Repräsentation, der Volkssouveränität, der Freiheit und der übrigen Menschenrechte; auch die einer neuen Entwicklung hemmend entgegenstehenden Probleme der Privilegien, der persönlichen Abhängigkeit, der Herrschaft weniger über die Mehrheit wurden angesprochen. Zusammen mit dieser allgemeinen Politisierung der französischen Öffentlichkeit kam es hier und dort schon zu ersten heftigen Gegensätzen zwischen Menschen, die sich als bewußte Mitglieder des neu formierten Dritten Standes empfanden, und den Trägern der alten Ordnung; künftige revolutionäre Konflikte zeichneten sich ab. Die allgemeine Unruhe wurde noch dadurch gesteigert, daß es vielen Franzosen im Winter 1789 nicht gut ging, weil die Ernte des Vorjahres schlecht ausgefallen war. Getreide war wieder einmal, wie schon so oft in den letzten Dezennien, sehr teuer geworden, viele Bürger hatten Mühe, das Geld für das kostbare Brot aufzubringen. Der Hunger schürte den Haß auf die Privilegierten und trug seinen Teil zur Unzufriedenheit mit den im Lande herrschenden Zuständen und der Regierung bei.

Ein Thema entzweite die Franzosen in besonderem Maße: Das Pariser Parlament, der große Vorkämpfer für die Einberufung der Generalstände in den letzten Monaten, verstand diesen Akt als einen überkommenen, nichtrevolutionären: Die Generalstände sollten nach altem Herkommen, d. h. getrennt nach Ständen tagen, und auch der Abstimmungsmodus sollte der traditionelle bleiben; es sollte nach Ständen, nicht nach »Köpfen« abgestimmt werden. Die neuen Kräfte wollten auch dies grundlegend ändern: Sie wollten eine Verdoppelung der Zahl der Abgeordneten aus dem Dritten Stand (*doublement du tiers*), der damit in etwa ebenso viele Abgeordnete haben würde wie die beiden übrigen Stände zusammen, und sie wollten die Abstimmung nach Köpfen (*vote par tête*), und nicht nach Ständen. Das *doublement du tiers* wurde vom König bald zugestanden, und mit dieser Entscheidung wurde deutlich, daß auch das Pariser Parlament seine historische Rolle ausgespielt hatte: Von nun an stand es auf seiten der alten Kräfte, schlug die Stimmung in der Öffentlichkeit gegen diese Institution um.

Doch neben den wachsenden Gegensätzen gab es auch viel patriotische Begeisterung, die alle Stände erfaßte und zeitweise einte. In diesem Geist wurden, dem Herkommen gemäß, im Frühjahr des Jahres 1789 sogenannte Beschwerdehefte (*cahiers de doléances*) verfaßt, Eingaben der Stände auf allen Ebenen des Landes an die zukünftigen Generalstände mit ihren Bemerkungen zur augenblicklichen Situation Frankreichs und zu den notwendigen Reformen. Eine veritable Meinungsbefragung der ganzen französischen Bevölkerung fand somit statt, und der Historiker ist heute in der unschätzbaren Situation, aus diesen Quellen die politische Stimmungslage Frankreichs wenige Monate vor dem Ausbruch der Revolution ablesen zu können. Das Bild, das dabei entsteht, ist keineswegs so einheitlich, wie man früher immer glaubte; längst nicht alle Franzosen wollten eine Revolution, die allerwenigsten wollten gar das Königtum abschaffen. Allgemein war hingegen der Ruf nach Reformen: Reformen im Finanz- und Steuerwesen, Reformen von Regierung und Verwaltung, Reformen der ländlichen Abhängigkeitsverhältnisse bis hin zur völligen Abschaffung der alten »Feudalität«. Die Aussagen der Hefte der Stadt Paris unterschieden sich hinsichtlich ihrer Sprache und der Abstraktheit ihrer Forderungen von solchen, die aus weit entfernten Provinzen kamen: Die alten französischen Provinzen schickten in der Regel recht spezielle, konkrete und für die Regierung nicht sehr gefährliche Reformbegehren nach Versailles; in ihnen spiegelt sich der starke Regionalismus der französischen Provinzgesellschaft des Ancien Régime. Aus Paris hingegen drangen in den Beschwerdeheften abstraktere, allgemeinere und in mancher Hinsicht auch radikalere Töne an das Ohr des Königs: Hier war von Freiheit und gelegentlich auch von Gleichheit die Rede, hier wurde die Idee der Volkssouveränität

Die Tagung der Generalstände in Versailles, am 5. Mai 1789 (Stich von Isidore Helman, 1790)

zitiert und nach einer allgemeinen Repräsentation des Landes gerufen, hier artikulierte sich vor allem das Gewissen der neuen Einheit aller Franzosen, die Nation. Auch die Pariser Forderungen liefen nicht unbedingt auf eine Revolution oder die Abschaffung des Königtums hinaus, doch ihr politischer Veränderungswille war grundsätzlicher als überall sonst im Königreich. Es war vor allem ein Erfolg jener bürgerlichen und adeligen Kräfte, die hinter solchen Forderungen standen, wenn nach der Einberufung der Generalstände im Mai und ihrer Umwandlung in eine »Nationalversammlung« im Juni politische Programme vorhanden waren, mit deren Hilfe man das vom König zurückgelassene Machtvakuum ausfüllen konnte. Daß freilich auch sie den notwendigen Veränderungsprozeß in Frankreich nicht auf Dauer planen und kontrollieren konnten, sollte sich im Verlauf der Revolution nur zu bald zeigen.

Literaturhinweise

Quellen und Dokumente

Boislisle, Arthur Michel de (Hrsg.): Correspondance des contrôleurs généraux des finances avec les intendants de provinces (1683 bis 1715). 3 Bde. Paris 1874–97.
Chronique de la Régence et du Régne de Louis XV (1718–1763) ou Journal de Barbier. 8 Bde. Paris 1866.
Depping, Georges B. (Hrsg.): Correspondance administrative sous le règne de Louis XIV. 4 Bände. Paris 1850–55.
Flammermont, Jules (Hrsg.): Remontrances du Parlement de Paris au XVIIIe siècle. 3 Bde. Paris 1888–98.
Goubert, Pierre (Hrsg.): Louis XIV: Mémoires pour l'instruction du Dauphin (1806). Paris 1992.
Isambert, François André / Jourdan, Athanase-Jean-Léger (Hrsg.): Recueil général des anciennes lois françaises. 29 Bde. Paris 1821–1833.
Le Roy Ladurie, Emmanuel (Hrsg.): Vauban: La dîme royale (1707). Paris 1992.
Massenbach, Sigrid von (Hrsg.): Die Memoiren des Herzogs von Saint-Simon. 4 Bde. Berlin 1979.
Perrault, Charles: Le siècle de Louis XIV. Paris 1687.
Ziegler, Gilette (Hrsg.): Der Hof Ludwigs XIV. in Augenzeugenberichten. München ²1981.

Literatur

Antoine, Michel: Le conseil du Roi sous le Règne de Louis XV. Genf 1970.
– Louis XV. Paris 1989.
Bluche, François: Louis XIV. Paris 1986.
Bosher, John Francis: French Finances. From Business to Bureaucracy. Cambridge 1970.
Bourgeon, Jean-Louis: Les Colbert avant Colbert. Destin d'une famille marchande. Paris 1973.
Braudel, Fernand / Labrousse, Ernest (Hrsg.): Histoire économique et sociale de la France. Bd. 2: 1660–1789. Paris 1970.
Burke, Peter: Ludwig XIV. Die Inszenierung des Sonnenkönigs. Berlin 1993.
Dessert, Daniel: Argent, pouvoir et sciété au Grand Siècle. Paris 1984.
– Fouquet. Paris 1987.
Duby, Georges: Histoire de la France de 1348 à 1852. Paris 1991.
Durand, Yves: Les fermiers généraux au XVIIIe siècle. Paris 1971.
Faure, Edgar: La banqueroute de Law. 17 Juillet 1720. Paris 1977.
Furet, François: La Révolution: de Turgot à Jules Ferry; 1770–1880. Paris 1988.
– / Ozouf, Jacques (Hrsg.): Lire et ècrire des français de Calvin à Jules Ferry. 2 Bde. Paris 1977.
Goubert, Pierre: Ludwig XIV. und 20 Millionen Franzosen. Berlin 1973.
– Mazarin. Paris 1990.
Goubert, Pierre / Roche, Daniel: Les Français et l'Ancien Régime. 2 Bde. Paris 1984.
Gruder, Vivian: The Royal Provincial Intendants. A Governing Elite in Eighteenth-Century France. Ithaca / New York 1968.

Hazard, Paul: Die Krise des europäischen Geistes, 1680–1715. Hamburg 1939.
Henshall, Nicholas: The Myth of Absolutism. Harlow 1992.
Hinrichs, Ernst: Ancien Régime und Revolution. Studien zur französischen Verfassungsgeschichte zwischen 1589 und 1789. Frankfurt a. M. 1986.
– Fürsten und Mächte. Zum Problem des europäischen Absolutismus. Göttingen 2000.
– [u. a.] (Hrsg.): Vom Ancien Régime zur Französischen Revolution. Forschungen und Perspektiven. Göttingen 1978.
Le Roy Ladurie, Emmanuel: L'Ancien Régime: de Louis XIII à Louis XV; 1610–1770. Paris 1991.
Lüthy, Herbert: La banque protestante en France de la Révocation de l'Édit de Nantes à la Révolution. 2 Bde. Paris [2]1970.
Mager, Wolfgang: Frankreich vom Ancien Régime zur Moderne, 1630 bis 1830. Stuttgart 1980.
Maire, Catherine: De la cause de Dieu à la cause de la Nation. Le Jansénisme au XVIIIe siècle. Paris 1998.
Malettke, Klaus: Opposition und Konspiration unter Ludwig XIV. Studien zu Kritik und Widerstand gegen System und Politik des französischen Königs während der ersten Hälfte seiner persönlichen Regierung. Göttingen 1976.
– Jean-Baptiste Colbert. Aufstieg im Dienste des Königs. Göttingen 1977.
– (Hrsg.): Soziale und politische Konflikte im Frankreich des Ancien Régime. Berlin 1982.
Méthivier, Hubert: L'Ancien Régime en France XVIe–XVIIe–XVIIIe siècle. Paris 1981.
Meyer, Jean: Frankreich im Zeitalter des Absolutismus. 1515–1789. Dt. Ausg. bearb. von K. F. Werner. Stuttgart 1990.
Mousnier, Roland: Les institutions de la France sous la Monarchie Absolue. 1598–1789. 2 Bde. Paris 1974–80.
Reichardt, Rolf: Bevölkerung und Gesellschaft Frankreichs im 18. Jahrhundert: Neue Wege und Ergebnisse der sozialhistorischen Forschung 1950–1976. In: Zeitschrift für Historische Forschung 4 (1977) S. 154–221.
Richet, Denis: De la Réforme à la Révolution. Études sur la France moderne. Paris 1991.
– La France moderne: L'esprit des institutions. Paris 1973.
Roche, Daniel: Le Siècle des lumières en province. Académies et académiciens provinciaux. Paris 1978.
Rothkrug, Lionel: Opposition to Louis XIV. The political and social origins of the French Enlightenment. Princeton 1965.
Voss, Jürgen: Geschichte Frankreichs 2: Von der frühneuzeitlichen Monarchie zur Ersten Republik. 1500–1800. München 1980.

VON DER FRANZÖSISCHEN REVOLUTION BIS ZUM ENDE DER JULIMONARCHIE

(1789–1848)

Von Heinz-Gerhard Haupt

Epochenüberblick

Das 19. Jahrhundert wird durch den tiefen Einschnitt der Revolution eröffnet. Mit der Erklärung der Menschen- und Bürgerrechte, der Konfrontation der Legitimisten und Republikaner, der Neudefinition des Verhältnisses von Staat und Kirche, den revolutionären Aktionstagen, Bauernrevolten und Hungerunruhen wurden im ausgehenden 18. Jahrhundert wesentliche Prinzipien, wichtige politische Weichenstellungen, Problemlagen und Handlungsformen der späteren Entwicklung vorweggenommen. Große Teile des 19. Jahrhunderts sind als Experimentierfeld unterschiedlicher politischer Organisationsmodelle zu verstehen. Die Bandbreite der Erfahrungen reichte von der direkten Demokratie der Jakobiner über die konstitutionelle Monarchie und die plebiszitär abgesicherte Autokratie bis zur Dritten Republik. In dieser Entwicklung bildete das Revolutionsjahr 1789 gleichwohl einen Erfahrungsschatz, auf das die unterschiedlichen politischen und gesellschaftlichen Gruppierungen zurückgriffen, um sich abzugrenzen oder anzulehnen, Symbole und Parolen zu gewinnen. Bis in die Mitte des 19. Jahrhunderts hinein sorgten die persönlichen Erinnerungen der früheren Revolutionäre, die sie in Erzählungen oder Memoiren niederlegten, ebenso wie die zahllosen Gesamtdarstellungen der Revolutionszeit, politischen Lieder, Karikaturen und Stiche dafür, daß das revolutionäre Erbe nicht verlorenging. Danach gehörte die Revolution stärker zur öffentlichen Inszenierung der Vergangenheit, deren jeweiliger Inhalt und spezifische Form von den jeweiligen politischen Überlegungen abhingen. Die Erklärung des 14. Juli zum Nationalfeiertag (1881) bildete einen Markstein in dieser Entwicklung.

Die Ergebnisse der Revolution waren auch in der französischen Gesellschaftsordnung sichtbar. Die Kleinbauern, denen die Revolution ihren Besitz garantiert oder teilweise geschaffen hatte, bildeten das Rückgrat der Agrarverfassung und nahmen in dem Maße an Zahl zu, in dem die Realteilung das Land zerstückelte. Der Adel hatte im 19. Jahrhundert zwar seine wirtschaftliche Macht teilweise restaurieren können, erlangte über die lokale Ebene hinaus aber nicht mehr jene Bedeutung, die es ihm erlaubt hätte, ernsthafte Pläne zur Wiederherstellung seiner vormaligen Macht zu hegen. Er nahm vielmehr seinen Platz unter den Notabeln ein, in einem gesellschaftlichen Milieu, in dem reiche Adlige und bürgerliche Grundbesitzer sich für eine Entwicklung engagierten, die ohne tiefe Brüche und Umwälzungen stattfinden sollte. Sie fanden sich unter den Anhängern der gemäßigten royalistischen Regierungen der Restaurationszeit ebenso wieder wie unter den Anhängern Napoleons III. nach 1852. Ihre Position wurde durch den Industrialisierungsprozeß nicht grundsätzlich in Frage gestellt, den die Klein- und Mittelbetriebe prägten und in dem große industrielle Ballungsgebiete eher die Ausnahme als die Regel waren. Die Industrie hatte ihre vielfältigen Bindungen mit dem ländlichen Bereich oder mit der handwerklichen Werkstatt noch nicht abgeschnitten.

Die Besonderheit der Jahre 1789 bis 1848 besteht darin, daß in ihnen keine politische Ordnung gefunden wurde, die nicht nur die Ergebnisse der revolutionären Umwälzung garantiert, sondern auch durch Beteiligungsrechte die gesellschaftlichen Kräfte integriert hätte, die sich im Bürgertum und in Arbeiterkreisen zeigten.

Die Französische Revolution

(1789–1794)

1789	14. Juli: Sturm auf die Bastille.
	20. Juli: Beginn der *Grande Peur.*
	4. August: Abschaffung der Feudalrechte.
	26. August: Erklärung der Menschen- und Bürgerrechte.
	5./6. Oktober: Marsch der Pariser Bevölkerung auf Versailles.
	2. November: Enteignung der Kirchengüter.
1790	17. April: Die Assignaten werden als Währung akzeptiert.
	12. Juli: Zivilverfassung des Klerus.
	14. Juli: Fest der Föderierten in Paris.
1791	2. März: Beseitigung der Zünfte durch das Gesetz Allard.
	10. März: Der Papst verurteilt die Zivilverfassung des Klerus.
	22. Mai/14. Juni: Verbot von Zusammenschlüssen durch die Gesetze Le Chapelier.
	11. Juni: Überführung der sterblichen Überreste Voltaires ins Panthéon.
	20./21. Juni: Fluchtversuch des Königs scheitert in Varennes.
	17. Juli: Massaker auf dem Champ de Mars.
	1. Oktober: Eröffnung der Legislative.
1792	März/April: Agrarunruhen.
	20. April: Beginn des 1. Koalitionskriegs.
	11. Juli: Dekret »Vaterland in Gefahr«.
	10. August: Sturm der Tuilerien; Sturz der Monarchie; Einberufung eines Konvents.

2.–5. September: Massaker im Pariser Gefängnis.
20. September: Französischer Sieg in Valmy.
21. September: Abschaffung der Monarchie.
22. September Beginn des Jahres I der Republik.
6. November: Besetzung Belgiens.
1793 21. Januar: Hinrichtung Ludwigs XVI.
1. Februar: Kriegserklärung an England und Holland.
11. März: Beginn des Aufstands in der Vendée.
6. April: Schaffung des Wohlfahrtsausschusses (*Comité du salut public*).
1793 4. Mai: Festlegung von Maximalpreisen für Getreide und Mehl.
2. Juni: Verhaftung von 29 girondistischen Abgeordneten.
24. Juni: Abstimmung über die Verfassung des Jahres I.
27. Juli: Eintritt Robespierres in den Wohlfahrtsausschuß.
23. August: Einführung der allgemeinen militärischen Dienstpflicht (*Levée en masse*).
5. September: Beginn der *Terreur*.
27. September: Maximum-Gesetz (Lohn- und Preisstopp).
10. Oktober: Regierungsübernahme durch den allgemeinen Sicherheitsausschuß (*Comité de sûreté générale*).
1794 4. Februar: Abschaffung der Sklaverei in den französischen Kolonien.
13. März: Verhaftung der Hébertisten.
30. März / 5. April (16. Germinal II): Verhaftung und Hinrichtung Dantons.
8. Juni: Fest des »Höchsten Wesens«.
27./28. Juli (9. Thermidor II): Sturz und Hinrichtung Robespierres.

Wohl kaum ein welthistorisches Ereignis hat eine so geringe kurzfristige Wirkung gezeitigt wie der Sturm auf die Pariser Bastille am 14. Juli 1789. Eine aus Kaufleuten und Rentenbesitzern, Handwerksmeistern und Gesellen bestehende Menge drang zwar in die Festung ein, die als Gefängnis genutzt wurde und die Willkür der königlichen Justiz symbolisierte. Diese war fast leer. Aber bereits bei dem Sturm auf die Bastille lassen sich Handelnde und Handlungsweisen, Konfliktfelder und Kräfteverhältnisse ausmachen, die sich durch die verschiedenen Phasen der Revolution ziehen sollten.

Konflikte zwischen König und Nationalversammlung

Die Ereignisse des 14. Juli 1789 stellen nur ein Glied in einer Reihe von Auseinandersetzungen dar, die Ausmaß und Form der königlichen Macht einerseits, Kontroll- und Mitwirkungsansprüche der Öffentlichkeit andererseits zum Gegenstand hatten. In diesem Konflikt hatte König Ludwig XVI. es schon 1789 der Nationalversammlung überlassen zu handeln.

Im Laufe der Jahre 1789 bis 1792 nahm die Macht des Königs in dem Maße ab, in dem er mit der Konterrevolution und einer Verschwörung des Adels identifiziert wurde. Auf Druck der Pariser Bevölkerung mußte er am 6. Oktober 1789 Versailles als Residenzort aufgeben und nach Paris umziehen, wo er in dem Tuilerienschloß inmitten der Hauptstadt geradezu wie ein Gefangener lebte. Dieser symbolischen Entmachtung entsprach die faktische. Der Nationalversammlung stand die Gesamtheit der gesetzgebenden Befugnisse, dem König lediglich ein aufschiebendes Veto zu. Zwar ernannte er die Minister, deren Amtsdauer hing indes vor allem von der Mehrheit der jeweiligen Nationalversammlung ab. Die Mehrheit der Abgeordneten begünstigte zwar die konstitutionelle Monarchie. In dieser war von Anfang an die Position des Monarchen aber schwach. Ludwig XVI. selbst trug zu deren Schwächung dadurch bei, daß er durch seinen Umgang mit hochkonservativen Adligen den Anschein erweckte, als seien seine Zugeständnisse an die revolutionären Prinzipien Lippenbekenntnisse und als sei er fest im Lager der Konterrevolution verankert. So konnte auch der Treueeid, den der König am 14. September 1791 auf die Verfassung schwor, nicht den negativen Eindruck verwischen, den der Fluchtversuch des Königspaares im Juni desselben Jahres in der Bevölkerung hervorgerufen hatte. Der Krieg zunächst mit Österreich-Ungarn (20. April 1792), später mit anderen europäischen Staaten, von dem sich der Monarch seine Rettung erhoffte und dem er deshalb zustimmte, leitete indes den Untergang der Monarchie ein. Für die durch die ersten militärischen Niederlagen hochgradig erregte Pariser Öffentlichkeit rundete die Ablehnung des Königs von Parlamentsbeschlüssen das Bild eines dem Ausland stärker als der eigenen Nation zugetanen Monarchen ab. Die Pariser Sektionen, in denen sich inzwischen die Volksbewegung aus Handwerkern, Kleinhändlern und Gesellen zusammengeschlossen hatte, drangen innerhalb von zwei Monaten zweimal in das königliche Schloß ein. Am 20. Juni 1792 lehnte der König noch ab, seinen Widerstand aufzugeben. Beim Sturm auf die Tuilerien am 10. August, an dem auch Gruppen von außerhalb der Hauptstadt teilnahmen, floh er in die Nationalversammlung, die ihrerseits dem Druck der Sektionen nachgab und den König absetzte. Damit begann eine Entwicklung, in deren Verlauf einerseits die Monarchie in Frankreich abgeschafft wurde und andererseits die königliche Familie entgegen der Garantien der Verfassung strafrechtlich belangt wurde. Der inzwischen gewählte Konvent erklärte den König einstimmig für schuldig und stimmte mit einer knappen Mehrheit für das Todesurteil, das am 21. Januar 1793 auf der heutigen Place de la Concorde vollzogen wurde.

Der zunehmende Bedeutungsverlust der monarchischen Rechte und die Verurteilung Ludwigs XVI. führte in der französischen Bevölkerung keineswegs zu heftigen Gegenreaktionen. Vielmehr ging die Monarchie in einer Atmosphäre allgemeiner Gleichgültigkeit zu Ende, so daß anzunehmen ist, daß die Infragestellung der Monarchie bereits in Entwicklungen vor 1789 angelegt war. Auf alle Fälle ist sicher, daß nach 1793 die französische Monarchie nie mehr jene unbestrittene Gültigkeit erwerben konn-

Rechte Seite: Tafel mit der Erklärung der Menschen- und Bürgerrechte vom August 1789

DÉCLARATION
DES DROITS DE L'HOMME
ET DU CITOYEN,
Décretés par l'Assemblée Nationale dans les séances des 20, 21 23, 24 et 26 aoûst 1789, acceptés par le Roi
PRÉAMBULE
LES représantans du peuple Francois, constitués en assemblée nationale, considérant que l'ignorance, l'oubli ou le mépris des droits de l'homme sont les seules causes des malheurs publics et de la corruption des gouvernemens ont résolu d'exposer, dans une déclaration solemnelle, les droits naturels, inaliénables et sacrés de l'homme: afin que cette décla ration, constamment présente à tous les membres du corps social, leur rappelle sans cesse leurs droits et leurs devoirs; afin que les actes du pouvoir legislatif et ceux du pouvoir exé cutif, pouvant être à chaque instant comparés avec le but de toute institution politique, en soient plus respectés; afin que les reclamations des citoyens, fondées désormais sur des princi pes simples et incontestables, tournent toujours au maintien de la constitution et du bonheur de tous.
EN conséquence, l'assemblée nationale reconnoit et déclare, en presence et sous les auspices de l'Etre suprême les droits suivans de l'homme et du citoyen.
ARTICLE PREMIER.
LES hommes naissent et demeurent libres et égaux en droits; les distinctions sociales ne peuvent être fondées que sur l'utilité commune.
II.
LE but de toute association politique est la conservation des droits naturels et imprescriptibles de l'homme; ces droits sont la liberté, la proprieté, la sureté, et la résistance à l'oppression.
III.
LE principe de toute souveraineté réside essentiellement dans la nation, nul corps, nul individu ne peut exercer d'autorité qui n'en emane expressément.
IV.
LA liberté consiste à pouvoir faire tout ce qui ne nuit pas à autrui Ainsi, l'exercice des droits naturels de chaque homme, n'a de bornes que celles qui assurent aux autres membres de la société la jouissance de ces mêmes droits; ces bornes ne peuvent être déterminées que par la loi.
V.
LA loi n'a le droit de défendre que les actions nuisibles à la société, Tout ce qui n'est pas défendu par la loi ne peut être empêché, et nul ne peut être contraint à faire ce qu'elle n'ordonne pas.
VI.
LA loi est l'expression de la volonté générale; tous les citoyens ont droit de concourir personnellement, ou par leurs représentans, à sa formation; elle doit être la même pour tous, soit qu'elle protege, soit qu'elle punisse, Tous les citoyens étant égaux à ses yeux, sont également admissibles à toutes dignités, places et emplois publics, selon leur capacité, et sans autres distinction que celles de leurs vertus et de leurs talens
VII.
NUL homme ne peut être accusé, arrêté ni détenu que dans les cas déterminés par la loi, et selon les formes qu'elle a prescrites, ceux qui sollicitent, expédient, exécutent ou font exécuter des ordres arbitraires, doivent être punis; mais tout citoyen appelé ou saisi en vertu de la loi, doit obéir à l'instant, il se rend coupable par la résistance.
VIII.
LA loi ne doit établir que des peines strictement et évidemment nécessaire; et nul ne peut être puni qu'en vertu d'une loi établie et promulguée antérierement au délit, et légalement appliquée.
IX.
TOUT homme étant présumé innocent jusqu'à ce qu'il ait été déclaré coupable, s'il est jugé indispensable de l'arrêter, toute rigueur qui ne serait pas nécessaire pour s'assurer de sa personne doit être sévérement réprimée par la loi.
X.
NUL ne doit être inquiété pour ses opinions, mêmes religieuses pourvu que leur manifestation ne trouble pas l'ordre public établi par la loi.
XI.
LA libre communication des pensées et des opinions est un des droits les plus precieux de l'homme; tout citoyen peut dont parler écrire, imprimer librement: sauf à répondre de l'abus de cette liberté dans les cas déterminés par la loi.
XII.
LA garantie des droits de l'homme et du citoyen nécessite une force publique: cette force est donc instituée pour l'avantage de tous, et non pour l'utilité particuliere de ceux à qui elle est confiée.
XIII.
POUR l'entretien de la force publique, et pour les dépenses d'administration, une contribution commune est indispensable; elle doit être également répartie entre les citoyens en raison de leurs facultées
XIV.
LES citoyens ont le droit de constater par eux même ou par leurs représentans, la nécessité de la contribution publique, de la consentir librement, d'en suivre l'emploi, et d'en déterminer la quotité, l'assiette, le recouvrement et la durée.
XV.
LA société a le droit de demander compte a tout agent public de son administration.
XVI.
TOUTE société, dans laquelle la garantie des droits n'est pas assurée, ni les séparation des pouvoirs déterminée, n'a point de constitution
XVII.
peut en être privé, si ce n'est lorsque la nécessité publique, légalement constatée, l'exige evidemment, et sous la condition d'une juste et préalable indemnité
AUX REPRESENTANS DU PEUPLE FRANCOIS

te, die Herrscherhäuser in anderen europäischen Gesellschaften noch länger besaßen.

Die Konflikte zwischen König und Nationalversammlung rührten aus den Kontroversen über Veränderungen im staatlich-politischen Leben her. In seinen Briefen hat Ludwig XVI. gestanden, wie befremdet er von dieser tiefgreifenden Umgestaltung des Landes war. Bei dieser wurden nicht nur die ständischen, auf Geburt und Position beruhenden Vorrechte, sondern auch die alte Staatsordnung abgeschafft. In der Nacht des 4. August 1789 stimmte die überwiegende Mehrheit der Abgeordneten der Abschaffung der Feudalität zu, worunter nicht nur die in Frankreich kaum verbreitete Leibeigenschaft, sondern vor allem die persönlichen Rechte des Grundherren (Jagd-, Weiderechte u. ä. m.) verstanden wurden. Die sachlichen Rechte, die an die Ländereien gebunden waren, mußten indes zurückgekauft werden, bevor sie der Konvent 1793 entschädigungslos enteignete. Lediglich der Zehnte, der dem Klerus zugute kam, wurde bereits am 4. August 1789 abgeschafft. Mit der Erklärung der Menschen- und Bürgerrechte setzte sich eine Gesellschaft von über verbriefte unwiderrufliche Rechte verfügenden Individuen gegen die nach Herkunft gestufte Ordnung durch. Die persönliche Freiheit ebenso wie die Gleichheit vor dem Recht, die Sicherheit des Besitzes wie Widerstand gegen Unterdrückung wurden festgeschrieben. Gesetze sollten diese Grundrechte sichern und in die Praxis umsetzen. Zwischen die Einzelpersonen und den Souverän, d. h. die durch Wahlen gerechtfertigten Abgeordneten der Nation, durften sich im Selbstverständnis der Verfassungsgeber keine Zwischengewalten schieben, da diese der Intensität der Verbindung nur abträglich seien. Deshalb wurden die Zünfte und andere Assoziationen abgeschafft, und der Begriff der Partei erhielt eine negative Bedeutung. Aus der Zeit der Revolution stammt die Tradition, die Zwischengewalten im politischen Leben Frankreichs mit Mißtrauen zu beäugen. Die Nationalversammlung selbst ging aus indirekter Wahl hervor. Vom aktiven Wahlrecht ausgeschlossen waren die niedrig besteuerten Armen, Dienstboten und alle Frauen. Trotz dieser Beschränkung wählten 1791 vier Millionen Bürger – eine im Vergleich zum 19. Jahrhundert aufsehenerregend hohe Zahl! Mit der Neuordnung des Landes in Departements wurde das Wahlprinzip auf alle Ebenen der Verwaltung ausgedehnt.

Die Nutznießer der gesellschaftlichen Neuordnung waren vor allem Teile des Bürgertums, das als Teil des Staats- und Privilegienapparates des Ancien Régime auch teilweise zu den Verlierern der Revolution zählte. Aber die Vereinfachung des Warenverkehrs, die Zugangsmöglichkeit zu allen öffentlichen Positionen und die Bindung neuer Abgaben und Steuern an die Zustimmung der Nationalversammlung schufen Rahmenbedingungen, unter denen Handel und industrielle Geschäfte leichter und besser möglich waren als unter dem Ancien Régime. In der legislativen Versammlung (September 1791 – August 1792) ebenso wie im Konvent (August 1792 bis Oktober 1795) stammte die Mehrheit der Abgeordneten aus Kreisen des juristischen Berufen nachgehenden Bürgertums. Aber die Ämter und

Büros, deren Zahl im Zuge der Verwaltungsneuordnung zunahm, boten auch Handwerkern und Detailhändlern Arbeitsmöglichkeiten und Berufschancen. Schließlich gehörte die Entscheidung der Nationalversammlung, die Staatsschuld durch die Aufteilung und den Verkauf zunächst der Güter des Klerus und später auch der der emigrierten Adligen abzutragen, zu den Maßnahmen, die breite Schichten mit der Revolution versöhnten. Wenn auch vor allem Bürger und reiche Bauern von dem gigantischen Landverkauf profitierten, so gingen Kleinbauern auch nicht leer aus. Insgesamt trug dieser Verkauf dazu bei, daß das Bürgertum in Frankreich lange Zeit eng mit den ländlichen Gebieten verbunden blieb und das Kleinbauerntum eine materielle Grundlage erhielt, die erst gegen Ende des 19. Jahrhunderts leicht ins Wanken geriet.

Die Volksbewegung in der Revolution

Bei der Erstürmung der Pariser Bastille traten bereits diejenigen Teile der Pariser Bevölkerung auf, die bis 1795 das politische Geschehen in der Hauptstadt mitprägten. Diese stammten in ihrer Mehrheit aus Handwerk und Detailhandel, während Bürger und Lohnarbeiter in der Minderheit blieben. Die kleinbürgerlichen Schichten bevölkerten auch die vielfältigen Vereine, die seit der Bildung einer politischen Öffentlichkeit in den Jahren 1787 und 1788 in Frankreich an Zahl und Verbreitung zugenommen hatten. Während Ende 1790 lediglich ein Verein in 300 Gemeinden und Städten bestand, besaß vier Jahre später jede achte Gemeinde einen Verein. Wenn diese auch sozial und politisch unterschiedlich ausgerichtet waren, so waren Handwerker doch in allen vertreten und tendierten im Laufe der Revolution zunehmend zu jakobinischen Positionen, die vor allem die Sansculotten verteidigten. Die Sansculotten waren keine Klasse, sondern eine Mischung unterschiedlicher sozialer Elemente. Sie trugen Forderungen vor, die den Ablauf der Revolution beschleunigten und die bürgerlichen Fraktionen der Versammlungen oft in Zugzwang brachten. Die Furcht vor adligen Verschwörungen, die Sorge um das tägliche Brot und der Wunsch nach Wahrung traditioneller Gewohnheitsrechte gingen in Forderungen ein, durch Besteuerung und Lenkung, staatliche Repressionen und Vorsorge für das Wohl der arbeitenden Bevölkerung zu sorgen. Die in der politischen Auseinandersetzung angewandten Mittel standen in ihrer Grausamkeit den staatlichen Strafen in nichts nach. So inszenierten bereits die Sieger des Sturmes auf die Bastille ihre Siegesfeier dadurch, daß sie die königlichen Beamten Launay und Flesselles, die die Festung befehligt und verteidigt hatten, durch die Stadt schleiften, sie köpften und ihre Köpfe auf Lanzen ausstellten. Der Einsatz von Gewalt gegen Einzelpersonen und Sachen als Ausdruck kollektiver Ängste und staatliches Herrschaftsmittel zog sich durch die gesamte Revolution hindurch und beeinflußte ihren Verlauf. Besonders folgenreich waren die »revolutionären Tage« der Jahre 1792 und 1793 für den revolutionären Prozeß. Vor dem Hintergrund drohender militärischer Niederlagen und Versorgungsschwierigkeiten stürmten in beiden Situationen Aktivisten der Pariser Volksbewegung das Königsschloß bzw. die Nationalversammlung. Sie forderten die Bestrafung der Verantwortlichen und die Sicherung der Nahrung durch Kontrolle und Terror. Durch die Aktionen der Volksbewegung wurde nicht nur die Entthronung Ludwigs XVI., sondern auch die Verhaftung der gemäßigten Fraktion der Girondisten bewirkt. Denn die jeweils einander bekämpfenden Fraktionen in der Nationalversammlung benutzten die Aktionen der Pariser Sektionen, die sie in der Regel nicht kontrollierten, um den Ausschluß und die Ermordung unliebsamer Gegner zu rechtfertigen.

Hatte La Fayette 1791 noch eine Demonstration, die die Bestrafung des Königs forderte, von der Nationalgarde zusammenschießen lassen, so fehlte in der folgenden Zeit eine derartige Entschlossenheit der bürgerlichen Schichten. Selbst als Anfang September 1792 mehr als 1000 Gefangene in Pariser Gefängnissen von einer blindwütigen Menge umgebracht wurden, die die militärische Niederlage auf Verrat zurückführte und daraus ihr Recht auf Bestrafung ableitete, distanzierte sich die Mehrheit der Nationalversammlung nicht von der Lynchjustiz. Vielmehr waren die Volksproteste Anlaß, um jene Fraktion auszuschalten, die den revolutionären Prozeß beenden und die Dynamik der Veränderung einfrieren wollte. Anfangs wurden die Feuillants, dann die Girondisten und schließlich 1794 auch

Schleifung der Bastille (Farbaquatinta von Le Campion, 1789)

Maximilien Robespierre (anonymes zeitgenössisches Gemälde)

Teile der Jakobiner verhaftet und oft auch zum Tode verurteilt.

Vor allem die Politik der revolutionären Regierungen, der 1793 eingerichteten Wohlfahrts- und Sicherheitsausschüsse entsprach den Vorstellungen der Pariser Sektionen. Sie griffen zum Mittel der Reglementierung der Preise und Löhne, der Konfiszierung des Besitzes verdächtiger und verhafteter Personen, der schnellen Verhaftung und Aburteilung von Verdächtigen. Damit sorgten sie auch für jene innere Geschlossenheit, die nach Meinung der Sansculotten erst den Sieg im Krieg mit Europa ermöglichte. Aber jener Einklang war nicht ohne Mißtöne. Denn Robespierre setzte sich sowohl von jenen Jakobinern ab, die wie Danton einen Verständigungsfrieden mit Europa erwogen, als auch von den radikalen Wortführern der Volksbewegung wie Jacques René Hébert oder Jacques Roux. Damit aber schnitt er sich von jener politischen Kraft ab, die ihn an die Macht gebracht hatte. Er konnte deshalb am 27. Juli 1794, dem sogenannten 9. Thermidor des Jahres II, von einer Verschwörung der Abgeordneten des Konvents gestürzt und zum Tod durch die Guillotine verurteilt werden.

Robespierres gewaltsames Ende war kein Zufall. Es lag vielmehr in der Logik einer Sicht des politischen Lebens in Kategorien von Freund oder Feind, Verschwörer oder Revolutionär, die eindeutig terroristische Folgen hatte. Nicht Überzeugungsarbeit, das Suchen nach dem bestmöglichen Weg stand im Mittelpunkt, sondern die physische Vernichtung des Gegners gewann zunehmend an Einfluß. Dabei wurden Grundprinzipien der Revolution außer Kraft gesetzt. Die Verschärfung der staatlichen Repression ist auf die Ausweglosigkeit der äußeren Lage und die Aufstandsversuche im Landesinneren zurückgeführt worden, die vor allem in den Jahren 1793 und 1794 am stärksten waren. Zweifellos konnte die Vergeltungslogik in jener Extremsituation ihre Rechtfertigung finden. Sie entfaltete sich aber besonders deutlich, als die inneren Unruhen niedergeschlagen und die militärische Situation sich beruhigt hatte. Diese Chronologie spricht dafür, in dem als *Terreur* bezeichneten systematischen Einsatz von Gewalt auch und vor allem ein Herrschaftsmittel zu sehen.

Paris und Provinz

In der Erstürmung der Bastille zeigte sich auch, welche große Rolle dem Kräfteverhältnis in der Hauptstadt zukam. In der Tat sollten die Revolutionen des 19. Jahrhunderts beweisen, daß Paris entweder Entwicklungen im Land vorwegnahm oder diese nachhaltig beschleunigte. Über der Hauptstadt dürfen indes Bewegungen in der Provinz nicht vernachlässigt werden. Diese nahmen drei verschiedene Formen an. Einmal dauerten die Bauernrevolten der frühen Neuzeit an, die bei Hungersnöten oder Bedrohung von Ernteerträgen verbreitet waren. Bewaffnete Bauerngruppen erschütterten Teile Frankreichs im Winter 1789, im Winter 1790/91, im Sommer 1791 und Frühjahr 1792; diese Hungerunruhen, die immer wieder aufflackerten, führten dazu, daß die Produktion und die Preise der Grundnahrungsmittel 1793 der staatlichen Kontrolle unterworfen wurden. Die wirkungsvollste Bauernbewegung war die *Grande Peur*: In der zweiten Hälfte des Juli 1789 führte das Gerücht über einen Einmarsch ausländischer Truppen und der Protest über Abgaben und Steuern in Nordfrankreich, Burgund und dem Elsaß zum Sturm auf Schlösser und Abteien, bei dem vor allem die Dokumente der früheren Abhängigkeit verbrannt wurden.

Die Auseinandersetzung zwischen Staat und Kirche führte zu einer anderen Art der Konfrontation von Stadt und Land. Mit der Zivilverfassung des Klerus wollte die Revolution einerseits dem Anspruch der katholischen Kirche entgegentreten, zur nationalen Religion erhoben zu werden, andererseits die Kirche den Organisationsprinzipien der Revolution unterwerfen. Seit Mitte 1790 brachen in gemischtkonfessionellen Gebieten, wie in Nîmes, Uzès oder Montauban daraufhin bürgerkriegsähnliche Unruhen aus. Vor allem im Elsaß, im Zentralmassiv und in der Bretagne lehnten die Priester es ab, den Eid auf die Verfassung zu schwören, und sie wurden in ihrer Haltung von ihren Gemeinden unterstützt. Diese Politik gegenüber der katholischen Kirche trug nicht nur dazu bei, Teile der bäuerlichen Provinzbevölkerung der Revolution zu entfremden, sondern auch der Gegenrevolution ein Thema und eine Basis in der Bevölkerung zu beschaffen.

In dem dritten Typus von Bewegung vermischten sich mehrere Motive. Am bekanntesten ist ein Aufstand in der Vendée, der als Protest gegen den Kriegsdienst begann, dann aber mit der Parole »Für Gott und Kirche« die Ablehnung der Revolution global formulierte und teilweise auch von der Gegenrevolution benutzt wurde. Im Unterschied zu dieser Bewegung waren Aufstände in Lyon oder Bordeaux eher lokaler Ausdruck der Divergenzen zwischen der gemäßigten Politik der Girondisten und den Zielen der Jakobiner. Alle diese Bewegungen, die im Laufe der Jahre 1793/94 die Einheit Frankreichs und das Werk der Revolution in Frage stellten, wurden blutig niedergeschlagen.

Wenn diese Beispiele auch den Unterschied zwischen der Entwicklung in der Hauptstadt und in der Provinz unterstreichen, so ist dieser nicht überzubetonen. Die Forschung hat in der Vergangenheit die Eindringtiefe der revolutionären Erneuerung überzeichnet. Lediglich 10% der männlichen Bevölkerung Frankreichs war auf irgendeine Weise von den revolutionären Ereignissen erfaßt. Außerdem verknüpften sich die revolutionären Bewegungen in der Provinz mit denen in Paris. Ein besonders symbolträchtiges Zeichen dafür ist das Fest der Föderierten. Zu diesem reisten am 14. Juli 1790 vor allem aus Ost-, Nord- und Südwestfrankreich Delegierte nach Paris, um in einem Eid ihr Zusammengehörigkeitsgefühl auszudrücken und die Einheit ihrer Zielsetzungen zu demonstrieren. In der Tat hat die Französische Revolution einen wichtigen Beitrag zur Nationalisierung Frankreichs geleistet. So brachte der Kriegsdienst, der immer größere Teile der männlichen Bevölkerung erfaßte, die Betroffenen dazu, ihre lokale Umgebung zu verlassen. Aber auch die Gleichartigkeit der Verwaltung, die Durchdringung des Landes mit Vereinen, die Verbreitung der politischen Klubs und der Publikationen in der Provinz waren Mittel, um lokale und regionale Bindungen zwar nicht zu beseitigen, aber die Nation in breiteren Bevölkerungsteilen als wichtigen Bezugspunkt zu verankern. Der Krieg seit April 1792, das wechselhafte militärische Geschehen und die propagandistische Begleitung des Krieges trugen das ihre dazu bei, der Nation eine emotionale Ausstrahlungskraft und Bedeutung zu geben. Nicht zufällig wird die Geburtsstunde des modernen Nationalismus in der Revolution gesehen.

Direktorium, Konsulat und Kaiserreich

(1794–1814)

1794	8. Dezember: Rückkehr der Ausgeschlossenen in den Konvent.
	24. Dezember: Abschaffung des Maximums.
1795	1. April: Aufstand der Sansculotten in Paris.
	23.–27. Juni: Landung der Emigrierten in Quiberon.
	23. September: Verkündung der Direktorialverfassung.
	5. Oktober (13. Vendémiaire IV): Royalistischer Aufstand gegen den Konvent.
1796	2. März: Bonaparte kommandierender General der Italien-Armee.
	10. Mai: Verhaftung Babeufs, der am 27. Mai 1797 hingerichtet wird.
1797	4. September (18. Fructidor V): Antiroyalistischer Staatsstreich.
	17. Oktober: Frieden von Campo Formio.
1798	15. Februar: Gründung der Römischen Republik.
	11. Mai: Aufhebung der Wahl von »linken« Abgeordneten.
1798–1801/02	Krieg der 2. Koalition gegen Frankreich.
1799	16. Oktober: Rückkehr Bonapartes aus Ägypten.

	9. November (18. Brumaire VIII): Staatsstreich, Auflösung des Direktoriums.
	10. November: Ernennung von drei neuen Konsuln: Napoleon Bonaparte, Émmanuel Joseph Sieyès, Roger Ducos.
	15. Dezember: Proklamation der Verfassung des Jahres VIII.
1800	1. Januar: Schaffung des *Corps législatif* und des Tribunats.
	13. Februar: Gründung der *Banque de France.*
	2. März: Ernennung der ersten Präfekten.
	14. Juni / 3. Dezember: Siege über die Österreicher in Marengo und Hohenlinden.
1801	9. Februar: Frieden von Lunéville.
	15. Juli: Unterzeichnung des Konkordats.
1802	27. März: Frieden von Amiens.
	2. August: Proklamation des Konsulats auf Lebenszeit.
1803	Krieg gegen England.
1804	21. März: Veröffentlichung des *Code civile (Code Napoléon);* Erschießung des Herzogs von Enghien.
	18. Mai: Proklamation Bonapartes zum Kaiser.
	2. Dezember: Selbstkrönung Napoleons I.
1805	Krieg der 3. Koalition gegen Frankreich.
1806	12. Juli: Gründung des Rheinbunds.
	21. November: Beginn der Kontinentalsperre.
1806/07	Krieg der 4. Koalition gegen Frankreich.
1807	19. August: Abschaffung des Tribunats.
1808–1814	Krieg auf der Pyrenäenhalbinsel.
1809	Krieg gegen Österreich.
1810	1./2. April: Heirat Napoleons I. mit Marie-Louise, der Tochter Franz' II.
1812	11. März: Hungerunruhen in Caen.
	Oktober: Niederlage im Feldzug gegen Rußland.
1813	16.–19. Oktober: Niederlage in der Völkerschlacht bei Leipzig.
	29. Dezember: Die Legislative verurteilt die Fortsetzung des Kriegs und die Beseitigung der politischen Freiheiten.
1814	30. März: Kapitulation von Paris.
	2./6. April: Absetzung und Abdankung Napoleons I.

Obwohl mit dem 9. Thermidor, dem 27. Juli 1794, die Wahlperiode des Konvents noch nicht zu Ende war, wird der Sturz Robespierres mit guten Gründen als Einschnitt in der Geschichte der Revolutionszeit und als Beginn einer neuen Phase gewürdigt: die Republik des Thermidors und das Direktorium, das bis 1799 andauerte. In der Geschichtsschreibung haben diese fünf Jahre, die die Hälfte der gesamten revolutionären Epoche ausmachen, eine durchweg negative Würdigung erhalten. Sie werden mit Profit- und Vergnügungssucht, Leichtfertigkeit und Skrupellosigkeit gleichgesetzt und den »heroischen« früheren Perioden der Revolution entgegengestellt.

Kontinuität und Bruch im Direktorium

Es spricht einiges dafür, den 9. Thermidor 1794 als Wendepunkt der Entwicklung festzuhalten. Zum einen spielten seit diesem Datum die Volksbewegungen, vor allem die Aktionen der Pariser Sansculotten, keine ausschlaggebende Rolle mehr für die politischen Entscheidungen der Versammlungen. Diese widerstanden zweimal im Laufe des Jahres 1795 denjenigen Gruppen, die in den Konvent eindrangen, um unter der Parole »Die Verfassung des Jahres I und Brot« sowohl die Restauration der direkten Demokratie als auch die Wiederherstellung der Preiskontrollen zu verlangen. Im Unterschied zur Kapitulation in den Jahren 1792 bis 1794 widersetzte sich die Mehrheit der Nationalversammlung den Forderungen der Volksbewegung nach dem 9. Thermidor, verhaftete und deportierte gar mit der Pariser Bevölkerung sympathisierende Abgeordnete und entwaffnete den als besonders aufsässig geltenden Vorort Saint-Antoine. Ein Jahr später bereitete Gracchus Babeuf eine Verschwörung vor, in der eine aufgeklärte Minderheit die seit 1794 eher apathische Öffentlichkeit mobilisieren, das Privateigentum abschaffen und die gesellschaftliche Gleichheit durchsetzen sollte. Schon im Keim wurde dieser Versuch erstickt. Die Volksrevolten, die vor dem Thermidor staatliche Reglementierung und Repression gefordert und gemäßigte Positionen in der Nationalversammlung bedroht hatten, spielten diese Rolle nach 1794 nicht mehr.

Damit war auch der systematische Einsatz von Gewalt als Herrschaftsmittel überflüssig geworden. Ihr gelegentlicher Gebrauch gehörte gleichwohl noch nicht der Vergangenheit an. Vor allem gegen Emigranten und den Eid auf die Verfassung ablehnende Priester setzte das Direktorium – wie die neue Regierungsform nach Oktober 1795 genannt wurde – auf Verfolgung, Verhaftung, Deportierung oder Hinrichtung. Diese Repression nahm im Laufe der Zeit eher noch zu. Denn je fragiler die Existenz der neuen Ordnung wurde, desto blutiger waren die Maßnahmen gegen innenpolitische Feinde.

Schließlich sollte eine neue Verfassung die Lehren aus der Geschichte der Revolutionsjahre berücksichtigen und eine Rückkehr der »Schreckensherrschaft« ebenso wie die des Ancien Régime verhindern. Bereits in ihren Grundrechtsteilen nahm die Verfassung des Jahres 1795 Abstand von dem Recht auf Widerstand gegen die Staatsgewalt, um hingegen die Pflichten der Bürger bei der Befolgung von Gesetzen und der Verteidigung des Landes zu betonen. Ebenso wie im Grundrechtkatalog schien in Wahlrecht und Kompetenzverteilung der Wunsch durch, der direkten Demokratie und den als unkontrollierbar erscheinenden Ansprüchen des Volkes entgegenzutreten. Der Wahlmodus war indirekt. Zwar besaßen alle Steuerzahler weiterhin aktives Wahlrecht, das passive wurde indes auf eine Minderheit von Höchstbesteuerten begrenzt. Aus dem Kreis der Abgeordneten wurde der »Rat der Alten«, d. h. jene Abgeordneten, die mehr als 40 Jahre zählten, ausgesondert, der seinerseits als mäßigendes Element des Volkswillens verstanden wurde. Die Exekutive wurde einem Kollegium von fünf Direktoren übertragen, die Minister ernannten und Aufsichtsrechte über die gewählten lokalen Verwaltungen und die Justiz besaßen. Der Volkswille sollte mithin vielfältig gefiltert werden, um nicht mehr wie zuvor eine explosive Dynamik entfalten zu können.

Vor allem zwei Geburtsfehler belasteten in der Folgezeit die Verfassungswirklichkeit: Einmal klärte die Verfassung das Verhältnis zwischen der Exekutive und der Legislative nicht. Die Direktoren waren nicht den Versammlungen verantwortlich, die ihrerseits Gesetze vorschlagen und durchsetzen konnten. Sofern die politische Tendenz der Kammern von der des Direktoriums abwich, entstand eine Pattsituation. In dieser gewann eine dritte Gewalt eine strategisch wichtige Position, nämlich die Armee, die sich inzwischen von der parlamentarischen Kontrolle und der Bindung an republikanische Prinzipien befreit hatte und zu einem eigenen Machtfaktor geworden war. Als im Frühjahr 1797 die königstreuen Kräfte bei einer Teilwahl die Mehrheit gewannen, forderten die Direktoren unter dem Vorwand, daß ein royalistischer Putsch drohe, die Armee auf, die Nationalversammlung zu besetzen und die mißliebigen Abgeordneten zu verhaften. Schon zuvor hatte das Direktorium auf einen jungen General zurückgegriffen, um einen royalistischen Aufstand in Paris niederzuschlagen: Er hieß Napoleon Bonaparte. In dem Machtzuwachs der Armee und ihrer Generäle lag ein deutlicher Unterschied zu den vorangegangenen Phasen der Revolution. Der Staatsstreich Napoleon Bonapartes am 18. Brumaire des Jahres VIII (9. November 1799) lag in der Logik der Strategie, die

Napoleon am 18. Brumaire des Jahres VIII (Lithographie nach Courtin)

Revolution vor der Reaktion und vor der *Terreur* zu bewahren. Der zweite Mangel der Verfassung rührte aus der Bestimmung her, die Abgeordneten alljährlich zu einem Drittel, das Direktorium zu einem Fünftel zu ersetzen. Damit stellte sich das Problem der Machtsicherung in jedem Jahr neu. Eine Bestimmung, die die kontinuierliche Anpassung der Vertretungsorgane an die öffentliche Meinung garantieren sollte, wurde in dem Maße zu einer Bedrohung des Status quo, in dem die Öffentlichkeit Meinungen privilegierte, die denen der Direktoren zuwiderliefen. Aussetzung von Wahlen und Manipulation der Wahlergebnisse waren unter diesen Bedingungen für diese lebensnotwendig.

Trotz aller Veränderungen im Vergleich zu den vorangehenden Jahren sind doch die Kontinuitäten deutlich. Denn über den 9. Thermidor hinaus bildeten die Abgeordneten die überwiegende Mehrheit in den Versammlungen, die bereits für die Republik und den Tod des Königs, die Revolution und die Ausschaltung der Girondisten gestimmt hatten. Die Mitglieder des Konvents sicherten sich ihren Einfluß dadurch, daß sie gesetzlich festlegten, zwei Drittel der neuen Abgeordneten müßten aus ihren Reihen stammen. Mit den Personen setzte sich auch das Programm einer gemäßigten Republik der Besitzer durch. Mit Barras und Sieyès, Carnot und Barère rückten Personen in Führungspositionen des Direktoriums, die zu unterschiedlichen Zeiten der Revolution zentrale Funktionen innegehabt hatten. Während des Direktoriums dauerte die Finanz- und Versorgungskrise des Landes an, die sich in Teuerung und Hungerrevolten niederschlug. Versuche, die chronische Finanznot und die Inflation des Papiergeldes zu stoppen, scheiterten. Die Regierung war nicht in der Lage, die Staatspapiere angemessen zu verzinsen und die Beamten zu bezahlen. Vor dem Hintergrund dieser Probleme entwickelten sich immer wieder Oppositionsbewegungen in der Provinz, die zu lokalen Zusammenstößen führten oder reaktionären Adligen Fußvolk lieferten. Die administrative Durchdringung des Landes und die staatliche Konfliktregelung blieben ebenso Stückwerk wie zuvor. Auf die Lückenhaftigkeit staatlicher Herrschaft deutet schließlich der Erfolg von Räuberbanden hin, die in verschiedenen Gegenden von der Bevölkerung eher als Garanten von Ruhe und Ordnung angesehen wurden als die Regierungsbeamten.

Angesichts der instabilen innenpolitischen Lage und der gravierenden sozialen und finanziellen Probleme erhielt die militärische Expansion eine wichtige innere Funktion. Sie konnte das Direktorium nicht nur in den Augen der Bevölkerung bestätigen, sondern durch Eroberungen auch die Staatsfinanzen sanieren helfen. Die Siege im Krieg gegen Preußen und Spanien, der Friedensschluß des Jahres 1795 ebenso wie die Siege in Spanien und der Frieden von Campo Formio erweiterten das Gebiet der französischen Republik und führten zur Schaffung von Schwesterrepubliken, die eng vom französischen Staat abhingen. Die militärischen Erfolge verliehen aber vor allem den siegreichen Generälen, allen voran Napoleon Bonaparte, der mit seinen Truppen große Teile Italiens erobert hatte, ein Ansehen, das Politiker kaum gewinnen konnten. Wenn Napoleon auch bei seinem

Ägypten-Feldzug 1798 militärisch scheiterte, so wurde er bei seiner Rückkehr nach Frankreich doch, von breiter öffentlicher Zustimmung und Verehrung begleitet, als Mann der Stunde angesehen, der die Feinde von Frankreichs Grenzen verjagen, die Instabilität im Landesinneren beseitigen und das Land zu Ruhm und Wohlstand führen könne. In einem übrigens schlecht durchgeführten Staatsstreich am 18. Brumaire VIII löste er die Versammlungen auf, ersetzte das Direktorium durch drei Konsuln und ernannte sich selbst zum Ersten Konsul.

Das Programm Napoleons

In seiner Erklärung vom 15. Dezember 1799 formulierte Napoleon das Programm seiner Herrschaft, die erst 1815 endgültig zu Ende gehen sollte, mit folgenden Worten: »Bürger, die Revolution ist an die Prinzipien gebunden, nach denen sie angetreten ist. Die Revolution ist zu Ende.« In der Tat hielt Napoleon mehrere Errungenschaften der revolutionären Phasen aufrecht: Der Verkauf der Nationalgüter wurde anerkannt, der freie Zugang zu allen öffentlichen Posten garantiert, die Abschaffung der Zünfte anerkannt. Mit dem Franc Germinal schuf er eine stabile Währung und mit der *Banque de France* eine die Geld- und Kreditgeschäfte koordinierende Instanz. Das Zivilgesetzbuch, der *Code Napoléon*, der im Jahre 1804 verabschiedet wurde und den Abschluß einer langen justizreformerischen Reflexions- und Reformtätigkeit bildete, setzte in deutlicher Abkehr von den vielfältigen Gewohnheitsrechten des Ancien Régime das geschriebene Recht der Revolution durch. Er ließ vor allem dem Landeigentum besonderen Schutz angedeihen, schrieb die Gewissens- und Vertragsfreiheit ebenso wie die Laizität des Staates fest. Wenn gegenüber früheren Entwürfen auch die Rolle der Frau im gesellschaftlichen Leben eingeschränkt und die Scheidung erschwert wurde, so stand die Kodifizierung der Rechte des Individuums doch deutlich in der revolutionären Tradition. Gleichzeitig wurde der individuellen Leistung ein möglichst großer Raum eröffnet. Nicht nur in der Armee, sondern auch in den Gymnasien, der Universität und den Eliteschulen sollten die Besten Ausbildungs- und Aufstiegschancen erhalten. In all diesen Zusammenhängen verstand sich Napoleon als Kind der Revolution. In einer Bluttat gab er dieser Herkunft sogar einen symbolischen Ausdruck. So ließ er auf der Suche nach royalistischen Verschwörern 1804 den Herzog von Enghien entführen und ermorden. Da dieser ein Mitglied des Hauses Bourbon war, reihte sich Napoleon in die Reihen derjenigen ein, die durch ihre Zustimmung zur Hinrichtung Ludwigs XVI. unwiderruflich mit dem Ancien Régime gebrochen hatten.

Zugleich setzte er vor allem bis 1804 alles daran, Gräben, die die Revolutionszeit aufgerissen hatte, zuzuschütten. Zwar grenzte er sich sowohl von den Jakobinern als auch von den Royalisten ab, verzichtete aber auf die Verfolgung der Priester, die den Eid auf die Verfassung nicht geleistet hat-

Der Code Napoleon (Gemälde von Jean-Baptiste Mauzaisse)

ten und erlaubte Emigranten die Rückkehr nach Frankreich. In der Verwaltung beschäftigte er Männer mit unterschiedlicher politischer Vergangenheit und ließ emigrierte Adlige zu seinem Hof zu. Vor allem mit der katholischen Kirche fand er im Konkordat (1802) ein Arrangement, in dem sowohl die Rechtmäßigkeit des Verkaufs der Kirchengüter anerkannt als auch eine personelle Veränderung unter den Bischöfen bewirkt und gleichzeitig die dauernd aufflackernden Konflikte beseitigt werden sollten. Damit wurde aber auch der Kirche ein Handlungsspielraum eingeräumt, den diese in einigen Gegenden Frankreichs zur Propagierung konterrevolutionären Gedankengutes nutzte. Ein deutliches Zeichen der Distanzierung von der Vergangenheit war schließlich die Entscheidung, mit dem 31. Dezember 1805 die Geltung des im Oktober 1793 eingeführten revolutionären Kalenders zu beenden.

Die Revolution zu beschließen hieß in der Meinung zahlreicher Zeitgenossen vor allem, die Instabilität der innenpolitischen Verhältnisse zu beseitigen. Daß eine starke Zentralgewalt notwendig sei, um die revolutionären Errungenschaften zu bewahren, diese Auffassung hatte sich bereits im Direktorium ihren Weg gebahnt und leitete auch Napoleons Maßnahmen. Die neue Verfassung gehorchte folgendem, von Cabanis formulierten Prinzip: »Alles wird für das Volk, im Namen des Volkes gemacht; nichts wird durch es noch unter seinem unüberlegten Diktat gemacht.« Wenn auch Napoleon das aktive Wahlrecht nicht einschränkte und ein plebiszitäres Element in die Verfassung einführte, indem er bei wichtigen Fragen die Bevölkerung zu einer von ihm gewählten Formulierung konsultierte, so konnten die Wähler ihrerseits nur unter einer kleinen Gruppe von »Notabilitäten« Vertreter auswählen, die von der Regierung benannt wurden. Nicht nur war die Auswahl der Passivbürger in die Hand der Obrigkeit gelegt, sondern auch die Zusammensetzung des Staatsrates, der die Gesetzesinitiative besaß. Das Tribunat diskutierte dann die Gesetze, die Legislative stimmte über sie ab. Durch diese Verfassungsordnung waren zentrale Grundlagen der repräsentativen Regierungsform beseitigt. Die Exekutive war bei der Wahl der Abgeordneten so stark präsent, daß diese kaum einen eigenen Handlungsspielraum gewinnen konnten. Verschiedene Versammlungen, die an der Gesetzgebung beteiligt waren, konnten überdies leicht gegeneinander ausgespielt werden. Die sich in der Nationalversammlung ausdrückende nationale Souveränität hatte ihre strukturprägende Kraft verloren. Auch bei der Organisation der Lokal- und Regionalverwaltung galt das Wahlprinzip nicht mehr. Die Präfekten wurden von dem Ersten Konsul eingesetzt, der auch die Unterpräfekten ernannte, die ihrerseits die Bürgermeister der Städte bestimmten. Diese streng hierarchische, zentralisierte und von der Spitze aus geleitete Verwaltungsordnung besteht bis in die Gegenwart fort. Eine umfangreiche Polizeiverwaltung sollte die Durchsetzung der Maßnahmen und Gesetze garantieren und die Veränderungen der öffentlichen Meinung kontrollieren. Zensur und Spitzeltum gehörten zum Arsenal des Kaiserreichs.

Obwohl Napoleon Bonaparte als Erster Konsul mithin über mehr Macht in einem auf die Staatsspitze zugeschnittenen Verwaltungsapparat verfügte als zuvor Ludwig XVI. oder Robespierre, erschien seine Position unsicher. Dies zeigte sich in den Gerüchten über mögliche Nachfolger, die vor allem dann blühten, wenn der Konsul die Tuilerien verlassen hatte, um als Feldherr Schlachten zu gewinnen. Angesichts dieser Instabilität suchte Napoleon seine Macht auf Dauer zu festigen. In einem Plebiszit stimmte die überwältigende Mehrheit der Wähler 1802 dem Antrag, ihn zum Konsul auf Lebenszeit zu ernennen, und zwei Jahre später seiner Wahl zum Kaiser zu. In einer 1804 pompös ausgerichteten Krönungsfeierlichkeit in der Pariser Kirche Notre-Dame ließ sich Napoleon seine neue Würde sowohl durch den Papst als auch die verfassungsmäßigen Organe Frankreichs bestätigen. Seit diesem Zeitpunkt nahmen seine Bestrebungen zu, sich den Nimbus eines Monarchen zu geben, der der Dauer der Herrschaft seiner Dynastie sicher sein konnte. Er umgab sich mit einem Hofstaat, in dem Abkömmlinge aus alten adligen Geschlechtern ihn umschmeichelten, schuf einen erblichen Verdienstadel, den er mit Ländereien ausstattete und von sich abhängig machte, und förderte die Herausbildung einer besitzen-

Napoleons Kaiserkrönung (Gemälde von Jacques-Louis David, Ausschnitt)

den Elite, der Notabeln, die die Gesellschaft beeinflussen, lenken und stabilisieren sollte. Die Heirat mit Marie-Louise, der Tochter des österreichischen Herrschers Franz I. (II.) im Jahre 1810 war der Höhepunkt der dynastischen Mimikry, ohne daß diese jedoch bewirkt hätte, daß Napoleon von den europäischen Herrscherhäusern als einer der ihren angenommen worden wäre.

Die Kriege des Kaisers

Das wirksamste Mittel Napoleons, seine Macht zu zementieren, war und blieb der militärische Erfolg. Durch diesen hatte er sich dem Direktorium unentbehrlich gemacht, durch ihn hatte er Anspruch auf die Staatsmacht erhoben und breite Zustimmung und Popularität in der Bevölkerung gewonnen. Bei Niederlagen regte sich selbst während des Kaiserreichs die ansonsten schwache Opposition, und es wurde über Nachfolger Napoleons gemunkelt. Der außenpolitische Erfolg schien ihm über lange Strecken seiner Regierungszeit hindurch treu zu bleiben. Durch die Friedensschlüsse von Lunéville (1801) und Amiens (1802) gewann er die Zeit, um die notwendigen innenpolitischen Reformen durchzuführen, die in der

Das Reich Napoleons 1812

Rückschau das Dauerhafte seiner Herrschaft ausmachen. Aber ab 1803 begann der Krieg vor allem mit England erneut und sollte die gesamte Zeit der napoleonischen Herrschaft begleiten. Der Konflikt mit England gründete sich auf die unterschiedlichen Konstruktionsprinzipien beider Gesellschaften. Die englische Regierung versuchte überdies, in der Kontinuität ihrer Außenpolitik die Machtkonzentration auf dem Kontinent zu verhindern und trat als Geldgeber und Drahtzieher der verschiedenen Koalitionen gegen Frankreich auf. Napoleon seinerseits suchte England auf dem Kontinent zu isolieren und privilegierte dabei die Allianz mit Rußland. Bei seinen Kriegszügen konnte er sich auf die Freiwilligenarmee stützen, die aus der Revolutionszeit stammte, die ihrerseits aber immer stärker durch ausländische Verbände ergänzt wurde und nicht mehr der Republik, sondern vor allem dem Ersten Konsul bzw. Kaiser verpflichtet war.

Hatten die Kriegsziele Napoleons bis 1802 noch der Wahrung der »natürlichen Grenzen« gegolten, so richteten sie sich in der Folge darauf, England und seinen kontinentalen Alliierten eine entscheidende Schwächung zuzufügen. Die Kriegsführung in Preußen im Oktober 1806 und die Schlachten von Jena und Auerstedt, der Sieg über Rußland und der Friede von Tilsit ein Jahr später, die Eroberung Roms im Februar 1808 und der Einmarsch in Madrid im März gehören in diesen Kontext. Die Proklamation einer Handelsblockade – Kontinentalsperre genannt – am 21. November 1806 diente dem gleichen Ziel. Die Blockade, die in den folgenden Jahren verschärft und auf alle Länder ausgedehnt wurde, erreichte zwischen 1810 und 1812 ihren Höhepunkt. Das napoleonische Empire erreichte Ende 1809 seine größte Machtentfaltung. Das Reich zählte 130 Departements und 70 Millionen Einwohner, davon waren nur 30 Millionen Franzosen. Es reichte von Brest bis Hamburg, von Amsterdam bis Rom und wurde durch zahlreiche Satellitenstaaten (Rheinbund, Schweiz, italienische Republik, Großherzogtum Warschau) geschützt. Aber die Risse in dem Gebäude zeigten sich bereits deutlich. Trotz zahlreicher diplomatischer Bemühungen gelang es Napoleon nicht, ein dauerhaftes System des Friedens zu errichten. Vor allem der Zar entzog sich seinen Avancen, und der österreichische Kaiser hielt sich bedeckt. Darüber hinaus exportierten die französischen Truppen nicht nur die Sozial- und Verwaltungsordnung Frankreichs, sondern forderten auch Steuern und Abgaben ein. Da der Krieg sich selbst finanzieren mußte, bürdeten die Besatzungstruppen den Bevölkerungen hohe Lasten auf und provozierten Gegenreaktionen. Parallel zu dem wachsenden Unwillen in Frankreich, die Wehrpflicht und die Kriegskosten zu ertragen, brachen auch in den besetzten Gebieten Befreiungsbewegungen aus, die von Spanien ihren Ausgang nahmen. Da die Kontinentalsperre Handel und Industrie in Frankreich keineswegs die erhofften wirtschaftlichen Vorteile verschaffte, war Napoleon auch im Landesinneren mit Kriegsmüdigkeit konfrontiert und darauf angewiesen, durch militärische Erfolge seine Position zu stärken.

Nach dem Bruch des französisch-russischen Bündnisses begann 1812 der Anfang vom Ende. Napoleon marschierte an der Spitze einer multinationalen Armee in Rußland, am 14. September sogar in Moskau ein, wurde auf dem Rückzug aber in zahlreichen Gefechten geschlagen und verlor das Gros seiner Armee. Sein Scheitern ermunterte seine inneren und äußeren Gegner dazu, sich zusammenzuschließen, und in der Völkerschlacht bei Leipzig (16.–19. Oktober 1813) unterlag Napoleon den Truppen der europäischen Großmächte. Als am Ende des selben Jahres die Legislative sich gegen die Fortsetzung des Krieges aussprach, formulierte sie eine verbreitete Meinung und signalisierte Napoleon, daß sein Rückhalt in der Bevölkerung zu bröckeln begann. Nach der Kapitulation von Paris (30. März 1814) setzte der Senat Napoleon am 2. April ab, und dieser dankte am 6. April ab. Der Kitt des militärischen Ruhmes, der das Kaiserreich zusammengehalten hatte, war abgebröckelt.

Das Napoleonische Heer auf seinem Rückzug aus Rußland (Gemälde von Nicolas Toussaint Charlet, 1836)

Die Ergebnisse der Revolutionszeit

Versucht man, die Französische Revolution in umfassendere historische Entwicklungen einzuordnen, so gelangt man zu einem differenzierten Bild. Die globale Deutung der Revolution als Bruch mit der vorhergehenden Entwicklung oder als deren Fortsetzung ist für die einzelnen gesellschaftlichen und politischen Bereiche zu diskutieren. Am deutlichsten ist die Bedeutung der revolutionären Ereignisse im Übergang von der ständischen, auf die mit Herkunft und jeweiliger Position verbundenen Vorrechte sich gründende Gesellschaft zu der bürgerlichen, in der auf der Basis von Freiheit und rechtlicher Gleichheit prinzipiell alle Positionen den Bürgern zugänglich waren. Hier hat die Revolution in der Tat die ständischen Strukturen zerschlagen, Stellungen in Armee und Verwaltung sozial geöffnet, das meritokratische Prinzip festgeschrieben. Sozial gesehen war die Revolutionszeit dadurch nicht nur eine Phase erhöhter sozialer Mobilität, wenn deren genaues Ausmaß auch kaum zu messen ist, sondern auch sozialer Veränderungen, deren Nutznießer auf dem Lande vor allem reiche Bauern und Bürger waren, zu deren Verlierern die katholische Kirche und – wenn auch in geringerem Ausmaß – die Adligen zu rechnen sind. Keineswegs war der Siegeszug der bürgerlichen Gesellschaft aber mit dem des Bürgertums identisch, wenn unter Bürgern jene Klassenformation verstanden wird, die, auf Kapital oder Fachgeschultheit gestützt, ihre Einheit in geschlossenen Heiratskreisen und beruflicher Vererbung ebenso wie in der Verteidigung bürgerlicher Werte findet. Das französische Bürgertum der Revolutionszeit blieb mehrheitlich an den Landbesitz gebunden, damit Teil einer Gesellschaft der Notabeln, die aufgrund dieses Besitzes, enger familiärer Bindungen und politischer Vorrechte ihre soziale Vormachtstellung behaupteten und zwischen Adligen und Bürgern zahlreiche Kontakte stifteten. Vor allem Napoleon I. ist als Förderer dieser Symbiose hervorgetreten und hat bei der Geburt dieser adlige und bürgerliche Elemente verbindenden Mischform Pate gestanden. Nicht die Bildung noch die Wirtschaft, sondern der Landbesitz prägte das Gesicht des französischen Bürgertums. Es wäre aber auch grundsätzlich falsch, die Französische Revolution mit der Industrialisierung oder Kapitalisierung Frankreichs ineinszusetzen. Diese begann erst mehrere Jahrzehnte später. Nach wie vor bildete der Rhythmus der Landwirtschaft die Grundlage des wirtschaftlichen Lebens. Das Verlagssystem und das Handwerk waren im gewerblichen Bereich einflußreicher als Manufakturen oder Fabriken. Die revolutionäre Gesetzgebung befreite indes die industrielle Tätigkeit von administrativen Fesseln und schuf durch das einheitliche Münz- und Zollsystem, die gemeinsame Währung und die Bank von Frankreich Bedingungen, unter denen sich Gewinnstreben und Innovationen entfalten konnten. Schließlich kam der Revolution bei der Schaffung einer republikanisch geprägten politischen Kultur eine wesentliche Funktion zu. Durch die Prinzipien der Freiheit und Gleichheit wurde die Basis für die repräsentative Regierungsform gelegt, die den Absolutismus ablöste. Wenn diese auch keineswegs alle Bürger gleichmäßig beteiligte, so gründete sie sich doch auf eine Gesellschaft von Individuen, die persönlich frei und rechtlich gleich waren. Die Revolutionszeit hat darüber hinaus in Frankreich ein Arsenal an Symbolen und Parolen, Riten und Zeremonien bereitgestellt, auf das spätere Regierungen und Oppositionsbewegungen zurückgreifen konnten. So benutzten in der Restauration Republikaner und Liberale die Trikolore, um dem Lilienbanner der Bourbonen eine andere Tradition entgegenzustellen. Die Verfassung des Jahres 1793 ebenso wie die Verschwörung der Gleichen gingen als zentrale Bestandteile in eine republikanische Strategie ein, die versuchte, demokratische und soziale Forderungen zu verbinden. Symbole und Freiheitsbäume, das Panthéon und die Statue auf der Place Vendôme, all diese Symbole der Revolutionszeit waren aus den politischen Tageskämpfen des 19. Jahrhunderts nicht mehr wegzudenken.

Die Restauration

(1814–1830)

1814	3. Mai: Einzug Ludwigs XVIII. in Paris.
	30. Mai: Erster Pariser Frieden.
	4. Juni: Verkündung der *Charte constitutionelle.*
	18. September: Beginn des Wiener Kongresses.
1815	1. März: Landung Napoleons in Südfrankreich.
	20. März: Einzug Napoleons in Paris, Beginn der Hundert Tage.
	18. Juni: Schlacht bei Waterloo.
	22. Juni: Zweite Abdankung Napoleons, Verbannung nach Sankt Helena.
	14.–22. August: Wahlen zur Deputiertenkammer.
	20. November: Zweiter Pariser Frieden.
	27. Dezember: Erlaß von Ausnahmegesetzen.
1816	5. September: Auflösung der *Chambre introuvable.*
1817	Februar: Wahlgesetz.
1818	12. März: Militärgesetz.
1820	14. Februar: Ermordung des Herzogs von Berry.
	12. Juni: Neues Wahlrecht.
1821	November: Verschwörung der Carbonari.
1823	7. April: Beginn der französischen Intervention in Spanien.
1824	16. September: Regierungsantritt Karls X. nach dem Tod Ludwigs XVIII.
1825	27. April: Gesetz über Milliarde der Emigranten.
1829	8. August: Kabinett Polignac.
1830	18. März: Adresse der 221 Abgeordneten an den König.
	16. Mai: Auflösung der Kammer.
	25. Juli: 4 Ordonnanzen des Königs.

Daß Napoleon aber immer noch Loyalitäten wecken und für sich benutzen konnte, zeigte sich während des »Hundert Tage« genannten Intervalls (1. März – 22. Juni 1815), in denen er von seinem Exilort, der Insel Elba, kommend, durch die Alpengegenden Frankreichs marschierte, die Unterstützung seiner vormaligen Kampfgenossen erhielt und Ludwig XVIII. erneut ins Exil trieb. Die Ungeschicklichkeiten der ersten Restauration begünstigten Napoleon bei seiner kurzzeitigen Rückkehr nach Frankreich. Die Lyoner Bevölkerung etwa gab nicht dem Drängen nach, sich dem ehemaligen Kaiser entgegenzustellen, sondern empfing ihn mit den Rufen: »Es lebe der Kaiser! Nieder mit den Adligen! Nieder mit den Priestern! Tod den Royalisten!« Wenn die vor allem nach 1840 nostalgisch ausgemalte Napoleonlegende rückschauend auch die Einmütigkeit überbetont hat, mit der der Kaiser in Frankreich empfangen wurde, so ist doch sicher, daß die Erinnerung an seine militärischen Siege und sein Engagement für das Programm und die Symbolik der Revolution ihm zahlreiche Anhänger zuführten. Darüber darf aber nicht die Opposition oder die abwartende Haltung unter den Notabeln und in der politischen Klasse vergessen werden. Als Napoleon den ehemaligen Oppositionellen des Kaiserreichs Benjamin Constant damit betraute, in einem Zusatzakt zu den Verfassungen des Empires, Prinzipien der parlamentarischen Regierung festzuschreiben, blieb die Zustimmung zu dieser vermeintlichen politischen Sinnesänderung Napoleons aus. Von der Atmosphäre des 18. Brumaire war in den Hundert Tagen wenig zu spüren. Da überdies die Alliierten den ehemaligen Kaiser am 13. März 1815 mit dem Bann belegten, stand dem neuen Regime eine kriegerische Auseinandersetzung mit den vereinten europäischen Mächten bevor. Am 18. Juni verlor Napoleon bei Waterloo seine letzte Schlacht, dankte am 22. Juni ab und schiffte sich am 15. Juli nach Sankt Helena ein, von wo er lediglich als mythische Figur im Rahmen einer politisch benutzten Verherrlichung des Kaiserreichs zurückkommen sollte.

Das Regierungssystem der konstitutionellen Monarchie

Die Restaurationszeit (1814–1830) hat ihren Namen aus dem Selbstverständnis der 1814 aus dem Exil zurückgekehrten Bourbonen gewonnen. Diese gründeten ihren Herrschaftsanspruch nicht auf eine Willenserklärung der Nation, sondern auf ihre altangestammte, durch Gottesgnade gestiftete Legitimität. Ludwig XVIII. sah sich 1814 dementsprechend im 19. Jahr seiner Regierungszeit, die durch die Revolution unterbrochen, aber keineswegs beendet worden sei. Trotz dieser Anknüpfung an die monarchische Tradition kennzeichnete Kompromißdenken die Anfangsmonate der Bourbonen-Regierung im Jahre 1814. Zwar oktroyierte der König eine *Charte constitutionelle* genannte Verfassung, erkannte in dieser aber wesentliche Ergebnisse der Revolution an. Sowohl die vom Kaiser vorgenommenen Adelungen als auch der Verkauf der Nationalgüter, die Justiz ebenso wie die Verwaltungsordnung der Revolution und des Empires, alle Grade und Pensionen, Renten und Ehrenzeichen der vorangegangenen Regierungen wurden akzeptiert. Außerdem untersagte die Verfassung die Verfolgung der Meinungen und Voten der Vergangenheit und bestimmte eine breite Amnestie. Der hier zum Ausdruck kommende Versöhnungswille des Königs schien auch in der Verfassung der *Charte* durch.

Die neue Staatsform ist als repräsentative, aber keineswegs als parlamentarische Monarchie zu bezeichnen. Zwar war der König an die Verfassung gebunden, die zentrale Grundrechte wie Gleichheit vor dem Gesetz, individuelle Meinungs-, Presse- und Religionsfreiheit festschrieb, aber bei der Wahl seiner Minister war er frei. Er verfügte zum einen über die traditionellen Attribute eines Staatsoberhauptes (Oberbefehl über Heer und Marine, Entscheidung über Krieg und Frieden, Abschluß von Bündnissen und Handelsverträgen) und mit Artikel 14 auch über einen Paragraphen, der ihm im Notfall für Ordnungsrecht zustand. Zum andern setzte er der parlamentarischen Arbeit Rahmenbedingungen, indem er die Mitglieder der Zweiten Kammer, die Pairs, ernannte, die Versammlung einberief, vertagte oder auflöste und auch das Recht der Gesetzesinitiative besaß. Die Kammern stimmten über Gesetze und ein jährlich zu erstellendes Budget ab. Die seit 1795 vorherrschende Tendenz, die Kompetenzen der gewählten Körperschaften zu beschneiden, setzte sich mithin auch nach 1814 fort. Auch die Beschränkung des Wahlkörpers auf eine Minderheit von Begüterten war nichts Neues, wenn auch die restaurierte Monarchie das Steueraufkommen mit 300 bzw. 1000 Francs besonders hoch ansetzte und außerdem auf Volksbefragungen verzichtete. Dadurch kam eine verschwindende männliche Minderheit von gut 90 000 Franzosen in den Genuß des aktiven, 15 000 in den des passiven Wahlrechts.

Wenn Ludwig XVIII. durchaus den Inhalt der Revolution annahm, so blieben die Symbole und die Sprache des neuen Regimes weiterhin der monarchischen Vergangenheit verhaftet. Nicht nur kehrten mit dem König

Ankunft Ludwigs XVIII. in Calais, am 24. April 1814 (von Innocent-Louis Goubaud)

zuvor emigrierte Höflinge zurück, sondern auch die Form der Selbstdarstellung der Monarchie setzte sich von der revolutionären Vergangenheit deutlich ab. Hatte schon der Beschluß, die noch nicht verkauften Nationalgüter ihren Besitzern zurückzugeben, Unruhe unter den neuen Besitzern säen können, so mußte die enge Verbindung von Thron und Altar als Zeichen der Restauration des Ancien Régime erscheinen. Da überdies die Todestage Ludwigs XVI. und Marie-Antoinettes mit großem Pomp gefeiert wurden, berief sich die restaurierte Monarchie auf eine Tradition, die die Mehrheit der Franzosen nicht akzeptierte.

Als Ludwig XVIII. am 8. Juli 1815 nach den Hundert Tagen aus dem Genter Exil zurückkehrte, hatte sich die Lage seit der ersten Restauration in doppelter Hinsicht geändert. Zum einen setzten die europäischen Großmächte Friedensbedingungen durch, die ungleich härter als ein Jahr zuvor waren. So wurde das französische Territorium auf den Stand des Jahres 1790 zurückgeführt und teilweise bis 1818 besetzt gehalten. Die Bourbonen mußten mithin die Kosten der Niederlage tragen, die Napoleon verursacht hatte. Zum anderen verstanden die Royalisten vor allem in Südfrankreich die Rückkehr des Königs als Signal für eine umfassende Restauration. Eine aufgebrachte Menge übte Rachejustiz an Anhängern Napoleons oder am protestantischen Bürgertum des Languedoc. Die Bezeichnung dieser Bewegung als *Terreur blanche* mag die Betroffenheit der Zeitgenossen ausdrücken. Sie ist aber insofern übertrieben, als diese Gewalttaten nie die Systematik der organisierten *Terreur* der Jahre 1793 und 1794 erreichten. Offiziere, die Napoleon unterstützt hatten, wurden zum Tode verurteilt. In der Atmosphäre der Rache und der Einschüchterung, die auch durch die Verbannung derjenigen Abgeordneten verstärkt wurde, die dem Todesurteil für Ludwig XVI. zugestimmt hatten, wurde im August 1815 eine ultraroyalistische Kammermehrheit, die *Chambre introuvable* gewählt. Als diese daranging, ihre Kompetenzen zu erweitern, und sich massiv für die Rechte des Adels und der Kirche engagierte, löste der König die Kammer im Herbst 1816 auf. Die Wähler schickten daraufhin eine gemäßigte Mehrheit in die Kammer.

Alle politischen Auseinandersetzungen im Frankreich der Restaurationszeit fanden in einem gesellschaftlichen Bereich statt, der eine gewisse soziale Homogenität besaß und durch keine rasende Entwicklungsdynamik in Bewegung gehalten wurde. Alle Abgeordneten waren mit dem Landbesitz verbunden, da dieser stärker als die Gewerbe in die Berechnung der Steuer einging. Damit war allen daran gelegen, daß soziale Unruhen nicht die Basis der Besitzergesellschaft erschütterten. Dieser sozialkonservative Reflex einte die verschiedenen Fraktionen in der Abgeordnetenkammer und kann erklären, warum sich keine politische Gruppe der ausländischen Besatzung Frankreichs bediente, um Auslandsfeindschaft und Nationalismus zu proklamieren. Auch die Distanz, die liberale Honoratioren alsbald zu den sozialen Utopien von Henri de Saint-Simon bezogen, deutet auf ihren Wunsch hin, zwischen Landbesitz und Industrie eine Symbiose, und keinen Gegensatz, herzustellen. In seiner Parabel hatte

Benjamin Constant (Porträt von Hercule de Roches)

Saint-Simon den Verlust von 3000 Handwerkern, Industriellen, Bankiers, Wissenschaftlern und Künstlern als ein nationales Unglück dargestellt, den Tod von Mitgliedern der königlichen Familie, von Beamten, Marschällen und Landbesitzern, die von der Arbeit ihrer Pächter lebten, als einen durchaus zu verschmerzenden Verlust bezeichnet. Dieses Gleichnis wurde eher als drastische Mißachtung der Erwerbsquelle der Mehrheit der Notabeln in Frankreich denn als willkommenes Lob von Industrie- und Bankgeschäften verstanden. Selbst die Mitglieder der Pariser Hochfinanz, die bislang die Veröffentlichungen von Saint-Simon unterstützt hatten, entzogen ihm – bis auf zwei Bankiers – die Gelder. Von der Kraft des Sozialkonservatismus zeugt schließlich auch die Tatsache, daß die zu Beginn der 1820er Jahre ausgebrochenen republikanischen Aufstandsversuche Teile des liberalen Lagers in die Nähe der konservativen Regierung trieben. Die Mehrheit der Liberalen engagierte sich für den Wandel ohne Revolution. Diese Politik wurde ihnen leicht gemacht, weil Volksrevolten in der Restaurationszeit relativ selten waren. Sieht man einmal von den Aufständen im Vorfeld der 1830er Revolution ab, so blieben Unruhen auf die Zeit der Hungersnot (1816/17) begrenzt oder fanden als auf kleine Kreise von Republikanern und Bonapartisten begrenzte Verschwörungen in der Reaktion auf die konservative Wende der Regierungspolitik im Jahre 1820 statt.

Die Abgeordnetenkammer der Restauration unterschied sich bei allen Ähnlichkeiten von denen der Revolution durch den hohen Anteil von Adligen. In keiner der Kammern der restaurierten Monarchie hatten Adlige weniger als 40 % der Sitze inne, 1824 sogar 58 %. Ihre Macht war um so größer, als sie über Stützen in der Staatsbürokratie verfügten, in die der König im Laufe der Restauration immer mehr Vertraute und verdiente Mitglieder des Adels berief. Unter den Ministern fanden sich berühmte Namen des Ancien Régime. Nicht nur auf den oberen, sondern auch auf niedrigeren Stufen der Verwaltung war der Adel zahlreich vertreten. Er stellte Anfang 1828 73,3 % aller Präfekten, 43 % der Unterpräfekten und noch 37,2 % der Generalsekretäre in den Präfekturen. Die Diplomatie und das Militär blieben ohnehin eine Domäne des Adels, dem auch 70 der 90 in der Restauration ernannten Bischöfe angehörten. Wenn die Restaurationszeit auch an dem Prinzip festhielt, daß alle Positionen frei zugänglich sein sollten, so wurden doch selbst bei der Besetzung von Friedensrichter- oder Steuereinzieherstellen arme Mitglieder des Adels bevorzugt. Diese offene Klientelpolitik der restaurierten Monarchie schadete ihrer Glaubwürdigkeit.

War mithin der Adel in der Abgeordnetenkammer und in der Verwaltung überrepräsentiert, so entsprach die Bedeutung der Landbesitzer durchaus dem allgemeinen Entwicklungsstand Frankreichs. Noch 1815 lebten nämlich 79 % aller Franzosen in Ortschaften mit weniger als 2000 Einwohnern. Freilich waren nicht alle diese Orte Dörfer und keineswegs arbeiteten alle ihre Bewohner in der Landwirtschaft. Teilweise hatten sie als Flecken Vermittlungsfunktionen zwischen Stadt und Land. Außerdem sorgte handwerkliche und kleinhändlerische Tätigkeit auf dem Land für saisonale Zusatz- oder Auswegsbeschäftigung. Noch war der Übergang zwischen landwirtschaftlicher und gewerblicher Arbeit fließend, so daß Bergarbeiter immer noch ein Zubrot aus Landbesitz besaßen und Maurer aus dem Departement Creuse z. B. nur für die Bausaison in Paris weilten. Die Industrie glich unter diesen Bedingungen einer Insel in einem agrarischen Meer. Sowohl die Fabrikhallen der Eisenindustrie in Le Creusot wie die Weber- und Spinnereien in Mühlhausen, die die Zeitgenossen beeindruckten, bildeten eine Ausnahme in Frankreich, wo der Klein- und Familienbetrieb noch lange Zeit dominierte. Eine allgemeine Entwicklungsdynamik, die mit den Verhältnissen in der Gesamtproduktion auch soziale Positionen durcheinandergewirbelt hätte, hat es auch zwischen 1815 und 1848 nicht gegeben.

Die Entwicklung der Restaurationszeit kann in eine liberale und eine konservativ-reaktionäre Phase geteilt werden. Als Wendepunkt wurde das Attentat benutzt, das ein Sattler gegen den Sohn des Königs, den Herzog von Berry, am 14. Februar 1820 verübte. Damit ging eine Zeit zu Ende, in der die verschiedenen Regierungen versucht hatten, in der Kammer eine Mehrheit gegen die Ultraroyalisten zu bilden und durch zentrale Gesetze Prinzipien der revolutionären Vergangenheit zu retten. Wahlen, die der Auflösung der *Chambre introuvable* folgten, hatten eine Mehrheit hervorgebracht, die sich für die Verteidigung der bestehenden Institutionen engagierte. Die Ultraroyalisten eroberten dabei nur ein Drittel der Sitze. Das Wahlrecht versah eine grundbesitzende Oligarchie mit dem Wahlrecht, da die Gesamtheit der Gewerbesteuer in der Regel zu niedrig war, um die geforderte Höhe zu erreichen. Schließlich fungierte die jährliche Neuwahl eines Teils der Abgeordneten als Stimmungsbarometer. Der Meinungstest ging zuungunsten der Ultraroyalisten aus, deren Zahl von 90 (1817) auf 40 (1819) zusammenschmolz. Er zeigte das Wachstum einer Gruppe dezidierter Liberaler, unter denen 1818 General La Fayette und Benjamin Constant in die Kammer einzogen. Diese Gruppe eroberte 1819 35 von 55 zur Wahl stehenden Sitzen. Die Katastrophenstimmung unter den Royalisten und die Sorge der Regierung, die Kammermehrheit könnte immer mehr zu einer parlamentarischen Auslegung der *Charte* und zu einer Verherrlichung der französischen Revolution neigen, bereiteten das Terrain für eine Revision der Regierungspolitik im Jahre 1820.

Zuvor verabschiedete die liberal-konstitutionelle Mehrheit in der Kammer indes zwei Gesetze, die über die Restaurationszeit hinaus Strukturen prägten. Im Armeegesetz des Jahres 1818 wurde bestimmt, daß alle 20jährigen Männer wehrpflichtig seien, aber bei ihrer Musterung ein Los ziehen mußten, das ihnen anzeigte, ob sie eingezogen würden oder nicht. Jene, die für den sechsjährigen Wehrdienst bestimmt wurden, hatten indes die Möglichkeit, sich gegen Bezahlung eines Ersatzmannes davon freizukaufen. Damit wurde das Prinzip der Wehrpflicht festgeschrieben, aber lediglich für die Armen Realität, während begüterte Rekruten sich ihr entziehen konnten. Dieses System bestand bis in die Dritte Republik. Gleichzeitig wurde die Möglichkeit des Aufstiegs für die Mehrheit der Offiziersposten an die Anciennität gebunden, so daß die Möglichkeiten des Herrschers, die Posten im Militär mit Personen seines Vertrauens zu besetzen, stark beschnitten wurden.

Die Wende der 1820er Jahre

Sahen die Ultraroyalisten in diesem Gesetz schon eine gefährliche Konzession an den liberalen Zeitgeist, so fiel ihr Urteil über das Pressegesetz des Jahres 1819 nicht weniger negativ aus. Denn dieses legte entsprechend dem Prinzip der Meinungsfreiheit die freie Veröffentlichung der Druckschriften fest, beseitigte damit die Zensur und übertrug die Zuständigkeit für Presse- und Meinungsdelikte einem Schöffengericht. Auch mit diesem Gesetz setzte sich die Kammer deutlich von Praktiken des Ancien Régime wie des Konservativismus ab. Beide Gesetze brachten der Regierung ein positives Echo in der veröffentlichten Meinung ein. Dieses wurde verstärkt, als es dem Herzog von Richelieu auf dem Aachener Kongreß des Jahres 1818 gelang, die Beendigung der Besatzung Frankreichs durchzusetzen, eine einvernehmliche Regelung der zu zahlenden Kriegslasten zu erreichen und Frankreich erneut in das »Konzert der europäischen Mächte« einzugliedern.

In den 1820er Jahren verspielte die restaurierte Monarchie indes ihren Kredit dadurch, daß sie sich zunehmend enger mit ultraroyalistischen Positionen und Politikern verband und eine Symbiose mit der katholischen Kirche einging. Im Dezember 1821 kam der Comte de Villèle, ein Wortführer des Ultraroyalismus, an die Macht, die er erst im Januar 1828 abgeben sollte. Da bereits am 8. August 1829 durch die Regierung des Prinzen Polignac erneut die ultraroyalistische Ausrichtung verstärkt wurde, hatte die Monarchie ihr Schicksal mit den Positionen jener verbunden, die eine auf Gottesgnadentum, die Vorherrschaft des Adels und die kirchliche Prägung des öffentlichen Lebens setzende Monarchie verteidigten. Freilich war auch unter den Ultraroyalisten die Bandbreite der Positionen groß und reichte von jenen, die eine Restauration der vorrevolutionären Gesellschaft wünschten, bis zu denen, die zwar für gesellschaftliche Hierarchie und Einschränkung der politischen Öffentlichkeit eintraten, aber an die sozialökonomischen Ergebnisse der Revolution nicht rühren wollten.

Vor allem zwei Maßnahmen wurden als ungerechtfertigte Konzessionen an den Adel interpretiert. Villèle hatte durch eine Konvertierung der Staatsschuld die notwendigen Mittel aufbringen wollen, um ohne eine zu große Belastung des Staatshaushaltes die Emigranten für ihre in der Revolution erlittenen Verluste entschädigen zu können. Diese Maßnahme wurde unter anderem aufgrund der Proteste der beunruhigten Kleinrentner abgelehnt, die Entschädigung 1825 gleichwohl in Angriff genommen. Während die Liberalen darin eine Verachtung der Nationalgutbesitzer sahen, forderten Ultraroyalisten die vollständige Rückgabe der verkauften Ländereien. Die Maßnahme rief in der Öffentlichkeit eine lebhafte Diskussion und Opposition hervor, so daß das Gesetz, das auch die Unantastbarkeit der Nationalgüter hatte garantieren sollen, keine versöhnende Wirkung zeitigte. Seine Bezeichnung als »Milliarde der Emigranten« übertrieb den Umfang der Maßnahme. Denn lediglich 630 Millionen Francs wurden an etwa 70 000 Personen gezahlt. Kurioserweise begünstigte das Verfahren die Großgrundbesitzer, während die Kleinadligen wenig von ihm profitierten. Noch deutlicher als dieses Gesetz wurde der Plan, bei der Vererbung den Anteil des Erstgeborenen zu vergrößern, als Versuch verurteilt, die egalitären Erbgesetze zu beseitigen und die Interessen des Adels eindeutig zu privilegieren. In einer innenpolitischen Situation, in der die Gefahr einer adligen Restauration nicht beigelegt war, erzeugten alle Maßnahmen, die in diese Richtung deuteten, heftige Reaktionen.

Karl X. (Tapisserie nach dem Porträt von François Gérard)

Gleichzeitig lehnte sich die katholische Kirche an die Monarchie an und versuchte vor allem durch die kompromißlose Verurteilung der Französischen Revolution an Einfluß in der Gesellschaft zu gewinnen. Die dabei verfolgte Strategie bestand nicht in einer theologischen Erneuerung der Kirche, sondern in ihrer konterrevolutionären Ausrichtung. Die bedingungslose Ablehnung der Revolutionszeit ging mit der Verherrlichung der Monarchie einher. Die öffentliche Rolle der katholischen Kirche sollte besonders deutlich werden, als sich Karl X. am 29. Mai 1825 im Reims krönen ließ. Er wählte eine Zeremonie, in der die Ewigkeit der monarchischen Ordnung ebenso wie deren Verschwisterung mit dem Katholizismus zum Ausdruck kommen sollte. Konkrete politische Maßnahmen deuteten überdies in dieselbe Richtung. Als die Kirche mit ihren Forderungen erfolglos blieb, die kaiserliche Universität zu beseitigen, erlangte sie zumindest deren Kontrolle. Dafür sorgte Monseigneur Frayssinous, der den Lehrkörper von politisch unliebsamen Lehrenden reinigte, die Eliteschule (*Ecole Normale Supérieure*) auflöste und publikumswirksame Vorlesungen wie die von François Guizot untersagte. Einen weiteren Sieg errang der Klerus dadurch, daß das »Gesetz über das Sakrileg« des Jahres 1825 Diebstähle in den Kirchen streng bestrafte und jene, die sich an Hostien oder heiligen Gefäßen vergangen hatten, mit einer an das Ancien Régime erinnernden Strafe belegte: Dem Verurteilten wurde vor seiner Hinrichtung die rechte Hand abgeschlagen! Wenn in der Restaurationszeit auch der Katholizismus religiöse Praktiken neu belebte und offensichtlich Gläubige gewann, so provozierte sein massives öffentliches Auftreten doch antiklerikale Reaktionen, die sich in Reden, Karikaturen und Liedern ausdrückten. Der weinselige, habgierige, mit dem Adel paktierende Mönch, der ohne Arbeit auf Kosten der Armen lebte, gehörte zu den vielfach karikierten Figuren der populären Literatur. Wenn die Regierung Martignac im Jahre 1828 auch mit den Jesuiten einen besonders unbeliebten Orden aus dem Schuldienst ausschloß, so änderte diese Maßnahme doch nichts an der weitestgehend den Klerus fördernden Politik der Restauration.

Die Bindung der restaurierten Monarchie an den ultraroyalistischen Adel und an die katholische Kirche schadete allen Beteiligten. Da antiadlige und antiklerikale Ressentiments in breiten Teilen der Bevölkerung verbreitet waren, beeinträchtigten diese Verbündeten das Prestige des Monarchen. Auf der anderen Seite verhinderte die Hoffnung des Adels auf Restaurationspläne und auf die Unterstützung durch den Monarchen eine Einbindung des Adels in die nachrevolutionäre Gesellschaft. Auch die katholische Kirche rückte durch ihre Ablehnung der Französischen Revolution von wichtigen Zeitströmungen ab und fand sich das gesamte 19. Jahrhundert hindurch eher im Lager der konservativen Beharrung als des Wandels.

Die 1820er Jahre waren auch von einer zunehmenden Aushöhlung der Grundrechte gekennzeichnet. Bereits 1820 wurde die verfassungsmäßig verbriefte, persönliche Freiheit dadurch aufgehoben, daß mutmaßliche Verschwörer ohne vorheriges Urteil drei Monate lang inhaftiert werden konnten. Die Pressefreiheit wurde durch ein Gesetz eingeschränkt, das die vorherige Erlaubnis für die Veröffentlichung von Druckerzeugnissen und eine zeitweilige Zensur vorsah. Die Regierung Villèle führte 1822 ein der Willkür Tür und Tor öffnendes Kriterium ein, wonach Zeitungen nicht nur aufgrund bestimmter Artikel, sondern wegen einer den König beleidigenden Tendenz verboten werden konnten. Als im Jahre 1826 die Opposition gegen die Regierung Villèle zunahm, versuchte diese einerseits die finanziellen Belastungen der Zeitungen zu erhöhen und sie damit wirtschaftlich zu ruinieren, andererseits die Strafe für Pressedelikte zu verschärfen. Aber die Pairskammer lehnte dieses Gesetz ab. Auch eine der vier Ordonnanzen, mit denen der König am 25. Juli 1830 die Stabilität im Landesinneren wiederherstellen wollte, hob die Pressefreiheit auf und führte die Zensur ein. Ebenso wie im Kaiserreich hatte sich auch in der Restauration die Meinung noch nicht durchgesetzt, daß das freie Spiel der Meinungen zu den Grundprinzipien des öffentlichen Lebens gehörte. Sobald die Zeitungen die Regierung zu scharf kritisierten, wurde ihr Handlungsspielraum eingeengt oder ihre wirtschaftliche Existenz angegriffen. In der Restaurationszeit hatte sich die Zeitungslektüre aber als kulturelle Praxis bereits so eingebürgert, daß die Beschränkung der Pressefreiheit auf heftigen Widerstand stieß. Sie griff überdies in die Arbeits- und Lebensbedingungen von Journalisten und Druckereiarbeitern so tief ein, daß es nicht erstaunlich war, daß diese in ihrem Protest gegen die Zensur unter den ersten Aufständischen in der Julirevolution zu finden waren.

Wenn auch die Regierung Martignac (1828/29) versuchte, durch eine weniger repressive Politik die Gleichsetzung von Monarchie mit Adel und Klerus zu durchbrechen, so hatte sie nur kurzfristig Erfolg. Im Unterschied zur napoleonischen Zeit hatten auch die militärischen Erfolge dem Königtum keinen neuen Glanz gebracht. Bei der Spanienexpedition des Jahres 1823, als ein französisches Expeditionsheer den von aufständischen Kräften gefangengehaltenen spanischen Herrscher befreite, bewies die Armee ihre Loyalität mit den Bourbonen. Das kurze und wenig spektakuläre militärische Abenteuer stärkte aber nur kurzfristig das Prestige des Monarchen. Gleichwohl hatte sich Frankreich dadurch wieder als Macht in Europa etabliert, die bei der Gestaltung der Kräfteverhältnisse eine Rolle spielte. Auch für die Unabhängigkeitsbewegung der Griechen engagierten sich französische Diplomaten. Da sie dies aber teilweise gegen den Willen des Regierungschefs taten, stärkte ihre Politik die Position der Regierung nicht. Schließlich legte die Expedition nach Algier Anfang 1830 den Grundstein für das spätere Kolonialreich, hatte kurzfristig für die Innenpolitik aber keine Konsequenz. Die Bewährungsprobe, die die Monarchie bestehen mußte, stellte sich ihr nicht in der Außen-, sondern in der Innen- und Sozialpolitik. Das Ausmaß, in dem eine Regierung von der Bevölkerung unterstützt wurde, hing davon ab, inwieweit sie die Errungenschaften der Revolution auf dem Gebiet der Besitzverteilung und der Verfassungsordnung akzeptierte.

Eugène Delacroix, Die Freiheit führt das Volk an (Gemälde, 1830)

Julirevolution und Julimonarchie

(1830–1848)

1830 27.–29. Juli: Julirevolution in Paris.
2. August: Abdankung Karls X.
9. August: Wahl und Vereidigung Louis Philippes.
1831 15. April: Ausweitung des Wahlrechts.
20.–22. November: Arbeiteraufstand in Lyon.
1832 5./6. Juni: Republikanische Unruhen in Paris.
1834 9.–12. April: Arbeiteraufstand in Lyon.
13. April: Blutig niedergeschlagener Aufstand in Paris.
1835 28. Juli: Fehlgeschlagenes Attentat auf Louis Philippe.
September: Repressive Gesetze.
1836 30. Oktober: Aufstandsversuch Louis Napoleon Bonapartes in Straßburg.

1840 6. August: Aufstandsversuch Louis Napoleon Bonapartes in Boulogne.
15. Dezember: Beisetzung der Asche Napoleons I. im Invalidendom.
1842 11. Juni: Gesetz zur Regelung des Eisenbahnbaus.
1847 9. Juli: Erstes Reformbankett in Paris.
1848 22. Februar: Beginn der Februarrevolution.
23. Februar: Entlassung François Guizots.
24. Februar: Abdankung Louis Philippes.

Die »Revolutionsereignisse«

Am 2. August 1830 ging mit der Entscheidung Karls X., nicht mit Waffengewalt der Volksbewegung in Paris zu widerstehen, sondern den Weg ins Exil anzutreten, die Restaurationszeit zu Ende. Die Verbindung einer Wirtschaftskrise in der Tradition des Ancien Régime mit einer Revolte der Abgeordneten gegen eine Verletzung der Prinzipien und des Geistes der Verfassung besiegelte das Schicksal des Hauses Bourbon. Seit 1826 hatten schlechte Ernten zu steigenden Getreide- und Brotpreisen geführt und in den Städten Hungersnöte ausgelöst. Der Markt für gewerbliche Produkte schrumpfte erheblich, so daß handwerkliche Produzenten Arbeiter entlassen mußten. Unruhen auf dem Land und in der Stadt reagierten auf diese Ereigniskonstellation. Auf dem Land widerstanden die um ihre Nahrung besorgten Dorfbewohner Getreidetransporten oder setzten auf Märkten niedrigere Preise für lebensnotwendige Nahrungsmittel durch. Außerdem verbanden sich mit diesen klassisch zu nennenden Reaktionen zwei besondere Erscheinungen, die für zusätzliche Unruhen sorgten. Zum einen wehrten sich Teile der Bauern vor allem in Südwestfrankreich gegen ein 1827 verabschiedetes Forst-Gesetz, das traditionelle Gewohnheitsrechte, wie Holzlesen in den Wäldern, untersagte. In einem Kleinkrieg zwischen Gendarmerie und Bauern wurde der Konflikt zwischen dem Eigentumsprinzip und der Sozialbindung des Eigentums ausgetragen. Zum anderen schürten mysteriöse Brände vor allem in der Normandie die Unsicherheit und untergruben die Glaubwürdigkeit der Regierung als Instanz, die für Ruhe und Ordnung sorgte. Hier und dort verband sich der Protest mit dem Hissen der Trikolore und der Beschwörung der Erinnerung an Napoleon. Darin zeigte sich, daß de Revolutionszeit keineswegs aus dem kollektiven Gedächtnis verschwunden war und daß der Kaiser rückschauend als Symbol für soziale Gleichheit und Ordnung galt.

In den Städten hatten Arbeitslosigkeit und Armut um sich gegriffen und eine Atmosphäre der Unsicherheit geschaffen. Aber diese Situation wäre kaum explosiver als die Hungersnot der Jahre 1816 und 1817 gewesen, wenn die liberale Opposition nicht engagiert den Kampf gegen die ultraroyalistische Regierung des Prinzen Polignac aufgenommen hätte. Am 18. März 1830 unterstützten 221 Abgeordnete eine Adresse an Karl X., in der die Kammer in wohlgesetzten Worten der Regierung ihr Mißtrauen ausdrückte. Anstatt sich diesem Votum zu beugen und Minister zu ernennen, die weniger eindeutig der royalistischen Sache verpflichtet waren, löste der König die Kammer auf und forderte das Votum der Wähler ein. Obwohl seit 1820 das Wahlrecht einem Viertel der Höchstbesteuerten in jedem Departement eine zweite Stimme einräumte, vergrößerte sich bei den Wahlen des Jahres 1830 die Gruppe der Opposition. In diesem Konflikt zwischen der Exekutive und der Legislative benutzte der König alle seine Machtmittel, griff auf den Notstandsparagraphen 14 der *Charte* zurück und erließ am 25. Juli vier Ordonnanzen: Diese schränkten die Pressefreiheit ein, reservierten das Wahlrecht ausschließlich den Grundbesitzern, lösten die gerade gewählte Kammer auf und beraumten neue Wahlen an.

Während Handwerker und gelernte Arbeiter sich blutige Straßenkämpfe mit dem Militär lieferten, suchten die Abgeordneten, die zwar den Widerstand gegen die Ordonnanzen organisieren, aber keine Revolution herbeiführen wollten, nach einer politischen Lösung der Krise. Da Karl X. die Pariser Nationalgarde 1827 aufgelöst hatte, stellten sie diese wieder her und General La Fayette, der in der amerikanischen und zu Beginn der französischen Revolution bereits zum Symbol einer gemäßigten Revolution geworden war, als Kommandant an die Spitze der Garde. Diese sollte als Bürgermiliz für Ruhe und Ordnung sorgen. Gleichzeitig wurde eine fünfköpfige Munizipalkommission gebildet in der mit Casimir Perier und

Louis Philippe auf dem Weg vom Palais Royal zum Pariser Rathaus, 31. Juli 1830 (Gemälde von Horace Vernet)

Jacques Laffitte zwei prominente Liberale der Restaurationszeit und führende Geschäftsleute saßen. Sowohl hinter den Kulissen als auch durch gezielte Erklärungen wurde indes die Kandidatur des Herzogs von Orléans vorbereitet, der sich am 31. Juli 1830 mit dem Versprechen, die *Charte* werde ernstgenommen, zusammen mit La Fayette und der städtischen Kommission als zukünftiger König Frankreichs feiern ließ.

Konfliktstrukturen in der Julimonarchie

Die Julimonarchie (1830–1848) setzte auf einigen Gebieten die Praxis der Restaurationszeit fort, besaß aber eine deutliche Eigenständigkeit. Für die Kontinuität spricht die geringfügige Veränderung der *Charte.* Aus dieser wurde der Notstandsartikel 14 gestrichen. Außerdem teilte die revidierte Fassung die Gesetzesinitiative zwischen König und Kammer. Obwohl die neue Verfassung nicht mehr oktroyiert war, sondern einen Vertrag darstellte, den Louis Philippe eingehen mußte, um nominiert zu werden, griff sie nicht die starke Stellung des Monarchen an. Die Julimonarchie war eine konstitutionelle, nicht aber eine parlamentarische Monarchie, da die vom König ernannten Minister nicht um das Vertrauen der Kammer nachsuchen mußten. Damit waren Konflikte vorprogrammiert. Das Wahlrecht blieb weiterhin an das Steueraufkommen gebunden. Wählbar waren nur 60 000 Franzosen, gewählt wurden sie von Bürgern. Der Wahlkörper blieb mithin zahlenmäßig klein, und da in den einzelnen Arrondissements getrennt gewählt wurde, waren Pressionen und Manipulationen eine gängige Praxis. Schließlich behielt die Julimonarchie auch das Zweikammersystem bei, beseitigte allerdings die Erblichkeit der Pairswürde.

Von der Restauration verschieden war indes die Legitimationsgrundlage des neuen Regimes. Dieses konnte sich nicht mehr auf die Tradition der Monarchie und das Gottesgnadentum berufen, sondern entstammte einem erfolgreichen Aufstand. Damit wurde die Monarchie an einen revolutionären Ursprung gebunden, der auch ihre Selbstdarstellung prägte. Die Übernahme der Trikolore und die Rückkehr der 1815 ins Exil geschickten Königsmörder deuteten das Bestreben Louis Philippes an, die revolutionäre Vergangenheit demonstrativ zu akzeptieren. Gleichzeitig versuchte er jedoch in seinem öffentlichen Auftreten als Mitglied des Bürgertums, d. h. als Garant für Wohlstand, Ruhe und Ordnung, zu erscheinen und dabei die Tatsache zu verwischen, daß er seine Würde einer Volksbewegung verdankte.

Auch das politische Führungspersonal der Julimonarchie unterschied sich deutlich von dem der Bourbonen. Nicht mehr Adlige oder Emigranten rückten in die Führungspositionen vor, sondern Vertreter des Bürgertums. Die bekanntesten Minister waren wie Casimir Perier, Jacques Laffitte, François Guizot und Adolphe Thiers alle bürgerlicher Herkunft. Die Mittelklassen hatten die Macht ergriffen. Wenn sich diese These auch im Blick auf die politische Führungselite des Landes halten läßt, so hatten unter den Mitgliedern der Abgeordnetenkammer und in den Wahlkörpern die Notabeln die Überhand, d. h. jene soziale Schicht, in der sich Adlige und Bürgerliche mischten. Auch die politischen und gesellschaftlichen Frontstellungen hatten sich nach 1830 verändert. Die Gefahr einer adligen Reaktion, die aus Sorge oder aus taktischem Kalkül in der Restauration die politischen Debatten bestimmt hatte, hatte an Kraft verloren. Um den Treueeid auf den neuen König nicht leisten zu müssen, reichten zahlreiche adlige Präfekten ihren Rücktritt und ultraroyalistische Abgeordnete ihre Demission ein. In den politischen Führungspositionen nahm dementsprechend das Gewicht des Adels deutlich ab. Auf seinen Gütern entwickelte er häufig eine wirksame lokale Klientelpolitik und übernahm eine wichtige Rolle als Mittler zwischen dem Land und der Stadt. Als nationaler politischer Faktor war er nicht mehr meinungsbildend. Nachdem im Dezember 1832 auch der Aufstandsversuch der Herzogin von Berry gescheitert war, die die Restauration der Bourbonen bewirken wollte, drohte dem neuen Regime keine akute Gefahr mehr von den Kräften des Ancien Régime.

Vor allem in den 1830er Jahren hatte sich die Julimonarchie in sozialen Unruhen, Streiks und Aufständen zu bewähren. Bereits in den ersten Monaten nach der Revolution setzten sich in Paris Unruhen fort, in denen Republikaner, aber auch Handwerker oder Arbeiter für eine Fortsetzung der Revolution und die Radikalisierung ihrer Ziele kämpften. Bereits die im Vergleich mit der Revolutionszeit milde Verurteilung der Minister Karls X. zu lebenslänglicher Haft provozierte vehementen Protest. Ihren Charakter änderten die Unruhen in der Reaktion auf eine Totenmesse für den Herzog von Berry, die im Februar in Paris abgehalten wurde. Sie gab den Auftakt zu einer breiten antiklerikalen Kampagne, in deren Verlauf die Priester als vermeintliche Verbündete Karls X. verfolgt wurden. Seminare und bischöfliche Paläste wurden gestürmt und zerstört, Kreuze umgestürzt. Da bis 1832 auch die Auswirkungen der Wirtschaftskrise andauerten, mischten sich soziale Motive in die Aufstände. Obwohl auch in Paris in einigen Fabriken Arbeiter gegen die Politik der Unternehmer protestierten, war die Revolte der Seidenarbeiter von Lyon im Jahre 1831 das bekannteste Ereignis. In der im Verlagssystem organisierten alten Industrie bekämpften sich Kleinmeister, Gesellen und Lehrlinge auf der einen und Kaufleute auf der anderen Seite um die Höhe des Stücklohns (Tarif) und forderten die lokalen Behörden zur Stellungnahme auf. Besonders das Jahr 1832 war durch soziale Agitationen gekennzeichnet. Die Choleraepidemie, die vor allem in den überfüllten Wohnvierteln der Armen ihre Opfer fand, schuf in einer Situation knapper Arbeit und geringer Ressourcen ein allgemeines Gefühl der Unsicherheit und Unzufriedenheit, das sich etwa bei der Beerdigung des bonapartistischen Generals Lamarque im Juni in blutigen Unruhen entlud. Im Verlaufe des Jahres 1833 brachen außerdem in fast allen wichtigen Berufen und in vielen Städten Frankreichs Streiks aus. Die Streikenden verständigten sich untereinander und bildeten erste, wenn auch lokal und beruflich begrenzte Organisationen. Parallel dazu, wenn auch teilweise in Verbindung mit den Arbeiterkämpfen, konstituierten sich die Republikaner in einer *Société des Droits de l'Homme et du Citoyen*, die für soziale Rechte und das allgemeine Wahlrecht eintrat und mit etwa 10 000 Mitgliedern in zahlreichen Provinzstädten vertreten war. Auch im Jahre 1834 setzten sich die Unruhen fort. In Lyon bildete die Auflösung einer Hilfskasse auf Gegenseitigkeit den Anlaß zu einem Kampf, der nach vier Tagen blutig niedergeschlagen wurde. Als am 13. April in Paris Unruhen ausbrachen und erneut Barrikaden errichtet wurden, erstickte General Bugeaud den Aufstand in einem Blutbad.

Angesichts dieser Bedrohung des Regimes durch Volksunruhen setzte sich in der Regierung jene Strömung durch, die keineswegs in der Weiterentwicklung der Verfassung, sondern in der Herstellung der Ordnung das geeignete Mittel sah, um die Monarchie zu konsolidieren. Die Partei des Widerstandes hatte über die der Bewegung gesiegt. Sie setzte auf die Unterdrückung der Volksbewegungen durch militärische und legislative Mittel. Massiv benutzte sie neben der Nationalgarde, die bürgerlichen Zielen gewogen war, reguläre Truppen und verlegte eine Garnison in sozial besonders brisante Orte wie Lyon. Daneben wurden restriktive Gesetze gegen Vereine und Publikationsorgane geschaffen. Durch ein neues Vereinsgesetz, das sogar jene Assoziationen untersagte, die sich in Sektionen mit weniger als 20 Mitgliedern geteilt hatten, trieb das Regime die republikanischen und Arbeiterorganisationen in den Untergrund. Zugleich behinderte es deren Handlungsmöglichkeit erheblich. Vor allem traf die Schärfe der Gesetze aber die Presse. Nach einem gescheiterten Attentat auf den König wurde im September 1835 jeder Angriff auf diesen und die Regierungsform strikt untersagt, die Forderung nach einer Republik mithin zum strafrechtlichen Tatbestand. Schon ein Jahr vorher hatte die Kammer einem Gesetz zugestimmt, das den Beruf des öffentlichen Ausrufers an eine vorherige, jederzeit kündbare Erlaubnis band! Es galt, alle Formen der Veröffentlichung unter staatliche Kontrolle zu bringen.

Nach 1835 verloren jedoch die Unruhen an Umfang und damit an Schrecken für die bürgerliche Öffentlichkeit. Der Versuch Louis Napoleons, eines Neffen Napoleons I., die Garnison in Straßburg zur Revolte zu bewegen, scheiterte ebenso kläglich wie ein Aufstandsversuch von Republikanern im Mai 1839. Da die günstige Wirtschaftskonjunktur konfliktdämpfend wirkte und da unter den Republikanern jene Richtung, die auf legale Aktionen setzte, an Einfluß gewann, und damit eher Umfragen und Erwägungen über das Schicksal der arbeitenden Klasse auf der Tagesordnung standen als deren Mobilisierung, trat in den folgenden zehn Jahren der Julimonarchie die Bedrohung durch die Aktionen der unteren Klassen etwas in den Hintergrund. Bei all diesen Aktionen hatten sich die verschiedenen Regierungen der Julimonarchie durchaus des repressiven Arsenals an Gesetzen bedient, das auch die vorherigen Regime gegen Volksbewegungen eingesetzt hatten. Wie zuvor schränkten auch sie in innenpolitischen Krisenzeiten Grundrechte ein und sahen eher in deren Wirkung als in sozialen Ursachen oder politischen Fehlern die Gründe für die aufbrechende Unzufriedenheit. In den ersten fünf Jahren nach 1830 rückte die Monarchie immer weiter von ihrem revolutionären Ursprung ab und erwies sich als ein Regime, das zwar in der Wirtschafts- und Sozialpolitik liberalen Prinzipien folgte, in der Haltung gegenüber den Unterschichten aber vornehmlich auf repressive Maßnahmen zurückgriff.

Nicht nur die Unterdrückung der Aufstände hatte einen breiten Konsens gestiftet, sondern auch einige Reformprojekte. Die Ausweitung des Wahlkörpers bei den Gemeinde- und Generalratswahlen traf auf breite Zustimmung. Dadurch erlangten 10–15 % aller Männer einer Gemeinde das Recht, den Gemeinderat mitzuwählen, während die Regierung sich die Ernennung der Bürgermeister und seiner Beigeordneten vorbehielt. Zudem wurde dem Präfekten mit den gewählten Generalräten eine Versammlung beigeordnet, mit deren Voten er sich auseinandersetzen mußte. All diese Maßnahmen trugen dazu bei, auf lokaler Ebene ein lebhaftes politisches Leben zu entwickeln, das allerdings in seiner Wirkungsmächtigkeit begrenzt war. Aufgrund der Zentralisierung aller wichtigen politischen Entscheidungen sowie der geringen finanziellen Mittel der Gemeinden waren diese eher politische Spielwiesen als effektive Teile des Gemeinwesens.

Zu den großen Erfolgen der Julimonarchie wird auch die Schulgesetzgebung Guizots gezählt. Nach dem Willen des Gesetzgebers sollte jede Gemeinde mit mehr als 500 Einwohnern eine Schule errichten und ein Budget für die Bezahlung der Lehrer vorsehen. Außerdem war in jedem Departement ein Seminar zur Ausbildung von Volksschullehrern vorgesehen. Hinter dieser Maßnahme stand einmal die Absicht, der katholischen Kirche die Schulausbildung, die diese in der Restauration hatte monopolisieren wollen, zu entziehen. Für François Guizot war zum anderen eine bessere Ausbildung das geeignete Mittel, die Bevölkerung dazu zu bringen, blinde Leidenschaft und unkontrollierte Handlungen zu überwinden. Schließlich eröffnete die Julimonarchie durch die Finanzierung des Eisenbahnbaus der technologischen Innovation und der Kapitalakkumulation den Weg. Mit der Entscheidung, daß der Staat die Infrastruktur, die Betreibergesellschaften aber das Zugmaterial stellen sollten, wurde das Risiko der Investitionen gemindert. Eisenbahnaktien zogen nicht nur Adlige und Bürger, sondern auch kleine Sparer an.

Da der Druck durch soziale Bewegungen nach 1835 weitgehend fortfiel, außenpolitische Ereignisse ihrerseits keine innenpolitische Dynamik entfalteten, konnte sich ein Regime ausbilden, das von seinen Kritikern und den Nachgeborenen als Inbegriff kleinlicher Interessenrangeleien, verbreiteter Korruption und geringer Reformfreudigkeit angesehen wurde. Verkörpert wurde dieses System von François Guizot, der als entschiedener Verteidiger der königlichen Rechte ebenso auftrat wie als Gegner der Volkssouveränität und einer abenteuerlichen Außenpolitik. Bewahrung der bestehenden Verfassung und Gesellschaftsordnung und Wandel in deren Rahmen, dies waren die Prinzipien seiner Politik. Er griff massiv zum Mittel der Beeinflussung der Wähler und Abgeordneten, wies diese auf den Weg der engen Klientelpolitik und machte sie von der Gnade der Regierung abhängig. Dadurch brachte er die Abgeordneten in den Verdacht, korrupt und geldgierig zu sein. Karikaturen und Satiren nahmen sich mit Vorliebe der Person des käuflichen Deputierten an. Alexis de Tocqueville, einer der hellsichtigsten Kritiker der Julimonarchie, drückte 1843 seine Verachtung für diese Welt der Parlamentarier folgendermaßen aus: »Die meisten Politiker, die uns seit zehn Jahren leiten, haben so oft ihre Prinzipien und ihre Partei gewechselt, daß man tunlichst annehmen kann, daß sie überhaupt keine Prinzipien haben und daß sie unfähig oder unwürdig sind, eine Partei zu besitzen.« Louis Philippe identifizierte sich vor allem in den 1840er Jahren derart mit der Politik Guizots, daß er nicht als unabhängiger Schiedsrichter, sondern als Parteigänger erschien. Dadurch band er das Schicksal der Monarchie an eine bestimmte politische Position.

Honoré Daumier, M. Guizot (Lithographie, 1833)

Die Reformunfähigkeit des Regimes stach in den 1840er Jahren von Erneuerungsbewegungen in verschiedenen Milieus ab. Die soziale Frage, die seit 1830 immer stärker in das Bewußtsein der Zeitgenossen rückte, wurde nicht nur von Republikanern, sondern auch von Ultraroyalisten diskutiert. Ihre folgenreichsten Lösungsvorschläge fand sie in den frühsozialistischen Theorien, die entweder durch eine allgemeine Organisation der Arbeit und den Einsatz aller gesellschaftlichen Ressourcen für Selbständigkeitsbestrebungen der Arbeiter oder durch die Errichtung von Musterorganisationen Armut und Elend beseitigen wollten. Auch im Katholizismus zeichnete sich neben einer ultramontanen Richtung, die sich an der päpstlichen Autorität orientierte, eine soziale Richtung ab. Keineswegs lief die Diskussion notwendig auf die Abschaffung des Privateigentums als Voraussetzung einer besseren Lebensgestaltung hinaus. Vielmehr herrschten Projekte vor, die das Privateigentum verallgemeinern und die gesellschaftlichen Verhältnisse besser organisieren wollten. Diese sozialen Probleme fanden aber ebensowenig Gehör bei den Regierungen der 1840er Jahre wie die Forderungen nach Ausweitung des Wahlrechts, auf die sich Republikaner und linksliberale Kräfte im Parlament verständigt hatten. Mit der

Unvereinbarkeit von Abgeordnetenmandat und Beamtenpositionen wollten diese politischen Kräfte die Unabhängigkeit der Deputierten erhöhen. Die Öffnung der Wahlkörper für die über einen Universitätsabschluß verfügenden »Kapazitäten« sollte eine bessere Vertretung der gesellschaftlich tonangebenden Kräfte ermöglichen. Die Regierung unter dem Einfluß von Guizot verschloß sich diesem Programm so entschieden, daß die eher gemäßigten Initiativen schließlich das Regime selbst in Frage stellten. Die Julimonarchie überlebte zwar die Hungersnot der Jahre 1846 und 1847 gut, und die Regierung errang 1846 überdies eine komfortable Mehrheit bei den Wahlen. Als sie jedoch so unnachgiebig auf die Forderungen nach Ausweitung des Wahlrechts reagierte, die bei den sogenannten Reformbanketten erhoben wurden, kam der aufgestaute Groll über den Immobilismus und die verrohten parlamentarischen Sitten explosiv zum Ausdruck. Das Gros der Pariser Bevölkerung und Teile der politischen Klassen machten gegen die Regierung mobil. Obwohl Louis Philippe in letzter Minute Guizot fallen ließ und mit Adolphe Thiers einen den Aufständischen genehmen Regierungschef anbot, mußte er seine Niederlage eingestehen, am 24. Februar abdanken und am 2. März 1848 Karl X. ins englische Exil folgen.

Auch in der konstitutionellen Monarchie war die Suche nach einer Regierungsform, die die nachrevolutionären Interessen garantierte und die politische Mitbestimmung organisierte, nur kurzfristig erfolgreich gewesen. Der Wunsch nach politischer Beteiligung breiter Schichten einerseits, die Unfähigkeit der Regierung, die »soziale Frage« zu lösen, andererseits führten den Sturz des Hauses Orléans herbei. Während die Einführung des allgemeinen gleichen Wahlrechts für Männer 1848 der ersten Forderung nachkam, sollte das zweite Problem die politische Szene der zweiten Jahrhunderthälfte bestimmen.

Literaturhinweise

Allgemeine Werke: 1789–1914

Bergeron, Louis [u. a.]: Das Zeitalter der europäischen Revolutionen. Frankfurt a. M. 1989.

Braudel, Fernand / Labrousse, Ernest (Hrsg.): Wirtschaft und Gesellschaft in Frankreich im Zeitalter der Industrialisierung 1789–1880. 2 Bde. Frankfurt a. M. 1986.

Charle, Christophe: Histoire sociale de la France au XIXe siècle. Paris 1991.

Erbe, Michael: Geschichte Frankreichs von der Großen Revolution bis zur Dritten Republik 1789–1884. Stuttgart 1982.

Furet, François: La Révolution, de Turgot à Ferry, 1770–1880. Paris 1988.

Haupt, Heinz-Gerhard: Sozialgeschichte Frankreichs seit 1789. Frankfurt a. M. 1989.

Jones, Colin: Frankreich. Cambridge Illustrated History. Frankfurt a. M. [u. a.] 1995.

Lequin, Yves (Hrsg.): Histoire des Français, XIXe–XXe siècles. 3 Bde. Paris 1983–84.

Magran, Roger: France 1815–1914. The Bourgeois Century. Oxford 1983.

Noiriel, Gérard: Les Ouvriers dans la société française, XIXe–XXe siècle. Paris 1986.

Price, Roger: A Social History of 19th Century France. London 1987.

Rosanvallon, Pierre: Der Staat in Frankreich. Von 1789 bis in die Gegenwart. Münster 2000.

Ziebura, Gilbert: Frankreich 1789–1870. Entstehung einer bürgerlichen Gesellschaftsformation. Frankfurt a. M. 1979.

– / Haupt, Heinz-Gerhard: Wirtschaft und Gesellschaft in Frankreich seit 1789. Köln 1975.

1789–1815

Arasse, Daniel: Die Guillotine. Die Macht der Maschine und das Schauspiel der Gerechtigkeit. Reinbek 1988.

Baker, Keith M. (Hrsg.): The French Revolution and the Creation of a Modern Political Culture. 4 Bde. Oxford 1987–94.

Berding, Helmut / François, Étienne / Ullmann, Hans-Peter (Hrsg.): Deutschland und Frankreich im Zeitalter der Französischen Revolution. Frankfurt a. M. 1989.

Bertaud, Jean P.: Alltagsleben während der Französischen Revolution. Freiburg i. Br. / Würzburg 1989.

Bonin, Serge / Langlois, Claude (Hrsg.): Atlas de la Révolution française. 10 Hefte. Paris 1987–97.

Engler, Winfried (Hrsg.): Die Französische Revolution. Stuttgart 1992.

Gersman, Gudrun / Kohle, Hubertus (Hrsg.): Frankreich 1800. Gesellschaft, Kultur, Mentalitäten. Stuttgart 1990.

Guilhaumou, Jacques: Sprache und Politik in der Französischen Revolution. Frankfurt a. M. 1989.

Harten, Hans-Christian: Elementarschule und Pädagogik in der Französischen Revolution. München 1990.

Hinrichs, Ernst: Ancien Régime und Revolution. Studien zur Verfassungsgeschichte Frankreichs zwischen 1589 und 1789. Frankfurt a. M. 1986.

Hunt, Lynn: Symbole der Macht. Die Französische Revolution und der Entwurf einer politischen Kultur. Frankfurt a. M. 1989.

Jeschonnek, Bernd: Revolution in Frankreich 1781–1799. Berlin 1989.

Krauß, Henning (Hrsg.): Literatur der Französischen Revolution. Stuttgart 1988.
Kritisches Wörterbuch der Französischen Revolution. Hrsg. von François Furet und Mona Ozouf. 2 Bde. Frankfurt a. M. 1996.
Kuhn, Axel: Die französische Revolution. Stuttgart 1999.
Lüsebrink, Hans-Jürgen / Reichhardt, Rolf: Die »Bastille«. Zur Symbolgeschichte von Herrschaft und Freiheit. Frankfurt a. M. 1990.
Markoff, John: The Abolition of Feudalism: Peasants, Lords, and Legislators in the French Revolution. University Path 1997.
Ozouf, Monique: La Fête révolutionnaire, 1789-1799. Paris 1976.
Peterson, Susanne: Marktweiber und Amazonen. Frauen in der Französischen Revolution. Köln 1987.
Reichardt, Rolf: Das Blut der Freiheit. Französische Revolution und demokratische Kultur. Frankfurt a. M. 1998.
Reichhard, Rolf (Hrsg.): Die Französische Revolution. Freiburg 1988.
Reinalter, Helmut (Hrsg.): Die Französische Revolution. Mitteleuropa und Italien. Frankfurt a. M. 1992.
Schmidt-Linsenhoff, Viktoria (Hrsg.): Sklavin oder Bürgerin? Französische Revolution und neue Weiblichkeit 1760-1830. Hamburg 1989.
Soboul, Albert: Die Große Französische Revolution. Ein Abriß ihrer Geschichte (1789–1799). Frankfurt a. M. 1973.
Tulard, Jean: Frankreich im Zeitalter der Revolutionen 1789–1851. Stuttgart 1989.
Vovelle, Michel: Die Französische Revolution. Soziale Bewegung und Umbruch der Mentalitäten. München 1982.
Woolf, Stuart: Napoleon's Integration of Europe. London 1991.
200. Jahrestag der Französischen Revolution. Kritische Bilanz der Forschungen zum Bicenténaire. Hrsg. von Katharina und Matthias Middell. Leipzig 1992.

1815–1848

Agulhon, Maurice: La République au village. Les populations du Var de la Révolution à la Seconde République. Paris 1970.
Dowe, Dieter / Haupt, Heinz-Gerhard / Langewiesche, Dieter (Hrsg.): Europa 1848. Revolution und Reform. Bonn 1998.
Gersman, Gudrun / Kohle, Hubertus (Hrsg.): Frankreich 1815 bis 1830. Trauma oder Utopie. Die Gesellschaft der Restauration und das Ende der Revolution. Stuttgart 1983.
Giesselmann, Werner: »Die Manie der Revolte«. Protest unter der französischen Julimonarchie (1830–1848). 2 Bde. München 1993.
Haupt, Heinz-Gerhard: Nationalismus und Demokratie. Zur Geschichte der Bourgeoisie im Frankreich der Restauration. Frankfurt a. M. 1974.
Langewiesche, Dieter: Europa zwischen Restauration und Revolution 1815–1849. München 1985. 3., überarb. und erw. Aufl. 1993.
Merriman, John (Hrsg.): 1830 in France. New York 1975.
Oehler, Rolf: Ein Höllensturz der Alten Welt. Zur Selbsterforschung der Moderne nach dem Juni 1848. Frankfurt a. M. 1988.
Pruss-Kaddatz, Ulla: Wortergreifung. Zur Entstehung einer Arbeiterkultur in Frankreich. Frankfurt a. M. 1982.
Thadden, Rudolf von: Restauration und Napoleonisches Erbe. Der Verwaltungszentralismus als politisches Problem in Frankreich (1814–1830). Wiesbaden 1972.

VON DER ZWEITEN REPUBLIK BIS ZUM ERSTEN WELTKRIEG

(1848–1914)

Von Charlotte Tacke

Epochenüberblick

Die Zweite Republik war durch eine eigentümliche Mischung emanzipatorisch-liberaler und repressiv-konservativer Maßnahmen geprägt, wobei die Furcht vor einer erneuten Revolution die Politik der Regierung in zunehmender Weise dominierte. Während Liberale, die die bürgerlichen Werte Eigentum und Ordnung verteidigten, und Sozialisten zunächst in einer Regierung vertreten waren, setzten sich bei den Wahlen die Konservativen immer stärker durch.

So war auch das Ende der Zweiten Republik, das durch einen Staatsstreich des Präsidenten Louis Napoleon, eines Neffen Napoleons I., besiegelt wurde, bereits in einem wachsenden Rechtsruck des öffentlichen und politischen Lebens vorgezeichnet gewesen. Das autoritäre Regime Napoleons III., das mit dem Staatsstreich am 2. Dezember 1851 eingeleitet und durch ein Senatskonsult ein Jahr später in ein Kaiserreich umgewandelt wurde, mischte diktatoriale Elemente mit solchen der Volkssouveränität. Die repräsentative Volksvertretung wie die demokratischen Grundrechte waren weitgehend ausgeschaltet; Volksentscheide stellten hingegen ein zentrales Element der Herrschaftslegitimation dar. Konnte das Kaiserreich vor allem dank der allgemeinen positiven ökonomischen Entwicklung auf wirtschaftlichem Gebiet zahlreiche Erfolge verbuchen, blieb die (versprochene) sozialpolitische Verbesserung ebenso aus wie die notwendige Modernisierung der Verwaltung und Armee. Auch die seit den 1860er Jahren vorangetriebene Liberalisierung des Regimes konnte die wachsende Opposition der Arbeiterschaft, aber in zunehmender Weise auch der Ordnungspartei, nicht mehr eingrenzen. Bereits in den Wahlen zur gesetzgebenden Versammlung im Mai 1869 trat die Opposition, vor allem in den Städten und Industriezentren des Landes, offen zutage. Als zudem im September 1870 die französischen Truppen im Deutsch-Französischen Krieg bei Sedan kapitulierten und Napoleon III. dabei in deutsche Kriegsgefangenschaft geriet, brach das Regime in kürzester Zeit zusammen.

In Paris setzten revolutionäre Massen eine provisorische Regierung ein, die allgemeine Parlamentswahlen vorbereitete und den Krieg – bis zur völligen Kapitulation des besetzten Paris im Januar 1871 – fortsetzte. Die Dritte Republik wurde zwar im September 1870 ausgerufen, sie war jedoch noch für viele Jahre von der Restauration bedroht, die ausschließlich durch die Uneinigkeit ihrer politischen Gegner verhindert wurde. In den ersten Wahlen zur Nationalversammlung im Februar 1871 verfügten die Anhänger der Monarchie über die Mehrheit der Sitze. Erst mit der Verabschiedung der konstitutionellen Gesetze (1875) und der Erlangung der Mehrheit im Parlament (1875) und im Senat (1879) konnte die Republik institutionell verankert werden. Obwohl die Dritte Republik aus einem blutigen Bürgerkrieg, der Pariser Kommune, geboren wurde, der die größte revolutionäre Auseinandersetzung der französischen Geschichte darstellte, gelang es bis zum Ersten Weltkrieg immer wieder, politische und wirtschaftliche Krisen abzuwenden und zu meistern. Vor allem die Boulanger-Krise Ende der neunziger Jahre und die Dreyfus-Affäre in den späten neunziger Jahren erschütterten die französische Gesellschaft schwer. Während sich in der Boulanger-Krise die Gefahr einer autoritär-nationalistischen Massenbewegung abzeichnete, bündelte sich in der Dreyfus-Affäre die konservative und reaktionäre Opposition gegen die republikanische Staatsform und führte eine tiefe innere Spaltung der französischen Gesellschaft herbei. Die Republik ging jedoch als Siegerin aus beiden Krisen hervor und wandte sich verstärkt der sozialen und politischen Modernisierung der Gesellschaft zu, wobei die Trennung von Kirche und Staat das besondere Anliegen der radikalen Republik darstellte.

Das Fazit der Jahre 1870 bis 1914 erscheint insgesamt recht positiv. Die Beharrungskraft der republikanischen Verfassung, aber auch das Tempo der französischen Industrialisierung, besonders ihr eigentümlicher dualer Charakter zwischen Kontinuität des Agrar- und kleinbetrieblichen Sektors einerseits und einer beschleunigten Entwicklung moderner Industriezweige andererseits, aber auch das vergleichsweise langsame Wachstum der Bevölkerung, haben zur weitgehenden politischen und sozialen Stabilität der Dritten Republik maßgeblich beigetragen. Auch wenn die »neuen sozialen Schichten«, das mittlere und Kleinbürgertum, in der Dritten Republik an Einfluß gewannen, konnten die traditionellen Eliten mindestens bis zum Ende des 19. Jahrhunderts, teilweise sogar bis zum Ersten Weltkrieg ihre sozial dominierende Rolle in vielen Bereichen von Politik und Gesellschaft aufrechterhalten.

Die Zweite Republik

(1848–1852)

1848 23. April: Wahlen zur Nationalversammlung.
4. Mai: Zusammentreten der Nationalversammlung.
23.–27. Juni: Barrikadenkämpfe in Paris.
4. November: Verkündung der Verfassung.

	10. Dezember: Sieg Louis Napoleon Bonapartes bei den Präsidentschaftswahlen.
1849	15. Mai: Wahlsieg der Konservativen bei den Wahlen zur Nationalversammlung.
1851	2. Dezember: Staatsstreich Louis Napoleons.
	21./22. Dezember: Referendum zur nachträglichen Legitimierung des Staatsstreichs.

Auch wenn der Zweiten Republik 1851 durch einen Staatsstreich ein schnelles Ende gesetzt wurde und sie dem autoritären Regime Napoleons III. weichen mußte, war ihr Ende keineswegs unvorhersehbar. In den vier Jahren ihres Bestehens läßt sich vielmehr ein deutlicher Wandel der Selbstdefinition der dominanten politischen Ausrichtung von rechts nach links festmachen, in dessen Verlauf zunächst die »soziale Republik« von 1848 und schließlich auch die demokratische Republik ausgeschaltet wurden und der Weg für das Zweite Kaiserreich geebnet wurde.

Bereits in der ersten, revolutionären Phase der Republik, die bis zum Zusammentreten der gewählten Nationalversammlung am 4. Mai 1848 durch eine provisorische Regierung bestimmt wurde, war der zentrale Konflikt zwischen Liberalen, die die bürgerlichen Werte Eigentum und Ordnung verteidigten, und Sozialisten, die den Forderungen der Pariser Arbeiter und Handwerker verpflichtet waren, präsent. Die unterschiedlichen politischen Richtungen, die zusammengewirkt hatten, um die Monarchie zu stürzen, fanden sich nun in einer gemeinsamen Regierung wieder: bürgerliche republikanische Liberale, linksradikale Demokraten und reine Sozialisten.

Außer der Einführung des Zehn- bzw. Elfstundentags in Paris bzw. in der Provinz und der Erlaubnis zur Bildung von Gewerkschaften war die Bekämpfung der Arbeitslosigkeit eine der dringendsten sozialen Maßnahmen der jungen Republik. Bereits einen Tag nach Zusammentreten der provisorischen Regierung setzte sie unter Federführung von Louis Blanc, dem sozialistischen Minister ohne Portefeuille, das Recht auf Arbeit durch und richtete in der Folge Nationalwerkstätten für die – vor allem Pariser – Arbeitslosen ein. Damit reagierte sie zwar auf eine der zentralen Forderungen der revolutionären Arbeiter und Handwerker, die aufgrund der schweren Industrie- und Handelskrise zu Zehntausenden ohne Arbeit waren. Sie fand jedoch einen Kompromiß, der die sozialistische Forderung scheinbar einlöste, ohne die bürgerlichen Werte zu verletzen. Anstatt in sogenannten Sozialwerkstätten berufsbezogene Kooperativen von Arbeitern und Handwerkern in ihren jeweiligen Sparten einzuführen, wie es der sozialistischen Forderung entsprochen hätte, griff die Regierung unter der Bezeichnung der Nationalwerkstätten auf eine althergebrachte Wohlfahrtseinrichtung, die *ateliers de charité,* zurück und beschränkte sich darauf, öffentliche Arbeiten an Arbeitslose zu vergeben. Zehntausend Arbeiter wurden mit zumeist unproduktiven Erdarbeiten, vor allem auf dem Marsfeld, beschäftigt und mit einem festen Tageslohn von 2 Francs entlohnt. Diese Regelung war zwar ausgesprochen kostspielig und trug offensichtlich auch zur Verschärfung der schweren Wirtschaftskrise bei. Jedoch stellte sie das Privateigentum nicht grundsätzlich in Frage.

In den demokratischen Grundrechten setzte sich die Linke zunächst stärker durch. Mit dem völligen Fortfall des Zensus und der Verkündung des allgemeinen Männerwahlrechts (4. März 1848) erhöhte sich die Zahl der Wahlberechtigten von 250 000 auf rund 9 Millionen. Damit war Frankreich das erste europäische Land, in dem sich das allgemeine Männerwahlrecht durchgesetzt hatte – in der Einrichtung des Frauenwahlrechts gehörte Frankreich allerdings zu den Nachzüglern in Europa. Bis zur Einführung des allgemeinen Wahlrechts für Frauen *und* Männer vergingen hier noch nahezu hundert Jahre; erst im Oktober 1944 wurde den französischen Frauen dieses demokratische Recht zugestanden.

In der Wahl zur Nationalversammlung am 23. April 1848 bestätigten die Wähler weitgehend die Tendenz der provisorischen Regierung. Sie sprachen sich mehrheitlich für eine liberale Republik und gegen die monarchische Restauration, jedoch gleichzeitig auch gegen eine soziale Revolution aus. Von den 900 Sitzen der Nationalversammlung entfielen die Hälfte an die gemäßigten Republikaner, jedoch nur etwa 200 an die radikalen Demokraten und Sozialisten, ebenfalls 200 an die Orleanisten und schließlich 50 an die Legitimisten. Die Sozialisten wurden nicht mehr an der Regierung beteiligt.

Mit der Eröffnung der Nationalversammlung am 4. Mai wurde Frankreich feierlich zur Republik erklärt und der Wille zur bürgerlichen Republik auch symbolisch unterstrichen: Der 4. Mai, der Tag der repräsentativen bürgerlichen Demokratie, und nicht der 24. Februar, Tag der Barrikaden und Volksaufstände, wurde zum Nationalfeiertag der Zweiten Republik erklärt.

Eine blutige Auseinandersetzung zwischen Armee und Nationalgarden auf der einen, Pariser Handwerkern und Arbeitern auf der anderen Seite, die vom 23. bis 27. Juni 1848 Paris und die Vorstädte ergriff, brachte jedoch die sozialen Konflikte der Zweiten Republik deutlich in Erinnerung. Auslöser dieser Barrikadenkämpfe, die in einem gnadenlos geführten Häuser- und Straßenkampf gipfelten, war die durch die Nationalversammlung am 30. Mai verabschiedete und von der Regierung am 21. Juni angeordnete Auflösung der Nationalwerkstätten, eines der sozialen Symbole der Revolution. Das kompromißlose Eingreifen der bürgerlichen Regierung, die den Kriegsminister und ehemaligen General in Algerien Louis Eugène Cavaignac im Kampf gegen die Arbeiter mit militärischen Vollmachten ausstattete, kostete mindestens 3000 Menschen das Leben und verursachte 5000 Verwundete. Abschreckende Todes- und Deportationsurteile gegen die Hauptakteure der Revolte – ungefähr 15 000 Gefangene wurden nach Algerien abtransportiert – und Gesetze gegen jeden Angriff auf Eigentum und Familie, gegen Presse- und Versammlungsfreiheit vervollkommneten den Sieg der Ordnungspartei.

Am Tag der Proklamation der Republik vor dem Pariser Rathaus, im Vordergrund Léon Gambetta (anonymer zeitgenössischer Stich)

Auch die Verfassung, die bereits am 4. November 1848 feierlich verkündet wurde, unterstrich in ihrer Mischung von emanzipatorisch-liberalen und repressiven Bestimmungen den bürgerlichen Charakter der Zweiten Republik. In ihrer Präambel erklärte sie den französischen Staat zu einer demokratischen Republik und bekannte sich zu den Prinzipien der Französischen Revolution – Freiheit, Gleichheit, Brüderlichkeit. Die Todesstrafe wurde abgeschafft, das Recht auf einen unentgeltlichen Grundschulunterricht formuliert und der Eroberungskrieg ebenso wie der Eingriff in die Freiheiten anderer Nationen verworfen. Familie, Arbeit, Eigentum und öffentliche Ordnung wurden in einer Aufnahme konservativer Positionen zu Grundprinzipien der französischen Republik erklärt.

Legislative und Exekutive, Kammer und Präsident, standen sich als gleichmäßig starke und durch gleiches, allgemeines und direktes Männerwahlrecht legitimierte Gewalten gegenüber, ohne daß die Kompetenzen und die Verantwortlichkeit der Minister präzise definiert worden wären. Die Rolle des Staatsoberhauptes, das auf vier Jahre vom Volk direkt gewählt wurde, glich mit seinen weitgehenden Machtbefugnissen der eines Ersatzkönigs auf Zeit. Allerdings konnte der Präsident laut Verfassung nur einmal für das Amt kandidieren.

Die Furcht vor der Revolution ebnete schließlich Louis Napoleon, einem Neffen Napoleons I., den Weg zur Macht. Aus dem Londoner Exil zurückgekehrt, gelang es ihm innerhalb kürzester Zeit, in das Bewußtsein der Öffentlichkeit einzudringen und einen seit längerem gepflegten, vor allem in den Unterschichten lebendigen Napoleon-Kult für seine Imagepflege zu benutzen, ohne dabei jedoch so gefährlich wie der alte Napoleon zu wirken. Bei den Präsidentschaftswahlen am 10. Dezember 1848 kandidierte er neben anderen Bewerbern verschiedener republikanischer Schattierungen für das Amt des Präsidenten, wobei er besonders bei der Ordnungspartei (Ultramontane, Orleanisten und Legitimisten) Unterstützung fand.

Louis Napoleon trug einen deutlichen Wahlsieg davon. 5,4 Millionen Franzosen stimmten für ihn; nur 1,4 Millionen für Cavaignac, der nach der Junischlacht als Symbol der Ordnung und eigentlich als Favorit der Wahl gegolten hatte, und nur etwa 400 000 für den Republikaner Ledru-Rollin. Die anderen republikanischen Kandidaten erhielten jeweils weniger als 50 000 Stimmen. Die Stimmen für Napoleon stammten zu großen Teilen aus ländlichen Gebieten, so daß er seinen Sieg vor allem den Notabeln und den ihrem Einfluß ausgesetzten, in ihrer Mehrheit konservativ stimmenden Bauern zu verdanken hatte. Vor allem aber triumphierte nicht eine Person oder ein politisches Programm, sondern die immer noch wirksame Legende Napoleons I.

Der Rechtsruck, der sich in der Präsidentschaftswahl angekündigt hatte, setzte sich auch bei den Wahlen zur Nationalversammlung am 15. Mai 1849 fort. Bei einer geringen Wahlbeteiligung von nur 60 % konnten die monarchistischen Gruppierungen (Bonapartisten, Legitimisten und Orleanisten) 500 Sitze erringen und damit zwei Drittel der Abgeordneten stellen, während auf die gemäßigten Republikaner nur 70 und auf Sozialisten und Radikale 180 Sitze entfielen. Unter diesen Mehrheitsverhältnissen scheiterte die Wiedereinführung der Monarchie letztlich nur an der inneren Zerstrittenheit der Monarchisten und am Widerstand der Bonapartisten.

Ein deutliches Zeichen der Restauration setzte das Parlament, als es im Mai 1850 das Wahlrecht einschränkte und die Zahl der Wahlberechtigten von 9,6 um fast ein Drittel auf 6,8 Millionen herabsenkte. Betroffen waren von dieser Maßnahme, die alle erwachsenen Männer ohne ständigen Wohnsitz und die nach den Juniereignissen aus politischen Gründen Verurteilten vom Wahlrecht ausschloß, große Teile der Arbeiterschaft, aber auch der Bauern. Es ist zwar keineswegs ausgemacht, daß damit vor allem Linke und Republikaner in ihrem politischen Einfluß beschnitten wurden, jedoch verdeutlicht diese Maßnahme die Tendenz des Parlaments, republikanische Prinzipien nach und nach auszuhöhlen und den Einfluß unterbürgerlicher Schichten in der Politik zurückzudrängen.

Bald zeigten sich auch die ersten Anzeichen dafür, daß Louis Napoleon eine Diktatur anstrebte und in die Fußstapfen seines Onkels zu treten beabsichtigte. So löste er am 30. Oktober 1849 sein bisheriges Kabinett auf und ersetzte es vollständig durch Personen seines Vertrauens, die nicht mehr, wie bisher üblich, im Parlament vertreten waren. Außerdem unternahm er zahlreiche Reisen in die Provinz, die seine Popularität in der Bevölkerung und besonders bei den Soldaten erhöhen sollten. Vor allem aber wurden seine Absichten dadurch deutlich, daß er eine Verfassungskommission einsetzte und beauftragte, die Artikel 45 und 46 der Verfassung zu ändern, die die Wiederwahl des Präsidenten untersagten.

Die Rue de la Mortellerie in Paris, nach den Kämpfen vom 24./25. Juni 1848 (Gemälde »Barrikade« von Ernest Meissonier, 1850)

Als die Nationalversammlung allerdings nach einer langen Debatte vom 14. bis 19. Juli 1851 dieses Anliegen, für dessen Verabschiedung eine Zweidrittelmehrheit erforderlich gewesen wäre, mit 278 gegen 446 Stimmen zurückwies, war Napoleon zum Staatsstreich entschlossen. Als Verbündete konnte er neben einigen politischen Vertrauten auf hohe Vertreter des Militärs zählen. Als Datum des Staatsstreichs, intern bedeutungsvoll als »Rubikon« bezeichnet, wurde der symbolträchtige 2. Dezember festgelegt: Datum der Kaiserkrönung seines Onkels und Gedenktag der Schlacht bei Austerlitz, in der Napoleon I. gegen die österreichische und russische Armee gesiegt hatte.

Am Morgen des 2. Dezember 1851 besetzte die Armee alle strategisch wichtigen Punkte von Paris, während die Polizei etwa sechzig führende Mitglieder der Nationalversammlung verhaftete. An den Wänden der Stadt wurden in Plakaten der Belagerungszustand über Paris und die angrenzenden Departements erklärt, die Nationalversammlung aufgelöst und eine neue Verfassung skizziert. In einer demagogischen Maßnahme wurde das allgemeine Wahlrecht wieder eingeführt; an der Spitze des Staates sollte in Zukunft ein mit starken Machtbefugnissen ausgestatteter, auf zehn Jahre zu wählender Präsident stehen. Die Volksvertretung sollte aus einem Staatsrat, einer gesetzgebenden Körperschaft (*corps législatif*) und einem Senat gebildet werden.

Die Abgeordneten reagierten in sehr unterschiedlicher Weise auf den Staatsstreich. Etwa die Hälfte von ihnen arrangierte sich mit dem Geschehenen und zeigte sich nicht in der Öffentlichkeit. Etwa 200 Abgeordnete, liberale bürgerliche Orleanisten, einige Legitimisten und gemäßigte Republikaner, trafen sich in der Nationalversammlung und suchten nach legalen Mitteln des Widerstands. Bevor es jedoch zu konkreten Maßnahmen kommen konnte, wurde die Versammlung gewaltsam aufgelöst und ihre Mitglieder verhaftet. Ein paar Dutzend Republikaner versuchten die Republik durch einen Volksaufstand zu retten und beschlossen, am 3. Dezember auf die Straße zu gehen und das Volk von Paris erneut auf die Barrikaden zu rufen.

Der Volksaufstand, der an diesem Tag in der Hauptstadt und ebenso in einigen Departements in Südost- und Mittelfrankreich ausbrach, war in Ausmaß und Stärke nicht mit denen von 1830 oder 1848 vergleichbar, so daß das Militär schnell die Kontrolle wiedererlangte. Die Zweite Republik hingegen zählte ihre letzten Opfer: 400 Tote und 500 bis 600 Verwundete kostete dieser Kampf gegen Louis Napoleon.

Das Zweite Kaiserreich

(1852–1870)

1852	7. November: Kaisertum für Napoleon III.
1853–1856	Intervention auf seiten der Türken im Krimkrieg.
1856	Februar/März: Pariser Friedenskongreß.
1859	Juni: Unterstützung Sardinien-Piemonts im Krieg gegen Österreich.
1870	2. Januar: Liberales Reformkabinett unter Émile Ollivier.
	19. Juli: Kriegserklärung an Preußen.
	2. September: Kapitulation der französischen Truppen nach der Niederlage bei Sedan.

Die Republik bestand seit dem 2. Dezember 1851 nur noch auf dem Papier, wenn auch der Übergang zum Kaiserreich noch ein Jahr dauern sollte. Durch ein Referendum, das in Zukunft ein beliebtes Mittel der Legitimation des Prince-Président darstellen sollte, ließ sich Napoleon seinen Staatsstreich noch im gleichen Monat (21./22. Dezember 1851) nachträglich rechtfertigen. Eine überwältigende Mehrheit, fast 7,5 Millionen Wahlberechtigte, stimmte für Louis Napoleon und nur rund 650 000 gegen ihn. Auch wenn bei der Abstimmung sicherlich nachgeholfen wurde, konnte sich die Republik, das wurde nun deutlich, nur noch auf sehr wenige Verteidiger stützen.

Bereits im Januar des nächsten Jahres wurde die neue Verfassung vorgelegt. Wie bereits angekündigt, sah sie einen mit starker Exekutivgewalt ausgestatteten Präsidenten vor, der das Kommando über die Armee innehatte, Krieg und Frieden sowie den Belagerungszustand erklärte, alle Beamten ernannte und über das Begnadigungsrecht verfügte. Der Präsident war allein dem Volk verantwortlich und konnte sich jederzeit durch Volksentscheide über die parlamentarischen Einrichtungen hinwegsetzen. Die Minister, die zunächst ein Kabinett ohne Ministerpräsidenten bildeten, waren nur ihm gegenüber verantwortlich. Ähnlich abhängig vom Staatsoberhaupt war auch der Staatsrat, der sich aus vom Präsidenten ausgewählten und ihm persönlich ergebenen Personen zusammensetzte. Seine Aufgabe bestand darin, Gesetze vorzubereiten und bei der Diskussion in der gesetzgebenden Körperschaft steuernd einzugreifen.

Der *Corps législatif* wurde durch das allgemeine Männerwahlrecht nach dem Prinzip der Persönlichkeitswahl für sechs Jahre ermittelt. In der Praxis wurde die Rolle der Volksvertretung jedoch auf die eines demokratischen Feigenblatts beschränkt. Abgesehen davon, daß die Regierung über die Unterstützung offizieller Kandidaten den Ausgang der Wahlen beeinflussen konnte, besaß die gesetzgebende Körperschaft entgegen ihrer Bezeichnung keinerlei Initiativrecht für Gesetze oder das Budget, sondern war der Kontrolle des Staatsrates unterworfen. Darüber hinaus war ihre Sitzungsdauer auf höchstens drei Monate im Jahr begrenzt. Sie wurde von der Regierung einberufen und aufgelöst. Bei der Veröffentlichung ihrer Protokolle unterlag sie strengster Zensur und konnte ihre Debatten nicht als vollständige Texte veröffentlichen.

Der Senat schließlich lag ganz in der Hand des Präsidenten. Die 150 Senatoren, die entweder in ihrer öffentlichen Rolle als Kardinäle, Marschälle und Admirale automatisch Mitglieder des Senats waren oder vom Staatsoberhaupt ernannt wurden, konnten je nach der persönlichen Gunst des Präsidenten jährlich mit einer Dotation von 30 000 Francs bedacht werden. Der Senat war also ein fügsames politisches Instrument des Staatsoberhaupts. Seine Rolle bestand darin, nicht verfassungskonforme Gesetzesvorlagen der gesetzgebenden Körperschaft abzuweisen und die Verfassung durch sogenannte Senatskonsulte, auf die auch der Präsident Einfluß nehmen konnte, auszulegen oder zu ergänzen.

Insgesamt mischten sich im Bonapartismus auf eigentümliche Weise

Napoleon III. mit Kaiserin Eugenie und Prinz Louis-Napoleon

starke diktatoriale Elemente mit denen der Volkssouveränität, die den Diktator legitimierten. Angesichts der uneingeschränkten Herrschaft des Präsidenten stellte die offizielle Umwandlung der Republik in das Zweite Kaiserreich nur noch eine Formsache dar. Am 7. November 1852 sprach ein Senatskonsult dem Präsidenten die kaiserliche Würde zu: Louis Napoleon führte fortan den kaiserlichen Titel Napoleon III. Ein Volksentscheid legitimierte vierzehn Tage später den Kaiser nachträglich mit 7,8 Millionen Ja- gegen nur 200 000 Nein- und 65 000 ungültige Stimmen.

Bis gegen Ende der fünfziger Jahre herrschte Napoleon III. weitgehend unangefochten durch seine ihm willfährig ergebenen Kabinette und Vollzugsorgane und fast ohne innere Opposition. Hinter ihm standen die Masse der ländlichen Bevölkerung, ein großer Teil des orleanistisch geprägten Großbürgertums sowie Klerus und Ultramontane. Die Vertreter der republikanischen und sozialistischen Opposition lebten im Exil, so etwa Louis Blanc, Victor Hugo, Edgar Quinet und der republikanische Gegenkandidat bei den Präsidentschaftswahlen, Ledru-Rollin.

Vor allem der wirtschaftliche Aufschwung der fünfziger Jahre, der von einigen Schwankungen abgesehen bis zum Ende des Empires andauerte, hat zunächst beträchtlich zum Erfolg des politischen Regimes Napoleons III. beigetragen. Die rund zwanzig Jahre des Zweiten Kaiserreichs können als die Gründerzeit der modernen französischen Wirtschaft bezeichnet werden, in der sich vor allem im Bereich der Verkehrstechnik, des Städtebaus und der Schwerindustrie bedeutende Entwicklungen vollzogen. Das erklärte Ziel Napoleons III. war es, durch Steigerung des Wirtschaftspotentials aus Frankreich eine moderne Industrienation zu machen, die zugleich Gewinn und Wohlstand für das Bürgertum und ausreichende Beschäftigung und Lohn für die Arbeiter garantieren und damit das politische System stützen sollte.

Jedoch stand hinter diesem Ziel kein ausgewogenes Modell der Staatseingriffe, das durch sozialpolitische Maßnahmen im Interesse der Arbeiter hätte wirken können. Vielmehr war Napoleons Wirtschaftspolitik durch ein ausgesprochen liberales Programm gekennzeichnet, in dem das freie

Spiel der privaten Interessen eine Situation ökonomischer Stabilität schaffen sollte.

Die wohl größte Leistung auf wirtschaftlichem Gebiet bestand im rapiden Ausbau des französischen Eisenbahnsystems, das sternförmig auf Paris ausgerichtet wurde und eine Gesamtstrecke von mehr als 16 000 Kilometer umfaßte. Der Eisenbahnboom hatte tiefgreifende ökonomische Folgen und legte die Basis für die wesentlichen Fortschritte der industriellen Entwicklung Frankreichs. Der Eisenbahnbau umfaßte seit 1850 ein Achtel des Gesamtvolumens der Investitionen, förderte durch die verbesserten Kommunikationswege die Eisen- und Kohleindustrie und war Auslöser für die Entwicklung der französischen Lokomotivindustrie. Außerdem begründete er die finanzielle Stärke Frankreichs auf dem Weltmarkt. Der große Bedarf an Kapital, der vor allem in den fünfziger Jahren hohe Dividenden und gesicherte Profite abwarf, führte zur Konzentration von mit Bankkapital verbundenen großen Kompagnien, die auf internationale Märkte expandierten.

Die bekannteste Maßnahme Napoleons III. stellte der Um- und Ausbau der französischen Großstädte dar, wobei besonders die Modernisierung von Paris unter dem Präfekten Georges Haussmann große Berühmtheit erfuhr. Sie prägt durch den Ausbau der großen Ringstraßen, der Boulevards, das Erscheinungsbild der französischen Hauptstadt bis in unsere Tage hinein. Indem die Elendsviertel innerhalb der Stadt beseitigt und die Hauptstadt ausgeweitet und verschönert wurden, verschwand jedoch keinesfalls das Elend der städtischen Arbeiter. Im Gegenteil, infolge dieser Maßnahmen stiegen die Mieten in Paris an und belasteten in nicht unerheblichem Maße das Budget von zahlreichen Arbeiterfamilien.

Auch wenn Frankreich zu den wachstumsintensivsten Ländern Europas zählte und in den fünfziger und sechziger Jahren zur zweiten Wirtschaftskraft neben England aufstieg, war seine Wirtschaft jedoch nach wie vor weitgehend durch traditionelle, kleinbetriebliche Strukturen der Konsumgüterindustrie bestimmt, neben denen moderne industrielle Großbetriebe eine zahlenmäßig weit untergeordnete Rolle spielten. Großbetriebe stellten zwischen 1855 und 1864 nur etwas mehr als ein Drittel des Nationalproduktes her, während Kleinbetriebe, die ohne den Einsatz von Maschinen arbeiteten, noch 63,5 % produzierten und 70–75 % der gewerblichen Arbeitskräfte beschäftigten.

Auch wenn die Industrialisierung Frankreichs in der zweiten Hälfte des 19. Jahrhunderts einsetzte und ihre Auswirkungen deutlich erkennbar wurden, dominierte der agrarische Sektor nach wie vor die Wirtschaft. Noch in der Mitte des 19. Jahrhunderts lebten nahezu drei Viertel der Bevölkerung auf dem Land oder in Gemeinden mit weniger als 2000 Einwohnern, und noch 1866 machten die Bauern die Hälfte der aktiven Bevölkerung aus.

Die großen staatlichen und privaten Investitionen schufen für die ländliche Bevölkerung die Möglichkeit des Nebenerwerbs im Eisenbahnbau, in den Minen und in den Fabriken. Außerdem eröffnete die zunehmende Zahl der unteren Stellen in Verwaltung und Armee Möglichkeiten des Erwerbs. Der Arbeiter-Bauer, der durch eine Mischerwerbsform aus ländlicher und gewerblicher Arbeit charakterisiert werden kann, wurde eine für Frankreich typische Erscheinung. Die Ausweichmöglichkeit in andere Sektoren sicherte den Landarbeitern steigende Löhne im Agrarsektor, die deutlich schneller wuchsen als die Lebenshaltungskosten. Diese kollektive Ver-

Von Haussmann durchgebrochener Pariser Boulevard (Holzschnitt nach einer Zeichnung von Georges François Guiaud)

besserung der Lage der ländlichen Bevölkerung, die allerdings je nach Anbindung an Kommunikationsnetze sowie der Art und Weise der Spezialisierung der Produktion starken regionalen Schwankungen ausgesetzt war, drückte sich schließlich in einer Zunahme des Kleinbesitzes (5–10 ha) aus.

Der wachsende Lebensmittelbedarf der Großstädte und industriellen Zentren, aber auch der Fortfall der Getreideimporte aus Rußland aufgrund des Krimkrieges (1853–1856), führten zu einer Steigerung des Grundbesitzwertes um mehr als 50 %. Das pro Hektar zu versteuernde Einkommen nahm zwischen 1851 und 1879 um fast 40 % zu. Vor allem profitierten die großen Grundbesitzer und Notabeln von der günstigen landwirtschaftlichen Konjunktur, so daß sich bis 1880 keine grundlegende Veränderung in der ländlichen Sozialstruktur durchsetzte. Die Hierarchie auf dem Lande blieb erhalten. Die traditionellen Notabeln behielten ökonomisch und sozial ihre Macht, wenn sie auch stellenweise versuchten, die Fehler von 1848 zu vermeiden und ökonomische Innovationen innerhalb der Bauernschaft zu verbreiten.

Insgesamt war die französische Wirtschaft während des Kaiserreichs durch eine duale Struktur und eine regional und sektoriell ausgesprochen ungleiche Entwicklung geprägt, wobei die Landwirtschaft und die kleinbetrieblich organisierte Verbrauchsgüterindustrie gegenüber der industriellen Produktion dominierte. Diese französische Besonderheit in der Phase der Industrialisierung bremste jedoch keineswegs den Weg in den Industriekapitalismus. Im Gegenteil setzte sich diese moderne Wirtschaftsform gerade mit Hilfe des Kleinbetriebs durch. Dieser typisch französische Weg zur Industrienation federte darüber hinaus die sozialen Folgen der Industrialisierung im Vergleich zu England und Deutschland spürbar ab.

Das Zweite Kaiserreich trat als erstes Regime des 19. Jahrhunderts mit einem sozialpolitischen Anspruch an. Es setzte jedoch weniger auf sporadische sozialpolitische Eingriffe, sondern vor allem auf die Steigerung des wirtschaftlichen Wachstums und dadurch auf eine indirekte Verbesserung der sozialen Lage der Unterschichten. Während dieses Programm im Bereich der Landwirtschaft weitgehend eingelöst werden konnte, prallten die Widersprüche in den industriellen Zentren ungebremst aufeinander. Die vor allem in den sechziger Jahren zunehmende politische Opposition der großen Städte gegenüber dem Bonapartismus machte deutlich, daß die sozialen Mißstände keineswegs beseitigt worden waren. Obwohl die Löhne während der fünfziger und sechziger Jahre kontinuierlich angestiegen waren und die chronische Unterbeschäftigung der ersten Jahrhunderthälfte beseitigt worden war, hatten sich die Grundbedingungen der städtischen Unterschichten nur unwesentlich verändert.

Als seit der Mitte der sechziger Jahre die Löhne hinter der Preisentwicklung zurückblieben, hohe Mietkosten in den Großstädten auf das Budget der Arbeiterfamilien drückten und eine erneute konjunkturelle Krise steigende Arbeitslosenzahlen hervorbrachte, begann die Arbeiterschaft, erneut gegen die politischen und ökonomischen Verhältnisse zu protestieren.

Dabei verließ sie zwar noch nicht immer republikanische Positionen, weitete diese aber durch die Forderung nach einer sozialen Republik aus und öffnete sich partiell auch Forderungen, die in der Ersten Internationale vertreten wurden. Sie trat dabei nun weit stärker als zuvor autonom und ohne bürgerliche Vermittler auf. Eine große Welle von Arbeitskämpfen in den Jahren 1868 bis 1870, die zum Teil erstmals ein überregionales Echo unter den Arbeitern fanden, unterstrich deutlich die Grenzen der staatlichen Politik und die steigende Opposition der städtischen Arbeiterschaft gegen das Regime Napoleons III.

Die wachsende Bedeutung der Städte, die indirekt ein Ergebnis der Napoleonischen Wirtschaftspolitik darstellte, bedrohte jedoch gleichzeitig die Macht der ländlichen Notabeln und damit eine der Stützen des Regimes. Um diesen Angriff auf die traditionellen sozialen Eliten zu bremsen und sie nicht der politischen Opposition zu überantworten, versuchte Napoleon III., Teile von ihnen in das politische und staatliche Personal aufzunehmen und an das Regime zu binden. Aber auch diese Maßnahme konnte letztlich nicht das Ende des Kaiserreichs aufhalten, sondern beschleunigte es sogar zum Teil noch. Der administrative Apparat war oft unflexibel und starr.

Noch stärker als die Wirtschaft dominierten die Notabeln das politische und staatliche Personal des Zweiten Kaiserreichs und bauten nach der Jahrhundertmitte ihre privilegierte Stellung, die sie während der Julimonarchie besetzt hatten, noch weiter aus. Der Prozeß der Demokratisierung, der 1848 vorsichtig begonnen hatte, wurde auf diese Weise gebremst und zurückgedreht. Natürlich war Voraussetzung für die Ernennung der Minister, Senatoren und Staatssekretäre, daß sie offiziell das Kaiserreich unterstützten. Das gleiche galt eingeschränkt auch für Abgeordnete des *Corps législatif,* die zwar durch das allgemeine Wahlrecht legitimiert wurden, deren Wahl jedoch über die staatliche Unterstützung der offiziellen Kandidaten manipuliert wurde. Daneben aber bildeten Mitglieder der Notabelnfamilien, Rentiers, hohe Beamte und Geschäftsleute das Regierungspersonal. Da der Zugang zur politischen Elite begrenzt war und Posten oft innerhalb derselben Familien oder Zirkel vererbt wurden, kontrollierten die Notabelnfamilien nicht nur die lokalen Generalräte, Stadträte und Bürgermeisterämter, sondern auch die Ämter des hohen staatlichen Verwaltungspersonals und der politischen Funktionen. Vertreter der freien Berufe und Intellektuelle blieben hier deutlich unterrepräsentiert. Vor allem aber waren Mitglieder des Kleinbürgertums, die 1848 begrenzt Eingang zur politischen Elite gefunden hatten, ausgeschlossen. Trotz des öffentlichen Wettbewerbs um freie Stellen im Staatsdienst, dem sogenannten *Concours,* gingen die staatlichen Ämter in der Verwaltung, aber auch in der Armee, immer wieder an dieselben Familien. Seit 1830 entwickelten sich ausgesprochene Dynastien, die sowohl aus dem Adel als auch aus dem Bürgertum stammten.

Über eine solche Politik der Einbindung der Elite in den Staatsdienst versuchte Napoleon III. die führenden sozialen Gruppen mit seinem politi-

Krimkrieg: Die Einnahme von Sebastopol, September 1855 (anonyme Farblithographie)

schen System zu versöhnen und eine mögliche monarchistische Opposition zu verhindern. Nicht die Leistungsstandards einer modernen Verwaltung und Armee, sondern kurzfristige politische Erwägungen des Machterhalts hatten Priorität in seinem System. Das militärische Desaster der französischen Armee im Deutsch-Französischen Krieg 1870/71, das das Ende des Kaiserreichs besiegelte und langsam auch das Ende der Notabelnherrschaft einläutete, ist mit dieser Politik des Klientelismus in Verbindung gebracht worden.

Dabei spielte gerade eine auf Prestigegewinn ausgelegte Außenpolitik eine wichtige Rolle im politischen Kalkül des Kaisers. Der Charakter seines Systems erforderte, auf die Stimmungslagen im eigenen Land Rücksicht zu nehmen und – in der Tradition des Onkels und Kriegsherrn Napoleon I. – die Vormachtstellung Frankreichs in Europa zu erneuern. Während Napoleon III. in den fünfziger Jahren vor allem im Krimkrieg gegen Rußland sowie mit seiner gegen Österreich gerichteten Italienpolitik spektakuläre Erfolge verbuchen konnte und es verstand, das französische Kolonialreich weiter auszubauen, waren die sechziger Jahre durch außenpolitische Mißerfolge geprägt.

Angesichts der steigenden innenpolitischen Opposition, die er aufgrund der nun überwiegend negativen Bilanz der kaiserlichen Außenpolitik nicht mehr durch aufsehenerregende Erfolge zum Schweigen zu bringen verstand, erhoffte sich Napoleon III. neuen innenpolitischen Rückhalt, indem er den alten französischen Anspruch auf das linke Rheinufer wieder aufgriff und die »Erbfeindschaft« zu Deutschland neu belebte. Damit eröffnete er den offenen Konflikt mit Preußen, dem eine Auseinandersetzung mit Frankreich ebenfalls aus innenpolitischen Erwägungen nicht unrecht war. Den Auslöser für den offenen Konflikt bot der Thronfolgestreit um die spanische Königswürde, die von der provisorischen Regierung Spaniens dem Prinzen Leopold von Hohenzollern-Sigmaringen angeboten worden war. Da für Frankreich damit die Gefahr bestand, im Süden und Osten von Hohenzollern eingekreist zu werden, drängte Napoleon den hohenzollerischen Kandidaten zum Thronverzicht. Dieser wurde zwar vom Vater des Thronkandidaten ausgesprochen. Da Napoleon III. jedoch aus Prestigegründen außerdem beim preußischen König auf eine öffentliche Garantieerklärung für zukünftige Thronfolgen drängte, die, so fürchtete Bismarck, als mögliche Demütigung Preußens in der Öffentlichkeit verstanden werden konnte, kürzte Bismarck das Telegramm des preußischen Königs, das auf diese Forderung einging, in so drastischer Weise, daß der Inhalt zwar nicht verfälscht wurde, aber als brüske Zurückweisung des französischen Anspruchs verstanden werden mußte. Auf diese »Emser Depesche« (13. Juli 1870) reagierte Napoleon am 19. Juli mit der Kriegserklärung an Preußen, das im Krieg, für Napoleon III. unerwartet, von den süddeutschen Staaten unterstützt und von einer Welle nationaler Kriegsbegeisterung in der deutschen Öffentlichkeit getragen wurde.

Gleichzeitig zu den außenpolitischen Ereignissen zeigten sich auch im Innern des Systems die ersten Abnutzungserscheinungen. Die Opposition der städtischen Arbeiter nahm zu, und auch die Ordnungspartei kehrte sich mehr und mehr vom bonapartistischen System ab. Napoleon III. sah sich zu einer schrittweisen Liberalisierung der Regierung gezwungen, um neue politische Verbündete zu finden. Enttäuschte Ultramontane, liberale Katholiken, protektionistisch eingestellte Wirtschaftskreise und liberale Oppositionelle drängten ihn seit 1860 dazu, sein autoritäres Regime nach und nach in eine stärker parlamentarisch bestimmte Regierung umzuwandeln. Durch den zunehmenden inneren Druck wurde der Kaiser gezwungen, die Kompetenzen der gesetzgebenden Körperschaft auszubauen und die Pressezensur sowie das Koalitionsverbot zu lockern. Die Wahlergebnisse verdeutlichten unterdessen, wie sehr sich die französische Bevölkerung vom Kaiserreich distanziert hatte. Bei den Wahlen zur gesetzgebenden Versammlung am 24. Mai 1869 gelang es den offiziellen Kandidaten nur noch, rund 4,4 Millionen Stimmen auf sich zu vereinen; mehr als 3,3 Millionen Stimmen gingen auf das Konto der Opposition, die sich vor allem in den großen Städten und Industriezentren ballte.

Auch ein endgültiger verfassungsrechtlicher Umbau des Kaiserreichs von einer autoritären Militärmonarchie zur repräsentativen Demokratie,

Napoleon III. übergibt Kaiser Wilhelm I. seinen Degen, 2. September 1870 (anonyme Lithographie)

der sich in der Bildung eines parlamentarischen Ministeriums unter Émile Ollivier im Januar 1870 ausdrückte, konnte den Zusammenbruch des Systems nicht mehr aufhalten. Nach der Kapitulation der französischen Truppen unter dem General MacMahon und Napoleon III. bei Sedan am 2. September 1870, bei der der Kaiser in deutsche Kriegsgefangenschaft geriet, brach in Paris erneut eine Revolution aus. Drei Tage nach Sedan, als die Kunde der Kapitulation in der Hauptstadt angekommen und verbreitet worden war, zogen Republikaner aller Schattierungen zum Pariser Hôtel de Ville und riefen dort die Republik aus. Die gleichzeitig gebildete provisorische Regierung der nationalen Verteidigung, die den Krieg gegen Deutschland von Paris aus weiterführte, wurde durch eine ergänzende Regierung in Tours bzw. Bordeaux unterstützt, nachdem Paris seit dem 19. September von deutschen Truppen belagert wurde. Léon Gambetta, Innenminister der provisorischen Regierung, gelang die Flucht aus Paris mit einem Heißluftballon. Er organisierte die Fortsetzung des Krieges, der etwa 150 000 Tote, ebenso viele Verwundete und 600 000 Gefangene auf französischer Seite und 130 000 Tote und Verwundete auf deutscher Seite kostete. Nach der völligen Kapitulation des ausgehungerten Paris am 28. Januar 1871 wurde Frankreich im Frieden von Versailles bzw. im Frankfurter Frieden vom 10. Mai 1871 gezwungen, 5 Milliarden Francs an Reparationen an den Sieger zu bezahlen und Elsaß-Lothringen an das Deutsche Kaiserreich abzutreten.

Die Herausbildung der Dritten Republik

(1871–1914)

1870	4. September: Proklamation der Republik.
1871	28. Januar: Kapitulation von Paris.
	7. Februar: Wahlsieg der Konservativen bei den Wahlen zur Nationalversammlung; Präsidentschaft Thiers' (bis 1873).
	18. März–29. Mai: Pariser Kommune.
	21.–28. Mai: Niederschlagung der Kommune (»Blutige Woche«).
	10. Mai: Frieden von Frankfurt.
1873–1879	Präsidentschaft Marschall MacMahons.
1875	30. Januar / 24. Februar / 16. Juli: Verabschiedung der konstitutionellen Gesetze.
	14. Oktober: Wahlsieg der Republikaner bei den Wahlen zur Abgeordnetenkammer.
1877	16. Mai: »Staatsstreich« Mac-Mahons.
1879	5. Januar: Wahlsieg der Republikaner bei den Senatswahlen.
1879–1887	Präsidentschaft Jules Grévys.
1882–1887	Große Depression.
1886–1889	Boulangismus.
1889	27. Januar: Wahlsieg Boulangers in Paris; Gefahr eines Staatsstreichs.
1894–1906	Dreyfus-Affäre.
1894	15. Oktober: Verhaftung Dreyfus'.
1898	13. Januar: Veröffentlichung von Émile Zolas *J'accuse.*
1904	*Entente cordiale* mit England.
1905	3. Juli: Gesetz über die Trennung von Kirche und Staat.
1906	Juli: Freispruch Dreyfus'.
1913	17. Januar: Wahl Raymond Poincarés zum Präsidenten.

Auch wenn die Ausrufung der Dritten Republik am 4. September 1870 den endgültigen Sieg des republikanischen Regierungssystems in Frankreich bedeutete, so hörte, um mit Maurice Agulhon zu sprechen, die Entstehung der Dritten Republik nie auf. Im September 1870 ausgerufen, erhielt sie ihre konstitutionellen Gesetze 1875. Erst 1879 errangen die Republikaner die volle parlamentarische Macht.

Der überraschende Wahlsieg des konservativen Lagers aus Legitimisten und Orleanisten in der ersten Wahl zur Nationalversammlung am 7. Februar 1871 rückte die Restauration der Monarchie in den Bereich der Möglichkeit. In einer Übereinkunft stellte die Nationalversammlung am 12. Februar fest, daß die Republik nur so lange Bestand haben sollte, bis sich das französische Volk in freier Abstimmung und nach Abzug der deutschen

Truppen eine neue Verfassung geben könne. Adolphe Thiers, der bereits in der Julimonarchie das höchste Staatsamt bekleidet hatte, wurde zum ersten Präsidenten der Dritten Republik gewählt.

Angesichts der monarchischen Mehrheit der Nationalversammlung entwickelte sich in der überwiegend republikanisch orientierten Hauptstadt Paris Widerstand, der sich zur größten revolutionären Aktion der französischen Geschichte und zum blutigen Bürgerkrieg ausdehnen sollte. Bereits im Februar hatte sich in Paris ein Zentralkomitee gebildet und den Beschluß gefaßt, Paris und das dazu gehörige Seine-Departement zur autonomen Republik zu erklären, falls die Nationalversammlung nicht mehr Paris als Hauptstadt anerkennen sollte. Die Entscheidung der Nationalversammlung am 10. März, von Bordeaux nach Versailles und nicht nach Paris umzusiedeln, wurde als Zeichen der Restauration der Monarchie und als Signal zum Widerstand verstanden. Ein Zusammenstoß zwischen der Pariser Nationalgarde, der die Nationalversammlung den Sold gestrichen hatte, und den Regierungstruppen auf dem Pariser Montmartre löste schließlich den offenen Aufstand aus. Thiers ließ daraufhin die Stadt räumen und erneut in den Belagerungszustand, diesmal jedoch durch französische Truppen, setzen.

Am 26. März wählte das Departement Seine seinen Generalrat, in dem Republikaner sozialistischer und radikaler Prägung dominierten. Aus dem Generalrat und dem Stadtkomitee setzte sich die Regierung des Stadtstaates zusammen, der als *Commune de Paris* bis zum 29. Mai 1871 die Stadt verwaltete und in dieser Zeit einige wichtige, mehr republikanisch als sozialistisch orientierte Reformen durchsetzte. In der marxistischen Tradition wurde die Pariser Kommune als der erste Klassenkampf einer zum Bewußtsein gelangten Arbeiterklasse interpretiert. Neuere Untersuchungen betonen jedoch stärker die Kontinuitäten zwischen dem Juniaufstand 1848 und 1871. Die Aufständischen setzten sich neben Handwerkern und einigen Intellektuellen zu drei Vierteln aus Arbeitern zusammen. Diese traten jedoch weniger als eine selbstbewußte Arbeiterklasse in Erscheinung, sondern entsprachen stärker einer Arbeiterschaft alten Typs, die die spezifischen kleingewerblichen Bedingungen Frankreichs widerspiegelte. Gleichzeitig entsprang dieser Konflikt bereits den neuen städtischen Problemen, die unter anderem aus der brutalen Transformation der Hauptstadt entstanden waren.

Die Nationalversammlung und Thiers traten als unversöhnliche Gegner der sozialen und föderalistischen Tendenzen der Kommune auf und beauftragten den in Sedan besiegten General MacMahon mit der militärischen Niederschlagung des Aufstandes. Nach mehrwöchiger Belagerung gelang es den Regierungstruppen, in Paris einzudringen, in der »Blutigen Woche« vom 21. bis 28. Mai die Barrikaden der Kommunarden zu nehmen und den Aufstand brutal niederzuwerfen. Als sich ihre Niederlage abzeichnete, erschossen die Kommunarden einige Geiseln, ließen zahlreiche Gebäude in Flammen aufgehen und verschanzten sich auf dem Friedhof Père Lachaise, wo sie schließlich von Erschießungskommandos an der Mur des Fédérés

ohne Richterspruch hingemetzelt wurden. Allein in dieser Woche wurden 17 000 Männer und Frauen, aber auch Kinder getötet; insgesamt forderte der Bürgerkrieg 30 000 Tote, von denen die Regierungstruppen nur etwa 1000 zu beklagen hatten. 10 000 Strafurteile wurden in der Folge verhängt, 215 Kommunarden wurden zum Tode und 3000 zur Deportation in die Strafkolonien nach Neukaledonien verurteilt.

Das unerbittliche Durchgreifen der Regierung erhöhte im konservativen und bürgerlichen Lager das Ansehen der Republik, die jetzt erstmals als möglicher Ordnungsfaktor gesehen wurde. Nachwahlen zur Nationalversammlung im Sommer 1871 zeigten die Republikaner im Aufwind, wenn auch die Mehrheit des Parlaments nach wie vor monarchistisch geprägt war. Die Legitimisten mit dem Grafen von Chambord und die Orleanisten mit dem Grafen Louis Philippe von Paris als jeweilige Thronkandidaten waren sich in der Ablehnung der Republik als Staatsform einig, aber gespalten in der Bestimmung des Herrschers.

Obwohl der Präsident Adolphe Thiers aufgrund seiner außenpolitischen Erfolge in den Friedensverhandlungen mit dem Deutschen Kaiserreich und der Niederschlagung der Kommune hohes Ansehen genoß, wurde er von der monarchistischen Mehrheit des Parlaments fallengelassen, nachdem er ins Lager der konservativen Republikaner übergeschwenkt war. An seiner Stelle wählte die Volksvertretung den Marschall Mac-Mahon zum neuen Präsidenten. Auf ihm und dem Herzog von Broglie, dem Ministerpräsidenten, lag die Hoffnung der Rechten, die Monarchie als Staatsform wiedereinzuführen. Obwohl sich die beiden monarchistischen Lager kurzfristig auf den Grafen von Chambord als gemeinsamen Thronanwärter einigen konnten, waren Legitimisten und Orleanisten doch zu verschieden, als daß ihre Koalition von Dauer hätte sein können. Während sich die Legitimisten mehrheitlich aus dem alten Provinzadel zusammensetzten und die Restauration eines auf die katholische Kirche gestützten Ancien Régime anstrebten, stand hinter den Orleanisten vor allem die Geschäfts- und Industriewelt, der eine konstitutionelle, liberale und parlamentarische Monarchie vorschwebte. Vor die Alternative gestellt, das Ancien Régime zu restaurieren oder die konservative Republik weiterzuführen, entschied sich schließlich ein großer Teil von ihnen für die Republik. Dieser Kursschwenk der Orleanisten, der sie dem rechten Flügel der Republikaner zuführte, zeichnete sich vor allem 1875 mit der Verabschiedung von drei Gesetzen (30. Januar, 24. Februar und 16. Juli) ab, die in Zukunft die verfassungsmäßige Grundlage der Dritten Republik bildeten und mit wenigen Veränderungen bis 1940 in Kraft blieben.

Diese konstitutionellen Gesetze gründeten die Legislative auf ein Zweikammersystem: Senat und Abgeordnetenkammer wurden durch das allgemeine Männerwahlrecht ermittelt, wobei die Mitglieder der Abgeordnetenkammer auf vier Jahre, die Senatoren jedoch auf neun Jahre gewählt wurden. Jeweils ein Drittel des Senats wurde alle drei Jahre neu gewählt. Die Minister waren vor beiden Kammern verantwortlich und mußten zurücktreten, wenn Unstimmigkeiten zwischen dem Kabinett und einer

Die Zerstörung der Vendôme-Säule durch die Commune am 16. Mai 1871 (Stich nach einer Zeichnung von Daniel Vierge)

Allegorische Darstellung der Französischen Republik, 14. Juli 1880 (anonyme Farblithographie)

der beiden Kammern auftraten. Diese Bestimmung zog einen ausgesprochen häufigen Wechsel der Regierungen nach sich: Bis 1914 zählte die Dritte Republik 52 verschiedene Kabinette. Diese scheinbare politische Instabilität wurde jedoch durch die hohe Kontinuität des politischen Personals weitgehend ausgeglichen. Es waren immer die gleichen Personen, die, wenn auch in wechselnder Zusammensetzung, die Regierungen stellten.

Der Präsident, der auf sieben Jahre, aber nicht mehr vom Volk direkt, sondern durch einen aus Senat und Abgeordnetenkammer gebildeten Kongreß, gewählt wurde, war mit weitgehenden Machtbefugnissen ausgestattet. So stand es ihm etwa zu, die Abgeordnetenkammer im Falle des Konfliktes aufzulösen und Neuwahlen anzusetzen.

Zu einem solchen Fall kam es bereits 1877 im Konflikt zwischen dem konservativen Präsidenten MacMahon und der liberalen Mehrheit des Parlaments. Am 16. Mai 1877 entließ der Präsident den republikanisch eingestellten Ministerpräsidenten Jules Simon, um ihn erneut durch den konservativen Herzog von Broglie zu ersetzen. Als die Abgeordnetenkammer diesen Schritt ablehnte, löste der Präsident im Einverständnis mit dem Senat kurzerhand die Kammer auf und setzte Neuwahlen für den 14. Oktober 1877 an. Obwohl es sich um ein verfassungsmäßig legales Verfahren handelte, wurde das Vorgehen des Präsidenten von den Republikanern als Staatsstreich und Willkürakt zur Vorbereitung der Restauration gebrandmarkt und von den Wählern mit einer deutlichen Antwort quittiert. In das neue Parlament zog nun eine republikanische Mehrheit von 320 Abgeordneten gegenüber 210 Monarchisten (davon allein hundert Bonapartisten) ein. Es gelang ihr, den Herzog von Broglie zum Rücktritt zu zwingen und durch ein republikanisches Kabinett unter Dufaure zu ersetzen. Als die Republik schließlich auch in der Senatswahl vom 5. Januar 1879 obsiegte und die Monarchisten im Senat in die Opposition zwangen, trat MacMahon am 30. Januar 1879 zurück und überließ dem gemäßigten Republikaner Jules Grévy das Präsidentenamt (1879–1887).

Mit der Niederlage MacMahons verloren die Anhänger der Monarchie nicht nur eines der zentralen Machtzentren. Gleichzeitig wurde auch das Präsidentenamt auf reine Repräsentationszwecke eingeschränkt: Nach dem mißglückten »Staatsstreich« MacMahons hat es kein französischer Präsident mehr gewagt, die ihm verfassungsmäßig zustehenden Rechte gegenüber dem Parlament voll auszunutzen. Die Republik hatte sich 1879 nach acht Jahren des Provisoriums gegen die anfängliche monarchistische Mehrheit in den Kammern durchgesetzt.

Dieser parlamentarische und verfassungsmäßige Sieg wurde von der neuen Mehrheit sofort in den staatlichen Symbolen versinnbildlicht. Im Mai 1879 zogen Abgeordnetenkammer und Senat von Versailles nach Paris um und betonten damit ihre Abwendung von den monarchischen Orten der Macht. Zu den ersten Maßnahmen der republikanischen Mehrheit gehörten im gleichen Jahr die Einführung der Marseillaise als Nationalhymne, der Trikolore als Nationalflagge und des 14. Juli als Nationalfeiertag. Damit bezog sich die Dritte Republik – zumindest in ihren Symbolen – ausdrücklich auf die Französische Revolution.

Die achtziger Jahre waren weitgehend durch einen Prozeß bestimmt, der darauf abzielte, das republikanische Staatswesen auf allen Gebieten zu verankern. Neben einer Generalamnestie für die Kommunarden bestanden die wichtigsten Gesetze im Bereich der Bürgerrechte in der Verkündung der Presse- und Versammlungsfreiheit (1881), wovon jedoch Demonstrationen bis 1935 ausgenommen waren. Alle Vereine mit mehr als 20 Mitgliedern blieben weiterhin bis Anfang des 20. Jahrhunderts anmeldungs- und genehmigungspflichtig. Daneben standen die ersten antiklerikalen Maßnahmen gegen die katholische Kirche, die als zentrale Stütze des Ancien Régime und als erster Feind der Republik angesehen wurde und deren Einfluß es entsprechend vor allem auf dem Gebiet des Schulwesens zurückzudrängen galt. Ein allgemeines Schulgesetz von 1882 regelte die Grundlage für den Auf- und Ausbau des modernen Schulwesens, indem es den Schulbesuch für alle Kinder verpflichtend machte und gleichzeitig mit der Einführung der von Laien geführten Volksschule die Macht der katholischen Kongregationen zu brechen versuchte. Es sollte allerdings noch Jahrzehnte dauern, bis sich die unentgeltliche Volksschule gegen die bezahlten geistlichen Institutionen in den Kreisen der Notabeln und des Bürgertums durchgesetzt hatte. Als weitere spektakuläre Maßnahmen führte die republikanische Mehrheit die Scheidung wieder ein, entfernte die Kruzifixe aus öffentlichen Gebäuden und schaffte das öffentliche Gebet zur Parlamentseröffnung ab.

Die *loi municipale* von 1884 legte schließlich jeder Kommune die Pflicht auf, ein eigenes Rathaus zu bauen, das oftmals mit den Symbolen der Republik – der Marianne, der Trikolore oder Inschriften wie »Liberté – Égalité – Fraternité« – geschmückt wurde. Damit dokumentierte die Republik ihre Anwesenheit in jedem Ort des Landes und setzte der Kirche als bis dahin einzigem allgegenwärtigen öffentlichen Gebäude eine deutliche, auch bauliche Alternative entgegen. Die Autonomie der Kommunen blieb jedoch nach wie vor der Zentralisierungspolitik der Hauptstadt unterworfen. Ein Gesetz von 1882 gestand zwar jeder Kommune zu, neben ihrem Stadtrat auch ihren Bürgermeister zu wählen. Der oberste Vertreter der Kommunen wurde damit nicht mehr, wie bisher üblich, aus Paris ernannt. Jedoch wurde die Macht des Präfekten, des entsandten Vertreters der Zentralmacht, keineswegs beschnitten, der gegenüber jeder Entscheidung des Stadtrates innerhalb eines Monats sein Veto einlegen konnte.

Seit den achtziger Jahren nahmen die republikanischen Regierungen die Kolonialpolitik des Zweiten Kaiserreichs wieder auf, nachdem sie in den siebziger Jahren zunächst kaum verfolgt worden war. Nach der Niederlage von 1870/71 strebten die republikanischen Ministerpräsidenten Gambetta und Ferry vor allem danach, Frankreichs Rang in der Welt wiederherzustellen und damit die Zustimmung der Bevölkerung zum republikanischen System zu gewinnen. Zwischen 1870 und 1914 wurde das französische Kolonialreich vor allem in Westafrika und Südostasien um das Zehnfache seiner Fläche und seiner Bevölkerung ausgedehnt. Zu Beginn des Ersten Weltkriegs umfaßte es schließlich 10 Millionen Quadratkilometer und zählte 48 Millionen Einwohner. Neben strategischen und wirtschaftspolitischen Erwägungen, wie etwa die Stärke der französischen Stützpunkte und Truppen in Übersee zu erhöhen sowie Absatzmärkte für französische Industrieprodukte und französisches Kapital zu finden, standen vor allem gesellschaftspolitische Überlegungen im Vordergrund: Erwartungen und Wünsche, die im Innern des Landes nicht erfüllt werden konnten, sollten auf diese Weise nach außen abgeleitet werden.

Dennoch wurde die Dritte Republik durch zahlreiche schwere innere Krisen erschüttert, die sie oftmals ernsthaft in ihrem Bestand bedrohten. Die erste, die Boulanger-Krise, erfaßte die französische Gesellschaft bereits in der zweiten Hälfte der achtziger Jahre, nachdem die Wirtschaftskrise von 1882, gefolgt von mehreren Streikwellen, das soziale Klima der Republik verschlechtert hatte. Der General Boulanger wurde als Kriegsminister bekannt, weil er nicht nur unerbittlich auf die Revanche gegen Deutschland setzte, sondern diese Einstellung auch durch gefährliche militärische Aktionen an der Ostgrenze demonstrierte. Er wurde daraufhin zwar als Minister entlassen und gleichzeitig als General in den Ruhestand versetzt, er konnte jedoch von nun an bei Wahlen als Kandidat auftreten. Getragen von einer radikalen populären Bewegung, finanziell und publizistisch unterstützt durch eine Rechtsopposition aus großbürgerlichen, legitimistischen und orleanistischen Kreisen, gelang es Boulanger, sich zum Führer einer antiparlamentarischen, autoritär-nationalistischen Massenbewegung aufzuschwingen. Von April bis August 1888 errang er mit den Stimmen der Radikalen und Sozialisten sowie der Konservativen, vor allem Klerikalen und Bonapartisten, in partiellen Wahlen mehrere spektakuläre Wahlerfolge. Am 27. Januar 1889 gewann er schließlich auch die Wahlen in Paris.

Hauptmann Alfred Dreyfus

Unterstützt durch die nationalistische *Ligue des patriotes* sowie mit Polizei und Militär im Rücken, drängten ihn seine Anhänger nach dem überwältigenden Wahlerfolg zum Staatsstreich. Boulanger setzte jedoch auf den legalen Weg der nächsten Wahlen im Herbst. Damit enttäuschte er seine Anhänger und ließ gleichzeitig seinen Gegnern Zeit zur Gegenoffensive. Im März 1889 wurde die Patriotenliga aufgelöst und der General vor den Senat geladen. Er wurde angeklagt, eine Verschwörung gegen die Sicherheit der Republik angezettelt zu haben. Boulanger floh nach Brüssel und beging dort 1891 Selbstmord.

Zwar brach die Bewegung daraufhin in kürzester Zeit zusammen, jedoch hatte die Boulanger-Krise erhebliche Auswirkungen auf die politische Kultur der Dritten Republik. Während bis dahin vor allem die französische Linke um Gambetta aufgrund ihrer jakobinischen Tradition nationalistisch und militaristisch eingestellt war, verband sich der Nationalismus von nun an mit antiparlamentarischen und autoritären Tendenzen. Dieser Wandel hat den integralen französischen Nationalismus hervorgebracht, der als politische Sammlungsbewegung auftrat und in den großen Krisen der achtziger und neunziger Jahre eine eigene Ideologie mit biologistischen und antisemitischen Zügen ausbildete.

Mit der Dreyfus-Affäre stand der französischen Öffentlichkeit allerdings noch die schwerste innenpolitische Krise bevor, die die Dritte Republik erneut über Jahre hinweg in Frage stellte. Ausgelöst wurde die Krise durch die Verurteilung des jüdischen Artilleriehauptmanns Dreyfus im Dezember 1894 durch ein geheim tagendes Militärgericht. Der Hauptmann wurde wegen angeblicher Spionage zu lebenslanger Deportation auf die Teufels-

Émile Zola während einer Sitzung des Dreyfus-Prozesses (Lithographie nach einer Skizze von Louis Sabatier, aus »L'Illustration« vom 19. Februar 1898)

insel vor der Küste von Französisch-Guayana verurteilt und aus der Armee ausgestoßen. Die Zweifel an der Rechtmäßigkeit dieses Urteils veranlaßten das Senatsmitglied Scheurer-Kestner, den Schriftsteller Émile Zola, der in diesem Kontext seine berühmt gewordene, eindrucksvolle Anklage *J'accuse* verfaßte, und die Familie des Verurteilten dazu, 1897 öffentlich die Revision des Urteils zu verlangen.

Im Hinblick auf die Frage der Schuld oder Unschuld Dreyfus' spaltete sich die französische Öffentlichkeit in zwei Lager: Auf der einen Seite standen die Dreyfus-Gegner, die sich vor allem aus dem alten monarchistischen Frankreich des Adels, des Klerus und der Armee, aber auch der neuen Rechten zusammensetzten. Dreyfus selbst spielte jedoch in dieser Koalition aus Antisemitismus, Nationalismus und Antiparlamentarismus allenfalls die Rolle eines Katalysators; Hauptgegner war die republikanische Staatsform. Auf der anderen Seite führten laizistische und radikale Republikaner und Intellektuelle, die sich in der *Ligue des droits de l'homme* ein Sprachrohr schufen, den Kampf um die Rehabilitierung des Hauptmanns. Die Unschuld Dreyfus' wurde spätestens 1898 deutlich, als sich das Hauptbelastungsdokument als Fälschung erwies und gleichzeitig der Oberstleutnant Henry als Urheber dieser Fälschung sowie der Hauptmann Esterházy als wirklicher Verräter entlarvt wurden. Mit der uneingeschränkten Rehabilitierung Dreyfus' 1906 ging die Republik gestärkt als erneute Siegerin aus der Krise hervor.

Politisch bedeutete die Dreyfus-Affäre das Ende der fast zwanzigjährigen Herrschaft der gemäßigten Republikaner und den Beginn der Herrschaft der Radikalsozialisten, die bis zum Ende der Dritten Republik andauern sollte. Die Krise hatte die Front zwischen rechts und links verschärft. Von nun an waren nationalistisches Kleinbürgertum und proletarische Linke, die in der Boulanger-Krise noch gemeinsam auftraten, deutlich voneinander getrennt. Das sozialistische Milieu war künftig durch einen dezidierten Antimilitarismus geprägt und distanzierte sich deutlich von antisemitischen Tendenzen und Begriffen. Das Verhalten des Klerus in der Affäre verschärfte darüber hinaus die antiklerikalen Tendenzen der Republik und führte letztlich zur völligen Trennung von Kirche und Staat in einer nun stärker durch Intellektuelle geprägten *République radicale*.

Im von da an offen geführten Kulturkampf zwischen radikalen Republikanern und katholischer Kirche waren als Ministerpräsidenten besonders Pierre Marie René Waldeck-Rousseau (1899–1902), Émile Combes (1902–1905) und Maurice Rouvier (1905–1906) engagiert. Im Rahmen der Entkirchlichung der Gesellschaft wurden Klöster geschlossen, kirchliches Vermögen vom Staat eingezogen und die diplomatischen Beziehungen zum Vatikan abgebrochen. Seit 1905 bestand keine amtliche oder finanzielle Verbindung mehr zwischen der Kirche (jeglicher Konfession) und dem Staat, die Republik garantierte jedoch die Gewissensfreiheit und die freie Ausübung des Kultes.

Auch wenn die politischen Auseinandersetzungen ausgesprochen hart geführt wurden, gab es in Frankreich bis zur Jahrhundertwende noch keine politischen Parteien im modernen Sinne wie in Deutschland, England oder in den USA zur selben Zeit. Seit 1871 bestanden höchstens parteiähnliche Gremien und Organisationen, die vor allem als Wahlkomitees auf lokaler Ebene tätig waren. Sie vertraten zwar bestimmte soziale oder politische Interessen, versammelten sich aber nur um weitgefaßte weltanschauliche Konzepte und nannten sich etwa »republikanisch«, »fortschrittlich« oder »monarchisch«.

Erst im Umkreis der Wahlen von 1902 organisierten sich die ersten parlamentarischen Gruppen in Parteien. Als erste Partei schloß sich der *Parti radical et radical-socialiste* zusammen, der als bürgerlich linksdemokratische Partei den radikalen Flügel der Republikaner vertrat und trotz seines Namens nicht mit der SPD zu vergleichen war. Rechts davon standen als Vertretung des gehobenen Bürgertums und mit wichtigen Verbindungen zu führenden Wirtschaftskreisen die *Alliance républicaine et démocratique* und die *Fédération républicaine.* Die rechtsoppositionellen Monarchisten, die nach dem Tod des Herzogs von Chambord 1883 durch die Orleanisten vertreten wurden, und die Bonapartisten spielten Anfang des 20. Jahrhunderts kaum noch eine Rolle im Parlament. Die Rechte wurde nun durch die neue Ideologie des integralen Nationalismus, der Militarismus, Antiparlamentarismus und Antisemitismus miteinander verband, vertreten und organisierte sich seit 1900 vor allem in der *Action française.*

Die nur langsame Herausbildung der französischen Arbeiterklasse wurde von einer im Vergleich mit anderen europäischen Arbeiterbewegungen verzögerten politischen und gewerkschaftlichen Organisierung begleitet. Gleichzeitig hatte aber auch die schwere Niederlage der Kommune die Entfaltung des französischen Sozialismus schwer beeinträchtigt. Schätzungen zufolge waren Ende 1891 erst 300 000 Industriearbeiter in Gewerkschaften organisiert. Das entspricht einem Prozentsatz von nur 9%. Die Zahl der Gewerkschaftsmitglieder verdreifachte sich jedoch bis 1907 auf fast eine Million.

Auch wenn bereits 1879 die erste sozialistische Partei gegründet wurde, so blieb der französische Sozialismus vor allem aufgrund seiner inneren Zersplitterung sehr schwach und noch lange mit der bürgerlichen Republik verbunden. Erst dreißig Jahre nach der SPD gelang es der französischen

Arbeiterbewegung, ihre verschiedenen Richtungen im *Parti socialiste unifié, section française de l'Internationale ouvrière* (SFIO) zu verbinden und sich ein gemeinsames, vornehmlich marxistisch orientiertes Programm zu geben. Die SFIO zählte in ihrem Gründungsjahr 1905 34 700 Mitglieder, konnte diese Zahl jedoch bis 1914 auf 91 000 erhöhen. Im gleichen Jahr gelang es ihr, 1,4 Millionen Wählerstimmen auf sich zu vereinigen. Trotz des marxistischen Programms der SFIO setzte sich in der politischen Praxis stärker der reformerische Kurs Jean Jaurès' durch. In innenpolitischen Krisensituationen unterstützten die Sozialisten immer wieder die bestehende Staatsform und trugen auf diese Weise mit dazu bei, daß die Dritte Republik, trotz der sozialen Konflikte und politischen Auseinandersetzungen, nicht zerbrach.

Soziale und wirtschaftliche Entwicklung der Dritten Republik

Die Bezeichnung »Belle Époque«, die dem Frankreich der Jahrhundertwende schon von Zeitgenossen zugeschrieben wurde, verweist auf eine recht zufriedenstellende Bilanz der Entwicklung seit 1870: die Republik hatte sich als Staatsform etabliert und mehrere schwere Krisen überstanden. Außenpolitisch war Frankreich zur zweitstärksten Kolonialmacht der Welt aufgestiegen. Zu fragen bleibt jedoch noch, inwieweit sich dieser Optimismus auch aus sozialen und wirtschaftlichen Fortschritten der Dritten Republik nähren konnte.

Vor allem die demographische Entwicklung Frankreichs in der zweiten Hälfte des 19. Jahrhunderts verdeutlicht, daß die französische Gesellschaft sich modernisierte und einem Wandel der Verhaltensweise und Mentalitäten ausgesetzt war. Während andere europäische Länder ein Bevölkerungswachstum und eine hohe Emigrationsrate aufwiesen, zeichnete sich Frankreich durch einen unglaublich langsamen Anstieg seiner Bevölkerung aus. Die französische Bevölkerung nahm in den Jahren zwischen 1881 und 1911 nur um etwa 2 Millionen zu und erreichte bis 1914 nur knapp 40 Millionen, während etwa Deutschland zur gleichen Zeit rund 67 Millionen Einwohner zählte.

Schlechte Wohn-, Ernährungs- und Sanitätsbedingungen sowie immer wieder aufkommende Epidemien sind als Faktoren für eine hohe Sterblichkeitsrate – vor allem von Säuglingen und Kleinkindern – anzuführen. Jedes fünfte Kind starb, bevor es das sechste Lebensjahr erreicht hatte. Seit 1880 trat jedoch ein deutlicher Wandel ein. Wachsende Kenntnisse der Hygiene (Pasteur) und ihre Anwendung sowie eine verbesserte Ausbildung der Ärzte erhöhten bis zum Ersten Weltkrieg die Lebenserwartung von Frauen von 43,4 auf 52,4 Jahre und von Männern von 40,8 auf 48,5 Jahre.

Das Marsfeld mit dem Palais de l'Électricité während der Pariser Weltausstellung 1900

Die ausgesprochen langsam anwachsenden Bevölkerungszahlen sind jedoch außerdem auf die Kenntnis von Verhütungspraktiken zurückzuführen, die vor allem als Koitus interruptus, aber auch in der Verwendung von Präservativen, zunehmend Verbreitung fanden. Auf diese Weise hatte Frankreich bereits ausgesprochen früh und lange vor anderen europäischen Ländern einen deutlichen Rückgang der Geburtenziffern zu verzeichnen. Während die Geburtenziffer in Großbritannien und Deutschland mit 34 bzw. 40 Geburten pro 1000 Einwohner nach wie vor sehr hoch lag, rangierte Frankreich mit 25,3 Geburten weit darunter. Von den nationalistischen Zeitgenossen als Zeichen der nationalen Schwäche und Degeneration beklagt, dokumentierte das Bestreben, die Geburtenzahlen zu begrenzen, den Versuch weiter Bevölkerungskreise, sozial aufzusteigen. Über die gezielte Investition in Erziehung und Ausbildung weniger Kinder versuchten sie, ihren Nachkommen entweder ihre eigene Lebenssituation zu sichern oder sogar eine höhere erreichbar zu machen. Da die Wirtschaft in Frankreich im Gegensatz zu Deutschland und England noch für lange Zeit durch familiäre Kleinbetriebe des Landes und der Stadt geprägt war, bestand darüber hinaus für viele Familien die Notwendigkeit, die Zahl der Kinder der Größe des Kleinbetriebes anzupassen. Das könnte auch erklären, warum die Verhütungspraktiken in Frankreich bereits viel eher als in anderen europäischen Ländern innerhalb der ländlichen Bevölkerung Verbreitung fanden.

Dabei müssen jedoch starke soziale und regionale Unterschiede berücksichtigt werden. Kleine Familien waren vor allem für mittlere soziale Schichten typisch. Während Angestellte die geringsten Geburtenziffern aufzeigten und damit ihren Aufstiegswillen besonders stark dokumentierten, wiesen die Familien der Eliten und Unternehmer, aber auch die der Arbeiterschaft nach wie vor recht hohe Reproduktionsziffern auf. Darüber hinaus spielte die Entfernung oder Nähe zum Katholizismus eine wichtige Rolle in der Entscheidung für oder gegen die Anwendung von Verhütungsmitteln. Da sich im Zuge der Entkirchlichung der französischen Gesellschaft immer größere Teile der Bevölkerung dem direkten Einfluß der Kirche entzogen, konnten Verhütungspraktiken vor allem im republikanisch-kleinbürgerlichen Milieu stärker Verbreitung finden.

Wirtschaftlich bedeutete die Dritte Republik eine kontinuierliche, nur kurzfristig durch die große Depression von 1882 bis 1887 unterbrochene Fortsetzung des ökonomischen Aufschwungs des Kaiserreichs. Obwohl die Gebietsabtretungen an das Deutsche Reich infolge des Krieges einen Teilverlust der lothringischen Industrie mit sich gebracht hatten, konnten sie durch die Erschließung neuer Erzgebiete ausgeglichen werden. Die rasche Ausdehnung der Schwerindustrie förderte darüber hinaus andere Wirtschaftszweige, etwa das Eisenbahnwesen und die Lokomotivproduktion, und wirkte sich stimulierend auf Finanzspekulationen aus. Auf dem Weltmarkt spielte Frankreich nach wie vor eine zentrale Rolle als Finanzmacht. Französische Investitionen wurden vor allem in Titeln und Wertpapieren getätigt, die 1914 mehr als drei Viertel der französischen Anlagen im Ausland umfaßten.

Auf die günstige Konjunktur folgte eine vorübergehende schwere internationale Krise, die sich in Frankreich mit dem Zusammenbruch der Union Générale 1882 ankündigte und weitere aufsehenerregende Pleiten mit sich brachte. Für die französische Industrie wirkte sich die große Depression jedoch vor allem als Verlangsamung des Wachstums aus; sie fand schnell eine gewisse Dynamik wieder und konnte sogar in den neunziger Jahren erstmals in der Dritten Republik eine jährliche Wachstumsrate von mehr als 2 % verzeichnen.

Trotz des Wirtschaftsaufschwungs und der wichtigen Rolle der Schwerindustrie blieb die französische Wirtschaft noch bis weit in die Dritte Republik hinein durch den Vorrang der Verbrauchsgüter- vor der Produktionsgüterindustrie bestimmt. Während im Norden die Industrie im vollen Aufschwung war, bestanden auf dem Lande weiterhin traditionelle Produktionsmethoden neben Methoden, die auf die Marktwirtschaft ausgerichtet waren. Die französische Wirtschaft war geprägt durch ein Nebeneinander von Industrie, Handwerksbetrieben und kleinen Läden, von industriellen Ballungsgebieten und ländlicher Kleinproduktion. Eine Linie, die von Cherbourg nach Marseille gezogen werden könnte, teilte Frankreich in zwei Hälften: während der Osten das industrialisierte Frankreich repräsentierte, dominierte im Westen die Landwirtschaft und ein zerstückeltes Kleingewerbe.

Der Agrarsektor war von der großen Depression weit stärker betroffen als andere Wirtschaftszweige. Außerdem wurde er zur selben Zeit durch Naturkatastrophen zusätzlich geschwächt. Während sich die Industrieproduktion schnell von der Krise erholte, ließ die Wiederherstellung der landwirtschaftlichen Produktion auf sich warten. Als Folge des Rückgangs agrarischer Einkünfte, der vor allem auf die Konkurrenz ausländischer Produkte zurückzuführen war, sanken die Gewinne aus Bodenkapital. Durch sinkende Bodenpreise – zwischen 1879 und 1912 ging der Wert von Grund und Boden um ein Drittel zurück – verlor der Grundbesitz schließlich seine Attraktivität als Kapitalanlage der Eliten.

Während jedoch ein Teil der landwirtschaftlichen Produktion modernisiert und durch neue Methoden, Maschinen und den Einsatz chemischer Dünger rationalisiert wurde, entzog sich ein großer Teil des Landes weiterhin der Marktökonomie. Die Krise hatte die regionalen Unterschiede noch verstärkt, so daß die Landwirtschaft als Sektor mit zwei Geschwindigkeiten erschien. Besonders die Regionen des Zentrums und des Südwestens sowie die Berggegenden waren nach wie vor in den Archaismus der landwirtschaftlichen Welt eingebunden, während der Norden und Osten des Landes verstärkt der Industrialisierung ausgesetzt waren.

Insgesamt dominierte nach wie vor der Kleinbetrieb das Bild der Landwirtschaft, dessen Anteil 1910, ähnlich wie noch dreißig Jahre zuvor, bei 84% lag. Entsprechend stellte die Landwirtschaft zu Beginn des 20. Jahrhunderts den größten Arbeitgeber und beschäftigte etwa 1911 42 % der aktiven Bevölkerung. Im gleichen Jahr lebten noch mehr als 55 % der Bevölkerung in ländlichen Kommunen mit weniger als 2000 Einwohnern. Die massenhafte Landflucht, die in anderen Ländern mit der Industrialisierung einhergegangen war, wurde in Frankreich durch den hohen Anteil von zusätzlichen Arbeiten in der Nähe des Wohnorts und durch temporäre Migration weitgehend unterbunden. Nur einzelne, meist Jugendliche und Frauen, jedoch fast nie ganze Familien, wanderten in die Städte ab. Insge-

Ein Korbflechter (unbekannte Photographie)

samt gelang es den Bauern, ihre Interessen trotz der tiefgreifenden Landwirtschaftskrise zu verteidigen, ihre Stellung in der Gesellschaft abzusichern und sich in die Republik, die sie zunehmend unterstützten, zu integrieren. Die Permanenz vorindustrieller Wirtschaftsaktivitäten und die Vitalität kleiner Betriebe, die durch eine protektionistische Wirtschaftspolitik der Republikaner unterstützt wurden, erklären, warum in Frankreich die sozialen Kosten der Industrialisierung nicht so hoch waren wie in anderen Ländern.

Der Kontinuität der ländlichen Welt entsprach auch ein Andauern der führenden Rolle der traditionellen Eliten in der französischen Gesellschaft. Auch wenn die Bedeutung des Grundbesitzes am Anteil der Kapitalinvestitionen zugunsten von industriellen Großbetrieben zurückging, so gehörter der Rentier vor allem in Provinzstädten, wie etwa in Rouen, weiterhin zum typischen Vertreter der Elite. In der Dritten Republik spielten die alten Werte von Besitz, Familie und sozialen Beziehungen vor allem in der Provinz eine nach wie vor wichtige Rolle. Nur langsam gewann das Industriebürgertum, das in der Notabelngesellschaft nur eine untergeordnete Rolle gespielt hatte und bei Heiratsbeziehungen und Beziehungsstrategien oftmals umgangen wurde, an Boden. Vor Beginn des 20. Jahrhunderts gelang es ihm jedoch nicht, die Grundrentiers und Kaufleute aus der Notabelngesellschaft zu verdrängen und selbst zum Prototyp des Bürgers aufzusteigen.

Auch auf politischem Gebiet konnten die Notabeln relativ lange ihre Macht und ihren Einfluß erhalten. Das von Halévy für die Dritte Republik beschriebene »Ende der Notabeln« zögerte sich auf diese Weise noch bis mindestens zur Jahrhundertwende, wenn nicht sogar bis zum Ersten Weltkrieg hinaus. Zwar gingen die Bedeutung und der Einfluß der traditionellen Eliten in der Abgeordnetenkammer und in den Rathäusern langsam zurück. Ärzte und Kaufleute, Oberlehrer und Volksschullehrer sowie allmählich auch Angestellte und Arbeiter verdrängten vor allem seit den neunziger Jahren zunehmend Grundrentiers und Besitzer, aber auch Juristen, hohe Beamte und Industrielle aus den politischen Körperschaften und Gremien. Allerdings konnten die traditionellen Eliten ihre Interessen weiterhin im indirekt gewählten Senat verteidigen, der vorwiegend aus den Honoratioren des ländlichen Frankreich zusammengesetzt war. Christophe Charle hat nachgewiesen, daß die Rekrutierung der Minister und hohen Beamten sich um 1900 nur unbedeutend von der der Notabeln-Ära unterschied. Unterstützt durch eine Aufnahmepraxis, die in weiten Strecken der Kooptation gleichkam, entstammten 1901 nur 1,2 % der hohen Beamten aus kleinbürgerlichem oder unterbürgerlichem Milieu. Die Armee blieb in ihren Spitzenposten nach wie vor in den Händen der Notabeln und des Adels: Die Söhne von Propriétaires, Bankiers, Industriellen und hohen Beamten hatten gute Chancen, zum General aufzusteigen, wenn sie in die Armee eintraten, während Söhne des Kleinbürgertums dafür nur minimale Aussichten hatten.

Der direkte Einfluß des Adels auf die Regierungspolitik ging dagegen seit 1880 deutlich zurück. Stellte er noch 1870 ein Drittel der Minister, so betrug sein Anteil im Zeitraum von 1879 bis 1914 lediglich 5 %. Allerdings war er auch 1893 weiterhin mit 23 % der Sitze unter den Abgeordneten deutlich überrepräsentiert. Bis 1914 sank sein Anteil indes auf 9,4 %. Außer in der Armee, in der zwischen 1885 und 1900 noch 20 % der Divisionsgeneräle durch Adlige gestellt wurden, spielte der französische Adel auch in der Diplomatie und Wirtschaft, und hier vor allem im Finanzsektor, eine nach wie vor wichtige Rolle.

Obwohl Qualifikation und Bildung als neue Mechanismen der Zuteilung und Rechtfertigung von sozialen Positionen nach 1880 weitgehend akzeptiert waren, konnten sie das Bollwerk der familiären und sozialen Herkunft keineswegs zerstören: gegenüber dem Besitzbürgertum hatte das Bildungsbürgertum nur begrenzt Zugang zur gesellschaftlichen Elite. Während Juristen und Ärzte ihr soziales Prestige erhöhen konnten, galten Gymnasiallehrer, Apotheker, Advokaten und vor allem mittlere und kleine Beamte allenfalls als Bürger zweiter Klasse. Gegenüber Besitz und Beziehungen konnte sich das Talent noch nicht durchsetzen.

Insgesamt verlief die Erneuerung des politischen und administrativen Personals, vor allem auf regionaler und lokaler Ebene, nur zögernd. Das »Ende der Notabeln« vollzog sich keineswegs in Form eines deutlichen Umbruchs, sondern als ein langsamer Prozeß. Außerdem wurden die alten Eliten weniger durch neue ersetzt; vielmehr wurde die Dritte Republik bis zum Ersten Weltkrieg geprägt durch eine langsame Vermischung des Einflusses von Notabeln und neuen sozialen Schichten. Wenn die Republik auch das Heraufkommen neuer sozialer Schichten auf politischem, begrenzt auch auf ökonomischem Gebiet förderte, so blieben diese nach wie vor deutlich von Adel und hoher Bourgeoisie getrennt.

Angesichts der vorherrschenden Rolle der Kleinbetriebe innerhalb der französischen Wirtschaft vollzog sich auch die Herausbildung der Arbeiterschaft als Klasse aus der ländlichen und handwerklichen Ökonomie nur sehr langsam und zögernd. Noch 1906 war die Mehrheit der Arbeiter in Betrieben mit weniger als zehn Lohnabhängigen beschäftigt und die Heimarbeit nahm nach wie vor eine wichtige Stellung in der gewerblichen Produktion ein. Aufgrund der weiterhin sehr heterogenen Zusammensetzung der Arbeiterschaft und ihrer je nach Qualifikation, Entlohnung, Arbeitsplatzsicherheit, Geschlecht – ein Drittel der Arbeiterschaft war weiblich – und Nationalität sehr unterschiedlichen sozialen Situation macht es wenig Sinn, von einer Arbeiterklasse als einer stabilen oder homogenen Gruppe zu sprechen.

Gemeinsame Organisationen, Aktionen und Symbole trugen jedoch dazu bei, eine bei allen sozialen Unterschieden gemeinsame Arbeiteridentität auszubilden, die jedoch keineswegs alle Mitglieder der Arbeiterschaft gleichmäßig erfaßte. Die Herausbildung von Arbeitervierteln und das Leben in einem abgegrenzten Arbeitermilieu, das vor allem durch Wohnung, Fabrik und Café (letzteres für männliche Arbeiter) bestimmt wurde, machte die gemeinsame Arbeiterexistenz ebenso sichtbar wie die relativ schwache soziale Mobilität, die wenig Hoffnung auf sozialen Aufstieg zuließ. Vor allem im Bergarbeiter- und Eisenbahnermilieu fand eine ausgesprochen hohe »Berufsvererbung« der Eltern auf ihre Kinder statt.

Auch wenn die große Depression eine Arbeitslosenquote von 10 %, in manchen Branchen wie etwa im Stahlsektor sogar bis zu 20 % der aktiven Bevölkerung mit sich brachte, verbesserte sich insgesamt die Lage der Arbeiter in der zweiten Jahrhunderthälfte langsam. Aufgrund der Abnahme der Lebenshaltungskosten, die vor allem auf den Preisverfall der Landwirtschaft zurückzuführen ist, stiegen die Reallöhne in diesem Zeitraum leicht an. Diese Entwicklung nahm jedoch um 1900 ein Ende, als sich die Lebenshaltungskosten erneut erhöhten und die Kaufkraft der Arbeiter zu stagnieren begann.

Die französische Gewerkschaftsbewegung war anders als in Deutschland unabhängig von einer politischen Partei. Hervorgegangen sind die Gewerkschaften in Frankreich aus lokalen Arbeiterbörsen, deren erste 1887 in Paris gegründet worden war und deren Zahl bis 1908 auf 157 anstieg. Sie waren örtliche gewerkschaftliche Organisationen, die neben ihrer ursprünglichen Aufgabe der Arbeitsvermittlung auf lokaler Ebene zahlreiche politische, soziale und kulturelle Aktivitäten entfalteten. Unabhängig von diesen lokalen Strukturen entwickelten sich berufsständisch aufgegliederte nationale Gewerkschaften, die 1895 in der *Confédération générale du travail* (C. G. T.) eine gemeinsame Dachorganisation gründeten und sich 1902 mit den Arbeiterbörsen vereinigten. Die doppelte Struktur der gewerkschaftlichen Gründungen blieb auch im Dachverband erhalten: einerseits waren die Gewerkschaften lokal und überberuflich organisiert, andererseits natio-

Eine Telephonvermittlungsstelle (aus »Le Petit Journal«, April 1904)

nal und berufsbezogen. Der französische Syndikalismus war weit stärker revolutionär eingestellt als die SFIO und verfolgte das Konzept der direkten Aktion. Nicht durch eine Massenbewegung der Arbeiterklasse verfolgten sie ihr Ziel, sondern durch die direkte Aktion einer entschlossenen Minderheit.

Die Zahl der in der Gewerkschaft organisierten Arbeiter stieg zwar schnell an, wobei besonders die wachsende Zahl gewerkschaftlich organisierter Angestellter eine wichtige Rolle spielte. Belief sich ihre Zahl im Jahr 1880 auf nur 65 000 Mitglieder, erreichten sie 1906 bereits 836 000 und zählten bei Ausbruch des Ersten Weltkriegs mehr als eine Million Mitglieder. Gegenüber 3 Millionen Gewerkschaftsmitgliedern in Deutschland und sogar 4 Millionen in Großbritannien blieb die französische Entwicklung jedoch weit zurück und unterstrich einmal mehr den spezifischen Charakter der französischen Industrialisierung und Modernisierung.

Entsprechend der steigenden Zahl von Gewerkschaftsmitgliedern nahm auch die der Streiks deutlich zu. Schwerpunkte der Streikbewegungen, die auch an Ausmaß und Dauer immer stärker wurden und deren Höhepunkte vor allem in Perioden wirtschaftlichen Wachstums und Phasen liberaler Regierungen fielen, lagen in den Jahren 1880/82, 1888/90 und vor allem 1906 mit allein 474 000 Streikenden. Die durchschnittliche Streikdauer stieg entsprechend der Organisation der Arbeiter: 9,6 Tage wurde in den 1870er Jahren durchschnittlich gestreikt, 1900 hielten die Arbeiter dagegen bereits 18,6 Tage durch. Mehr als die Hälfte der Streiks, deren Hauptforderung in

Lohnerhöhungen bestand, ging für die Streikenden erfolgreich aus; nur während der Depression und in der Vorkriegszeit überwogen die Niederlagen.

Sozialpolitische Maßnahmen ergriff die Dritte Republik im Vergleich zu anderen Ländern erst relativ spät und in begrenztem Umfang. Diese Verspätung ist neben dem orthodoxen Wirtschaftsliberalismus der Dritten Republik vor allem auf die kleinbetriebliche Struktur und das geringe Wachstum der Bevölkerung zurückzuführen, die die sozialen Folgen der Industrialisierung abfederten und die traditionellen Hilfssysteme der Notabeln, wie etwa Familie, Gemeinde und Caritas, noch länger als in anderen europäischen Ländern funktionieren ließen. Gleichzeitig spielte jedoch die Erfahrung der Kommune und damit die Angst der Dritten Republik, sich zu deutlich auf die Seite der Arbeiterschaft zu schlagen, eine wichtige Rolle.

Eine Vermittlerrolle zwischen der sich langsam herausbildenden Arbeiterklasse und dem Bürgertum spielte das Kleinbürgertum, das eine gewisse soziale Offenheit der französischen Gesellschaft sicherte und den Weg zum – begrenzten – sozialen Aufstieg bot. Auch das Kleinbürgertum stellte jedoch keine homogene soziale Gruppe dar, sondern zerfiel in selbständige Kleinhändler und Handwerker einerseits und lohnabhängige Angestellte und Beamte andererseits. Gemeinsam war diesen Berufsgruppen jedoch ihr Versuch, sich über Heiratsstrategien, Lebensstil und soziale Kreise als kleine Bürger deutlich nach unten zur Arbeiterschaft abzugrenzen.

Hatte sich das Kleinbürgertum bereits im Kaiserreich zahlenmäßig erheblich vergrößert, so beschleunigte sich diese Entwicklung noch während der Dritten Republik. In diesem Zeitraum stieg die Nachfrage nach kleinen Beamten und Angestellten rapide an. So verdoppelte sich allein die Zahl der Beamten von 1870 bis 1914 auf rund 400 000 bis 500 000. Ebenso stieg die Zahl der Büro- und Handelsangestellten, die für 1881 bereits auf etwa 800 000 Personen geschätzt werden können. Daneben behaupteten sich etwa 3 Millionen Kleinhändler und Handwerker, die zwar über ein sehr geringes Einkommen verfügten, aber durch den Stolz auf ihre Unabhängigkeit deutlich von der Arbeiterschaft getrennt waren.

Als Domäne des Familienbetriebs stellte der Kleinhandel und der Handwerksbetrieb ein wichtiges Beschäftigungsfeld für Frauen dar, die zum Teil zusammen mit ihren Ehemännern, zum Teil aber auch neben der männlichen Lohnarbeit im Familienbetrieb arbeiteten. In der staatlichen Verwaltung hingegen stellten die Frauen nur ein Fünftel der Beamten, unter den 1,1 Millionen Hausangestellten, die 1881 gezählt wurden, hingegen zwei Drittel der Beschäftigten.

Als ein sicherer Weg des sozialen Aufstiegs für Kinder aus dem Kleinbürgermilieu, die, wie wir bereits gesehen haben, oft durch Familienplanung als Kinder kleiner Familien eine besondere Förderung erhalten konnten, galt der Beruf des Grundschullehrers bzw. der -lehrerin. Bis 1914 war dieses Berufsfeld auf etwa 120 000 Stellen angewachsen. Für den Aufstieg in das Bürgertum fehlte den Lehrerinnen und Lehrern zwar weiterhin das

Vermögen, der Einfluß und die sozialen Beziehungen, jedoch näherten sie sich durch ihre Bildung und ihren Lebensstil stärker an die bürgerliche Kultur an. Das republikanische Vereinswesen der Gesang-, Schützen- und Sportvereine, das fest in kleinbürgerlicher Hand war, bot darüber hinaus den kleinbürgerlichen Männern die Möglichkeit, sich durch Organisationsgabe und Leistungen auszuzeichnen, für Vereins- und auch politische Funktionen zu kandidieren und sich in der lokalen Welt einen Namen zu machen sowie Prestige, aber auch geschäftliche Vorteile zu erlangen.

Reklameplakat von 1904 (Entwurf von Cappiello)

Dem republikanischen Vereinswesen und seinen öffentlichen Festen, von denen der 14. Juli nur den jährlichen Höhepunkt bildete, aber auch der allgemeinen Schul- und Wehrpflicht, wird eine wichtige Rolle in der Herausbildung und Verallgemeinerung der nationalen Identität beigemessen. Sicherlich ist nicht zu bezweifeln, daß in den letzten vierzig Jahren vor dem Ersten Weltkrieg ein Wandel in den Gebräuchen und Mentalitäten der französischen Bevölkerung einsetzte. Die Zahl der Analphabeten nahm in diesem Zeitraum weiterhin deutlich ab und belief sich 1914 auf nur noch 5 % der Wehrpflichtigen. Bei dieser Zahl ist allerdings zu berücksichtigen, daß der weibliche Analphabetismus immer noch höher als der männliche war und wichtige regionale Unterschiede nicht zum Ausdruck kommen. In einigen Departements des Westens und des Zentrums lag die Quote derjenigen, die weder schreiben noch lesen konnten, weiterhin bei bis zu 30 %.

Die allgemeine Wehrpflicht öffnete der männlichen Jugend für zwei Jahre eine neue Welt und vermittelte vielen Jugendlichen ein neues Verständnis von Zeit und Raum. Viele junge Männer verließen für den Wehrdienst erstmals ihr Dorf oder ihre Region und lernten in der Garnison ein städtisches Leben kennen. Ein Teil der Wehrpflichtigen nutzte diese Chance der Mobilität und kehrte nach dem Wehrdienst nicht wieder in die Heimat zurück. Außerdem ging während der Dritten Republik der Gebrauch der regionalen Sprachen und Dialekte zugunsten der einheitlichen französischen Sprache zurück. Schule, Fabrik und Eisenbahn erzogen die Massen zum Gebrauch der Uhr und zur Pünktlichkeit: 1896 wurde über den Eisenbahnfahrplan erstmals eine allgemeingültige nationale Zeit eingeführt.

Der Unterschied zwischen Stadt und Land verringerte sich langsam: Versandhäuser, die Ausbreitung neuer Geschäfte auch auf dem Land sowie die Ausdehnung des Vereinswesens über die Stadt hinaus verbreiteten die städtischen Geselligkeits-, Konsum- und Bekleidungsgewohnheiten auch in der ländlichen Bevölkerung. Die Entstehung des Massenjournalismus und die wachsende Auflagenstärke der Presse trugen dazu bei, daß politische Zusammenhänge einheitlich im ganzen Land verbreitet werden konnten.

Trotz dieser Fortschritte in der Modernisierung, in deren Verlauf, wie Eugen Weber es in einem berühmt gewordenen Buch beschrieben hat, aus Bauern Franzosen wurden, ist die Tendenz zur Nationalisierung bisher in der Forschung überschätzt worden. Lokale Bindungen spielten auch in der Dritten Republik eine wichtige Rolle in allen Teilen der Bevölkerung. Diese Bindungen waren nicht nur Überreste einer traditionellen Welt, sondern wurden während des ganzen 19. Jahrhunderts und besonders in der Dritten Republik gepflegt, teilweise neu belebt oder gar erfunden. In lokalen Festen und Bräuchen, in der Pflege der regionalen Sprache und Geschichte und in der Verehrung der lokalen »großen Männer« wurde die jeweilige Stadt oder Region besonders gewürdigt und erinnert. Diese lokalen und regionalen Loyalitäten standen keineswegs automatisch im Gegensatz zur nationalen, republikanischen Identität, sondern trugen vielmehr dazu bei, die Individuen über ihre Bindung an kleine, überschaubare Räume zum Teil der eher abstrakten und anonymen Nation werden zu lassen.

Literaturhinweise

Agulhon, Maurice: 1848 ou l'apprentissage de la République, 1848–1852. Paris 1973.

– Marianne au pouvoir. L'imagerie et la symbolique républicaines de 1880 à 1914. Paris 1989.

– La République. Histoire de France. 2 Bde. Paris 1992.

Becker, Jean Jacques: Comment les Français sont entrés dans la guerre. Paris 1977.

Berlanstein, Leonard R.: The Working People of Paris 1871–1914. Baltimore 1984.

Bloch, Charles: Die Dritte Französische Republik. Entwicklung und Kampf einer parlamentarischen Demokratie. Stuttgart 1972.

Carol, Anne: Histoire de l'eugénisme en France, les médecins et la procréation au XIXe–XXe siècle. Paris 1995.

Charle, Christophe: Les Élites de la République, 1880–1900. Paris 1987.

Corbin, Alain: Les Filles de noce. Misère sexuelle et prostitution, XIXe siècle. Paris 1982.

Daumard, A.: Bourgeois et bourgeoisie en France au XIXe et XXe siècles. Paris 1987.

Dupaquier, Jacques [u.a.] (Hrsg.): La Société française au XIXe siècle. Tradition, transition, transformation. Paris 1992.

Elwitt, Sanford: The Making of the Third Republic. Class and Politics in France, 1868–1884. Baton Rouge 1975.

Furet, François / Ozouf, Jacques: Lire et écrire. L'alphabétisation des Français de Calvin à Jules Ferry. 2 Bde. Paris 1979.

Gildea, Robert: Education in Provincial France, 1800–1914. Oxford 1983.

Guestin, André: Gens pauvres, pauvres gens dans la France du XIXe siècle. Paris 1992.

Jeismann, Michael: Das Vaterland der Feinde. Studien zum nationalen Feindbegriff und Selbstverständnis in Deutschland und Frankreich (1792–1918). Stuttgart 1992.

Kaelble, Hartmut: Nachbarn am Rhein. Entfremdung und Annäherung der französischen und deutschen Gesellschaft seit 1880. München 1991.

Kleemann, Lawrence / Rochefort, Florence: L'Égalité en marche. Le féminisme sous la IIIe République. Paris 1989.

Krumeich, Gerd: Aufrüstung und Innenpolitik in Frankreich vor dem Ersten Weltkrieg: Die Einführung der dreijährigen Dienstpflicht 1913–1914. Wiesbaden 1980.

Leduc, Jean: Histoire de la France: L'Enracinement de la République 1879–1918. Paris 1991.

Lequin, Yves (Hrsg.): La Mosaïque France. Paris 1988.

Mayaud, Jean-Luc: La petite Exploitation rurale triomphante, France XIXe siècle. Paris 1999.

Mayeur, Jean-Marie: Les Débuts de la Troisième République, 1871–1898. Paris 1973.

Morabito, Marcel / Bourmaud, Daniel: Histoire constitutionnelle et politique de la France, 1789–1958. Paris 1993.

Nicolet, Claude: L'idée républicaine en France, 1789–1924. Paris 1982.

Noiriel, Gérard: Le Creuset français: Histoire de l'immigration, XIXe–XXe siècle. Paris 1992.

Nord, Philip: The Republican Movement. Struggle for Democracy in Nineteenth Century France. Cambridge/London 1995.

Pierrard, Pierre: Dictionnaire de la Troisième République. Paris 1968.

Plessis, Alain: De la Fête impériale au mur des fédérés, 1852–1871. Paris 1979.

Raison-Jourde, Française: La Colonie auvergnats de Paris au XIXe siècle. Paris 1976.

Rebérioux, Madeleine: La République radicale? 1898–1914. Paris 1975.
Rémond, René: La Vie politique en France. Bd. 2: 1848–1879. Paris ^{2}1969.
Schmale, Wolfgang: Geschichte Frankreichs. Stuttgart 2000.
Schmidt, Bernhard [u.a.] (Hrsg.): Frankreich-Lexikon. Schlüsselbegriffe zu Wirtschaft, Gesellschaft, Politik, Geschichte, Kultur, Presse- und Bildungswesen. 2 Bde. Berlin 1981.
Seager, Frederic H.: The Boulanger Affair. Political Crossroad of France, 1886–1889. Ithaca 1969.
Shirer, William L.: Der Zusammenbruch Frankreichs. Aufstieg und Fall der Dritten Republik. München/Zürich 1970.
Sieburg, Heinz-Otto: Geschichte Frankreichs. Stuttgart ^{3}1983.
Sternhell, Zev: La Droite révolutionnaire, 1885–1914. Les origines françaises du fascisme. Paris 1978.
Thalheimer, Siegfried (Hrsg.): Die Affaire Dreyfus. München 1963.
Tombs, Robert: La Guerre contre Paris 1871. Paris 1997.
Verlay, P.: La révolution industrielle. Paris 1985.
Wagniart, Jean-François: Le Vagabond à la fin du XIXe siècle. Paris 1999.
Weber, Eugen: L'action française. Paris ^{2}1992.
– Peasants into Frenchmen. The Modernisation of Rural France 1870–1914. London ^{2}1979.
Willard, Claude: Geschichte der französischen Arbeiterbewegung. Frankfurt a. M. 1981.
Woronoff, Denis: Histoire de l'industrie en France du XVIe siècle à nos jours. Paris 1998.

VOM ERSTEN WELTKRIEG BIS ZUM ENDE DES VICHY-REGIMES

(1914–1944)

Von Stefan Martens

Epochenüberblick

Außenpolitisch erneut eine Großmacht, hatte Frankreich innenpolitisch mit den Folgen des wirtschaftlichen und sozialen Wandels zu kämpfen. Nach dem Beginn des Ersten Weltkrieges mahnte Präsident Poincaré zur Einheit, doch die *Union sacrée* zerbrach unter dem Eindruck der ergebnislosen Materialschlachten. 1917 kam es zu Meutereien bei der Armee, die von Marschall Pétain niedergeschlagen wurden. Im Herbst 1917 übernahm Clemenceau die Regierung. Mit diktatorischen Maßnahmen gelang es ihm, die Krise endgültig zu überwinden. Der Kriegseintritt der USA brachte schließlich im Sommer 1918 die Entscheidung zugunsten der Alliierten. Bei den Pariser Friedensverhandlungen forderte Frankreich größeren Schutz vor Deutschland. Doch die USA lehnten ein Garantieabkommen ab. Im britischen Kalkül spielte das Deutsche Reich nicht nur beim wirtschaftlichen Wiederaufbau eine wichtige Rolle, sondern ihm war auch die Aufgabe zugedacht, ein Übergreifen der russischen Revolution auf Europa zu verhindern. Die Politik des *Bloc national*, von Deutschland Abrüstung und Reparationen zu erzwingen, endete 1923 mit der Besetzung des Ruhrgebietes in einer Sackgasse. Unter dem *Cartel des gauches* wechselte Frankreich den Kurs. Die Verträge von Locarno leiteten im Oktober 1925 eine Phase der Entspannung ein. Poincaré gelang es, den Staatshaushalt zu sanieren und den Kursverfall des Franc zu beenden. Frankreich schien endlich die Folgen des Krieges überwunden zu haben, als 1929 der Börsenkrach an der Wall Street den wirtschaftlichen Aufschwung beendete.

Streiks und Unruhen stürzten die Dritte Republik zu Beginn der dreißiger Jahre in eine tiefe innenpolitische Krise. In der Außenpolitik weckte Hitlers Regierungsübernahme alte Ängste. Mit Polen wandte sich 1934 ein wichtiger Verbündeter in Osteuropa ab. Selbst Großbritannien erwies sich mit der Abwertung des Pfundes als wenig verläßlicher Partner. Nach dem Tod von Poincaré, Briand und Barthou verlor die französische Politik an Linie. Paris verhandelte mit dem faschistischen Italien, gleichzeitig aber auch mit der UdSSR. Nach dem Sieg der Volksfront stand 1936 zunächst die Innenpolitik im Vordergrund. Blums Reformprogramm geriet jedoch durch den Widerstand der Wirtschaft und die internationale Entwicklung, etwa den Spanischen Bürgerkrieg, ins Stocken. Nach dem »Anschluß«

Österreichs versuchte Daladier, die Rüstung mit allen Mitteln voranzutreiben. Als er dafür nicht nur Reformen, sondern auch noch den Bündnispartner Tschechoslowakei opferte, spaltete er die Öffentlichkeit in zwei Lager, die sich nach der Konferenz von München unversöhnlich gegenüberstanden.

Unzureichend gerüstet und innenpolitisch zerstritten, brach Frankreich nach dem Angriff der Deutschen im Sommer 1940 nach wenigen Wochen zusammen. Laval und Pétain machten die Republik für das Debakel verantwortlich. Von der Nationalversammlung in Vichy ermächtigt, errichteten sie in der unbesetzten Zone im Zeichen der *Révolution nationale* den *État français*. Nur wenige Franzosen waren damals bereit, de Gaulle zu folgen, der aus dem Londoner Exil zum Widerstand aufzufordern suchte.

Gegen die von Pétain verkündete Politik der *Collaboration de l'État* regte sich nur vereinzelt Widerstand. Nach dem deutschen Überfall auf die UdSSR nahmen die Kommunisten den Kampf gegen die Deutschen auf. Zum eigentlichen Wendepunkt wurde dann die Besetzung der Freien Zone vom November 1942. Nach der Schlacht von Stalingrad griff Deutschland immer rücksichtsloser auf die Ressourcen der von ihm besetzten Länder zurück. Tausende von Franzosen wurden zum Arbeitseinsatz im Reich verpflichtet.

Von London aus bemühte sich de Gaulle, die einzelnen Gruppen im *Conseil national de la Résistance* zusammenzufassen. Nach seinem Wechsel nach Algier nahm er sie im November 1943 gemeinsam mit den Vertretern der Parteien in das von ihm geführte *Comité français de Libération nationale* auf. Als sich der Kampf 1944 im Vorfeld der Invasion zwischen Résistance und Besatzern bzw. Miliz zum offenen Bürgerkrieg steigerte, proklamierte sich das CFLN zum *Gouvernement provisoire de la République française*. Die Alliierten verzichteten daraufhin, in Frankreich eine eigene Besatzungsverwaltung zu errichten. Es dauerte jedoch noch Monate, bis die provisorische Regierung unter de Gaulle überall Herr der Lage geworden war, wie unter anderem der Verlauf der *épuration* illustrierte.

Der Erste Weltkrieg

(1914–1918)

1914 28. Juni: Attentat von Sarajewo.
28. Juli: Kriegserklärung Österreich-Ungarns an Serbien.
31. Juli: Ermordung von Jean Jaurès.
3. August: Deutsche Kriegserklärung an Frankreich.
4. August: Kriegseintritt Großbritanniens; Aufruf Poincarés zur *Union sacrée*.

	26. August: Regierung der *Défense nationale* (mit SFIO) unter René Viviani.
	6.–9. September: Marne-Schlacht.
1915	15. Februar–18. März: 1. französische Offensive in der Champagne.
1916	21. Februar–18. Dezember: Schlacht von Verdun.
	9. März: Sykes-Picot-Abkommen über den Nahen Osten und Palästina.
	1. Juli–18. November: Somme-Schlacht.
1917	Januar/Mai: Streiks. Februar: Französisch-russischer Notenaustausch über die Kriegsziele.
	2. April: Kriegseintritt der USA.
	16. April: Beginn der Schlacht am Chemin des Dames.
	17. April: Meutereien in der französischen Armee.
	15. Mai: Pétain Oberbefehlshaber der französischen Armee.
	16. November: Bildung der Regierung Clemenceau.
1918	21. März: Deutsche Offensive im Westen.
	14. April: General Foch Oberbefehlshaber der alliierten Truppen.
	18. Juli: 2. Marne-Schlacht.
	8. August: Erfolg der alliierten Gegenoffensive im Westen.
	29. September: Ludendorff verlangt Waffenstillstandsverhandlungen.
	9. November: Abdankung Wilhelms II.
	11. November: Waffenstillstand mit Deutschland.

Im Sommer 1914 war in Paris der Prozeß gegen die Ehefrau des Führers des *Parti radical* und Anwärters auf das Amt des Regierungschefs, Joseph Caillaux, Tagesgespräch. Sie hatte den Herausgeber des *Figaro* erschossen, weil er während des Wahlkampfs in seiner Zeitung gegen ihren Mann eine Diffamierungskampagne geführt hatte. Als die Nachricht eintraf, daß der österreichische Thronfolger am 28. Juni in Sarajewo einem Attentat zum Opfer gefallen sei, dachte zunächst niemand an Krieg, geschweige denn an die Gelegenheit einer Revanche für 1870. Im Verlauf des Notenwechsels wurde dann jedoch rasch deutlich, daß es sich nicht um einen auf Österreich-Ungarn und Serbien beschränkten Konflikt handeln würde. Wien konnte aufgrund des Zweibundes auf die Unterstützung Berlins, Belgrad wiederum auf die Hilfe Rußlands zählen. Sein Besuch in Sankt Petersburg Ende Juli gab Staatspräsident Poincaré Gewißheit, daß auch Frankreich betroffen sein würde.

Der Führer der Sozialisten, Jean Jaurès, wollte den drohenden Krieg durch einen internationalen Generalstreik verhindern. Um dem entgegenzuhalten, legte die französische Regierung daraufhin insgeheim Listen (*Carnet B*) an, nach denen bei Kriegsausbruch die Führer der Opposition zu verhaften waren. Doch die Vorbereitungen erwiesen sich als überflüssig, denn mit zunehmender Dauer der Krise verloren die Befürworter der Idee, daß der Zusammenhalt der Arbeiterklasse über nationale Interessen siegen müsse, zunehmend an Boden. Am 31. Juli 1914 wurde Jaurès von einem Nationalisten ermordet. Am 3. August erklärte das Deutsche Reich Frankreich den Krieg. Unter dem Eindruck der unmittelbaren Bedrohung wurde die Beerdigung von Jaurès zu einem einmütigen Bekenntnis seiner ehemals pazifistischen Anhänger zur Nation.

Innenpolitisch herrschte 1914 in Frankreich eine prekäre Lage. Bei den Wahlen vom Frühjahr hatten die Parteien der Linken, der gemäßigte *Parti radical* und die *Section française de l'Internationale Ouvrière* (SFIO), starke Gewinne erzielt. Da die übrigen Vertreter des sozialistischen Lagers eine Mitarbeit abgelehnt hatten, war die Bildung einer Regierung mit parlamentarischer Mehrheit gescheitert. Das Kabinett Ribot trat schon nach wenigen Wochen zurück. Präsident Poincaré nahm, ähnlich wie auf deutscher Seite Kaiser Wilhelm II., den Kriegsausbruch zum Anlaß, um am 4. August mit einem eindringlichen Appell an die *Union sacrée,* die Abgeordneten an ihre Verantwortung zu erinnern. René Viviani bildete eine Regierung, die erstmals wieder über eine sichere parlamentarische Mehrheit verfügte. Doch trotz des einmütigen Bekenntnisses zur Nation lebten die alten Gegensätze auch weiterhin fort.

Der scheinbar unaufhaltsame deutsche Vormarsch offenbarte die taktischen und technischen Versäumnisse der französischen Armeeführung. Obwohl der Generalstab die Grundzüge des Schlieffenplans, den raschen Vorstoß des rechten Flügels der deutschen Armee durch das neutrale Belgien, kannte, mußten die Truppen im Norden bald zurückweichen. Erst kurz vor den Toren von Paris gelang es Anfang September, den deutschen Vormarsch zu stoppen. Als der Gegenstoß steckenblieb und man zum Stellungskrieg überging, waren die wirtschaftlich bedeutendsten Provinzen des Landes für die Dauer des Krieges verloren.

Frankreich hatte zwar den ersten Ansturm überstanden, befand sich aber in einem Krieg, auf den es nur ungenügend vorbereitet war. Trotz britischer Unterstützung und enormen Einsatzes an Menschen und Material vermochte es das Blatt nicht zu seinen Gunsten zu wenden. Auf der Gegenseite fehlte aber auch dem Reich, das nach dem Scheitern des Schlieffenplans nun zum Zweifrontenkrieg gezwungen war, die Kraft für einen entscheidenden Schlag. Vier Jahre lang blieb der Frontverlauf im Westen praktisch unverändert.

Die Belastungen des modernen Krieges zwangen alle Gegner zu einer tiefgreifenden Neuordnung der Wirtschaft und des täglichen Lebens. In Frankreich vollzog sich die Mobilisierung von 3,6 Millionen Soldaten zwar nach Plan, blieb aber nicht ohne Folgen für die bisherige Gesellschaftsordnung. Der Abzug von so vielen qualifizierten Arbeitskräften (während des Krieges insgesamt 8,66 Millionen meist junger Männer, über 62% der männlichen Bevölkerung) belastete nicht nur die Industrie, sondern leitete etwa durch den verstärkten Einsatz von Frauen soziale Veränderungen ein, deren Ausmaß erst später deutlich wurde.

Auf der politischen Ebene brachen trotz Poincarés Appell an die *Union sacrée* die Spannungen bald wieder auf. Neben dem Parteienstreit sorgte

Im Schützengraben: nach dem Angriff (aus »Bagatelle«, 30. Juni 1915)

vor allem der ständige Konflikt zwischen Politik und Militär für Zündstoff. Mit dem Argument der Geheimhaltung lehnte die militärische Führung die Forderung der Parlamentarier nach größerer Kontrolle ab. Es entspann sich ein Konflikt, der bis 1917 nie bereinigt wurde. Insgesamt achtmal lösten sich René Viviani, Aristide Briand, Alexandre Ribot und Paul Painlevé in wechselnder Reihenfolge im Amt des Regierungschefs ab. Nach drei Jahren waren nicht nur die politischen, sondern auch die finanziellen und wirtschaftlichen Ressourcen des Landes erschöpft. Es kam zu Unruhen und Streiks, die schließlich auch Teile der Armee erfaßten.

Die Krise des Jahres 1917 hatte vielfältige Ursachen. Der ergebnislose Verlauf der Materialschlachten von Verdun, an der Somme und am Chemin des Dames wirkte ebenso demoralisierend wie die Nachrichten vom Balkan und aus Osteuropa. Nach der Februarrevolution in Rußland und der Niederlage Rumäniens schien trotz des Kriegseintritts der USA ein Ende der Kämpfe fraglicher denn je. Unter dem Eindruck der hohen Verluste machte sich Kritik breit. Der politischen ebenso wie der militärischen Führung wurden mangelnde Eignung und fehlende Einsicht in die Lage vorgeworfen. Die SFIO trat nun mit Nachdruck für einen Verständigungsfrieden ein. Ihr Rückzug bedeutete zwar noch nicht das Ende der *Union sacrée*, doch taten sich nun zwischen den im Bündnis verbliebenen Parteien gefährliche Risse auf.

Widerstrebend entschloß sich Präsident Poincaré daraufhin im November 1917, einen der schärfsten Kritiker der bisherigen Politik, Georges Clemenceau, mit der Regierungsbildung zu beauftragen. Clemenceau stellte seine Maßnahmen kompromißlos auf die Erfordernisse des Krieges ab. Er holte überwiegend Fachleute, die keine eigenen politischen Ambitionen verfolgten, in sein Kabinett und übernahm selbst zusätzlich das Innen- und das Kriegsressort. Das Außenministerium übertrug er seinem Freund und Vertrauten, Stephen Pichon. Ähnlich wie zur gleichen Zeit in Großbritannien der neue Premierminister David Lloyd George regierte auch Clemenceau mit diktatorischen Vollmachten. Durch sein entschlossenes Handeln gewann er rasch das Vertrauen der Bevölkerung. Auch im Parlament stand bald eine solide Mehrheit hinter ihm, weil er zumindest der Form nach stets darauf achtete, die Rechte der Abgeordneten, etwa durch nachträgliche Abstimmung, zu respektieren.

Clemenceau blieb bis Januar 1920 im Amt, ein Beweis nicht nur für sein politisches Gespür, sondern auch für das Ausmaß der Misere, in der sich Frankreich 1917 befand. Nach der Oktoberrevolution schied Rußland mit dem Frieden von Brest-Litowsk endgültig aus der gemeinsamen Front der Alliierten gegen Deutschland aus. Das Reich bekam dadurch im Osten einen Teil seiner Truppen für den Kriegsschauplatz im Westen frei, während Frankreich frühestens im Sommer 1918 mit einer Entlastung durch die Amerikaner rechnen konnte.

Der Erfolg der deutschen Frühjahrsoffensive übertraf selbst die schlimmsten Befürchtungen. Erst jetzt, im Zeichen höchster Gefahr, bildeten die Alliierten ein gemeinsames Oberkommando, an dessen Spitze Marschall

Matthias Erzberger und (ihm gegenüber) Marschall Foch vor der Unterzeichnung des Waffenstillstands im Wald von Compiègne (Farblithographie)

Ferdinand Foch trat. Wie im September 1914 gelang es wiederum erst an der Marne, den deutschen Vormarsch zu stoppen. Im Juli 1918 traten die Alliierten zum Gegenangriff an und erzielten, dank des ständigen Zustroms frischer Kräfte aus den USA, am 8. August 1918 den entscheidenden Durchbruch. Im Unterschied zu General Ludendorff, der von der nun nicht mehr abzuwendenden Niederlage überzeugt, daraufhin von der Regierung in Berlin die sofortige Aufnahme von Waffenstillstandsverhandlungen verlangte, glaubte Foch nur an einen Teilerfolg.

Am 3. Oktober 1918 bot Deutschland eine Beendigung der Kämpfe an. Berlin hatte sich aber nicht etwa an Foch, sondern an den amerikanischen Präsidenten Wilson gewandt, der zu Beginn des Jahres in einer Rede in 14 Punkten die Konditionen für einen Friedensschluß aufgelistet hatte. Mit wachsendem Mißtrauen verfolgte man in Paris, wie sich zwischen Washington und Berlin ein reger Notenwechsel entwickelte. Der Krieg endete schließlich am 11. November 1918, als Matthias Erzberger im Wald von Compiègne den Waffenstillstand unterzeichnete. Wie die neue Friedensordnung aussehen sollte, war zu diesem Zeitpunkt völlig ungewiß!

L'Entre-deux-guerres – die Zwischenkriegszeit

(1919–1929)

1919 18. Januar: Beginn der Friedenskonferenz in Paris (in Abwesenheit der besiegten Mittelmächte).
28. Juni: Deutschland unterzeichnet den Vertrag von Versailles.
16. November: Wahlsieg des *Bloc national*.

1920 17. Januar: Wahl von Paul Deschanel zum Präsidenten.
20. Januar: Alexandre Millerand löst Georges Clemenceau als Regierungschef ab. Februar–Mai: Streikwelle.
24. September: Wahl von Alexandre Millerand zum Präsidenten.
20.–26. Dezember: SFIO-Kongreß in Tours, Abspaltung der Kommunisten als SFIC.

1921 24.–29. Januar: Pariser Konferenz fixiert deutsche Reparationen auf 269 Mrd. Goldmark (ab 24. April: 132 Mrd. Goldmark).
19. Februar: Französisch-polnischer Beistandspakt.
8. März: Besetzung von Düsseldorf, Ruhrort und Duisburg (bis 25. August 1925).
5. Mai: Londoner Reparationsultimatum.
27. Dezember: Spaltung der CGT, Gründung der CGTU.

1922 6.–12. Januar: Konferenz von Cannes.
10. April–19. Mai: Konferenz von Genua.
16. April: Deutsch-sowjetischer Vertrag von Rapallo.
7.–14. August: Poincaré fordert auf der Konferenz von London »produktive Pfänder« von Deutschland.

1923 11. Januar: Beginn der Besetzung des Ruhrgebietes.

1924 25. Januar: Französisch-tschechoslowakischer Bündnisvertrag.
31. Januar–2. Februar: Kongreß der SFIO in Marseille, Bildung des *Cartel des gauches* mit dem *Parti radical*.
8. März: Anleihe Frankreichs bei der Morgan-Bank zur Stabilisierung des Franc (*Verdun financier*).
11. Mai: Wahlsieg des *Cartel des gauches*.
11. Juni: Rücktritt von Präsident Millerand, Gaston Doumergue tritt die Nachfolge an.
16. Juli–15. August: Konferenz von London.
28. Oktober: Diplomatische Anerkennung der Sowjetunion.

1925 14. Juli: Beginn der Räumung des Ruhrgebietes.
16. Oktober: Vertrag von Locarno.

1926 29. April/12. Juli: Kriegsschuldenabkommen mit den USA und Großbritannien.
23.–27. Juli: Poincaré bildet *Gouvernement d'union nationale*.
17. September: Treffen von Briand und Stresemann in Thoiry.
Oktober: Bildung eines deutsch-französisch-belgisch-luxemburgischen Stahlkartells.

1927 März: Abzug der französischen Truppen aus dem Saargebiet.
17. August: Deutsch-französischer Handelsvertrag.

1928 6. Februar: Abschluß des Briand-Kellog-Kriegsächtungspakts.
13. Juli: Gesetz über den Bau verbilligter Wohnungen.

1929 6.–31. August: Haager Konferenz; vorzeitige Räumung des Rheinlands.
4./5. September: Briand schlägt Bildung der »Vereinigten Staaten von Europa« vor.
24. Oktober: Börsenkrach an der Wall Street.
29. Dezember: Beschluß zum Bau der Maginot-Linie.

Die Illusion des Sieges (1919–1923)

Die Bilanz des Krieges war für Frankreich vernichtend: 1,35 Millionen Soldaten, 10,5% der männlichen Bevölkerung, galten als gefallen oder vermißt. Von den Überlebenden waren viele für den Rest ihres Lebens körperlich und seelisch gezeichnet. Weite Landstriche, darunter die hochindustrialisierten Gebiete im Norden und die fruchtbaren Regionen im Osten des Landes, glichen einer Mondlandschaft. Zu den hohen Verlusten an Menschen und Material kamen die enormen finanziellen Folgelasten. Anleihen und Kriegskredite hatten die Verbindlichkeiten des Staates von 31 auf 75 Milliarden, die Außenhandelsschulden von 51 Millionen auf 33,6 Milliarden Goldfrancs anschwellen lassen. Die Goldreserven der *Banque de France* deckten nur noch 20 statt wie im Jahre 1914 71% der umlaufenden Geldmenge. Um das Vertrauen in die Stabilität des Franc nicht zu erschüttern, flüchtete sich Finanzminister Klotz in eine doppelte Haushaltsführung. Während die normalen Ausgaben weiterliefen, nahm er im Vertrauen darauf, daß Deutschland als der Hauptverantwortliche des Krieges für die Kosten aufkommen werde, neue Anleihen auf, um den Wiederaufbau des Landes und die zahllosen Versorgungsleistungen, Witwenrenten und Pensionen zu finanzieren. Unter dem Schlagwort »l'Allemagne payera« wuchs die Verschuldung des Staates rasch weiter an.

La Grande Guerre hatte folglich neben großen materiellen Verlusten auch ein ganzes Bündel von wirtschaftlichen, finanziellen und sozialen Lasten hinterlassen, die auf eine rasche Lösung drängten, wenn sie nicht langfristig enorme Sprengkraft entwickeln sollten. Frankreich fühlte sich als der Hauptleidtragende des Krieges. Entsprechend hoch waren die Ansprüche und Erwartungen an die Friedenskonferenz, die im Januar 1919 in Paris begann. In wirtschaftlichen Fragen sah Frankreich in Großbritannien seinen wichtigsten Verbündeten. 1916 bei den Verhandlungen über die Kriegsziele hatte man gemeinsam für sich in Südosteuropa eine beherrschende Marktstellung gefordert, war damals aber am Widerstand Rußlands und Italiens gescheitert. In territorialen Fragen hingegen hatte man eher auf die Unterstützung Rußlands gebaut und die wichtigsten

Forderungen im Januar 1917 in einem Notenwechsel mit Sankt Petersburg fixiert.

1918 hatte sich die politische Landschaft jedoch von Grund auf geändert. Nach der Oktoberrevolution und dem Frieden von Brest-Litowsk war Rußland aus dem Kreis der Alliierten ausgeschieden. Dessen Platz nahmen in Paris nun die USA ein, deren Präsident Wilson zuerst die Satzung des neuzuschaffenden Völkerbundes verabschiedet sehen wollte. Als die eigentlichen Friedensverhandlungen begannen, traten die Gegensätze zwischen den Siegern zutage. Für Frankreich stand die eigene Sicherheit an erster Stelle. Der amerikanische Präsident Wilson machte sich zum Fürsprecher politischer Prinzipien und Ideale, etwa der Einführung demokratischer Staatsformen und des Selbstbestimmungsrechts der Völker. Der britische Premierminister Lloyd George dagegen wollte die als bedrohlich empfundene revolutionäre Entwicklung in Rußland eindämmen und daher so bald wie möglich zu politisch geordneten und wirtschaftlich stabilen Verhältnissen in Mittel- und Südosteuropa zurückkehren. Sein römischer Kollege Orlando wiederum hatte vor allem die italienischen Ansprüche gegenüber Österreich und den Nachfolgestaaten der Habsburgermonarchie im Auge. Der Verhandlungsspielraum war jeweils gering, denn alle vier Regierungschefs standen unter hohem innenpolitischen Erwartungsdruck.

Nach der Erfahrung des Weltkrieges wollte Clemenceau den Bestand der Allianz nicht aufs Spiel setzen. Er steckte daher in den Forderungen gegen Deutschland zurück, nachdem ihm Wilson und Lloyd George ein separates Garantieabkommen zugesichert hatten. Sein Vertrauen auf die Wirkung politischer Bündnisse wurde von Präsident Poincaré scharf kritisiert. Im übrigen hielt er die auf zehn Jahre befristete Besetzung des Rheinlands für unzureichend. Weil ihm die Verfassung der Dritten Republik die Hände band, machte sich an seiner Stelle Marschall Foch zum Anwalt der französischen Interessen. Beharrlich verlangte er bei den Friedensverhandlungen, das militärische Vorfeld bis zum Rhein zu erweitern.

Der Friedensvertrag, den Deutschland nach vergeblichem Protest am 28. Juni 1919 in Versailles unterzeichnete, blieb unter politischen Gesichtspunkten hinter den französischen Erwartungen zurück. Wirtschaftlich kam er den Forderungen dagegen weit entgegen. Deutschland hatte neben umfangreichen Sachleistungen die Zahlung von Reparationen akzeptiert, deren Höhe aber erst noch festgesetzt werden mußte. Sein wirtschaftliches Potential war durch den Verlust von Elsaß und Lothringen, Oberschlesien sowie die Abtretung des Saargebietes empfindlich geschwächt. Im Quai d'Orsay betrachtete man dies als Voraussetzung, um das Reich als wirtschaftliche und politische Führungsmacht Europas ablösen zu können. Aus dem gleichen Grund hatte man sich bei den Friedensverhandlungen für die neuen Staaten Ost- und Südosteuropas, namentlich Polen und die Tschechoslowakei, eingesetzt. Der Optimismus der Diplomaten stieß bei der französischen Industrie jedoch auf Skepsis. Zwar reizte der Gedanke, neue Märkte zu erobern, doch zweifelte man angesichts der Zerstörungen im eigenen Land, über das erforderliche Potential zu verfügen.

Clémenceau, Wilson und Lloyd George beim Verlassen des Schlosses von Versailles am 28. Juni 1919

Der Abschluß des Friedensvertrages, der nicht alle Wünsche erfüllt hatte, bildete den Hintergrund der Wahlen im Herbst 1919. Durch das Wahlsystem bedingt, ergab sich eine überwältigende Mehrheit für die Parteien der Rechten, die sich unter Führung von Alexandre Millerand zum *Bloc national* zusammengeschlossen hatten. Clemenceau versuchte sich unterdessen als Nachfolger von Poincaré ins Spiel zu bringen, dessen Amtszeit als Präsident im Januar 1920 ablief. Die Delegierten zogen ihm jedoch den langjährigen Vorsitzenden der Kammer, Paul Deschanel, vor. Verbittert verließ »Le Tigre« daraufhin die politische Bühne.

Am 10. Januar 1920 trat der Friedensvertrag mit Deutschland in Kraft. Acht Tage später bildete Millerand sein Kabinett, in dem er selbst das Amt des Außenministers übernahm. Umgehend ließ er die Reichsregierung wissen, daß eine buchstabengetreue Erfüllung des Vertrages Bedingung für eine Rückkehr zu geregelten Beziehungen sei. In den Reparationen sah er das Instrument, um dem Reich die Konditionen der künftigen Zusammenarbeit notfalls zu diktieren. Zu seiner Überraschung stieß er mit dieser Interpretation nicht nur in Berlin, sondern auch in London auf Widerstand. Als Millerand im April 1920 den Ruhraufstand zum Vorwand nahm, den Maingau zu besetzen, kam es zum Eklat. Lloyd George drohte, die britischen Truppen aus dem Rheinland zurückzuziehen, und brachte Millerand damit in eine schwierige Lage, denn am 19. März 1920 hatte der amerikanische Senat die Ratifizierung des Friedensvertrages abgelehnt. Der Rückzug der USA aus Europa bedeutete zum einen das Ende des britisch-amerikanischen Garantieabkommens, zum anderen, daß Frankreich nun noch stärker als bisher gegenüber dem Reich auf die Unterstützung Großbritanniens angewiesen war.

Als Preis für ein gemeinsames Ultimatum, mit dem Deutschland zur raschen Entwaffnung aufgefordert wurde, machte Millerand im Juni 1920 bei der Konferenz von Spa Zugeständnisse in der Kohlefrage. Der Kurswechsel stieß im eigenen Land auf scharfe Kritik. Demonstrativ trat Poincaré als Vorsitzender der Reparationskommission zurück. Um dem wachsenden innenpolitischen Druck zu begegnen, aber auch um die eigene Position gegenüber Großbritannien zu verbessern, griff Millerand die Osteuropapläne des Generalsekretärs des Quai d'Orsay, Maurice Paléologue, auf. Er unterstützte Polen erfolgreich im Krieg gegen die Sowjetunion. Das Engagement zugunsten des weißrussischen Generals Wrangel endete jedoch militärisch und politisch mit einer empfindlichen Schlappe. Die neuen Staaten fürchteten ein Überhandnehmen des französischen Einflusses in Südosteuropa. Auf Betreiben des Prager Außenministers Beneš schlossen sich 1921 die Tschechoslowakei, Jugoslawien und Rumänien zur »Kleinen Entente« zusammen, weil sie ein französisches Engagement zugunsten Ungarns befürchteten.

Präsident Alexandre Millerand (Porträt von Marcel Baschet, 1921)

Frankreich war bei dem Versuch gescheitert, das wilhelminische und das Habsburgerreich politisch und wirtschaftlich zu beerben. Obwohl es über die größte Armee in Europa verfügte, fehlten ihm nach dem verlustreichen Krieg die Ressourcen, um seinen Anspruch auf die Rolle als politische Führungsmacht in Europa erfolgreich behaupten zu können. Bei Koks und Kohle beispielsweise war seine Industrie von Importen abhängig. Aber auch der Franc hatte viel von seinem früheren Glanz verloren. Als die Wechselkurse, die 1914 auf dem Vorkriegsniveau eingefroren worden waren, 1919 wieder freigegeben wurden, geriet die französische Währung international sofort unter Druck.

Wirtschaftlich und finanziell angeschlagen, innenpolitisch durch Streiks und die Gründung der Kommunistischen Partei (PCF) erschüttert, drohte der Regierung nun zu allem Übel auch noch die außenpolitische Isolierung. Es zeigte sich, daß Großbritannien in weit geringerem Maß auf Frankreich angewiesen war als umgekehrt. London bediente sich zwar bei der Regelung der Türkeifrage seiner Hilfe, doch waren die Probleme im Nahen Osten kein zwingender Grund, Paris in der Deutschlandpolitik allein das Feld zu überlassen. Lloyd George betrachtete das Reich als Riegel gegen ein etwaiges Vordringen des Bolschewismus nach Westeuropa. Das setzte allerdings voraus, daß sich die politischen Verhältnisse in Deutschland stabilisierten. Berlin nutzte diese Gegensätze, um London gegen Paris auszuspielen. Bei der Konferenz von Brüssel kamen sich im Dezember 1920 britische und deutsche Vertreter erstmals näher. Mit dem Vorschlag, die Reparationen als Mittel zu einer allgemeinen Belebung der Wirtschaft zu benutzen (Seydoux-Plan), versuchte Millerand, die Initiative wieder an sich zu ziehen, setzte sich dadurch aber im eigenen Land erneuter Kritik aus.

Im September war Millerand anstelle des erkrankten Paul Deschanel zum Präsidenten gewählt worden. Georges Leygues, ein enger Vertrauter, übernahm das Amt des Regierungschefs. Offenkundig wollte sich der neue Präsident nicht auf die repräsentativen Aufgaben beschränken, sondern auch weiterhin den politischen Kurs des Landes bestimmen. Die Leichtfertigkeit, mit der er sich über den Geist der Verfassung hinwegsetzte, verschärfte die Spannungen innerhalb des *Bloc national*. Als sich im Dezember 1920 herausstellte, daß das Reich auf britisches Entgegenkommen zählen und Frankreich dies nicht verhindern konnte, nutzte das Parlament die Gelegenheit, um mit einem Mißtrauensvotum gegen Leygues Millerand seine Grenzen zu zeigen.

Um den Zusammenhalt des *Bloc* nicht zu gefährden, fiel die Wahl bei der Suche nach einem geeigneten Regierungschef auf Aristide Briand. Ihm, der als ein Mann des Ausgleichs galt, so hoffte Millerand, werde es gelingen, sowohl den innenpolitischen Konsens wiederherzustellen als auch das Verhältnis zu Großbritannien zu entspannen. Briand akzeptierte, obwohl Millerand in der Außenpolitik nicht vom bisherigen Kurs abrücken wollte, wie der Abschluß des Beistandspaktes mit Polen am 19. Februar 1921 bewies.

Wider Erwarten verlief die schwierige Gratwanderung zunächst erfolgreich. In der Reparationsfrage stimmte Briand der Festsetzung einer Höchstsumme zu. Als sich Berlin weigerte, die von der Reparationskommission auf 132 Milliarden Goldmark fixierte Gesamtschuld zu akzeptieren, rückten am 8. März 1921 alliierte Truppen in Duisburg, Ruhrort und Düsseldorf ein. Im Unterschied zum Vorjahr hatte Lloyd George diesmal die Besetzung ausdrücklich gebilligt. Am 5. Mai 1921 forderten beide Länder das Reich ultimativ zur Annahme der Reparationsvereinbarungen auf. Millerand, der das Londoner Ultimatum als Durchbruch auf dem Weg zum bislang vergeblich erhofften Bündnis mit Großbritannien betrachtete, stimmte im Gegenzug der Teilung Oberschlesiens zu, obwohl er damit gegen polnische Interessen handelte. Kurz darauf bot er dem Reich erneut eine wirtschaftliche Zusammenarbeit an. Das Wiesbadener Abkommen vom 10. Oktober 1921, das die Beteiligung deutscher Firmen am Wiederaufbau Frankreichs vorsah, war für Großbritannien ein Alarmsignal, denn Frankreich stand im Begriff, in Deutschland verlorenes Terrain zurückzugewinnen. Der zähe Widerstand, den die Industrie auf beiden Seiten des Rheins dem Abkommen entgegensetzte, bestätigte Lloyd George in der Auffassung, daß Europa einer umfassenden wirtschaftlichen Neuordnung bedurfte. Bei ihrem Treffen in Cannes überzeugte er Briand im Januar 1921, daß Rußland ebenso wie Deutschland in die für April in Genua geplante Wirtschafts- und Reparationskonferenz einbezogen werden müsse. Briands Vorschlag eines britisch-französischen Bündnisses lehnte er dagegen entschieden ab. Als Millerand seinen Regierungschef aufforderte, Lloyd George mit größerem Nachdruck gegenüberzutreten, trat Briand zurück.

Raymond Poincaré, der die Geschäfte von Briand übernahm, gelang es nicht, das Blatt zu wenden. So wie London jeden Gedanken an ein Bündnis ablehnte, weigerte sich Paris, Berlin bei den Reparationen entgegenzukommen. Die Konferenz von Genua, deren Erfolg daher von vornherein fraglich war, wurde vollends zum Fehlschlag, als sich das Reich und die Sowjetunion am 16. April 1922 in einer Verhandlungspause in Rapallo darauf einigten, gegenseitig auf alle Reparationsansprüche zu verzichten. Als Großbritannien und die USA kurz darauf im Juli übereinkamen, ihre Kriegsschulden gegeneinander zu verrechnen, war Frankreich mit seinen Forderungen völlig auf sich allein gestellt.

Poincaré fühlte sich nach dieser Serie von Rückschlägen in seinem Mißtrauen bestätigt, das er einerseits bezüglich des Nutzens internationaler Konferenzen, andererseits hinsichtlich der wirtschaftlichen und finanziellen Ressourcen des eigenen Landes hegte. Standen Frankreich überhaupt die nötigen Mittel zur Verfügung, um seine Reparationsforderungen erfolgreich durchsetzen zu können? Während er zögerte, drängte Millerand zur Aktion. Auf dem Verhandlungsweg waren alle Bemühungen gescheitert, folglich blieb in seinen Augen nur noch die Besetzung des Ruhrgebietes, um den französischen Standpunkt durchzusetzen.

Am 11. Januar 1923 marschierten französische und belgische Truppen ins Ruhrgebiet ein. Das Reich antwortete mit der Ausrufung des passiven Widerstands. Großbritannien, das das französische Vorpreschen mißbilligte, wartete ab. Mit dem Verlust des wichtigsten Industriereviers waren die deutschen Reserven bald erschöpft. Die Inflation stieg ins Uferlose. Am 26. September brach der neue Reichskanzler, Gustav Stresemann, den passiven Widerstand ab. Frankreich hatte damit das erste Ziel erreicht, denn es verfügte nun über »produktive Pfänder«, doch damit war das Reparationsproblem noch immer nicht gelöst.

Trotz des Erfolges blieb Poincaré in der Deutschlandpolitik zunächst unschlüssig. Unterdessen wurden die finanziellen Auswirkungen der Ruhraktion nun auch für Frankreich spürbar. Ende 1923 kam es auf den internationalen Märkten zu einem bedrohlichen Kursverfall des Franc. In- und ausländische Anleger, die bislang im Vertrauen auf die deutschen Reparationen französische Anleihen gezeichnet hatten, reagierten verunsichert. Die anhaltende Baisse des Franc gefährdete den erfolgreichen Abschluß der Verhandlungen, die Paris seit Monaten mit amerikanischen Banken führte, um die eigene Währung mit neuen Krediten zu stabilisieren. Für Poincaré war dies das Signal, die seit langem überfällige Sanierung des Haushaltes in Angriff zu nehmen.

Eine Abwertung des Franc kam mit Rücksicht auf deren psychologische Folgen nicht in Betracht. Schon allein die Ankündigung, auf die doppelte Haushaltsführung zu verzichten, verbreitete Panikstimmung. Zum ersten Mal seit 1918 wurde den Franzosen das Ausmaß der finanziellen Folgen des Krieges schonungslos vorgerechnet. Poincaré nutzte die Wirkung des Schocks des *Verdun financier* zu einschneidenden Steuergesetzen. Um den Ernst der Lage zu unterstreichen, scheute er sich nicht, erneut, wie schon 1914, an die *Union sacrée* zu appellieren.

Die rigide Sparpolitik hatte Erfolg. Der Kurs des Franc erholte sich, nachdem er noch im März 1924 ein Rekordtief erreicht hatte. Das Vertrauen der Franzosen, vor allem aber der Industrie, in die eigene Währung kehrte zurück. An dieser überraschenden Wendung hatte die Steuerpolitik ihren Anteil, doch war dies nicht der einzige Grund. Um die Sanierung des Staatshaushaltes nicht zu gefährden, hatte Poincaré in der Deutschlandpolitik eine Reihe von Konzessionen gemacht. Zunächst stimmte er dem Vorschlag einer internationalen Reparationskonferenz zu, die im Juli 1924 in London beginnen sollte. Am 18. April 1924 hatte er darüber hinaus den Entwurf für einen Zahlungsplan gebilligt, der unter dem Vorsitz des amerikanischen Wirtschaftsexperten Dawes erarbeitet worden war, und sich bereit erklärt, auf dieser Grundlage in London zu verhandeln.

Die Ära der kollektiven Sicherheit (1924–1929)

Die Lösung des Reparations- und Schuldenproblems war immer mehr zum Schlüssel für eine dauerhafte Nachkriegsordnung in Europa geworden. Der Verlauf der Ruhrbesetzung hatte für Poincaré deutlich werden lassen, wie eng inzwischen auf internationaler Ebene politische mit wirtschaftlichen und finanziellen Interessen verknüpft waren. Ein Alleingang ohne vorherige Konsultation Großbritanniens und der USA barg demnach für Frankreich unwägbare Risiken.

Das Ende der Ruhrbesetzung drohend vor Augen, zerbrach der außenpolitische Konsens zwischen den Parteien des *Bloc national*. Die Meinungen über den von Poincaré eingeleiteten Kurswechsel gingen weit auseinander. Während ein Teil der politischen Rechten, angeführt von der *Fédération républicaine*, weiterhin auf der Erfüllung des Versailler Vertrages bestand, begrüßten die gemäßigten Parteien und die Linke die Wende. Millerand, der die wachsenden Spannungen innerhalb des *Bloc national* aufmerksam registrierte, nahm dies im September 1923 bei einer Rede in Évreux zum Anlaß, um im Hinblick auf die bevorstehenden Wahlen nochmals an die Einheit des *Bloc* zu appellieren.

Évreux wurde zum entscheidenden Wendepunkt. Mit seiner Parteinahme hatte der Präsident erneut offen gegen den Geist der Verfassung ver-

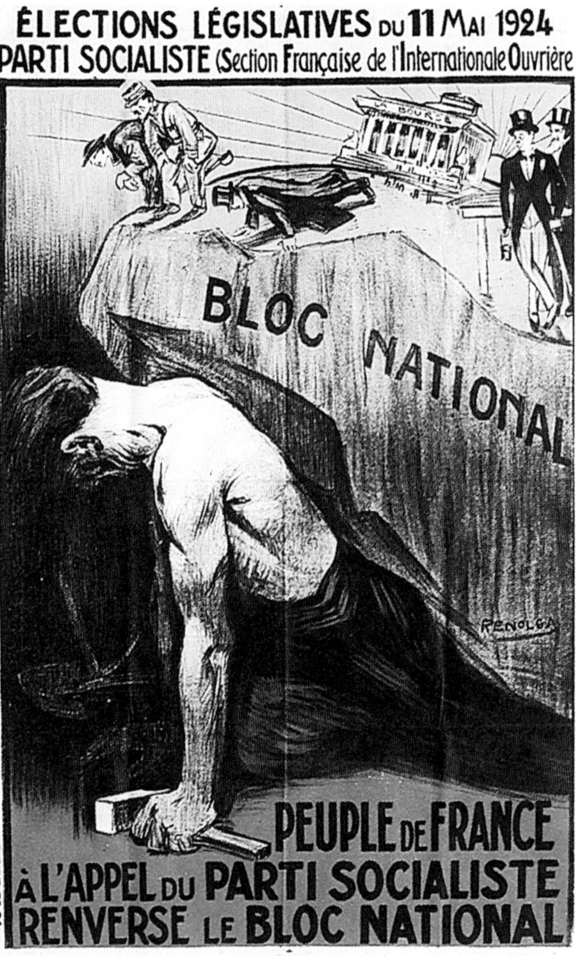

Wahlplakat der SFIO, Mai 1924 (Entwurf von Renolga)

stoßen, die ihn bei Wahlen zur Neutralität verpflichtete. Für die Opposition wurde der Kampf gegen Millerand zum einigenden Band. Zwischen SFIO und dem *Parti radical*, der dem *Bloc national* zwar selbst nicht angehörte, die Regierung bislang aber unterstützt hatte, kam es zu Gesprächen. Anders als im Jahre 1919 präsentierte sich 1924 dem französischen Wähler erstmals eine geeinte Linke. Lediglich der PCF hielt sich weiterhin abseits.

Dank der Aufstellung gemeinsamer Kandidaten gingen SFIO und *Parti radical* aus den Wahlen vom Mai 1924 als Sieger hervor. Millerand wurde zum Rücktritt gezwungen, weil ihm der *Cartel des gauches* die Gefolgschaft verweigerte. An seine Stelle trat der Radikalsozialist Gaston Doumergue, der erwartungsgemäß den Führer der eigenen Partei, Édouard Herriot, mit der Regierungsbildung beauftragte.

Herriot setzte in der Außenpolitik fort, war Poincaré mit der Annahme des Dawesplans im Mai begonnen hatte. Er beugte sich der britischen Forderung, das Problem der französischen Schulden von der Frage der deutschen Reparationsleistungen zu trennen. Im Juli 1924 schließlich stimmte er bei der Londoner Konferenz einem Truppenabzug aus dem Ruhrgebiet unter der Bedingung zu, daß Deutschland weiterhin der Interalliierten Militärkontrolle unterstellt blieb. Das Ende der Ruhrkrise und die Annahme des Dawesplans eröffneten Frankreich politisch und wirtschaftlich neue Perspektiven. Herriot machte Vorschläge zu einer Reform des Völkerbundes (Genfer Protokoll) und nahm im Oktober 1924 diplomatische Beziehungen mit der Sowjetunion auf. Unter seiner Führung entwickelte sich Paris zum Vorreiter der Politik der kollektiven Sicherheit. Der Rücktritt der Regierung MacDonald in Großbritannien verhinderte zwar, daß diese Pläne Früchte trugen, doch war immerhin ein Anfang gemacht, das 1919 in Paris erarbeitete Konzept der internationalen Staatenordnung zu verbessern.

In Frankreich stieß Herriot zunächst auf Zustimmung. Dies änderte sich, als er ankündigte, das 1918 von Deutschland übernommene Konkordat für

Elsaß und Lothringen kündigen und außerdem die Botschaft beim Vatikan schließen zu wollen. Seit dem Jahre 1905 herrschte in Frankreich eine strikte Trennung von Kirche und Staat. Gegen den erbitterten Widerstand der Rechten hatten Radikale und Sozialisten unter dem damaligen Regierungschef Émile Combes am 3. Juli 1905 in der Kammer ein Gesetz mit dem erklärten Ziel eingebracht, den dominierenden Einfluß der katholischen Kirche im politischen und gesellschaftlichen Leben Frankreichs zurückzudrängen. Hauptstreitpunkt war der Bildungsbereich. Aufgrund des Gesetzes gingen die Schulen, die bis 1905 nicht nur auf dem Land überwiegend unter der Aufsicht der Kirche gestanden hatten, in staatlichen Besitz über. Von den Lehrern wurden jedoch nur diejenigen übernommen, die nicht dem Klerus angehörten. Papst Pius X. hatte diese Politik, die der französischen Kirche nicht nur in ideeller, sondern auch in finanzieller Hinsicht erheblich schaden mußte, am 11. Februar 1906 in einer Enzyklika scharf verurteilt, doch bestanden zu diesem Zeitpunkt schon seit über einem Jahr keine diplomatischen Beziehungen mehr zwischen dem Heiligen Stuhl und Paris.

Es dauerte bis zum Jahre 1920, ehe Frankreich unter geänderten politischen Vorzeichen wieder einen Botschafter entsandte. Der Versuch, diese Entscheidung des *Bloc national* vier Jahre später zurückzunehmen, drohte alte Wunden wieder aufzureißen. Es war jedoch nicht der Streit um den Laizismus allein, der dem *Cartel* zum Verhängnis werden sollte. Herriot kündigte zudem ein umfangreiches Reformpaket an. Mit Hilfe neuer Steuern hoffte er, die notorischen Finanzprobleme des Landes zu lösen. Im sozialen Bereich sollte nach dem Achtstundentag, der bereits 1919 eingeführt worden war, das Verhältnis zwischen Arbeitnehmern und Arbeitgebern grundsätzlich neu geregelt werden. Die Wirtschaft, bei der sein Programm auf wenig Zuspruch stieß, fand bei der *Banque de France* die erhoffte Unterstützung. Sie weigerte sich, der Regierung die notwendigen Kredite bereitzustellen. Nach kurzem Kampf trat Herriot im April 1925 zurück, doch auch seinen Nachfolgern, Painlevé und Briand, gelang es nicht, den hartnäckigen Widerstand der Wirtschaft zu brechen.

Am 29. April 1926 ratifizierten Frankreich, Großbritannien und die USA ein Abkommen zu gegenseitigen Regelung ihrer Kriegsschulden. Als sich daraufhin die Finanzkrise verschärfte, brach der *Cartel des gauches* im Juli 1926 auseinander. Der *Parti radical* wechselte erneut die Fronten und mit seiner Unterstützung kehrte Poincaré, dem man zutraute, daß er auch diesmal wieder Frankreich aus einer schwierigen Situation führen werde, zurück. Er bildete ein Kabinett der *Union nationale*, in dem nicht weniger als sechs ehemalige Regierungschefs als Minister fungierten.

Poincaré, der zusätzlich auch das Finanzressort übernommen hatte, gelang es, den französischen Staatshaushalt zu sanieren. Er reduzierte den Wert des Franc in Gold auf 65,5 mg (1914: 322,5 mg) und beseitigte damit eine der Ursachen für die anhaltende Schwäche der französischen Währung. Zudem flossen mit dem Schuldenabkommen und dem Dawesplan neue Kredite von Amerika nach Europa, dessen Wirtschaft in den fol-

Aristide Briand vor dem Völkerbund, 8. September 1926

genden Jahren florierte. Im Windschatten des allgemeinen Aufschwungs verbesserten sich auch die Beziehungen zwischen Deutschland und Frankreich. Aristide Briand, der von 1925 bis 1932 fast ununterbrochen als Außenminister amtierte, vertrat die These, daß ein dauerhafter Friede in Europa nur auf der Basis einer deutsch-französischen Verständigung erreicht werden könne. Auf deutscher Seite fand Briand in Gustav Stresemann einen gleichgesinnten Partner.

Briand und Stresemann, der eine Revision des Versailler Vertrages auf friedlichem Wege anstrebte, wurden zu den Architekten eines neuen politischen Modus vivendi. Den Auftakt machten im Oktober 1925 die Verträge von Locarno: Das Reich erkannte seine neue Grenze im Westen an, während Frankreich durch Beistandspakte mit Polen und der Tschechoslowakei den Grenzverlauf im Osten garantierte. Im Gegenzug wurde noch am Ende des gleichen Jahres die erste Zone des Rheinlandes geräumt. Am 10. September 1926 trat Deutschland dem Völkerbund bei und erhielt einen ständigen Sitz im Völkerbundsrat. Anfang 1927 zog daraufhin die Interalliierte Militärkontrollkommission aus Deutschland ab.

Die Bemühungen um eine dauerhafte Verständigung beschränkten sich nicht nur auf den politischen Bereich. Auf kulturellem Gebiet entwickelte sich ein intensiver Austausch und die Deutsch-Französische Gesellschaft wurde gegründet. Auf dem wirtschaftlichen Sektor übernahm die Montanindustrie, die von den Folgen des Krieges besonders hart betroffen war, die Rolle des Vorreiters. Im September 1926 gründeten französische, deutsche, belgische, luxemburgische und saarländische Industrielle die Europäische Rohstahlgemeinschaft. Am 17. August 1927 schlossen Paris und Berlin einen allgemeinen Handelsvertrag.

Trotz zahlreicher positiver Ansätze (Kaliabkommen, Aluminiumkartell) blieb das Verhältnis zwischen beiden Ländern ambivalent. Briand und Stresemann erörterten am 17. September 1926 bei ihrem Treffen in Thoiry Möglichkeiten einer »Gesamtlösung«. Mit Blick auf seine eigenen Verbindlichkeiten gegenüber Großbritannien und den USA, sollte Frankreich das Rheinland räumen, sofern das Reich vorzeitig seine Reparationsschuld beglich. Gegen diesen Plan regten sich in beiden Ländern Widerstände. Endgültig zu Fall brachten ihn jedoch weder das französische Sicherheitsdenken noch der deutsche Revisionismus, sondern die Weigerung der amerikanischen Banken, die finanziellen Voraussetzungen für eine Umwandlung der Dawes-Obligationen zu schaffen.

Zwischen Paris und Washington verhärteten sich die Fronten, weil die französische Kammer das Schuldenabkommen aus dem Jahre 1926 nicht ratifizieren wollte. Ohne amerikanische Unterstützung aber war ein Pakt zur Ächtung des Krieges, wie er Briand als Krönung seiner Bemühungen vorschwebte, nicht denkbar. Stresemann erkannte die Chance und übernahm die Rolle des Vermittlers. Kaum war der Briand-Kellogg-Pakt unterzeichnet, machte Deutschland im September 1928 vor dem Völkerbund einen neuen Vorstoß in der Rheinlandfrage.

In Genf prallten die Positionen hart aufeinander. Großbritannien und Frankreich bestanden auf einem Junktim zwischen Rheinlandräumung und endgültiger Regelung der Reparationsfrage. Eine Expertenkommission unter der Leitung von Owen Young erarbeitete daraufhin einen Plan, der erstmals die Dauer der deutschen Zahlungen (59 Jahre lang jährlich etwa 2 Milliarden Reichsmark) festlegte. Unmittelbar nach Annahme des Vertrages sollten – fünf Jahre vor der in Versailles gesetzten Frist – die letzten Truppen aus dem Rheinland abziehen. Stresemann, der im Oktober

1929 starb, sollte die Annahme des Youngplans durch den Reichstag und die *Chambre des Députés* nicht mehr erleben. Die Debatten, die der Ratifizierung im März 1930 vorausgingen, zeigten indes, daß es weder ihm noch Briand gelungen war, im eigenen Land eine solide Mehrheit für eine Politik des Ausgleichs zu gewinnen, geschweige denn Verständnis für die Probleme des Nachbarn zu wecken.

Der Untergang der Dritten Republik

(1930–1944)

1930	29. März: Ratifizierung des Youngplans.
	30. Juni: Abzug der französischen Truppen aus dem Rheinland.
1931	20. Juni: Hoover-Moratorium.
	1. Juli: Gesetzliche Regelung der Sozialversicherung.
1932	21. Januar: Gesetzliche Regelung der Familienbeihilfe.
	2. Februar: Beginn der Abrüstungskonferenz in Genf.
	16. Juni–9. Juli: Konferenz von Lausanne; Ende der Reparationen.
1934	6. Februar: Unruhen in Paris; Sturz der Regierung Daladier.
	9. Oktober: Attentat auf König Alexander von Jugoslawien und den französischen Außenminister Barthou in Marseille.
1935	7. Januar: Französisch-italienischer Vertrag.
	13. Januar: Volksabstimmung im Saargebiet (91% für das Reich).
	11.–14. April: Konferenz von Stresa.
	2. Mai: Französisch-russischer Beistandspakt.
1936	7. März: Remilitarisierung des Rheinlands.
	3. Mai: Wahlsieg des Volksfrontbündnisses.
	5. Juni: Léon Blum übernimmt die Regierung.
	11./12. Juni: Einführung der Vierzigstundenwoche und des bezahlten Urlaubs.
	17. Juli: Beginn des Spanischen Bürgerkriegs.
	24. Juli: Reform der Statuten der *Banque de France*.
	11. August: Verstaatlichung der Rüstungsindustrie.
1937	13. Februar: Blum kündigt eine »Pause« in der Reformpolitik an.
1938	10. April: Regierungsübernahme durch Édouard Daladier.
	21. August: Daladier kündigt Ende der Vierzigstundenwoche an.
	24. September: Mobilisierung französischer Reservisten.
	29./30. September: Konferenz von München.
	6. Dezember: Deutsch-französische Nichtangriffserklärung.
	10. Dezember: Die SFIO entzieht Daladier ihre Unterstützung.
1939	27. Februar: Anerkennung der Regierung Franco.
	31. März: Britisch-französische Garantieerklärung für Polen.

13. April: Garantieerklärung für Griechenland und Rumänien.
10. August: Beginn französisch-belgisch-sowjetischer Bündnisverhandlungen.
1. September: Deutscher Überfall auf Polen; Mobilmachung.
3. September: Großbritannien und Frankreich erklären dem Deutschen Reich den Krieg.
26. September: Verbot des PCF nach dem Einmarsch sowjetischer Truppen in Polen.

1940 22. März: Reynaud löst Daladier als Regierungschef ab.
10. Mai: Beginn der deutschen Offensive im Westen.
18. Mai: Eintritt von Pétain in die Regierung.
28. Mai–4. Juni: Evakuierung von Dünkirchen.
10. Juni: Flucht der Regierung nach Bordeaux.
17. Juni: Pétain kündigt Waffenstillstandsersuchen an.
18. Juni: 1. Aufruf de Gaulles an die Franzosen in der BBC, den Kampf fortzusetzen.
22. Juni: Waffenstillstand (ab 25. Juni in Kraft).
28. Juni: Großbritannien erkennt de Gaulle als Führer der Freien Franzosen an.
2. Juli: Einberufung der Nationalversammlung nach Vichy.
10. Juli: Wahl Pétains zum *Chef de l'État* mit dem Auftrag, eine neue Verfassung auszuarbeiten.
3. Oktober: Verkündung eines eigenen französischen Judenstatus.
22./24. Oktober: Treffen Hitlers mit Laval und Pétain in Montoire.
30. Oktober: Radioansprache Pétains zur Politik der *Collabration de l'État*.
13. Dezember: Absetzung Lavals.

1941 27./28. Mai: Pariser Protokolle über die Zusammenarbeit mit Deutschland in Nordafrika.
14. Dezember: Hitler befiehlt den Bau des Atlantikwalls.

1942 1. Januar: Jean Moulin erhält den Auftrag, die Résistancebewegungen zusammenzuschließen.
17./18. April: Rückkehr Lavals auf deutschen Druck.
16. Juni: *Relève* (Tausch der Kriegsgefangenen gegen Arbeiter).
16./17. Juli: Judenrazzia in Paris (*Rafle du Vel d'Hiv*).
August: Auslieferung der ausländischen Juden aus der unbesetzten Zone an Deutschland.
7./8. November: Landung der Amerikaner in Nordafrika.
11. November: Einmarsch deutscher Truppen in die unbesetzte Zone.

1943 30. Januar: Gründung der Miliz.
3. Juni: Gründung des *Comité français de Libération nationale* (CFLN) in Algier.
21. Juni: Verhaftung Jean Moulins in Caluire.
26. August: Anerkennung des CFLN durch die Alliierten.
6. November: Aufnahme von Résistance und Parteien in das CFLN.

1944 30. Januar: Rede de Gaulles in Brazzaville.
3. Juni: Das CFLN wird *Gouvernement provisoire de la République française* (GPRF).
6. Juni: Landung der Alliierten in der Normandie.
10. Juni: Massaker von Oradour-sur-Glane.
15. August: Landung der Alliierten in der Provence.
19.–25. August: Befreiung von Paris.
23. September: Übernahme der *Forces françaises de l'intérieur* in die französische Armee (*l'Amalgame*).
5. Oktober: Frauen erhalten das Wahlrecht.
23. Oktober: Anerkennung der neuen Regierung durch die Alliierten.
23. November: Befreiung Straßburgs.
10. Dezember: Französisch-sowjetischer Vertrag in Moskau.

Frankreich und die Weltwirtschaftskrise (1930–1936)

Die Franzosen begrüßten das neue Jahrzehnt mit großem Optimismus. Nach vielen Rückschlägen hatten sie in der zweiten Hälfte der zwanziger Jahre einen enormen wirtschaftlichen Aufschwung erlebt. Oberflächlich schienen die Narben verheilt, doch der Krieg hatte auch auf anderen Gebieten Spuren hinterlassen. Waren es zunächst die fremden Soldaten, so hatten später vor allem die Einwanderer das Bewußtsein der Franzosen verändert. Italiener und Polen, aber auch viele Ost- und Südosteuropäer hatten die Lücken geschlossen, die Krieg und Epidemien geschlagen hatten. Frankreich stieg zum beliebtesten Einwanderungsland in Europa auf, was nicht immer ohne Spannungen abging. Unter den Osteuropäern befanden sich auch viele Juden. Ihre nicht angepaßte, traditionelle Lebensweise rief in der übrigen Bevölkerung Angst vor Überfremdung hervor. In Paris, wo die Mehrheit von ihnen lebte, versuchten rechtsgerichtete Gruppen mit nationalistischen und antisemitischen Parolen daraus politisches Kapital zu schlagen. Solange die allgemeine wirtschaftliche Prosperität anhielt, blieb ihr Zulauf jedoch gering.

Die Arbeits- und Lebensbedingungen, speziell die Wohnverhältnisse, veränderten sich besonders drastisch in den großen Städten, deren Einwohnerzahlen stetig wuchsen. Steigende Einkommen hatten höhere Ansprüche zur Folge, die neben Verbesserungen im sozialen Bereich das Entstehen einer neuen, auf Konsum orientierten Industrie begünstigten. Die Elektro-, Chemie- und Stahlindustrie, in erster Linie aber die Textilproduktion und der Automobilbau, waren die Motoren des Aufschwungs. Dank einer florierenden Bauwirtschaft war der Wiederaufbau des Landes nach zehn Jahren so gut wie abgeschlossen.

Doch der Schein der Prosperität trog. Als zweitgrößte Kolonialmacht nach Großbritannien kontrollierte Frankreich zwar einen großen Wirtschaftsraum, rangierte unter den führenden Industrienationen der Welt aber unverändert erst an vierter Stelle. Trotz des Booms gelang es der französischen Volkswirtschaft nicht, ihre strukturellen Schwächen abzulegen. Noch immer lebte die Mehrheit der Bevölkerung von der Landwirtschaft. Die niedrigen Einkommen, vor allem als Folge fortschreitender Parzellierung, bremsten die Nachfrage. Der Trend zum Großunternehmen war daher nicht so deutlich ausgeprägt wie in anderen Ländern. Frankreichs Stärke und zugleich Schwäche beruhte auf der Vielzahl der kleinen und mittleren Betriebe, die ihre Existenz und Leistungsfähigkeit mehr der eigenen Tradition als fremdem Kapital verdankten. Als sich im Oktober 1929 nach dem Börsenkrach an der Wall Street der Himmel über Europa verdunkelte, schien Frankreich daher zunächst nicht betroffen.

Plakat der Internationalen Kolonialausstellung Paris, 1931 (Entwurf von Bellenger)

Die soziale Mobilität nahm im Vergleich zur Vorkriegszeit trotz einer stetigen Aufwärtsentwicklung der französischen Wirtschaft ab. Die Überwindung der Folgen des Krieges war nicht zu vergleichen mit dem Boom, den die Republik am Ende des 19. Jahrhunderts erlebt hatte. Die Aufstiegschancen der Generation der zwischen 1890 und 1900 geborenen *fils du siècle* blieben deutlich hinter denen ihrer Väter zurück. Viele fühlten sich in ihren sozialen Chancen benachteiligt. Auf politischer Ebene schlug sich diese Unzufriedenheit in der Forderung nach mehr Freiheit für den einzelnen nieder und führte zur Gründung von neuen Gewerkschafts- und Parteiformationen.

Poincaré, unter dessen Führung die Rechte 1928 bei den Wahlen die Mehrheit zurückerobert hatte, erkrankte 1929 schwer und mußte zurücktreten. Nach einem kurzen Zwischenspiel Briands rückte im November 1929 mit André Tardieu ein Mann nach, der die Geschicke des Landes in den nächsten vier Jahren entscheidend prägen sollte. Tardieu nahm die heraufziehende Weltwirtschaftskrise zum Anlaß, ein großes Investitionsprogramm der öffentlichen Hand zu lancieren. Während der Abzug der amerikanischen Kredite die deutsche und britische Wirtschaft zunehmend lähmte, kurbelte Frankreich seine Konjunktur mit dem Ausbau seiner Infrastruktur und der Errichtung öffentlicher Gebäude an. Aber dieser künstlich herbeigeführte Aufschwung war von kurzer Dauer. Als die Reichsregierung im Sommer 1931 die Reparationszahlungen einstellte und London im September den Goldstandard aufgab, griff die Krise auf Frankreich über.

Die Überbewertung des Franc erwies sich nun als Nachteil. Durch die Weltwirtschaftskrise sanken auf dem Weltmarkt die Preise für Rohstoffe und Agrarprodukte, die Nachfrage nach Industrieerzeugnissen ging drastisch zurück. Die französische Industrie, meist noch mit einem veralteten Maschinenpark ausgestattet und obendrein notorisch knapp an Eigenkapital, war nicht in der Lage, sich den Erfordernissen anzupassen. Rückgang der Produktion, Entlassungen und sinkende Steuereinnahmen waren die Folge.

Frankreich machte in erster Linie Großbritannien für die wachsenden Schwierigkeiten verantwortlich, hatte doch London mit dem Abgehen vom Goldstandard einseitig und völlig unvermittelt die bis dahin gültigen währungspolitischen Vereinbarungen aufgekündigt. Ohne sich dagegen entschieden zur Wehr setzen zu können, sah sich Paris nun nicht nur von Deutschland bedroht, sondern auch zunehmend von Großbritannien politisch in die Enge getrieben. Gleichzeitig wandte sich mit Polen, das 1934 mit Hitler einen Nichtangriffspakt schloß, der wichtigste Partner in Osteuropa von Frankreich ab. Äußeres Zeichen für die wachsenden Schwierigkeiten auf internationaler Ebene, die im Zusammenspiel mit den Folgen der Weltwirtschaftskrise innenpolitisch destabilisierend wirkten, war die immer raschere Abfolge der Kabinette. Nicht weniger als 31 Regierungen lösten sich vom Rücktritt Poincarés bis zur Machtübernahme Pétains im Sommer 1940 ab.

Zunehmende Spannungen im Bereich der Außen-, Wirtschafts- und Finanzpolitik waren nicht die einzigen belastenden Faktoren. In Frankreich vollzog sich zu Beginn der dreißiger Jahre erneut ein Generationswechsel. Männer wie Doumergue, Briand und Poincaré traten ab oder fielen Anschlägen zum Opfer, wie Außenminister Louis Barthou und Staatspräsident Paul Doumer. Jüngere Politiker, deren Kurs häufig entweder von mangelnder internationaler Erfahrung oder aber von gegenseitigem Mißtrauen und dem Zwang, sich innenpolitisch in ständig wechselnden Koalitionen behaupten zu müssen, bestimmt wurde, nahmen ihren Platz ein.

Pierre Laval zum Beispiel, der 1932 das außenpolitische Erbe Briands antrat, war ein Meister des Kompromisses und der Intrige. Doch auch ein so erfahrener Politiker wie Tardieu, der Lavals Intermezzo als Regierungschef beendete, hatte im Zeichen der bevorstehenden Wahlen nicht den Mut zu unbequemen Entscheidungen. Statt den Franc nach dem Beispiel des britischen Pfundes abzuwerten, um der eigenen Industrie größere Chancen auf dem Weltmarkt zu geben, suchte er im Vertrauen auf ein baldiges Ende der Krise Zuflucht bei protektionistischen Maßnahmen. Die Lage verschlechterte sich weiter, und die Wähler machten Tardieu und mit ihm die Parteien der Rechten für ihre Misere verantwortlich. 1932 schlug daher das

Pendel wieder nach links aus, doch weder Édouard Herriot noch Joseph Paul-Boncour, Édouard Daladier, Albert Sarraut oder Camille Chautemps hatten ein Rezept zur Bewältigung der Krise parat. Das Schicksal des *Cartel des gauches* hatte sie gelehrt, daß eine Politik gegen die Interessen der Wirtschaft zum Scheitern verurteilt war. Drastische Reformen kamen folglich nicht in Betracht. Während sie bei der Industrie um Vertrauen warben, kürzten sie im Zeichen einer Politik der Deflation die Gehälter im öffentlichen Dienst und die Renten der ehemaligen Kriegsteilnehmer. Der Versuch der Regierung, die Last auf ihre Schultern abzuwälzen, löste bei der Bevölkerung Unmut und Enttäuschung aus. Eine nicht enden wollende Reihe von Skandalen und Affären untergrub zusätzlich das Vertrauen in die Politiker. Viele Wähler, die zunächst in den politischen Wechsel große Erwartungen gesetzt hatten, fühlten sich betrogen und wandten sich nun extremen politischen Gruppierungen zu.

Während auf dem linken Flügel der PCF an Einfluß gewann, tauchten am anderen Ende des politischen Spektrums neben der sich nationalistisch und monarchistisch gebärdenden *Action française* neue Formationen auf. Außerparlamentarische Kampfverbände wie die *Croix-de-feu*, die sich selbst als Wahrer des nationalen Erbes betrachteten, hatten im Zeichen der Misere großen Zulauf. Anstelle der Republik, die in ihren Augen versagt hatte, forderten sie einen völligen Neuaufbau des Staates, der der Nation und ihrer großen Tradition angemessen sein sollte. Anders als ihre deutschen (NSDAP) und italienischen Vorbilder (*Partito nazionale fascista*) entwickelten sie sich zwar nie zu einer Massenbewegung, doch mit ihrer Agitation gegen die etablierten Parteien, wachsende Überfremdung und die Juden wurden sie zu einem gefährlichen Sammelbecken des Protestes.

Am 6. Februar 1934 veranstalteten rechtsgerichtete Gruppierungen in Paris eine Kundgebung gegen die Regierung. Als sie Anstalten machten, die Abgeordnetenkammer zu stürmen, kam es zu einer Straßenschlacht. Auf Kosten zahlreicher Toter und Verletzter konnte sich die Republik zwar behaupten, doch war zweifelhaft, ob sie sich der wachsenden Bedrohung von rechts auf Dauer werde erwehren können. Die Aussicht, daß in Frankreich eine ähnliche Entwicklung eintreten könnte wie in Italien oder Deutschland, wirkte ernüchternd. Staatspräsident Albert Lebrun, seit 1932 im Amt, hielt den Moment für einen Neubeginn gekommen. Gaston Doumergue, der sich bereits aus der Politik zurückgezogen hatte, erklärte sich bereit, eine Regierung der *Union nationale* zu bilden. Er schlug den Parteien einen regelrechten Waffenstillstand vor, um Zeit für die Ausarbeitung einer Reform der Institutionen zu gewinnen. Zusammen mit Tardieu machte er sich an die Arbeit, doch als er dann im Herbst 1934 empfahl, die Macht des Parlaments zugunsten des Präsidenten zu beschneiden, hatte sich die Lage zumindest oberflächlich wieder beruhigt. Weil er für seinen Entwurf bei den Abgeordneten keine Mehrheit fand, trat Doumergue im November 1934 zurück. Unter dem Eindruck der sich allmählich zuspitzenden politischen Lage in Europa gerieten die Reformpläne bis zum Jahre 1940 in Vergessenheit.

Attentat auf den jugoslawischen König Alexander I. in Marseille, 9. Oktober 1934

Die wachsende Instabilität im Innern lähmte in Verbindung mit den Folgen der Rezession zu Beginn der dreißiger Jahre zunehmend die französische Außenpolitik. Mit Billigung der USA nutzte Reichskanzler Brüning die desolate Wirtschaftslage Deutschlands, um 1931 ein internationales Zahlungsmoratorium zu erzwingen. Im Sommer 1932 wurde in Lausanne trotz französischer Proteste das Ende der Reparationen beschlossen. Schließlich wurde dem Reich im Dezember im Rahmen einer Fünf-Mächte-Erklärung formal sogar die Gleichberechtigung in der Rüstung zugestanden.

Am 30. Januar 1933 war Paris erneut ohne Regierung, doch war dies nicht der einzige Grund, weshalb Frankreich auf die Nachricht von der Machtübernahme der Nationalsozialisten zurückhaltend reagierte. Hitler, auf die innenpolitische Konsolidierung seiner Macht bedacht, suchte außenpolitisch Vertrauen und vor allem Zeit zu gewinnen. Am 7. Juni 1933 unterzeichnete Deutschland mit Großbritannien, Frankreich und Italien einen Viererpakt und willigte in die Wiederaufnahme der Genfer Abrüstungsverhandlungen ein. Erst im Herbst zeigte Hitler mit dem Abbruch der Gespräche und dem Austritt aus dem Völkerbund, daß er entschlossen war, die Reste der 1919 in Versailles geschaffenen Friedensordnung aus den Angeln zu heben.

Der Abschluß eines Nichtangriffpaktes mit Polen war im Januar 1934 ein empfindlicher Schlag gegen das Bündnissystem, das Frankreich nach dem

Ersten Weltkrieg gegen das Reich errichtet hatte. Louis Barthou, Außenminister der Regierung Doumergue, hoffte anstelle von Polen die Staaten der »Kleinen Entente« – die Tschechoslowakei, Rumänien und vor allem Jugoslawien – enger an Frankreich binden zu können. Außerdem unterstützte er die Kandidatur der Sowjetunion, die daraufhin am 18. September 1934 in den Völkerbund aufgenommen wurde. Am 9. Oktober 1934 setzte das Attentat von Marseille, dem er und der jugoslawische König Alexander zum Opfer fielen, diesen Bemühungen um einen außenpolitischen Neubeginn ein vorzeitiges Ende.

Sein Nachfolger Laval lehnte die Idee eines Bündnissystems unter Beteiligung der UdSSR gegen das Reich ab. Er wollte statt dessen eine Reihe von bilateralen Vereinbarungen eingehen. Über dem Bestreben, den Ausgleich an die Stelle harter Konfrontation zu setzen, verlor die französische Außenpolitik ihre Stringenz. Bezeichnend für Lavals Politik war, daß er zunächst am 2. Mai 1935 in Moskau einen Beistandspakt unterzeichnete, auf der Rückreise mit Göring zu einem Gedankenaustausch zusammentraf und nach seiner Rückkehr in Paris schließlich die Ratifizierung des Paktes durch die Kammer verschleppte.

Laval richtete sein Augenmerk immer mehr auf Italien statt auf die UdSSR, obwohl es ernstzunehmende Gerüchte gab, daß das Attentat von Marseille von Rom unterstützt worden sei. Im Januar 1935 versuchte er während eines Besuchs in Italien mit Mussolini die gegenseitigen Interessen in Afrika abzugrenzen. Überzeugt, daß Frankreich seinen Ambitionen in Abessinien keinen Widerstand entgegensetzen werde, bot der »Duce« daraufhin im Gegenzug einen Militärpakt an. Mit Rücksicht auf Großbritannien und weil die Armeeführung sich keinen Nutzen davon versprach, lehnte Laval jedoch ab.

Gegenüber Deutschland versuchte er Zurückhaltung zu üben. Frankreich nahm nicht Partei, als das Saarland gemäß den Bestimmungen des Versailler Vertrages über seine Zugehörigkeit zum Reich abstimmte. Hitler hinderte dies nicht, am 16. März 1935 in Deutschland die allgemeine Wehrpflicht wiedereinzuführen. Laval suchte nach diesem Rückschlag wieder die Nähe Londons und Roms. In Stresa erklärten Großbritannien, Frankreich und Italien am 14. April 1935, sich jeder weiteren einseitigen Aufkündigung von Verträgen widersetzen zu wollen. In Verbindung mit dem Beistandspakt mit der UdSSR keimte in Frankreich die Hoffnung auf, daß Stresa die Basis für ein neues Sicherheitssystem sein werde. Doch ausgerechnet Großbritannien scherte im Juni aus der gemeinsamen Front aus und schloß mit Hitler ein Flottenabkommen. Die Tatsache, daß der wichtigste Partner, ohne Paris zu konsultieren, eine weitere Klausel des Versailler Vertrages außer Kraft gesetzt hatte, führte in Frankreich zu stürmischen Protesten. Ernüchtert stellte man fest, daß Stresa in der Sicherheitsfrage keine Annäherung der Standpunkte bewirkt hatte. Laval gab sich noch nicht geschlagen. Nach dem italienischen Angriff auf Abessinien entwarf er im Dezember 1935 mit dem britischen Außenminister Hoare den Plan, sich mit Mussolini auf Kosten territorialer Zugeständnisse in Ostafrika zu einigen. Als das Vorhaben durch Indiskretion bekannt wurde, mußten beide zurücktreten, denn in Abessinien ging es nicht um irgendwelche koloniale Absprachen, sondern um ein ordentliches Mitglied des Völkerbundes.

Der Krieg in Afrika wirkte auf Europa zurück, denn er belastete das Verhältnis zwischen Paris, Rom und London. Eine Chance, die Hitler sofort nutzte, um erste Fühler nach Italien auszustrecken. In Frankreich hingegen klärte der Krieg die innenpolitischen Fronten. Unter dem Eindruck des

Besetzung des Rheinlands durch deutsche Truppen, 7. März 1936

lautstarken Engagements der extremen Rechten für Italien näherten sich Sozialisten (SFIO) und Kommunisten (PCF) einander an, während gleichzeitig der *Parti radical* der Regierung die Unterstützung entzog. Herriot trat vom Parteivorsitz zurück und machte Édouard Daladier Platz. Die Geburtsstunde der Volksfront, »l'alliance des classes moyennes avec la classe ouvrière«, schlug am 12. Januar 1936 mit der Proklamation des gemeinsamen Programms des *Rassemblement populaire*. Nach dem Zusammenschluß der miteinander rivalisierenden Gewerkschaften CGT und CGTU stand dem Erfolg des Bündnisses bei den Wahlen im Mai nichts mehr im Wege.

Als Reaktion auf die wachsende Bedrohung durch das Reich hatte die französische Kammer am 15. März 1935 die Verlängerung der Wehrpflicht auf zwei Jahre beschlossen. Ein Jahr später, am 7. März 1936, nahm Hitler dies zum Vorwand, um die entmilitarisierte Zone des Rheinlandes zu besetzen. Er war darauf vorbereitet, im Zweifelsfall seine Truppen sofort zurückzuziehen, spekulierte aber auf die Uneinigkeit seiner Gegner. Tatsächlich war die Pariser Regierung – im Zeichen des Wahlkampfes ohnehin geschwächt – angesichts der Berichte zum angeblichen Stand der deutschen Aufrüstung nicht zum alleinigen Handeln bereit. Von Mussolini war keine Hilfe zu erwarten, nachdem Frankreich und Großbritannien mit Rücksicht auf die öffentliche Meinung im Völkerbund für ein Embargo gegen Italien gestimmt hatten. Doch auch London zeigte wenig Interesse, die in Locarno geschaffene Ordnung mit allen Mitteln aufrechtzuerhalten, weil die Bindung starker Kräfte auf dem Kontinent unter Umständen die Position als Weltmacht gefährdet hätte. Erneut fühlte sich Frankreich im März 1936 von Großbritannien im Stich gelassen – eine Erfahrung, die noch lange nachwirken sollte.

Krise und Zusammenbruch der Dritten Republik (1936–1940)

Die französische Bevölkerung begrüßte den Sieg der Volksfront bei den Wahlen vom Mai 1936. Sie erwartete die sofortige Bildung einer neuen Regierung, doch der Führer der Sozialisten, Léon Blum, hielt sich streng an die Verfassung und wartete den Ablauf der Legislaturperiode ab. Durch sein Zögern erhöhte er die Spannung, die sich in Massenstreiks Bahn brach. Als Blum am 5. Juni 1936 endlich die Regierung übernahm, war die Wirtschaft des Landes lahmgelegt. Der völlige Stillstand der Produktion zwang die Arbeitgeber zum Nachgeben. Am 7. Juni gestanden sie mit den Verträgen von Matignon den französischen Arbeitnehmern neben einer Reihe neuer Rechte wie Zulassung von Gewerkschaften, der Wahl von Betriebsräten sowie dem Streikrecht auch eine substantielle Anhebung der Löhne und einen bezahlten Urlaub zu.

Dieser Auftakt der Volksfront hinterließ einen bitteren Nachgeschmack. Nicht die Regierung, sondern die CGT hatte die Verträge von Matignon durchgesetzt. Um die Initiative nicht völlig aus der Hand zu geben, bemühte sich Blum um weitere Verbesserungen. In Wirtschaftskreisen fühlte man sich nicht nur erpreßt, sondern fürchtete angesichts der Forderungen nach Verstaatlichung ganzer Industriezweige um die Existenz. Es setzte eine Flucht des Kapitals ins Ausland ein. Unter den Arbeitern herrschte dagegen im Sommer 1936 zunächst Euphorie. Viele fuhren zum ersten Mal in ihrem Leben in Urlaub. Doch der Begeisterung folgte im Herbst rasch die Ernüchterung. Die Verstaatlichung der Rüstungsindustrie und der *Banque de France* war inzwischen zwar gelungen, doch bei seinen Bemühungen um eine Neuordnung der Staatsfinanzen stieß Blum auf wachsenden Widerstand. Mit knapper Mehrheit billigte der Senat im September 1936 die Abwertung des Franc, die dem Export neue Impulse geben sollte. Als die erhoffte Stabilisierung ausblieb, mußte Blum im Februar 1937 eine Pause des Reformprogramms verkünden.

Zu diesem Zeitpunkt war der innere Zusammenhalt der Volksfront bereits zerbrochen. Zu Beginn des Spanischen Bürgerkrieges am 17. Juli 1936 hatte Blum zunächst die republikanische Regierung unterstützt. Weil die UdSSR ebenfalls Waffen und Material an Madrid lieferte, machte ihm daraufhin die Rechte den Vorwurf, gegen den Willen der Mehrheit der Franzosen der kommunistischen Sache zu dienen. Nach einem Besuch in London vollzog Blum eine Kehrtwende. Er initiierte einen Nichteinmischungspakt, dem neben Großbritannien und Frankreich auch Deutschland und Italien beitraten, obwohl beide Mächte Franco unterstützten. Der PCF, der keine Minister ins Kabinett entsandt, aber in der Kammer für die Regierung gestimmt hatte, entzog ihm daraufhin in der Außenpolitik seine Unterstützung.

Der Spanische Bürgerkrieg verschärfte den Streit um die Finanzpolitik, an dem das Bündnis der Linken schließlich zerbrechen sollte. Verteidigungsminister Daladier wollte die Rüstungsausgaben steigern, um die Versäumnisse der Vergangenheit nachzuholen. Blum stimmte ihm nicht nur zu, sondern erhöhte sogar noch seinen Ansatz. Zur Finanzierung legte er im März 1937 eine Rüstungsanleihe auf. Im Sommer brachte er ein Gesetz ein, mit dem er völlige Handlungsfreiheit in der Finanzpolitik forderte, um den Haushalt zu sanieren. Die Kammer billigte die Vorlage, der Senat aber lehnte ab und zwang dadurch Blum im Juni 1937 zum Rücktritt.

Mit Camille Chautemps wechselte die Führung innerhalb der Volksfront von der SFIO zum *Parti radical*. Der Senat stimmte nun einer Abwertung des Franc zu, doch war die Stabilisierung nur von kurzer Dauer. Ende des Jahres stand der Franc auf den internationalen Märkten erneut unter Druck. Im Land kam es zu einer neuen Streikwelle. Im Januar 1938 zogen die Sozialisten ihre Minister zurück. Vergeblich nahmen Chautemps und nach ihm noch einmal Blum einen neuen Anlauf. Jedesmal verweigerte ihnen der Senat die Unterstützung. Unter dem Vorsitz von Daladier bildete daraufhin der *Parti radical* am 10. April 1938 allein die Regierung.

Mangels geeigneter Alternative hatten SFIO und PCF in der Kammer für

Daladier gestimmt, obwohl klar war, daß er das Volksfrontexperiment in seiner bisherigen Form nicht fortsetzen würde. Für Daladier, der zusätzlich wieder das Amt des Kriegsministers übernahm, war der Anschluß Österreichs am 10. März 1938 ein Indiz, daß Frankreich unweigerlich auf einen neuen Krieg mit Deutschland zusteuerte, für den es weder militärisch noch politisch, geschweige denn psychologisch gerüstet war. Die Bündnisse, die Paris geschlossen hatte, standen in eklatantem Widerspruch zur eigenen Militärdoktrin. Unter dem Einfluß von Marschall Pétain hatte man in den zwanziger Jahren Millionen in den Bau der Maginotlinie investiert und darüber die Entwicklung und Produktion neuer Panzer- und Flugzeugtypen vernachlässigt. Frankreich war im Mai 1938 deshalb nicht in der Lage, Prag wirksam zu Hilfe zu eilen, als Gerüchte von einem drohenden Angriff des Reiches auf die Tschechoslowakei kursierten.

Es war ausgeschlossen, diesen Rückstand allein durch höhere Steuern aufzuholen. Die Aufrüstung mußte also zwangsläufig zu Lasten der soeben erst erreichten sozialen Errungenschaften gehen. Als sich im August 1938 in Marseille die Docker weigerten, Überstunden zu leisten, setzte Daladier Soldaten ein und kündigte kurz darauf mit dem eindringlichen Appell »il faut remettre la France au travail« das Ende der Vierzigstundenwoche an.

Alle Anzeichen deuteten im Herbst 1938 darauf hin, daß dem Land eine neue Phase innenpolitischer Auseinandersetzungen bevorstand und wieder war es die Außenpolitik, die den Anstoß gab. Als Hitler im September die Angliederung des Sudetengebietes an das Reich forderte, antwortete Daladier mit der Mobilmachung. Er gab sich entschlossen, die Bündnisverpflichtungen gegenüber Prag zu erfüllen, hegte insgeheim allerdings die Hoffnung, daß der Besuch des britischen Premierministers Chamberlain bei Hitler den Weg zu einer Verhandlungslösung ebnen möge. Seine Erwartung, in ihm einen starken Rückhalt zu finden, wurde jedoch enttäuscht. Während Chamberlain bereits den Beginn einer neuen Ära ankündigte (»Peace in our time«), sah Daladier als einzigen positiven Aspekt des Münchener Abkommens, daß der Krieg noch einmal aufgeschoben worden war.

Die Münchener Konferenz spaltete die französische Öffentlichkeit, quer durch die Parteien, in zwei feindliche Lager. Pazifisten und Rechte begrüßten überwiegend das Abkommen, viele Kommunisten und Sozialisten hielten dagegen der Regierung den Verrat an der Tschechoslowakei vor. Daladier kündigte daraufhin im Oktober 1938 beim Parteitag der Radikalen in Marseille das Bündnis mit dem PCF auf. Vergeblich warnte ihn Herriot vor einer Politik gegen die Interessen der Arbeiterschaft. Als die CGT im Dezember zum Generalstreik aufrief, ging Daladier mit allen Mitteln gegen die Gewerkschaft vor.

Im Kabinett waren die Meinungen ebenfalls geteilt. Außenminister Georges Bonnet, Wortführer der Gegner Daladiers, plädierte für einen Ausgleich mit Hitler und Mussolini. Mit Rücksicht auf seinen Einfluß bei den Radikalen ließ ihn Daladier zunächst gewähren, zumal der Abschluß der deutsch-französischen Nichtangriffserklärung vom 6. Dezember 1938 einen weiteren Zeitgewinn zu versprechen schien.

Der Streit zwischen *Munichois* und *Antimunichois* verschärfte den Gegensatz zwischen rechts und links. Der Pazifismus, nach der traumatischen Erfahrung des Weltkriegs in Frankreich weit verbreitet, erhielt großen Auftrieb. Ein deutlicher Stimmungswandel trat erst im März 1939 ein, als deutsche Truppen die Rest-Tschechoslowakei besetzten. Die Ergebnisse der ersten modernen Meinungsumfragen zeigen, daß sich die Mehrheit der Bevölkerung nach Hitlers »Griff nach Prag« hinter Daladier stellte. Ganz anders dagegen die Reaktion vieler führender Politiker und Militärs; sie stimmten eher Marcel Déat zu, der in einem Artikel provozierend die Frage gestellt hatte: »Mourir pour Dantzig?«

Nach seiner Wiederwahl reiste Staatspräsident Lebrun demonstrativ nach Großbritannien, um die Allianz zwischen Paris und London zu bekräftigen. Beide Länder gaben eine Garantieerklärung für Griechenland und Rumänien ab und nahmen Verhandlungen über eine militärische Zusammenarbeit mit der UdSSR auf, die ergebnislos blieben, weil Polen, mit dem Frankreich am 17. Mai 1939 einen Beistandspakt abgeschlossen hatte, den sowjetischen Truppen das Durchmarschrecht verweigerte. Stalin wurde aber nicht nur von London und Paris, sondern auch von Hitler umworben. Das deutsche Angebot einer Zusammenarbeit in Osteuropa war verlockend, weil es ihm die Möglichkeit eröffnete, sich für die in München erlittene politische Zurücksetzung zu revanchieren.

Die Reaktion in Frankreich auf den Abschluß des Hitler-Stalin-Paktes am 23. August war sehr unterschiedlich. Im Gegensatz zu vielen seiner Anhänger wurde er vom moskauhörigen PCF begrüßt. Die übrigen Abgeordneten schwankten bis zum deutschen Überfall auf Polen am 1. September 1939 zwischen Entschlossenheit zum Krieg und einem zweiten »München«. Am 2. September forderte Daladier in der Kammer, der Regierung neue Kredite zu bewilligen, vermied es aber – wie übrigens auch einen Tag später im Text des Ultimatums an das Reich – das Wort »Krieg« zu erwähnen. Zehn Tage nach der britischen und französischen Kriegserklärung vom 3. September 1939 bildete er sein Kabinett um. Anstelle von Bonnet, der aus der Regierung ausschied, übernahm er zusätzlich noch das Außenministerium. Die Befürworter eines Kriegseintrittes wie Paul Reynaud (Finanzen) und Georges Mandel (Kolonien) blieben im Amt. Raoul Dautry wurde Rüstungsminister.

Daladiers neue Machtfülle weckte Erinnerungen an die Regierung Clemenceau im Ersten Weltkrieg. Doch der Schein trog, denn an den Mehrheitsverhältnissen hatte sich nichts geändert. Ein Appell an die Einheit der Nation nach dem Vorbild Poincarés vom Sommer 1914 kam für Daladier angesichts der Stimmungslage nicht in Betracht. Der PCF wurde wegen seiner Haltung zum Hitler-Stalin-Pakt am 26. September verboten. Der Kampf gegen die Partei, der so weit ging, daß ihre Abgeordneten 1940 angeklagt und pauschal verurteilt wurden, vertiefte die innenpolitischen Gräben, statt, wie erhofft, stabilisierend zu wirken.

Episode aus dem »Sitzkrieg«, Frühjahr 1940

Frankreich war auf einen modernen Krieg schlecht vorbereitet. Politisch waren selbst nach der Regierungsumbildung die Kompetenzen noch immer nicht klar voneinander abgegrenzt, oft stritten gleich mehrere Minister um die Zuständigkeit. Gleiches galt für die militärische Führung, an deren Spitze General Gamelin stand, während sein Stellvertreter und Rivale, General Georges, die Truppen an den Grenzen befehligte. In der Rüstung trugen die Anstrengungen der vergangenen Jahre erste Früchte, wirklich nennenswerte Produktionszahlen wurden indes erst 1940 erreicht.

In Erwartung der neuen Waffen beschränkte sich das Oberkommando darauf, im Schutz der Maginotlinie den deutschen Angriff abzuwarten. Nach der Mobilmachung hatte die Bevölkerung eine rasche Eröffnung der Feindseligkeiten erwartet. Weder die Generäle noch die Politiker bereiteten sich darauf vor, daß ein langer Abnutzungskrieg bevorstand. Das monatelange Warten während des »Sitzkrieges« zermürbte die Moral der Soldaten. Pressezensur und Zwang zur Geheimhaltung einerseits und Furcht vor feindlichen Agenten und deutscher Propaganda andererseits schürten eine Atmosphäre gegenseitigen Mißtrauens. Mit wachsendem Unwillen verfolgten die Franzosen, wie ihre Regierung erst tatenlos der Vernichtung Polens zusah und dann, nach dem Beginn des finnisch-sowjetischen Winterkriegs, wochenlang über eine militärische Unterstützung beriet, ohne einen Beschluß zu fassen.

Als Daladier am 20. März 1940 durch ein Mißtrauensvotum gestürzt wurde, hatte sich in der Bevölkerung ein entscheidender Stimmungswandel vollzogen. Politiker wie Laval, die für die Aufnahme von Friedensverhandlungen plädierten, fanden immer größeren Zuspruch. Paul Reynaud, der Daladier ablöste, gelang es trotz der Unterstützung der Sozialisten nur mit Mühe, eine neue Regierung zu bilden. Eine Woche später verpflichteten sich Paris und London, keine einseitigen Waffenstillstands- oder Friedensverhandlungen aufzunehmen. Als Hitler am 9. April Norwegen und Dänemark besetzte, landeten einen Tag später französische und britische Truppen nördlich von Oslo in Namsos. Obwohl der Krieg nun offenkundig in eine neue Phase trat, geriet die Regierung in Paris noch mehr ins Kreuzfeuer der Kritik. Reynauds Rücktritt schien unvermeidlich, als am 10. Mai 1940 der langerwartete deutsche Angriff im Westen begann.

Der Zweite Weltkrieg: Vichy-Regime und Résistance (1940–1944)

Trotz seines Rüstungsrückstands galt Frankreich 1939 aufgrund der zahlenmäßigen Stärke seiner Truppen nach wie vor als Europas führende Militärmacht. Niemand rechnete daher im Mai 1940 mit einem schnellen Ende der Kämpfe. Um so größer war das Erstaunen auf der einen, das Entsetzen auf der anderen Seite, als die französischen Linien schon nach wenigen Tagen durchstoßen wurden. Der deutsche Angriff durch die Ardennen deckte schonungslos die Versäumnisse des französischen Oberkommandos auf, das in taktischer und technischer Hinsicht noch in den Kategorien des Ersten Weltkriegs dachte. Nur mit knapper Not und dank der Tatsache, daß Hitler seine Panzer an der Kanalküste vorübergehend anhielt, konnte in Dünkirchen eine Katastrophe vermieden werden.

Nach der Evakuierung des britischen Expeditionskorps, die viele Franzosen als Verrat empfanden, gab es kein Halten mehr. Demoralisiert flüchtete die Zivilbevölkerung zu Tausenden vor den deutschen Truppen nach Süden und riß bei ihrem Exodus auch die Regierung mit sich, die am 10. Juni Paris verließ. Am 18. Mai hatte Reynaud den Sieger von Verdun, Philippe Pétain, zu seinem Stellvertreter ernannt. Es war eine symbolische Geste, um in der Stunde der höchsten Not die Franzosen zur Einheit zu mahnen, doch im Kabinett war ihm Pétain keine Stütze. Am 5. Juni bildete Reynaud daher seine Regierung noch einmal um. Gamelin wurde durch General Weygand ersetzt, und Daladier verlor nun auch das Amt des Außenministers. Charles de Gaulle, Colonel und zuletzt Befehlshaber einer Panzereinheit, wurde Unterstaatssekretär im Verteidigungsministerium und erhielt den Auftrag, Verbindung zum neuen britischen Premierminister Churchill zu halten.

Großbritannien, das um die eigene Verteidigungsbereitschaft fürchtete, weigerte sich, Flugzeuge nach Frankreich zu verlegen. Nach Rücksprache mit de Gaulle schlug Churchill statt dessen vor, eine britisch-französische Staatenunion zu bilden. Hilfesuchend wandte sich Reynaud an die USA, doch auch Präsident Roosevelt reagierte ausweichend. Pétain drohte dar-

Marschall Philippe Pétain, Propagandaplakat 1940

aufhin am 16. Juni mit seinem Rücktritt, falls man nicht sofort um einen Waffenstillstand nachsuche. Als Reynaud an der Reaktion von General Weygand erkannte, daß er die Armee nicht mehr auf seiner Seite hatte, trat er noch am gleichen Abend zurück.

Währenddessen schifften sich einige Parlamentarier, unter ihnen Daladier und Mandel, an Bord des Dampfers »Massilia« ein, um den Kampf von Nordafrika aus fortzusetzen. Pétain, der inzwischen von Präsident Lebrun zum neuen Regierungschef ernannt worden war, nahm unterdessen über Spanien Kontakt mit dem Reich auf. Pierre Laval sah eine Chance, sich Pétain für höhere Aufgaben zu empfehlen. Es gelang ihm, Präsident Lebrun zu überreden, im Land zu bleiben und vereitelte dadurch die Bildung einer legalen Exilregierung. Am 22. Juni 1940 wurde in Compiègne der Waffenstillstand mit dem Reich unterzeichnet. Als die »Massilia« zwei Tage später Nordafrika erreichte, wurden die Abgeordneten des Landesverrats beschuldigt und verhaftet.

Zwischen Pétain und Laval, die sich persönlich wenig Vertrauen entgegenbrachten, entwickelte sich ein Zweckbündnis. Als letzte Amtshandlung berief Präsident Lebrun die Nationalversammlung nach Vichy ein. Unter dem Einfluß von Laval und in Abwesenheit der Passagiere der »Massilia« erteilte sie am 10. Juli 1940 Pétain den Auftrag, eine neue Verfassung auszuarbeiten. Nach 70 Jahren hatte die Dritte Republik aufgehört zu existieren.

Auf der Basis des Ermächtigungsgesetzes proklamierte sich Pétain zum Chef des *État français* und ernannte Laval zu seinem *Dauphin*. Pétain, der auf sein großes Prestige bei den Franzosen vertraute, wollte eine grundlegende Reform des Staates nach dem Vorbild Preußens, das nach der Niederlage im Krieg gegen Napoleon I. tiefgreifende Reformen eingeleitet hatte. Das militärische Debakel vom Sommer 1940 war für ihn der Beweis, daß die Republik als Staatsform versagt hatte. Frankreich müsse zu seiner alten Stärke zurückfinden, wenn es in den Kreis der Großmächte zurückkehren wolle. Vor allem müsse es sich zunächst einmal seiner autoritären Tradition besinnen und seine Gesellschaftsordnung nach historischem Vorbild von Grund auf erneuern. An die Stelle von »Liberté, Égalité, Fraternité«, die Prinzipien von 1789, setzte Pétain »Travail, Famille, Patrie«. Im Zeichen der *Révolution nationale* wurden die Grundrechte neu definiert. Alle staatlichen Institutionen und deren Mitarbeiter wurden überprüft, Juden, Freimaurer und Kommunisten, nach deutschem Vorbild, aus der Gemeinschaft ausgeschlossen.

Pétain hatte in erster Linie den innenpolitischen Neuaufbau im Auge. Laval dagegen setzte große Erwartungen auf die Außenpolitik. Frankreich müsse schnell und entschlossen handeln, wenn es sich einen angemessenen Platz in einem künftig von Deutschland dominierten Europa sichern wolle. Laval plädierte daher für eine Zusammenarbeit mit dem Reich; ein Gedanke, der Pétain vor dem Hintergrund des Ersten Weltkrieges zwar wenig behagte, ihm aber als äußerer Rahmen für den Erfolg der ersten Stufe der *Révolution nationale* unerläßlich schien.

In der Sache war sich Pétain mit Lavel einig, nicht jedoch in der Methode. Im Anschluß an sein Treffen mit Hitler in Montoire am 24. Oktober 1940 verkündete Pétain im Rundfunk, daß er sich zur *Collaboration d'État* mit Deutschland entschlossen habe, für die er allein die Verantwortung trage. Als er erkannte, daß Laval daraufhin die Verhandlungen mit dem Reich forcierte, ohne ihn regelmäßig über den Stand zu informieren, ließ ihn Pétain im Dezember 1940 fallen. Berlin wertete die Entlassung Lavals als Absage an die Kollaboration. Erst durch die Ablehnung, die dem neuen Regierungschef, Pierre-Étienne Flandin, entgegenschlug, wurde Pétain bewußt, in welchem Ausmaß sein Regime vom Wohlwollen des Reiches abhing. Auf Betreiben Berlins wechselte er nach wenigen Wochen Flandin gegen Admiral Darlan aus.

In Compiègne hatte Frankreich harte Waffenstillstandsbedingungen akzeptieren müssen. Das Land wurde in mehrere Zonen aufgeteilt. Pro Tag mußten 400 Millionen Francs als Besatzungskosten überwiesen werden. Kriegsgerät, Maschinen und Rohstoffe waren abzuliefern, über eine Million Kriegsgefangene wurden ins Reich transportiert, wo sie bis 1945 in der Rüstung und in der Landwirtschaft eingesetzt wurden. Der Plünderung der wirtschaftlichen und finanziellen Ressourcen hatte die Regierung nichts entgegenzusetzen, obwohl Vichy weiterhin formal die Hoheitsrechte über die Gebiete im Norden ausübte. Die Zusammenarbeit mit den Deutschen, wie sie speziell die französische Industrie frühzeitig ins Auge faßte, schien ein Weg zu sein, um wenigstens einen Teil der Souveränität zurückzugewinnen. Mit den Pariser Protokollen versuchte Darlan 1941 davon zu profitieren, daß das Reich in Nordafrika und dann vor allem nach Beginn des Krieges gegen die UdSSR auf die französische Unterstützung angewiesen war.

Der Widerstand gegen die Politik Vichys formierte sich nur langsam. Am 18. Juni, einen Tag nach Pétains Ankündigung »il faut cesser le combat« (»der Kampf muß beendet werden«), hatte de Gaulle in der BBC erklärt,

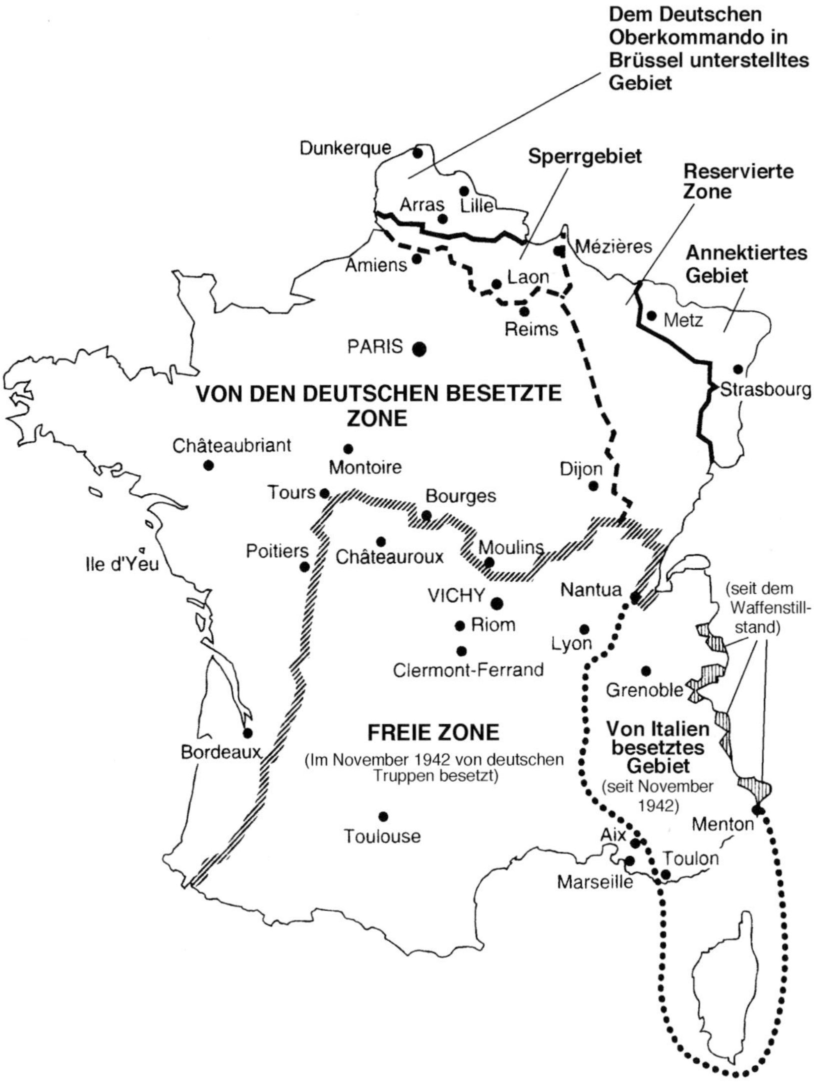

Das besetzte Frankreich

daß Frankreich zwar eine Schlacht, aber nicht den Krieg verloren habe. Doch sein Aufruf, sich ihm anzuschließen, blieb zunächst ohne große Resonanz. Nur wenige Franzosen kannten den ehemaligen Colonel, der zudem mit dem Rücktritt Reynauds formal sein Amt verloren hatte. Pétain, sein ehemaliger Förderer, betrachtete ihn als Rebell und Marionette Großbritanniens, des Landes, dessen Flotte am 3. Juli 1940 in Oran die französische Kriegsmarine versenkt hatte, um die Auslieferung der Schiffe an das Reich zu verhindern.

Schritt für Schritt mußte sich de Gaulle seine Anerkennung als Chef der Freien Franzosen erkämpfen. Dies galt sowohl auf internationaler Ebene,

Waffenunterricht für Kämpfer der Résistance in der Region Haute-Loire, 1943

wo er sich bis 1944 nur der Unterstützung Churchills sicher sein konnte, als auch in Frankreich selbst. Hier regte sich zwar langsam Widerstand, doch agierten die einzelnen Gruppen getrennt voneinander und zunächst ohne Kontakt mit de Gaulle in London. Als nach Hitlers Angriff auf die Sowjetunion mit der Gründung des *Front national* nun auch die Kommunisten zum aktiven Widerstand übergingen, war es für de Gaulle Zeit zu handeln. 1942 schickte er Jean Moulin nach Frankreich, um die verschiedenen *Réseaux* in einer einheitlichen Organisation zusammenzufassen. Der *Conseil national de la Résistance* (CNR) erhöhte deren Schlagkraft, diente de Gaulle aber auch als Instrument im Kampf um Anerkennung als einzig legitimer Vertreter Frankreichs. Der Krieg gegen die Sowjetunion gab nicht nur den Kommunisten, sondern auch der extremen Rechten neuen Auftrieb. Jacques Doriot (*Parti populaire français*) und Marcel Déat (*Rassemblement national populaire*) waren im Zuge der *Révolution nationale* von Pétain zunächst an den Rand gedrängt worden. Zwischen Déat und Doriot auf der einen und Botschafter Otto Abetz auf der anderen Seite wurde es für Darlan als offiziellem Regierungschef immer schwieriger, sich den Forderungen des Reiches zu entziehen. Frankreich entsandte eine *Légion des volontaires français* (LVF), um das Reich im »Kampf gegen den Bolschewismus« aktiv zu unterstützen. Die Fiktion einer eigenständigen Politik zum Wohle Frankreichs brach im Frühjahr 1942 in sich zusammen, als Pétain dem

Druck Berlins nachgab, Darlan entließ und Laval an die Spitze der Regierung zurückrief.

Laval intensivierte die Kollaboration. Am 22. Juni verkündete er in einer Rede, daß er den deutschen Sieg wünsche, weil sonst der Bolschewismus triumphieren werde. In großen Razzien trieb die französische Polizei die Juden im Vélodrome d'hiver (*Vel d'Hiv*) und in Drancy zusammen und lieferte sie den Deutschen aus. Eine weitere Maßnahme war die *Relève*. Für drei Arbeiter, die Vichy ins Reich entsandte, sollte jeweils ein Kriegsgefangener heimkehren. Weil sich nur wenige Freiwillige fanden, wurde das Programm 1943 durch die Zwangsverpflichtung, den *Service de travail obligatoire* (STO), abgelöst.

Der Kriegsverlauf hatte zu diesem Zeitpunkt bereits neue Fakten geschaffen. Als Reaktion auf die Landung der Alliierten in Nordafrika besetzten deutsche Truppen am 11. November 1942 die freie Zone. Pétain protestierte, trat aber nicht zurück. Statt dessen schuf sich die Vichy-Regierung am 30. Januar 1943 mit der Miliz ein Machtinstrument, um den wachsenden Widerstand im eigenen Land zu bekämpfen, der durch die militärischen Rückschläge Deutschlands an allen Fronten Auftrieb erhielt. Auf die Attentate und Anschläge der Résistance antwortete die Besatzungsmacht, häufig unterstützt von der Miliz, mit harten Repressionsmaßnahmen wie Folter und Geiselerschießungen. Die Radikalisierung des Regimes, das sich zunehmend dem deutschen Vorbild anglich, verhärtete die Fronten und schuf ein Klima des Bürgerkrieges, das sich im Anschluß an die Landung der Alliierten am 6. Juni 1944 in der Normandie bei der Befreiung Frankreichs in der *épuration*, der französischen Form der Entnazifizierung, gewaltsam entlud.

Nach dem Abzug der Besatzer und der Flucht der Vichy-Regierung nach Sigmaringen übernahm häufig die Résistance zunächst die Macht. Vor allem in den Gebieten, die nicht von den alliierten Truppen, sondern von den *Forces françaises de l'interieur* (FFI) befreit worden waren, stand die Regierung in Paris der mächtigen, häufig kommunistisch dominierten Widerstandsbewegung anfangs meist recht hilflos gegenüber. Neben dem Gedanken der Rache bis hin zu kriminellen Motiven spielten dabei insbesondere in Südfrankreich oft auch klassenkämpferische Aspekte eine Rolle. Zu den Opfern zählten nicht nur Vichy-Beamte, Notabeln und Angehörige der Miliz, sondern auch Industrielle, Geistliche sowie ehemalige sozialistische oder bürgerliche Parteifunktionäre. Erst nach mehreren Monaten und dem Aufbau einer neuen Administration sollte es der Regierung gelingen, diesen Zustand der Rechtsunsicherheit zu beenden.

Die Entscheidung de Gaulles, Pétain, der ebenso wie Laval zum Tode verurteilt worden war, zu lebenslanger Haft zu begnadigen, löste in der französischen Öffentlichkeit heftige Kontroversen aus. Doch insgesamt betrachtet erlahmte das Interesse an einer systematischen Verfolgung und Bestrafung der Täter rasch, nachdem die spektakulären Fälle abgeurteilt waren. Etwa 10 000 der Todesurteile, die meisten davon in den Jahren 1944 bis 1946, waren bereits vollstreckt, als die Kammer am 5. Januar 1951 ein ersten Amnestiegesetz verabschiedete. Knapp über die Hälfte (etwa 87 000) der rund 160 000 Ermittlungsverfahren hatte zu Verurteilungen geführt, als Frankreich mit dem zweiten Gesetz vom 6. August 1953 dieses dunkle Kapitel in seiner Geschichte abschloß. Der Mantel des Schweigens, der über die unbewältigt gebliebene Vergangenheit gebreitet werden sollte, erwies sich jedoch als zu kurz. Fünfzehn Jahre später, bei den Unruhen des Mai 68, lebte auch die Erinnerung an die eigenen Verstrickungen während des Zweiten Weltkriegs wieder auf. Das »Vichy-Syndrom«, das durch Affären wie Papon, Barbie, Touvier und Bousquet immer wieder neu belebt wurde, gehört inzwischen zu den festen Bestandteilen der französischen Innenpolitik.

Literaturhinweise

Darstellungen des gesamten 20. Jahrhunderts

Agulhon, Maurice: La République (de 1880 à nos jours). Paris 1990.
Ariès, Philippe / Duby, Georges (Hrsg.): Geschichte des privaten Lebens. 5 Bde. Frankfurt a. M. 1994.
Bellanger, Claude / Godechot, Jacques / Guiral, Pierre / Terrou, Fernand (Hrsg.): Histoire de la presse française. Bd. 4. Bd. 5. Paris 1974–76.
Berstein, Serge/Milza, Pierre: Histoire de la France au XXe siècle. Bruxelles 1995.
Bonin, Henri: L'argent en France depuis 1880. Paris 1988.
Braudel, Fernand / Labrousse, Ernest (Hrsg.): Histoire économique et sociale de la France. Bd. 4: L'ère industrielle et la société d'aujourd'hui (siècle 1880–1980). 3 Teilbde. Paris 1979–82.
Chevallier, Jean-Jacques: Histoire des institutions et régimes politiques de la France de 1789 à nos jours. Paris 1972.
Cholvy, Gérard/Hilaire, Yves-Marie: Histoire religieuse de la France contemporaine. 3 Bde. Toulouse 1986–88.
Crubellier, Maurice: Histoire culturelle de la France, XIXe–XXe siècle. Paris 1974.
Duby, Georges / Wallon, Armand (Hrsg.): Histoire de la France rurale. 4 Bde. Paris 1975–77.
Dupâquier, Jacques (Hrsg.): Histoire de la population française. 4 Bde. Paris 1988.
Frank, Robert: La Hantise du déclin. La France, 1920–1960: finances, défense et identité nationale. Paris 1994.
Haensch, Günther / Tümmers, Hans J. (Hrsg.): Frankreich, Politik, Gesellschaft, Wirtschaft. München 1991.
Herre, Franz / Lessing, Erich: Die Geschichte Frankreichs. München 1989.
Histoire de la France urbaine. Bd. 4. Hrsg. von Maurice Agulhon. Paris 1983. Bd. 5. Hrsg. von Jacques Bruhn [u. a.]. Ebd. 1985.
Lequin, Yves (Hrsg.): Histoire des Français, XIXe–XXe siècles. 3 Bde. Paris 1983–84.
– La mosaïque France. Histoire des étrangers et de l'immigration en France. Paris 1988.
Loth, Wilfried: Geschichte Frankreichs im 20. Jahrhundert. Stuttgart [u. a.] 1987. Neuausg. Frankfurt a. M. 1992.
– [u. a.]: Frankreich-Ploetz. Französische Geschichte zum Nachschlagen. 3., aktual. Aufl. Freiburg i. Br. / Würzburg 1993.
Mayeur, Jean-Marie: Des partis catholiques à la démocratie-chrétienne (XIXe–XXe siécles). Paris 1980.
McMillan, James F.: Twentieth Century France. Politics and Society in France 1898–1991. London 1992.
Nora, Pierre (Hrsg.): Les lieux de mémoire. 3 Bde. Paris 1984–1993.
Ory, Pascal / Sirinelli, Jean-François: Les intellectuels en France de l'affaire Dreyfus à nos jours. Paris 1986.
Poidevin, Raymond / Bariéty, Jacques: Frankreich und Deutschland. Die Geschichte ihrer Beziehungen 1815–1975. München 1982.
Rémond, René: Notre siècle (1918–1988). Paris 1988.
Sieburg, Heinz-Otto: Geschichte Frankreichs. 4. Aufl. Stuttgart [u. a.] 1989.
Sirinelli, Jean-François: Les Droites en France. 3 Bde. Paris 1992.

Soutou, Georges-Henri: La Guerre de Cinquante Ans. Les relations Est-Ouest 1943–1990. Paris 2001.
Winock, Michel: La fièvre hexagonale. Les grandes crises politiques, 1871–1968. Paris 1986.

Biographien

Allain, Jean-Claude: Caillaux. 2 Bde. Paris 1978–81.
Couteau-Bégarie, Hervé / Huan, Claude: Darlan. Paris 1989.
Du Réan, Élisabeth: Édouard Daladier 1884–1970. Paris 1993.
Duroselle, Jean-Baptiste: Clemenceau. Paris 1988.
Ferro, Marc: Pétain. Paris 1987.
Franz, Corinna: Fernand de Brinon und die deutsch-französischen Beziehungen 1918–1945. Bonn 2000.
Grüner, Stefan: Paul Reynaud (1878–1966). Biographische Studien zum Liberalismus in Frankreich. München 2001.
Jeanneney, Jean-Noël: François de Wendel en République: l'argent et le pouvoir 1914–1940. Paris 1976.
Keiger, John F. V.: Raymond Poincaré. Cambridge 1997.
Kupfermann, Fred: Laval 1883–1945. Paris 1988.
Lacouture, Jean: Léon Blum. Paris 1977.
Lambauer, Barbara: Otto Abetz et les Français ou l'envers de la Collaboration. Paris 2001.
Lapie, Jean-Olivier: Herriot. Paris 1967.
Miquel, Pierre: Poincaré. Paris 1984.
Siebert, Ferdinand: Aristide Briand 1862–1932. Ein Staatsmann zwischen Frankreich und Europa. Erlenbach/Zürich/Stuttgart 1973.
Young, Robert J.: Power and Pleasure. Louis Barthou and the Third French Republic. Montreal/London/Buffalo 1991.

Darstellungen 1900–1944

Adamthwaite, Anthony: France and the Coming of the Second World War 1936–1939. London 1977.
Agulhon, Maurice (Hrsg.): La ville de l'âge industriel. Le cycle haussmannien (1840–1940). Paris 1984.
Azéma, Jean-Pierre: De Munich à Libération 1938–1944. Paris 1979.
– / Bédarida, François (Hrsg.): Le Régime de Vichy et les Français. Paris 1992.
Azéma, Jean-Pierre / Winock, Michel: La IIIe République (1870 à 1940). Paris ^{2}1986.
Azéma, Jean-Pierre / Wieviorka, Olivier: Vichy 1940–1944. Paris 1998.
Bariéty, Jacques: Les relations franco-allemandes après la Première Guerre mondiale, 10 novembre 1918 – 10 janvier 1925. De l'exécution à la négociation. Paris 1977.
Baruch, Marc Olivier: Das Vichy-Regime. Frankreich 1940–1944. Stuttgart 1999.
Becker, Jean-Jacques: 1914. Comment les Français sont entrés dans la guerre. Paris 1977.
– Les Français dans la Grande Guerre. Paris 1980.
– / Berstein, Serge: Victoire et frustrations 1914–1929. Paris 1990.
Berstein, Serge: La France des années trente. Paris 1988.
– Histoire du Parti radical 1919–1939. 2 Bde. Paris 1980–82.

Bloch, Charles: Die Dritte Französische Republik. Entwicklung und Kampf einer parlamentarischen Demokratie. Stuttgart 1972.
Borne, Dominique / Dubief, Henri: La crise des années 30. 1929 à 1938. Paris 1989.
Brunet, Jean-Paul: Histoire du PCF. Paris 1982.
Crémieux-Brilhac, Jean-Louis: Les Français de l'an 40. 2 Bde. Paris 1990.
Duroselle, Jean-Baptiste: La décadence 1932–1939. Paris 1979.
– L'abîme 1939–1945. Paris 1982.
Frankenstein, Robert: Le prix du réarmement français, 1935–1939. Paris 1982.
Heimsoeth, Hans-Jürgen: Der Zusammenbruch der Dritten Französischen Republik. Frankreich während der »Drôle de Guerre« 1939/1940. Bonn 1990.
Ingram, Norman: The Politics of Dissent. Pacifism in France 1919–1939. Oxford 1991.
Jäckel, Eberhard: Frankreich in Hitlers Europa. Die deutsche Frankreichpolitik im Zweiten Weltkrieg. Stuttgart 1966.
Knipping, Franz: Deutschland, Frankreich und das Ende der Locarno-Ära 1928–1931. München 1987.
Köhler, Henning: Novemberrevolution und Frankreich. Die französische Deutschlandpolitik 1918–1919. Düsseldorf 1980.
Mayeur, Jean-Marie: La vie politique sous la Troisième République 1870–1940. Paris 1984.
Milward, Alan S.: The New Order and the French Economy. Oxford 1970.
Milza, Pierre: Fascisme Français. Passé et présent. Paris 1987.
Noguères, Henri: Histoire de la Résistance et France. 5 Bde. Paris 1967–81.
Ory, Pascal: Les collaborateurs 1940–1945. Paris 1976.
Passmore, Kevin: From Liberalism to Fascism. The Right in a French Province, 1928–1939. Cambridge 1997.
Paxton, Robert: Vichy France: Old Guard and New Order. London 1972.
Pédroncini, Guy: Les mutineries de 1917. Paris 1967.
Prost, Antoine: Les anciens combattants et la société française 1914–1939. 3 Bde. Paris 1977.
Rémond, René: Frankreich im 20. Jahrhundert. Tl. 1: 1918–1958. Stuttgart 1993.
Rousso, Henry: Vichy. L'événement, la mémoire, l'histoire. Paris 2001.
Sauvy, Alfred: Histoire économique de la France entre les deux guerres. 4 Bde. Paris 1965–75.
Schor, Ralph: L'opinion française et les étrangers, 1919–1939. Paris 1985.
– L'antisémitisme en France pendant les années trente. Brüssel 1992.
Sirinelli, Jean-François: Génération intellectuelle. Khâgneux et normaliens dans l'entre-deux-guerres. Paris 1988.
Soutou, Georges-Henri: L'or et le sang. Les buts de guerre économiques de la Première Guerre mondiale. Paris 1989.
Sternhell, Zeev: La droite révolutionnaire, 1885–1914. Les origines françaises du fascisme. Paris 1978.
– Ni droite, ni gauche. L'idéologie fasciste en France. Paris 1983.
Vaïsse, Maurice: Sécurité d'abord. La politique française en matière de désarmement, 1930–1934. Paris 1981.
Versailles 1919. Ziele – Wirkung – Wahrnehmung. Hrsg. von Gerd Krumeich in Zsarb. mit Silke Fehlemann. Essen 2001.
Wirsching, Andreas: Vom Weltkrieg zum Bürgerkrieg? Politischer Extremismus in Deutschland und Frankreich 1918–1933/39. München 1999.
Wurm, Clemens A.: Die französische Sicherheitspolitik in der Phase der Umorientierung 1924–1926. Frankfurt a. M. 1979.

FRANKREICH SEIT DEM ENDE DES ZWEITEN WELTKRIEGS

Von Stefan Martens

Epochenüberblick

Im Oktober 1945 wählten die Franzosen eine Nationalversammlung, die eine neue Verfassung ausarbeiten sollte. Vergeblich plädierte de Gaulle mit Blick auf die USA für eine Stärkung der Macht des Präsidenten. Die Erfahrung mit Vichy, aber auch Furcht vor den Kommunisten gaben für die Abgeordneten den Ausschlag, de Gaulles Vorschlag abzulehnen. Daraufhin trat dieser Anfang 1946 zurück. Es wurde eine zweite Nationalversammlung gewählt, die schließlich eine am Vorbild der Dritten Republik orientierte Verfassung erarbeitete.

Neben dem politischen stand nach dem Krieg der wirtschaftliche Wiederaufbau im Vordergrund. Die Schäden überstiegen noch die Verluste des Ersten Weltkriegs. Unter dem Einfluß von Monnet ging Frankreich zur Planwirtschaft über. Der eigentliche Wiederaufstieg begann jedoch erst, nachdem Paris in der Deutschlandfrage sein Beharren auf einer eigenständigen Politik aufgegeben hatte. Um die Westintegration Deutschlands einerseits zu beschleunigen und zum andern den französischen Einfluß zu sichern, lancierte Außenminister Schuman 1950 den Plan einer Europäischen Gemeinschaft für Kohle und Stahl. Während Europa mit den Verträgen von Rom 1957 wirtschaftlich weiter zusammenwuchs, zeigte das Scheitern der Europäischen Verteidigungsgemeinschaft die Grenzen der Bereitschaft zur politischen Zusammenarbeit auf. In Frankreich waren weder Gaullisten noch Kommunisten bereit, nationale Interessen der Europaidee unterzuordnen.

Anfang der fünfziger Jahre begann eine Phase der Prosperität, die erst 1974 durch die Ölkrise beendet wurde. Politisch hingegen mußte das Land zahlreiche Rückschläge hinnehmen. Nach der Niederlage von Dien Bien Phu zog sich Frankreich 1954 auf der Genfer Konferenz aus Indochina zurück. Gleichzeitig bereitete Mendès France die Entlassung der schwarzafrikanischen Kolonien in die Unabhängigkeit vor. Über der Frage nach der Zukunft Algeriens, seit 1830 französische Provinz, kam es zum offenen Konflikt. Die Hoffnung, durch eine militärische Unterstützung Israels gegen Ägypten nicht nur den eigenen Anspruch als Großmacht zu unterstreichen, sondern nebenbei auch der Befreiungsbewegung in Algerien den wichtigsten politischen Rückhalt zu nehmen, endete im Dezember 1956 in Suez mit einem Fiasko. Als der Bürgerkrieg auf Frankreich überzugreifen drohte, berief Präsident Coty am 1. Juni 1958 de Gaulle zum Regierungschef.

De Gaulle arbeitete mit dem späteren Premierminister Debré zunächst eine neue Verfassung aus. Am 20. Dezember 1958 wurde er zum ersten Präsidenten der Fünften Republik gewählt. In den folgenden drei Jahren gelang es ihm nicht nur, Algerien in die Unabhängigkeit zu entlassen, sondern vor allem auch die Finanzen zu stabilisieren. In der Außenpolitik wollte er die Rolle des Mittlers zwischen den beiden Supermächten USA und UdSSR übernehmen. Seine Hoffnung, Deutschland 1963 mit einem Freundschaftsvertrag politisch eng an Paris zu binden, erfüllte sich allerdings nur bedingt. De Gaulle trieb die Entwicklung eigener Atomwaffen voran, verließ den militärischen Teil der NATO, widersetzte sich dem Beitritt Großbritanniens in die EWG und blockierte, um französische Interessen zu wahren, mit der Politik des »leeren Stuhls« vorübergehend sogar die gemeinsame Arbeit in Brüssel.

In der Innenpolitik setzte de Gaulle 1965 gegen starke Widerstände die Wahl des Präsidenten durch das Volk durch. Unter dem Eindruck seines selbstherrlichen Regierungsstils formierte sich unter François Mitterrand die politische Linke in Frankreich neu. Die Forderung nach sozialen Verbesserungen kulminierte in den schweren Unruhen vom Mai 1968. Ein Jahr später trat de Gaulle zurück. Sein Nachfolger Pompidou nahm zwar Reformen in Angriff, sah seine Domäne aber in der Außenpolitik, wo er am Kurs de Gaulles festhielt.

Nach Pompidous Tod begann 1974 unter Präsident Giscard d'Estaing eine neue Ära. In enger Zusammenarbeit mit Bundeskanzler Schmidt legte er in der Europapolitik, nicht zuletzt mit der Einführung eines gemeinsamen Währungssystems, den Grundstein für die Bildung des europäischen Binnenmarktes, der am 1. Januar 1993 Wirklichkeit wurde. In der Innenpolitik beauftragte er zunächst Jacques Chirac und später Raymond Barre, als Premierminister Frankreich in einen modernen Staat zu verwandeln. Die beiden Ölkrisen, die 1974 nach dem Nahostkrieg bzw. 1977 als Folge des Konflikts zwischen Iran und Irak eine weltweite Rezession heraufbeschworen, engten den Spielraum für diese ehrgeizigen Pläne ein.

Durch den Streit mit Chirac, der inzwischen zum Führer der Gaullisten aufgestiegen war, verfehlte Giscard als Kandidat des bürgerlichen Lagers 1981 knapp seine Wiederwahl. Mitterrand setzte mit der Dezentralisierung und umfangreichen Verstaatlichungen zunächst neue Akzente, kehrte aber nach drei Jahren angesichts steigender Arbeitslosenzahlen und hoher Inflationsraten zur Politik der *rigueur* zurück. Er blieb im Amt, als seine Partei 1986 bei den Parlamentswahlen unterlag. Er berief Chirac zum neuen Regierungschef, nutzte aber anschließend die Zeit der *Cohabitation* geschickt, um seine eigene Wiederwahl 1988 vorzubereiten. Sein Taktieren, aber auch die Tatsache, daß sich trotz des wiederholten Wechsels der Regierungsverantwortung der Kurs der französischen Politik kaum änderte, führten zu einer tiefen Vertrauenskrise und beschworen eine rasch um sich greifende Politikverdrossenheit herauf.

1995 wurde Jacques Chirac zum neuen Präsidenten gewählt. Seine Entscheidung für Alain Juppé als Premierminister, der die innen- und außenpolitischen Herausforderungen mit technokratischen Mitteln zu bewältigen suchte, gab der Opposition die Gelegenheit, sich unter Führung der Sozialisten zu einem schlagkräftigen Bündnis zu formieren. Nach vorzeitigen Neuwahlen kam es 1997 unter umgekehrten Vorzeichen zu einer Erneuerung der *Cohabitation*. Das Scheitern des erklärten Kronprinzen stürzten RPR und UDF in eine tiefe Krise. Angesichts anhaltender Grabenkämpfe in den eigenen Reihen und der erfolgreichen Reformpolitik der Regierung Jospin sucht die bürgerliche Rechte nach Mitteln und Wegen, zu der von de Gaulle mit seiner Konstruktion der Verfassung ursprünglich intendierten politischen Stabilität zurückzufinden.

Auch wenn sich Chirac im Mai 2000 dem wachsenden Druck auf eine Verkürzung seiner Amtszeit auf fünf Jahre beugte, bleibt auf nationaler Ebene die Frage nach der Verteilung der Macht zwischen Präsident und Premierminister vorerst noch ebenso ungelöst wie das Problem der angemessenen Repräsentation des Wählerwillens. Auf internationaler Ebene hält Frankreich auch zu Beginn des neuen Jahrtausends unbeirrt an seinem Anspruch fest, zum Kreis der Führungsmächte zu gehören. Das Bekenntnis der *Grande Nation* zu Europa, während der Debatten um die Verträge von Maastricht und Amsterdam vorsichtiger geworden, erhielt im Juni 2000 eine neue Wendung, als Präsident Chirac vor dem Deutschen Bundestag in Berlin nicht nur eine Verfassung, sondern auch die Bildung einer »Pioniergruppe« forderte, die unter gemeinsamer Führung Frankreichs und Deutschlands den Übergang zu einem neuen Europa sicherstellen sollte.

Die Vierte Republik

(1944–1958)

1945	7./9. Mai: Kapitulation Deutschlands in Reims und Karlshorst.
	16. Mai: Frankreich wird Mitglied im Sicherheitsrat der UNO.
	5. Juni: Frankreich erhält eine Besatzungszone in Deutschland.
	21. Oktober: Referendum und Wahlen zur Nationalversammlung.
	13. November: Wahl de Gaulles zum Regierungschef.
	26. Dezember: Ratifizierung des Bretton-Woods-Abkommens.
1946	20. Januar: Rücktritt de Gaulles; Félix Gouin Nachfolger.
	5. Mai: Ablehnung des ersten Verfassungsentwurfs per Referendum.
	2. Juni: Erneute Wahlen zur Nationalversammlung.
	13. Oktober: Annahme des zweiten Verfassungsentwurfs per Referendum.

27. November: Annahme des Monnetplans; Übergang zur Planwirtschaft.
19. Dezember: Aufstand in Hanoi.
22. Dezember: Wirtschaftliche Angliederung des Saarlandes.

1947 16. Januar: Vincent Auriol erster Präsident der Vierten Republik.
28. Januar: Paul Ramadier Regierungschef.
7. April: De Gaulle gründet das *Rassemblement du peuple français* (RPF).
21. April: Französisch-britisch-amerikanisches Ruhrabkommen.
4. Mai: Ausscheiden der Kommunisten aus der Regierung.
September–November: Streikwelle.
16. Oktober: Proklamation der *Troisième Force* durch Blum.
15. Dezember: Scheitern der Londoner Viermächtekonferenz über Deutschland.

1948 2. Januar: Französisch-amerikanisches Hilfsabkommen.
17. März: Brüsseler Fünfmächtepakt (mit Großbritannien und den Beneluxstaaten); Gründung der WEU.
28. Juni: Vertrag über die Marshallplan-Hilfe für Frankreich.
1. August: Wirtschaftliche Zusammenlegung der französischen Zone mit der Bizone.

1949 8. März: Französisch-vietnamesisches Abkommen.
4. April: Gründung der NATO.

1950 11. Februar: Gesetzliche Regelung eines Mindestgehalts (SMIG).
9. Mai: Schumanplan (Europäische Gemeinschaft für Kohle und Stahl).
25. Juni: Beginn des Koreakriegs.
26. Oktober: Plevenplan (Gründung einer europäischen Armee).

1951 18. April: Montanunion-Vertrag (EGKS).

1952 26. Mai: Lancierung der Pinay-Anleihe; Unterzeichnung des ersten Deutschland-Vertrags in Bonn.
27. Mai: Vertrag über eine Europäische Verteidigungsgemeinschaft (EVG).
3. Juli: Gesetz über die Entwicklung der Atomenergie.

1953 23. Dezember: Wahl René Cotys zum Staatspräsidenten.

1954 26. April – 20. Juli: Indochina-Konferenz in Genf.
7. Mai: Kapitulation von Dien Bien Phu.
18. Juni: Regierungsübernahme durch Pierre Mendès France.
30. August: Ablehnung des EVG-Vertrags durch Frankreich.
19.–23. Oktober: Konferenz der drei Westmächte und der Bundesrepublik Deutschland (Wiederbewaffnung, Aufnahme in NATO und WEU; Saarstatut); Unterzeichnung des zweiten Deutschland-Vertrags, der am 5. Mai 1955 in Kraft tritt.
1. November: Beginn des Algerienkriegs.

1955 6. Februar: Sturz der Regierung Mendès France.
2. April: Verkündung des Ausnahmezustands in Algerien.
23. Oktober: Saarbevölkerung lehnt Saarstatut ab.

1956 5. Februar: Neue Regierung unter Guy Mollet.
28. Februar: Einführung der dritten Woche bezahlten Urlaubs.
23. März: Gesetz zur Neuordnung des Kolonialreichs.
28. September: Erster französischer Atommeiler in Marcoule.
5./6. November: Landung französischer und britischer Truppen in Suez; Rückzug auf Druck der USA und der UdSSR.

1957 25. März: Gründung der Europäischen Wirtschafts- (EWG) und Atomgemeinschaft (Euratom) in Rom.

1958 13. Mai: Bildung eines »Wohlfahrtsausschusses« in Algier.
1. Juni: Ernennung de Gaulles zum Regierungschef.

Im Sommer 1944 trat mit Charles de Gaulle endgültig ein Mann ins Rampenlicht, der die Geschicke Frankreichs nachhaltig geprägt hat. Im Lager der Alliierten hatte de Gaulle einen schweren Stand. Roosevelt mißtraute dem unbequemen General. Er unterstellte ihm persönliche Ambitionen und zweifelte an seiner Legitimation. Doch alle Versuche, de Gaulle auszumanövrieren oder ihm mit General Giraud einen Mann eigener Wahl an die Seite zu stellen, schlugen fehl, weil Churchill an de Gaulle festhielt.

Für den Führer der Freien Franzosen war es daher nicht nur eine Frage des nationalen Prestiges, daß seine Soldaten bei der Invasion mitwirkten. Nur die eigene militärische Präsenz vor Ort bot die Gewähr, daß Frankreich

General de Gaulle auf den Champs-Elysées, 25. August 1944

nicht noch einmal einer fremden Verwaltung unterstellt werden würde, für die bereits erste Vorbereitungen getroffen worden waren; selbst die neuen Geldscheine, die die alliierte Besatzungsregierung ausgeben sollte, waren bereits gedruckt!

Am 3. Juni proklamierte sich das von de Gaulle geführte *Comité français de Libération nationale* (CFLN) zum *Gouvernement provisoire de la République française* (GPRF). Nach der Landung in der Normandie am 6. Juni 1944 protestierte er mit Erfolg gegen den Plan des Oberbefehlshabers der Alliierten, General Eisenhower, die Hauptstadt beim Vormarsch zu umgehen. De Gaulles Einzug in Paris am 25. August 1944 und das Defilee über die Champs Elysées wurden zum Triumphzug. Bis zu den Wahlen vom Oktober 1945 blieb diese Akklamation durch die Bevölkerung de Gaulles einzige Legitimation als Regierungschef.

Mit der Befreiung von Paris war der Krieg für Frankreich noch nicht zu Ende. Am 15. August landeten alliierte Truppen in der Provence und marschierten das Rhonetal hinauf, doch erst am 23. November 1944 wurde Straßburg befreit. Einzelne deutsche Stellungen an der Küste hielten sich, von der Außenwelt abgeschnitten, bis zur Kapitulation des Reiches am 7. und 8. Mai 1945 in Reims bzw. Karlshorst.

In den ersten Wochen kontrollierte die provisorische Regierung lediglich die Lage im Großraum Paris. Die Provinz wurde hingegen meist von der Résistance beherrscht, deren Kampfverbände inzwischen als *Forces françaises de l'intérieur* (FFI) in die französische Armee eingegliedert worden waren. Als Folge des desolaten Zustandes der Verkehrs- und Telefonverbindungen blieb sie vor Ort weitgehend auf sich allein gestellt und entschied oft nach eigenem Gutdünken.

Mit dem Abzug der Deutschen war der Zeitpunkt der Abrechnung gekommen. Nur unter großen Anstrengungen gelang es der provisorischen Regierung in Paris, die *épuration* in geordnete Bahnen zu lenken. Bei seiner Ankunft in Paris hatte de Gaulle, statt anzuklagen, die Einheit der Franzosen beschworen, weil er einen Bürgerkrieg vermeiden wollte und weil er ahnte, daß er beim Wiederaufbau auf die Erfahrung von Beamten und Industriellen, die Vichy gedient hatten, kaum verzichten konnte. Eine rasche Konsolidierung seiner Herrschaft ebenso wie der politischen und wirtschaftlichen Verhältnisse des Landes war Voraussetzung für eine Anerkennung durch die Alliierten als gleichberechtigter Partner bei der bevorstehenden Neuordnung des internationalen Staatensystems.

Sein erklärtes Ziel, an einem Tisch mit Amerikanern, Briten und Sowjets über die Zukunft Europas zu entscheiden, sollte de Gaulle jedoch nie erreichen. Frankreich blieb im Kreis der Sieger isoliert. Wiederholt bekräftigte der General, daß eine dauerhafte Friedensregelung von der Lösung des Deutschland-Problems abhänge. Doch bald mußte er einsehen, daß seine Position trotz des Freundschaftsvertrages mit Moskau (10. Dezember 1944) zu schwach war, um sich mit der Forderung nach einer Teilung Deutschlands und einer internationalen Kontrolle des Ruhrgebiets durchzusetzen. Er erhielt weder eine Einladung nach Jalta, noch nahm er an der

»Seit einem Jahr geht es schon besser« (Plakat von Carles Fontserè, 1945)

Konferenz von Potsdam teil. Immerhin wurde Frankreich am 5. Juni 1945 eine eigene Besatzungszone zugestanden, aber auch dies erst, nachdem Amerikaner und Briten in Jalta auf einen Teil ihrer Ansprüche verzichtet hatten.

Frankreich war durch die während des Kriegs erlittenen Schäden, deren Ausmaß die Verluste durch den Ersten Weltkrieg weit überstieg, dringend auf Unterstützung von außen angewiesen. Unzählige Industrieanlagen, Gebäude und Brücken sowie praktisch die gesamte Infrastruktur waren zerstört. Die Produktionsziffern des Jahres 1945 entsprachen dem Niveau am Ende des 19. Jahrhunderts. Ähnlich desolat war die Lage der Finanzen, die durch die Zahlungen an das Reich in einem Maß zerrüttet war, daß Paris nur dank eines gegenseitigen Zahlungsverzichts mit Großbritannien (27. März 1945) und amerikanischer Kredite (Abkommen Blum–Byrnes vom 28. Mai 1946) die dringendsten Verpflichtungen erfüllen konnte. In zwei Jahren stieg die Inflationsrate von 38 auf 60 %! Gegen diese vernichtende Bilanz fielen die Reparationen, die Frankreich durch Demontagen in seiner Besatzungszone einzutreiben suchte, kaum ins Gewicht.

Im Oktober 1945 fanden in Frankreich die ersten Wahlen nach dem Krieg statt, bei denen erstmals auch Frauen stimmberechtigt waren. Aus ihnen ging die Linke als Sieger hervor. Die stärkste Fraktion stellten die Kommunisten mit 160 Abgeordneten. Die SFIO erreichte 142, *Radicaux* und gemäßigte Linke 59, *Modérés*, Vertreter der Mitte und der Rechten, 61 Sitze. Die 1945 neugegründete Partei des *Mouvement républicain populaire* (MRP), die unter dem Vorsitz des ehemaligen Chefs des *Conseil national de la Résistance*, Georges Bidault, den katholischen Flügel des Widerstandes repräsentierte, war auf Anhieb mit 152 Abgeordneten zur zweitstärksten politischen Kraft aufgestiegen.

Der 21. Oktober 1945 wurde zur Geburtsstunde der Vierten Republik, denn parallel zur Wahl hatten sich die Franzosen per Referendum mit großer Mehrheit für eine neue Verfassung ausgesprochen. Die Kammer setzte einen Ausschuß ein, um einen Entwurf auszuarbeiten. PCF, SFIO und MRP gingen eine Koalition ein und bestimmten erneut de Gaulle zum Regierungschef. Doch schon bald zeigte sich, daß dieses Bündnis über keine solide Basis verfügte.

Die Sozialisten hatten wenig Interesse an einer Zusammenarbeit mit den Kommunisten. Das Beispiel der Einheitsparteien in Osteuropa ließ sie um ihre Unabhängigkeit fürchten. Das Mißtrauen zwischen den beiden großen linken Formationen wurde zum einigenden Band zwischen SFIO und MRP. De Gaulle, der keiner Partei angehörte, konnte erfolgreich den Anspruch des PCF auf ein Schlüsselministerium (Äußeres, Inneres, Justiz oder Verteidigung) abwehren. Auf der anderen Seite verweigerten SFIO und MRP ihm die Unterstützung, als er die Beratungen des Verfassungsausschusses zu beeinflussen versuchte.

De Gaulle, der die Parteien für den Untergang der Dritten Republik verantwortlich machte, wollte ein Einkammersystem. Das Parlament sollte dem Präsidenten zuarbeiten, der unabhängig von den Parteien die Richtlinien der Politik bestimmte. Dieses Modell, das sich weitgehend an den Verhältnissen in den USA orientierte, lehnte die Mehrheit der Abgeordneten ab. Nach der Erfahrung von Vichy fürchteten sie bei einem deutlichen Übergewicht zugunsten der Exekutive ein erneutes Abgleiten in die Diktatur und verlangten daher stärkere Kontrollmöglichkeiten für die Legislative.

Am 20. Januar 1946 trat de Gaulle, der wohl hoffte, seiner Forderung damit größeren Nachdruck zu verleihen, überraschend zurück. Doch Bidault hielt an der Koalition mit der SFIO fest. Statt sich in die Rolle des parlamentarischen Rückhalts des Generals zu fügen, zogen er und der MRP es vor, das Erbe des *Parti radical* anzutreten. Als man ihn nicht, wie erwartet, an die Spitze der Regierung zurückrief, zog sich de Gaulle enttäuscht nach Colombey-les-deux-Églises zurück.

Der Streit um die künftige Verfassung war damit keineswegs beendet. MRP und die gemäßigte Mitte fürchteten angesichts der bestehenden Mehrheitsverhältnisse ein Übergewicht zugunsten des PCF. Halbherzig billigten sie den Vorschlag, eine einzige Kammer zu schaffen, die sowohl Präsident als auch Regierung bestimmen und kontrollieren sollte. Am 5. Mai 1946 lehnten die Franzosen diesen Entwurf ab, wodurch Neuwahlen erforderlich wurden, aus denen diesmal am 2. Juni 1946 der MRP als Sieger hervorging (169 Sitze), dicht gefolgt von PCF (153) und SFIO (129).

Noch ehe die Parteien neue Beratungen aufnehmen konnten, meldete sich de Gaulle wieder zu Wort. Im Juni 1946 schlug er in einer Rede in Bayeux vor, dem Parlament eine zweite Kammer, besetzt mit Notabeln und Vertretern der überseeischen Besitzungen, zur Seite zu stellen. An der dominierenden Stellung des Präsidenten hielt er weiter fest. Der MRP machte sich seine Gedanken wiederum nicht zu eigen, sondern nahm Gespräche mit der SFIO auf, aus denen schließlich ein Entwurf resultierte, der große Ähnlichkeit mit der Verfassung der Dritten Republik aufwies. Als de Gaulle daraufhin mit dem MRP brach, reagierten viele Wähler verunsichert und enthielten sich am 13. Oktober 1946 der Stimme.

Mit der Annahme der Verfassung, die genaugenommen nur ein Drittel der wahlberechtigten Franzosen gebilligt hatte, war der künftige innenpolitische Frontverlauf festgelegt. Bei den Wahlen zur ersten Nationalversammlung erlitten die Sozialisten im November 1946 erhebliche Verluste, während PCF und MRP ihren Anteil halten konnten. Auffällig war die Rückkehr der alten Formationen, die bislang durch ihre Rolle in der Dritten Republik diskreditiert schienen. Am 16. Januar 1947 wählten die Abgeordneten der beiden Kammern den Sozialisten Vincent Auriol zum ersten Präsidenten der Vierten Republik. Er löste Léon Blum ab, der in der Nachfolge von de Gaulle, Félix Gouin (SFIO) und Bidault (MRP) zuletzt als Chef der provisorischen Regierung fungiert hatte. Paul Ramadier (SFIO) formierte eine Woche später das erste Kabinett.

Dem Bündnis der drei großen Parteien fehlte von vornherein die Geschlossenheit. Der PCF drängte auf umfassende soziale und wirtschaftliche Reformen, während SFIO und MRP auf eine Politik der Konsolidierung setzten. Neben der Verstaatlichung der Industrie, die nur in Einzelfällen (Flugzeug- und Automobilbau, Banken sowie öffentliche Versorgungseinrichtungen wie Verkehr, Gas, Wasser und Strom) realisiert wurde, war die Lohnpolitik der Hauptstreitpunkt. Im Mai 1947 zog der PCF seine Minister aus Protest gegen einen Gehaltsstopp zurück. SFIO und MRP mußten sich jedoch nicht nur der Kritik von links erwehren: Am 7. April 1947 kündigte de Gaulle in Straßburg die Gründung einer eigenen Bewegung an, die bei den Kommunalwahlen auf Anhieb bis zu 40 % der Stimmen erreichte. Das *Rassemblement du peuple français* (RPF) lehnte jede Zusammenarbeit ab, war allerdings vorerst noch nicht im Parlament vertreten. Mit Blick auf die Wahlen von 1951 rückten SFIO und MRP unter dem Schlagwort der *Troisième Force* noch enger zusammen.

Die innenpolitische Polarisierung wirkte auf die Außenpolitik zurück. Der Zweite Weltkrieg hatte das internationale Staatensystem von Grund auf verändert. Zusammen mit Großbritannien blieb Frankreich in der sich anbahnenden Konfrontation zwischen Ost und West hinter den USA und der UdSSR immer mehr zurück. In der Deutschlandfrage konnte sich Paris weder mit der Forderung nach einer Dezentralisierung noch mit dem Wunsch nach einer Kontrolle des Ruhrgebiets durchsetzen. Nachdem 1949 mit der Gründung der Bundesrepublik und der DDR die Teilung Deutschlands besiegelt schien, gab Außenminister Schuman am 9. Mai 1950 grünes Licht für die Gründung einer Europäischen Gemeinschaft für Kohle und Stahl (EGKS). Der Schumanplan ging auf Jean Monnet zurück, dessen Konzept in Paris seit 1945 intensiv diskutiert worden war. Bestrebt, die Integration der Bundesrepublik ins westliche Bündnis im Sinne Frankreichs voranzutreiben, ging Regierungschef René Pleven am 24. Oktober 1950 noch einen Schritt weiter. Anstelle der von den USA nach dem Beginn des Koreakriegs am 21. Juni 1950 erwogenen deutschen Wiederbewaffnung schlug er die Aufstellung europäischer Streitkräfte unter deutscher Beteiligung vor. Ein Plan, aus dem sich später, dann allerdings unter anderen Vorzeichen als von Pleven intendiert, das Projekt einer Europäischen Verteidigungsgemeinschaft (EVG) entwickeln sollte. Doch während sich der Schumanplan schon bald als die entscheidende Vorstufe auf dem Weg zur europäischen Einigung erweisen sollte, blieb der Gedanke des Aufbaus gemeinsamer europäischer Streitkräfte eine Illusion.

Jean Monnet und Außenminister Robert Schuman, 20. Juni 1950

Der rasche wirtschaftliche Wiederaufbau des Landes, der dank amerikanischer Marshallplan-Hilfe bereits Anfang der fünfziger Jahre abgeschlossen war, schien dieser Politik recht zu geben. Dennoch konnte sich die Regierung 1951 bei den Wahlen nur knapp behaupten. Der MRP mußte empfindliche Verluste hinnehmen, die auf das Konto des RPF gingen, doch fiel dessen Erfolg mit 117 Sitzen geringer als erwartet aus. Als Folge des knappen Wahlausgangs brach das Bündnis der *Troisième Force* auseinander. 1952 gelang es dem Unabhängigen Antoine Pinay, anstelle der SFIO einige Abgeordnete des RPF zur Beteiligung an der Regierung zu gewinnen. Doch die Hoffnung, mit dieser Öffnung eine neue stabile politische Mehrheit zu schaffen, wurde von de Gaulle zerstört, der dem RPF sofort die Unterstützung entzog.

Der Wechsel zu einer Mitte-Rechts-Koalition kam vor allem der französischen Wirtschaftsentwicklung zugute. Nach dem Dirigismus der ersten Nachkriegsjahre mit Verstaatlichungen und der Einrichtung einer Planungsbehörde unter der Leitung von Jean Monnet trat das Land im Zeichen des Liberalismus nun in eine Phase stürmischer Modernisierung ein. Begünstigt durch den Koreakrieg, der zwar die Inflation, aber auch die Konjunktur anheizte, und einem bis dahin nicht gekannten Anstieg der Geburtenrate, überwand die französische Wirtschaft Zug um Zug ihre traditionellen Schwächen. In großem Umfang wurde erstmals gezielt in den Bau neuer Produktionsanlagen investiert, Firmen schlossen sich zu Konzernen zusammen, und neue Energiequellen (Wasser und vor allem Öl) wurden erschlossen. Sparten wie die Automobil-, Elektro- und Konsumgüterindustrie erlebten einen Aufschwung, der erst durch die Ölkrise im Jahre 1974 (*Les Trente Glorieuses*) beendet wurde.

Der schnelle Aufstieg hatte allerdings auch Schattenseiten, denn er ging zu Lasten anderer Wirtschaftszweige, insbesondere des Handels, der Landwirtschaft und der Textilindustrie. Viele Bauern, Handwerker und Kleingewerbetreibende fühlten sich durch den Modernisierungsprozeß in ihrer Existenz bedroht. Das gewohnte Sozialgefüge geriet aus dem Gleichgewicht. Während Frankreich in Europa in einigen Industriezweigen an die Spitze rückte, verödeten ganze Landstriche. Gleichzeitig schuf der scheinbar unaufhaltsame Zuzug in die Ballungszentren neue Probleme. Der notorische Wohnungsmangel hatte im strengen Winter 1953/54 verheerende Folgen. Am 1. Februar 1954 wandte sich Abbé Pierre mit einem eindringlichen Appell an die Öffentlichkeit. Seine Beschwörung, sich der eigenen Verantwortung für den Mitmenschen zu besinnen, fand ein reges Echo. Doch es gab auch andere Formen des Protestes. Pierre Poujade, ein kleiner Ladenbesitzer aus der Provinz, agitierte gegen die Steuerpolitik der Regierung, weil er in ihr eine der wesentlichen Ursachen für die Misere der Franzosen sah. Er gründete eine Bewegung, die sich rasch zu einem neuen Sammelbecken für die extreme Rechte entwickelte.

Zum wichtigsten Gegenspieler der Poujadisten, zu denen auch der junge Jean-Marie Le Pen zählte, und ihren rückwärtsgerichteten Forderungen wurde Pierre Mendès France. Er befürwortete die Modernisierung, wollte sie aber nicht auf die Wirtschaft beschränkt sehen. Staat und Gesellschaft müßten sich ebenfalls wandeln, wenn Frankreich auch künftig als Weltmacht bestehen wolle. Obwohl Mendès France dem *Parti radical* angehörte, ähnelte er in seinen Überlegungen und im Führungsstil eher de Gaulle.

Am 7. Mai 1954 erlitt die französische Armee in Dien Bien Phu bei dem Versuch, die Kontrolle über Indochina aufrechtzuerhalten, eine vernichtende Niederlage. Mendès France, der einen Monat später die Regierung übernahm, war entschlossen, einen Schlußstrich unter die bisherige Kolonialpolitik zu ziehen. Mit der Genfer Konferenz vom Juli 1954 zog sich Frankreich aus Indochina zurück. Auch in Nordafrika wurde vorsichtig ein Wandel eingeleitet. Doch der Autonomiestatus, den Paris am 31. Juli Tunesien gewährte, erwies sich als fatal, denn er gab der Aufstandsbewegung im benachbarten Algerien, das seit dem 19. Jahrhundert von Frankreich als integraler Bestandteil des Mutterlandes betrachtet wurde, neuen Auftrieb. Am 5. Februar 1955 wurde Mendès France mit dem Vorwurf gestürzt, daß er die französischen Rechte in Algerien leichtfertig aufs Spiel gesetzt habe.

Vor dem Hintergrund der Eskalation in Algerien, wo am 1. November 1954 nach einer Serie von Attentaten ein regelrechter Bürgerkrieg entbrannt war, verloren die Ereignisse in Europa zunehmend an Bedeutung. Der Tod Stalins hatte im Jahre 1953 eine Phase der Entspannung eingeleitet. Aus französischer Sicht war ein Souveränitätsverzicht, wie es ein Beitritt zur EVG verlangte, im Zeichen eines abflauenden Kalten Krieges nicht länger gerechtfertigt. Am 30. August 1954 lehnte die Kammer mit den Stimmen der Kommunisten und der Gaullisten die EVG ab. Da auf der anderen Seite Bundeskanzler Adenauer durch sein Entgegenkommen immer wieder demonstrativ seinen Willen zur Verständigung und Zusammenarbeit unter Beweis stellte, schwand die Furcht vor dem deutschen Nachbarn und verhalf dem Konzept der Integration dennoch zum Durchbruch. Nach dem Scheitern der EVG stimmte Frankreich der Teilsouveränität (5. Mai 1955) und der Aufnahme der Bundesrepublik in die NATO zu.

Plakat der Kommunistischen Partei Frankreichs gegen die europäische Verteidigungsgemeinschaft und die deutsche Wiederbewaffnung

Nur zehn Jahre nach dem Ende des Zweiten Weltkriegs begann sich das deutsch-französische Verhältnis grundlegend zu wandeln. Selbst die Saarfrage bildete nun kein unüberwindliches Hindernis mehr. Am 1. Januar 1957 wurde das Saarland Bestandteil der Bundesrepublik, nachdem die Bevölkerung im November 1955 ein Sonderstatut abgelehnt und Frankreich im Luxemburger Abkommen vom 4. Juni 1956 auf seine Ansprüche verzichtet hatte. Es war keineswegs nur der wirtschaftliche Aufschwung, der Bonn in französischen Augen zum begehrten Partner werden ließ. Die Suezkrise offenbarte, wie eng inzwischen die Grenzen für Paris im Kräftespiel zwischen Ost und West gezogen waren. Die französischen, britischen und israelischen Truppen mußten im Herbst 1956 unverrichteter Dinge vom Sinai wieder abziehen, nachdem die USA ihre Unterstützung verweigert und die UdSSR mit einem militärischen Gegenschlag gedroht hatten. Paris, das insgeheim gehofft hatte, mit dem Sturz des ägyptischen Präsidenten Nasser gleichzeitig der algerischen Unabhängigkeitsbewegung ihren wichtigsten Rückhalt zu nehmen, geriet durch den Algerienkrieg nicht nur militärisch, sondern nun auch politisch immer mehr in Bedrängnis.

Aus den Wahlen vom Januar 1956 war die Linke als Siegerin hervorgegangen. Guy Mollet (SFIO), der neue Regierungschef, der in der Kolonialpolitik das entscheidende Problem sah, war entschlossen, das Versprechen auf mehr Unabhängigkeit von der Metropole, das de Gaulle den Völkern des Empire bereits im Januar 1944 bei einer Rede in Brazzaville gegeben hatte, nun endlich einzulösen. Unter dem Vorsitz von Gaston Deferre (SFIO) wurde ein Gesetz ausgearbeitet, das später die Grundlage für die *Communauté française* werden sollte, in der vierzehn der ehemaligen schwarzafrikanischen Kolonien vereint waren.

Mollet trat jedoch nicht nur für eine größere Unabhängigkeit der schwarzafrikanischen Kolonien ein, sondern wollte auch mit der algerischen Befreiungsbewegung (FLN) Verhandlungen aufnehmen. Er kehrte rasch zum harten Kurs zurück, als er bei einem Besuch in Algier mit der dortigen Stimmungslage konfrontiert wurde. Während er auf internationaler Ebene am 25. März 1957 mit der Unterzeichnung der Römischen Verträge (EWG und Euratom) die europäische Einigung erfolgreich vorantrieb, spitzte sich die innenpolitische Auseinandersetzung um die Zukunft Algeriens zu. Die Entsendung von immer mehr Truppen, der Tod vieler junger Wehrpflichtiger, aber auch die finanziellen Folgen, insbesondere der Kursverfall des Franc, ließen den Ruf nach einem Ende des Krieges immer lauter werden. Die Armeeführung schlug sich auf die Seite der Algerien-Franzosen (*Pieds noirs*), weil sie nach Indochina nicht zum zweiten Mal für eine Niederlage verantwortlich gemacht werden wollte. In dieser Situation, als nach Einsetzung einer provisorischen Regierung in Algier und einem Putsch in Korsika ein Staatsstreich unmittelbar bevorzustehen schien, richteten sich alle Augen auf den Mann, der das Land schon einmal vor dem Untergang bewahrt, es bislang aber sorgfältig vermieden hatte, für eine Seite Partei zu ergreifen. Am 29. Mai 1958 ernannte ihn Staatspräsident Coty zum Regierungschef. Nach zwölf Jahren des Wartens hatte de Gaulle am 2. Juni endlich sein Ziel erreicht: Die Nationalversammlung beauftragte ihn, eine neue Verfassung auszuarbeiten.

Die Fünfte Republik in der Ära de Gaulle

(1958–1969)

1958 4.–7. Juni: Reise de Gaulles nach Algier.
14./15. September: Treffen de Gaulle – Adenauer in Colombey-les-deux-Églises.
28. September: Referendum über eine neue Verfassung, die am 4. Oktober in Kraft tritt.
21. Dezember: Wahl de Gaulles zum ersten Präsidenten der Fünften Republik.
28. Dezember: Beschluß zur Einführung des neuen Franc (100:1) zum 1. Januar 1960.

1960 24. Januar – 1. Februar: Aufstand in Algier.
Januar–Juli: Entlassung der afrikanischen Kolonien in die Unabhängigkeit.

	13. Februar: Erster französischer Atombombentest.
	31. Mai: Streik der Eisenbahner als Auftakt zu neuen sozialen Unruhen.
	29./30. Juli: Treffen de Gaulle – Adenauer in Rambouillet; Plan der Gründung einer »Europäischen Politischen Union«.
1961	8. Januar: Algerien-Referendum (Selbstbestimmung).
	22.–25. April: Putsch der Generäle in Algier.
1962	Januar/Februar: OAS-Attentatswelle.
	18. März: Vertrag von Évian; Beendigung des Algerienkriegs.
	8. April: Algerien-Referendum (in Frankreich 75,26% für Unabhängigkeit).
	14. April: Rücktritt Debrés; Pompidou Nachfolger.
	15. Mai: De Gaulle lehnt ein integriertes Europa ab.
	22. August: Attentat von Petit-Clamart auf de Gaulle.
	28. Oktober: Referendum zur Direktwahl des Präsidenten.
1963	14. Januar: De Gaulle verhindert Beitritt Großbritanniens zur EWG.
	22. Januar: Deutsch-französischer Freundschaftsvertrag.
1964	27. Januar: Anerkennung Rotchinas.
1965	1. Juli: Beginn der Politik des »leeren Stuhls« in Brüssel.
	19. Dezember: Wiederwahl de Gaulles im zweiten Wahlgang gegen François Mitterrand.
1966	4. März: Frankreich verläßt das gemeinsame Oberkommando der NATO.
1967	13. Juli: Gründung der Arbeitsämter (ANPE).
	22. August: Reform der Sozialversicherung.
	Oktober: Streikwelle.
	19. Dezember: Gesetz über den Schwangerschaftsabbruch.
1968	Januar: Beginn der Studentenunruhen in Nanterre.
	10./11. Mai: Höhepunkt der Straßenkämpfe im Quartier Latin; Beginn von Streiks in Fabriken.
	29./30. Mai: »Verschwinden« und Rückkehr de Gaulles.
	12. September: Reform der Bildungsgesetzgebung.
	5. Dezember: Gesetz über die Rechte der Gewerkschaften in den Betrieben.
1969	27. April: Gescheitertes Referendum über eine Reform des Senats.
	28. April: Rücktritt de Gaulles.

Am 3. September 1958, drei Monate nach seiner Regierungsübernahme, legte de Gaulle seinen Verfassungsentwurf vor, den er zusammen mit Michel Debré erarbeitet hatte. Anstelle des Parlaments, dessen Rechte erheblich beschnitten wurden, sollte die Exekutive künftig der Präsident übernehmen. Auf sieben Jahre von einer Notabelnversammlung, nicht wie bisher von den Abgeordneten gewählt, sichert er das Funktionieren des Staates, garantiert dessen Kontinuität und wacht über die Verfassung. Der Präsident bestimmt die Richtlinien der Außenpolitik, hat den Oberbefehl

über die Streitkräfte, beruft den Premierminister und ernennt auf dessen Vorschlag die Regierung. Darüber hinaus hat er das Recht, das Parlament jederzeit aufzulösen bzw. sich per Referendum direkt an das Volk zu wenden.

Die neue Verfassung wurde am 28. September 1958 mit überwältigender Mehrheit gebilligt. Die Popularität de Gaulles tat zwei Monate später bei den Wahlen erneut ihre Wirkung, denn sie wurden zu einer vernichtenden Absage an die Linke. Da viele Politiker, die die Vierte Republik geprägt hatten, nicht mehr in die Nationalversammlung zurückkehrten, wurde der 28. November 1958 zur eigentlichen Wende.

Mit einer sicheren Zweidrittelmehrheit (212 Abgeordnete der neuformierten *Union pour la nouvelle République* (UNR), 118 *Modérés* sowie 48 Vertreter für Algerien) nahmen de Gaulle, seit dem 21. Dezember Präsident der Republik, und sein Premierminister Debré die Lösung des Algerienproblems in Angriff. Nach kurzem Bemühen um einen Kompromiß setzten sie ab 1959 trotz zunehmenden Widerstands, insbesondere bei der Armee, auf eine politische Lösung. Die radikalsten ihrer Gegner schlossen sich zur *Organisation armée secrète* (OAS) zusammen, doch in der Sache hatten sie dem Prestige des Generals nichts Vergleichbares entgegenzusetzen. Nachdem er sich entschieden dafür ausgesprochen hatte, gestanden die Franzosen Algerien am 8. April 1962 per Referendum die Unabhängigkeit zu.

Debré wollte den Erfolg für vorgezogene Wahlen nutzen. Weil de Gaulle dies ablehnte, trat er am 14. April zurück. Die Entscheidung des Präsidenten, den bis dahin völlig unbekannten Georges Pompidou zum neuen Regierungschef zu ernennen, belastete das Verhältnis zu den Abgeordneten, die ihm einen selbstherrlichen Regierungsstil vorwarfen. De Gaulle antwortete mit einer weiteren Provokation. Eine Woche nach dem gescheiterten Attentat der OAS auf ihn in Petit-Clamart (22. August 1962) kündigte er an, daß der Präsident künftig nicht mehr von Notabeln, sondern direkt vom Volk gewählt werden sollte. Einhellig warfen ihm daraufhin die Parteien, mit Ausnahme der UNR, den Bruch der von ihm selbst geschaffenen Verfassung vor, vermochten den Erfolg des Referendums am 28. Oktober 1962 aber nicht zu verhindern. De Gaulle setzte Neuwahlen an, bei denen die UNR im November knapp die absolute Mehrheit verfehlte. Sozialisten und Kommunisten hatten sich zwar von ihrer vor vier Jahren erlittenen Niederlage erholt, doch schlug sich infolge des Mehrheitswahlrechts ihr Wiedererstarken nicht entsprechend in Sitzen nieder. Die großen Verlierer waren Radikale und MRP, die fortan zur Bedeutungslosigkeit verurteilt waren.

Innen- und außenpolitisch betrachtet stand de Gaulle 1962 auf dem Höhepunkt seiner Karriere. Zu Beginn des Jahres entwarf er im zweiten Fouchetplan seine Vision von einem künftigen Europa als einem »Europa der Vaterländer« (*Union d'États*). Belgien und die Niederlande lehnten den Plan ab, weil er dem 1957 in Rom eingeschlagenen Weg in Richtung auf gemeinsame, supranationale Einrichtungen zuwiderlief. Parallel dazu bemühte er sich um ein engeres Zusammengehen mit Adenauer, in dem er

De Gaulle in Oran (Algerien), 4. Juni 1958

seinen wichtigsten Partner in Europa sah. Der Abschluß des Freundschaftsvertrages vom 22. Januar 1963 symbolisierte für de Gaulle nicht nur die Versöhnung mit Deutschland, sondern auch die Konsolidierung der neuen französischen Schlüsselstellung in Europa.

Seine Hoffnung auf ein enges Zusammengehen mit der Bundesrepublik wurde jedoch enttäuscht. Adenauers Kurs der Verständigung mit Frankreich war selbst in seiner eigenen Partei keineswegs unumstritten. Insbesondere Wirtschaftsminister Erhard, der am 16. Oktober 1963 seine Nachfolge antrat, stand einer allzu engen Bindung an Paris skeptisch gegenüber, weil er von ihr neben wirtschaftlichen Nachteilen nicht zuletzt auch eine Belastung der Beziehungen zu den USA befürchtete. Der Streit zwischen »Atlantikern« und »Gaullisten« fand seinen Ausdruck in einer Präambel, mit der der Bundestag dem Elysee-Vertrag bei dessen Ratifizierung viel von seiner ursprünglich beabsichtigten Wirkung nahm.

In de Gaulles Vorstellung war Frankreich dazu ausersehen, die Rolle des Vermittlers zwischen Ost und West zu übernehmen. Deshalb mußte das Land nicht nur wirtschaftlich stark, sondern auch militärisch unabhängig werden. Die Zündung der ersten französischen Atombombe bildete am 13. Februar 1960 den Startschuß zum Aufbau der *Force de frappe*. Bereits ein Jahr zuvor, im März 1959, hatte de Gaulle den militärischen Rückzug aus der NATO eingeleitet, nachdem der amerikanische Präsident Eisenhower

Staatspräsident de Gaulle und Bundeskanzler Adenauer (Karikatur von H. E. Köhler, FAZ vom 12. September 1962)

ein gemeinsames Oberkommando (Frankreich, USA und Großbritannien) abgelehnt hatte. Unter Wahrung der politischen Mitgliedschaft zog Paris im März 1966 endgültig seine Truppen aus der NATO zurück.

Parallel zum Rückzug aus Algerien leitete de Gaulle eine zweite Phase der Entkolonialisierung ein. Auf dem Weg in die Unabhängigkeit gewährte Paris seinen ehemaligen Kolonien wirtschaftliche Hilfen, tat dies aber nicht nur, um seine traditionellen Absatzmärkte zu behalten. Frankreich versuchte systematisch, sich den neuen Ländern der Dritten Welt und den arabischen Staaten zu öffnen.

Nach der Kuba-Krise vom Oktober 1962 ging de Gaulle zu den USA zunehmend auf Distanz. Im Januar 1964 nahm er diplomatische Beziehungen zu Rotchina auf; 1966 reiste er nach Moskau. Sein Mißtrauen gegen die USA belastete das Verhältnis zu Großbritannien, dessen Aufnahme in die EWG er 1963 und 1967 jeweils ablehnte, weil er London für Washingtons verlängerten Arm in Europa hielt. Eine britische Mitgliedschaft hätte die Kräfteverteilung von Grund auf verändert. Welche Rolle er der EWG zugedacht hatte, wurde 1965 deutlich, als de Gaulle mit seiner Politik des »leeren Stuhls« die Gemeinschaft so lange lahmlegte, bis ihm die übrigen Staaten zugesichert hatten, daß in Brüssel keine Entscheidung ohne die ausdrückliche Zustimmung Frankreichs gefällt werden konnte.

Eine eigenständige Politik zwischen den Blöcken und die Rolle des Wortführers in Europa setzte gesunde Finanzen und eine starke Wirtschaft voraus. De Gaulle profitierte hier von der Arbeit Antoine Pinays und Jacques Rueffs, die Ende 1958 im Rahmen einer Expertenkommission der Modernisierung des Landes den Weg gewiesen hatten. Die Einführung des neuen Franc zum 1. Januar 1960 war eher eine symbolische Geste, denn die Inflation wurde zunächst nur leicht gebremst. Das Ende des Algerienkrieges und die Rückkehr von 700 000 *Pieds noirs* stellten das Mutterland vor neue Probleme. Daß sich die Lage trotzdem allmählich entspannte, war auch der günstigen Entwicklung der Weltkonjunktur zu verdanken, die zu Beginn der sechziger Jahre einen neuen Boom erlebte. Um die Inflation zu beenden, verkündete de Gaulle 1963 einen Preis- und Lohnstopp. Der Kurs des Franc stabilisierte sich. Weil zugleich aber auch die Investitionen zurückgingen, stiegen zum ersten Mal nach 1945 wieder die Arbeitslosenzahlen an. Die Folge war eine Welle von Streiks.

Wachsende soziale Spannungen bildeten im Dezember 1965 den Hintergrund für die ersten Präsidentschaftswahlen. Überraschend setzte sich de Gaulle erst im zweiten Wahlgang gegen den Kompromißkandidaten der Linken, François Mitterrand, durch. Dieser Erfolg gab der Opposition für die Wahlen zur Nationalversammlung im März 1967 Auftrieb. Zwar gelang es der Regierungsmehrheit, sich knapp zu behaupten, doch war nicht zu übersehen, daß sich nun alle Parteien auf die Zeit nach de Gaulle vorzubereiten suchten. Der ehemalige Finanzminister Valéry Giscard d'Estaing ging mit der Gründung der *Fédération nationale des républicains indépendants* eigene Wege. Georges Pompidou scharte die Gaullisten unter dem neuen Namen *Union pour la défense de la Ve République* (UDR) um sich. Der MRP wandelte sich unter Jean Lecanuet zum *Centre démocrate*, und François Mitterrand versuchte mit einem Schattenkabinett die zersplitterte Linke zu einen.

Wegen der knappen Mehrheit von nur einem Sitz griff Georges Pompidou immer häufiger zu Artikel 49.3 der Verfassung. Demnach galt ein Gesetz als angenommen, wenn die Regierung nicht durch ein Mißtrauensvotum der Nationalversammlung gestürzt wurde. Er heizte damit die innenpolitische Atmosphäre weiter an. Eine Studentenrevolte lieferte im Mai 1968 den zur Explosion noch fehlenden Funken. Doch im letzten Moment, als Streiks das Land lahmlegten und das Ende der Ära de Gaulle gekommen schien, schreckten die Franzosen zurück. Als sie erfuhren, daß der Präsident Paris mit unbekanntem Ziel verlassen habe, zeigte sich, wie wenig sie im Grunde der Opposition vertrauten. Angesichts der Gefahr eines Versinkens in revolutionärem Chaos empfanden viele de Gaulles

Plakate Mai – Juni 1968

Rückkehr am 30. Mai und seine Ankündigung von Neuwahlen wie die Befreiung von einem Alptraum.

Trotz des Triumphs der UDR im Juni 1968 machte sich de Gaulle wenig Illusionen. Als er 1969 erneut ein Referendum ankündigte, ging es zwar formal um den Abbau der Macht der Pariser Zentrale zugunsten der Regionen. Doch in erster Linie wollte er den Senat, in dem die Opposition die Mehrheit stellte, als politischen Gegenspieler ausschalten. Die Franzosen lehnten dieses Junktim mit knapper Mehrheit ab; einen Tag später, am 28. April 1969, trat de Gaulle zurück.

Republik im Wandel? – Von Pompidou über Giscard d'Estaing und Mitterrand zu Chirac

(1969–2000)

1969 15. Juni: Wahl Georges Pompidous zum Präsidenten.
21. Juni: Ernennung Jacques Chaban-Delmas' zum Premierminister.
11.–13. Juli: Gründungsparteitag des PS.

1970 7. Januar: Bindung des Mindestgehalts an die wirtschaftliche Entwicklung (SMIC).

Januar: Neue Studentenunruhen in Nanterre.
9. November: Tod de Gaulles.
1971 Januar: Einführung eines Umweltministeriums.
1972 23. April: Europa-Referendum (60 % Beteiligung, 68,3 % Ja-Stimmen).
26./27. Juni: Gemeinsames Programm von PS und PCF.
6. Juli: Pierre Messmer Premierminister.
1973 4./11. März: Knapper Wahlsieg für die Regierung.
5. Mai: Demonstration für die Freigabe der Abtreibung.
Oktober: Gegen Senat und Nationalversammlung lehnt Pompidou die Verkürzung der Amtszeit des Präsidenten um zwei Jahre ab.
6. Oktober: Jom-Kippur-Krieg; erste Ölkrise.
1974 2. April: Tod Pompidous.
19. Mai: Knapper Sieg Valéry Giscard d'Estaings über François Mitterrand bei den Präsidentschaftswahlen.
27. Mai: Ernennung Jacques Chiracs zum Premierminister.
5. Juli: Senkung der Volljährigkeit auf 18 Jahre.
7. August: Auflösung der staatlichen ORTF (Rundfunk und Fernsehen).
Dezember: Einführung der allgemeinen Sozialversicherung.
1975 Januar: Gesetzliche Regelung bei Entlassungen.
17. Januar: Freigabe der Abtreibung auf fünf Jahre.
30. Juni: Gesetz über die Rechte der Behinderten.
11. Juli: Reform des Scheidungsrechts.
31. Dezember: Aufhebung des Sonderstatus für Paris.
1976 14. März: Frankreich verläßt die europäische Währungsschlange.
26. Juli: Rücktritt Chiracs; Raymond Barre Nachfolger.
20. September: Gründung des Europaparlaments (von Frankreich am 16. Juni 1977 gebilligt).
22. September: Barreplan zur Wiederankurbelung der Wirtschaft.
5. Dezember: Wandel der gaullistischen UDR zum RPR unter dem Vorsitz von Chirac.
1977 23. September: Bruch des Bündnisses zwischen PS und PCF.
1978 1. Februar: Gründung der UDF als bürgerliche Sammlungsbewegung.
12. August: Freigabe des Brotpreises.
1979 27./29. November: Verlängerung des Abtreibungsgesetzes per Dekret.
1980 5. Juni: Giscard lehnt EG-Beitritt Spaniens und Portugals ab.
1981 10. Mai: Giscard unterliegt Mitterrand bei den Präsidentschaftswahlen.
14./21. Mai: Wahlsieg der PS; Pierre Mauroy neuer Premierminister.
9. Oktober: Abschaffung der Todesstrafe.
18. Dezember: Gesetz über die Verstaatlichungen.
1982 3. März: Gesetz über die Dezentralisierung.
26. März: Absenkung des Rentenalters auf 60 Jahre.

	22. Juni: Neuregelung der Mietgesetzgebung.
	29. Juli: Reform der Kontrolle der audiovisuellen Medien.
	4. August: Erstes von vier Gesetzen zur Neuregelung des Arbeitsrechts.
	28. Oktober: Reform des Krankenhauswesens.
	1. November: Aufhebung der Bindung der Preise, Löhne und Gehälter.
1983	22./23. März: Politik der *rigueur*; Preis- und Lohnstopp; die Arbeitslosenzahl erreicht die 2-Millionen-Grenze.
1984	24. Juni: Rücknahme der Schulreform nach Protestwelle.
	17. Juli: Rücktritt Mauroys; Laurent Fabius Nachfolger; Ausscheiden des PCF aus der Regierung.
	Juli: Separatistische Unruhen in Neukaledonien.
	22. September: Historischer Händedruck zwischen Mitterrand und Kohl in Verdun.
1985	3. April: Einführung des Verhältniswahlrechts.
	20. September: Rücktritt des Verteidigungsministers Hernu nach der »Rainbow Warrior«-Affäre vom 10. Juli.
1986	16. März: Neuwahlen enden mit Sieg des Bündnisses von RPR und UDF.
	18. März: Ernennung Jacques Chiracs zum Premierminister; erste *Cohabitation.*
	11. Juli: Wiedereinführung des Mehrheitswahlrechts.
	22. Juli: Gesetz über die Reprivatisierung.
	9. September: Verschärfung des Einwanderungsgesetzes.
	September: Attentatswelle in Paris (Rue de Rennes).
	Dezember: Demonstration gegen Novelle des Schulgesetzes, großer Eisenbahnerstreik.
1987	Februar: Verhaftung der Mitglieder der *Action directe.*
	11. Mai – 4. Juli: Prozeß gegen Klaus Barbie in Lyon.
	Oktober: Weltweiter Börsenkrach beendet Politik der Reprivatisierung.
1988	8. Mai: Wiederwahl Mitterrands.
	12. Mai: Regierung unter Michel Rocard; Politik der *ouverture.*
	5./12. Juni: Knapper Wahlsieg der Sozialisten.
	11. Oktober: Gesetz über Mindestversorgung für Bedürftige (RMI).
	6. November: Referendum über Neukaledonien (Matignon-Vertrag).
1989	18. Juni: Wahlen zum Europaparlament.
	14. Juli: 200. Jahrestag der Französischen Revolution.
	9. November: Fall der Berliner Mauer.
	20.–22. Dezember: Staatsbesuch Mitterrands in der DDR.
1990	17. Juli: Internationale Anerkennung der deutschen Wiedervereinigung, die am 3. Oktober vollzogen wird.
	September: Entsendung von 12 000 französischen Soldaten in die Golfregion nach dem Einmarsch irakischer Truppen in Kuwait.

1991 16./17. Januar: Beginn der alliierten Luftoffensive gegen den Irak.
29. Januar: Rücktritt von Verteidigungsminister Chevènement aus Protest gegen den Golfkrieg.
15. Mai: Édith Cresson neue Regierungschefin.
25. Dezember: Rücktritt von Michail Gorbatschow, Auflösung der UdSSR.

1992 7. Februar: Unterzeichnung des Maastricht-Vertrages.
2. April: Pierre Bérégovoy neuer Regierungschef.
20. September: Maastricht-Referendum (etwa 51% Ja-Stimmen).
Dezember: 3 Millionen Arbeitslose in Frankreich.

1993 1. Januar: Einführung des europäischen Binnenmarktes.
28. März: Vernichtende Wahlniederlage des PS.
29. März: Neue Regierung unter Édouard Balladur; zweite *Cohabitation.*
1. Mai: Selbstmord Pierre Bérégovoys.
24. Juni: Gesetzliche Neuregelung der französischen Staatsbürgerschaft (Jus sanguinis).

1994 1. Januar: Unabhängigkeit der Banque de France.
17. März–20. April: Touvier-Prozeß.
12. September: Fernseh-Interview Mitterrands zu seiner Tätigkeit in Vichy während des Krieges.
11. Dezember: Jacques Delors verzichtet auf eine Präsidentschaftskandidatur.

1995 26. März: Aufhebung der Grenzkontrollen innerhalb der EU (Abkommen von Schengen).
7. Mai: Jacques Chirac siegt mit 52,64 % gegen Lionel Jospin (47,36 %) bei den Präsidentschaftswahlen.
8. Mai: Mitterrand würdigt in Berlin die »Tugenden« und den »Mut« der deutschen Soldaten, unabhängig von der »Uniform« oder der »Idee, die in diesem oder jenem Kopf … gesteckt haben mag«.
17. Mai: Alain Juppé wird zum neuen Regierungschef ernannt.
12. Juli: Chirac kündigt die Wiederaufnahme der Atomtests im Mururoa-Atoll an.
16. Juli: Chirac bekennt sich zur Verantwortung Frankreichs bei den Judendeportationen im Zweiten Weltkrieg.
25. Juli: Bombenanschlag algerischer Fundamentalisten in der Pariser Schnellbahn (RER-Station Saint-Michel): 8 Tote und 84 Verletzte.
29. September: Khaled Kelkal, mutmaßlicher Organisator des RER-Bombenanschlags, wird bei der Verhaftung erschossen.
15. November: Premierminister Juppé kündigt eine Reform der Sozialversicherung an.
November/Dezember: Als Reaktion auf den Plan Juppés legt ein mehrwöchiger Verkehrsstreik das Land weitgehend lahm.
5. Dezember: Frankreich kündigt die Rückkehr in die militärische Kommandostruktur der NATO an.

1996 8. Januar: Tod François Mitterrands.

22. Februar: Chirac kündigt die Aufhebung der Allgemeinen Wehrpflicht an.
25. Mai: Veröffentlichung eines Berichts zur sozialen Lage unter dem Titel »Cinq Millions Exclus«.
September: 12,6 % der aktiven Bevölkerung (3 098 124) sind arbeitslos.
26. Oktober: In einem Fernsehinterview rechtfertigt Chirac die harte Reformpolitik Juppés.
7. November: Regierungsumbildung im Sinne des angekündigten Vorrangs des wirtschaftlichen Wettbewerbs vor sozialen Problemen.
3. Dezember: Bombenanschlag algerischer Fundamentalisten in der Pariser Schnellbahn (RER-Station Port Royal): 3 Tote und 130 Verletzte.
23. Dezember: Ankunft der ersten Soldaten der deutsch-französischen Brigade als Friedenstruppe in Bosnien.

1997 21. April: Präsident Chirac kündigt vorzeitige Neuwahlen zur Nationalversammlung an.
25. Mai/1. Juni: Bei den Wahlen zur Nationalversammlung erreicht das Linksbündnis (PS, linke Splittergruppen, PCF und Grüne) die absolute Mehrheit.
2. Juni: Lionel Jospin wird Premierminister. Beginn der 3. *Cohabitation.*
17. Juni: Die korsische nationalistische Unabhängigkeitsbewegung FLNC kündigt eine »Feuerpause« an.
30. Juni: Im Vorfeld der NATO-Konferenz in Madrid fordert Jospin ein Mitspracherecht in der Außen- und Verteidigungspolitik.
15. September: Verabschiedung des Arbeitsbeschaffungsprogramms von Martine Aubry.
23. September: Die Allgemeine Wehrpflicht wird bis 2002 durch ein »Rendez-vous citoyens« ersetzt.
3. Oktober: Erleichterung des Zugangs zu den Archiven der Vichy-Zeit (1940–1944).
3. November: In Weimar beschließen die Verteidigungsminister Frankreichs, Deutschlands und Polens eine engere Zusammenarbeit.
16. Dezember: Neuregelung des Einwanderungsgesetzes und Erleichterung der Zuwanderung.
Dezember/Januar: Arbeitslose besetzen die Arbeitsämter und fordern die Zahlung eines »Weihnachtsgeldes«.

1998 6. Februar: Der Präfekt Claude Érignac wird auf Korsika ermordet.
27. Februar: Chirac fordert die Aufhebung der Sanktionen gegen den Irak.
15./22. März: Bei den Wahlen zu den Regionalräten erzielen die Regierungsparteien 36,6 %, UDF und RPR 35,6 % und der FN 15,27 %. Die Unterstützung der FN für die Kandidaten der bürgerli-

chen Rechten bei der Wahl der Vorsitzenden führt bei Annahme der Wahl zu deren Parteiausschluß.
2. April: In Bordeaux wird Maurice Papon wegen Beihilfe zu Verbrechen gegen die Menschlichkeit zu zehn Jahren Haft verurteilt.
7. April: Reueerklärung der französischen Bischöfe der Überseegebiete wegen der Beteiligung der Kirche an der Sklaverei.
22. April: Frankreich stimmt der Einführung des Euro zu.
12. Juli: Frankreich wird mit einem 3:0-Sieg über Brasilien Fußballweltmeister.
9. Oktober: Erster Gesetzentwurf zur Gleichstellung von nichtehelichen Lebensgemeinschaften (PACS).
11. November: 80. Jahrestag des Endes des Ersten Weltkrieges. Bundeskanzler Schröder lehnt ein Treffen mit Chirac ab.
17. November: Le Pen verliert wegen tätlichen Angriffs auf eine Abgeordnete durch Gerichtsbeschluß alle politischen Mandate.
16. Dezember: Ein Untersuchungsbericht beschuldigt Frankreich »schwerer politischer Fehler« anläßlich des Völkermords in Ruanda im Jahre 1994.

1999 1. Januar: Einführung des Euro zum Kurs von 1:6,55957 Francs.
18. Januar: Der »Congrès« in Versailles ratifiziert den Amsterdamer Vertrag.
23./24. Januar: Spaltung des Front National.
Januar: Erste Demonstrationen gegen die Schulreformpläne der Regierung.
6. Februar: Beginn der Kosovo-Konferenz der Balkan-Kontaktgruppe in Rambouillet unter französisch-britischem Vorsitz.
9. März: Freispruch für Laurent Fabius und seine damaligen Minister im Prozeß wegen der Freigabe verunreinigter Blutkonserven.
15. März: Anschuldigungen gegen Édith Cresson wegen Korruption und Mißwirtschaft leiten den Rücktritt der EU-Kommission ein.
24. März: Brand im Straßentunnel des Mont-Blanc, über 40 Tote.
16. April: Rücktritt des RPR-Vorsitzenden Séguin, nachdem Charles Pasqua eine eigene Liste für die Wahl zum Europaparlament angekündigt hat.
9. Juni: Frankreich stellt 7000 Soldaten für die KFOR-Truppen auf dem Balkan bereit.
11. Juli: Giscard d'Estaing fordert die Verkürzung der Amtszeit des Präsidenten.
13. Oktober: Annahme des Gesetzes über den Zivilen Solidaritätspakt (PACS).
15. Oktober: Friedensnobelpreis für *Médecins sans Frontières*.
19. Oktober: Einführung der 35-Stunden-Woche.
2. November: Rücktritt von Wirtschafts- und Finanzminister Strauss-Kahn.
16. November: Sanktionen der EU-Kommission, weil Frankreich das Embargo gegen britisches Rindfleisch nicht aufhebt.

	12. Dezember: Umweltkatastrophe an der bretonischen Küste nach Untergang des Tankers Erika.
	24./25. Dezember: Orkane fordern in Frankreich 30 Tote und vernichten 270 Millionen Bäume.
	30. Dezember: Arbeitslosenquote in Frankreich sinkt unter 11 %.
2000	20. Januar: Jospin kündigt für 2001 bis 2003 Steuersenkungen (120 Milliarden Francs) an.
	29. Februar: Rücktritt des Präsidenten des Verfassungsrates Dumas wegen der Elf-Affäre.
	27. März: Regierungsumbildung: Laurent Fabius übernimmt das Wirtschafts- und Finanz-, Jack Lang das Bildungs-, Cathérine Tasca das Kulturministerium.
	1. April: Rücknahme der Mehrwertsteuer von 20,6 auf 19,6 %.
	17. April: Nach drei Jahren schätzt die Mattéoli-Kommission die den Juden im 2. Weltkrieg geraubten Güter auf 9,9 Milliarden Francs.
	27. Juni: Chirac fordert im Bundestag in Berlin eine europäische Verfassung und die Bildung einer »Pioniergruppe« unter französisch-deutscher Führung.
	30. Juni: Nach der Nationalversammlung stimmt auch der Senat für die Verkürzung der Amtszeit des Präsidenten auf 5 Jahre.
	29. August: Rücktritt von Innenminister Chevènement aus Protest gegen die Korsika-Politik.
	20. September: Verkürzung der Amtszeit des Präsidenten auf 5 Jahre per Referendum.
	7.–12. Dezember: EU-Gipfel in Nizza zur Frage der künftigen Organisation und der Osterweiterung.

Nach dem Mai 1968 war die französische Linke erneut tief zerstritten. Mitterrand wurde für die vernichtende Niederlage verantwortlich gemacht, weil er de Gaulles Vorschlag akzeptiert hatte, Neuwahlen zu veranstalten (»élections-trahison«). Er verzichtete auf eine erneute Präsidentschaftskandidatur. Unter diesen Umständen war die Wahl von Georges Pompidou am 15. Juni 1969 keine Überraschung. Er ernannte Jacques Chaban-Delmas, seit vielen Jahren Präsident der Nationalversammlung und zugleich einer der engsten Gefolgsleute de Gaulles, zu seinem Premierminister.

Chaban, dem gute Verbindungen zur Linken nachgesagt wurden – der spätere Präsident der EG-Kommission, Jacques Delors, gehörte damals zu seinen Beratern –, wollte einige der Reformen in Angriff nehmen, die im Mai 1968 gefordert worden waren. In seiner Regierungserklärung entwarf er die Vision einer neuen Gesellschaft. Pompidou billigte zwar die Idee sozialer Verbesserungen im Privat- (größere Rechtssicherheit für Ehefrauen und Kinder) und Berufsleben (Garantie eines an das Wachstum gekoppelten Mindesteinkommens, SMIC). Doch mißfiel ihm, daß Chaban, der offenkundig und in Anknüpfung an die Tradition der Vierten Republik dem Amt des Premierministers mehr Gewicht bei der aktiven Gestaltung der

Politik geben wollte, es nicht für nötig befunden hatte, ihn vorab im Detail über seine Pläne zu informieren.

Georges Pompidou, nach seiner Wahl zum Staatspräsidenten, 15. Juni 1969

Die erhoffte politische Signalwirkung blieb aus. Chaban erreichte mit seinem Programm weder eine Öffnung nach links, noch gelang es ihm, die Neuformierung der Opposition zu verhindern. 1971 übernahm François Mitterrand auf dem Parteitag in Épinay die Führung des *Parti socialiste* (PS). Um das sich abzeichnende Wahlbündnis zwischen PS und PCF zu verhindern, verband Pompidou ein Jahr später die Aufnahme Großbritanniens in die EWG mit einem Referendum. Er wollte die Sozialisten, die im Gegensatz zu den Kommunisten die EWG befürworteten, dazu zwingen, für die Regierung zu stimmen. Mitterrand durchschaute den Plan und empfahl den Wählern, sich der Stimme zu enthalten.

Als sich zeigte, daß der Reformkurs, statt neue Perspektiven zu eröffnen, zunehmend den Zusammenhalt im eigenen Lager gefährdete, löste Pompidou im Juli 1972 Chaban-Delmas durch Pierre Messmer ab. Messmer, unter de Gaulle Verteidigungsminister, verstand sich als verlängerter Arm des Präsidenten. Rechtzeitig vor den Wahlen gelang es ihm 1973, die Zentristen auf seine Seite zu ziehen. Bei seinem Sieg profitierte er aber auch davon, daß die Zusammenarbeit zwischen Sozialisten und Kommunisten in der Praxis mehr Probleme aufwarf als von ihren Führern erwartet.

In der Außenpolitik hielt Pompidou am Kurs fest, den de Gaulle erfolgreich eingeschlagen hatte. Mit seinem Besuch in Moskau 1970, der Lieferung von Kampfflugzeugen an Libyen, die die Beziehungen zu den USA erneut belastete, und einer Rundreise durch Afrika unterstrich er Frankreichs Anspruch auf eine unabhängige Stellung zwischen den Blöcken. In der Europapolitik setzte er neue Akzente. Mit Blick auf Bonn, das sich bereits unter Bundeskanzler Erhard als eigenwilliger Partner erwiesen hatte, stimmte er der Aufnahme Großbritanniens in die EG zu. Angesichts der Ostpolitik Willy Brandts, deren Konsequenzen nicht recht abzusehen waren, sollte London offenbar notfalls die Rolle des Gegengewichts übernehmen. Ein Gedanke, den 1969 im übrigen auch schon de Gaulle gesprächsweise erwogen hatte.

Obwohl man damit gerechnet hatte, traf der Tod Pompidous am 2. April 1974 Frankreich unvorbereitet. Chaban-Delmas kündigte seine Bewerbung um das Präsidentenamt an, erhielt mit Valéry Giscard d'Estaing indes einen ernstzunehmenden Rivalen. Im Lager der Gaullisten tauchten angesichts der erneuten Kandidatur Mitterrands Zweifel an den Chancen Chabans auf. Jacques Chirac, unter Messmer Innenminister, lancierte einen Aufruf, der indirekt auf eine Unterstützung Giscard d'Estaings hinauslief. Dieser setzte sich schließlich im zweiten Wahlgang mit einem Vorsprung von 424 000 Stimmen gegen Mitterrand durch.

In der Innen-, Wirtschafts- und Sozialpolitik knüpfte Giscard d'Estaing an Chaban-Delmas an. Chirac, der Mann, der ihm entscheidend den Weg zum Sieg geebnet hatte, leitete als Premierminister im Namen von Fortschritt und größerem Liberalismus eine Serie von Gesetzesinitiativen ein, die von der Absenkung des Wahlalters auf 18 Jahre über die Legalisierung der Abtreibung bis hin zur Reform der Sozialversicherung reichten. Nach zwanzig Jahren stetigen wirtschaftlichen Wachstums sollte nun auch die französische Gesellschaft den Schritt zum modernen und dynamischen Staat vollziehen.

Der Jom-Kippur-Krieg und der Boykott der Öl-Staaten, der Ende 1973 binnen weniger Wochen den Preis des Rohöls vervierfachte, stellten die Industriestaaten plötzlich vor ein bislang nicht gekanntes Problem. Die Arbeitslosenzahlen schnellten überall auf neue Rekordhöhen. Auf der Suche nach einem Ausweg aus der wirtschaftlichen Misere rückte Westeuropa unter der gemeinsamen Führung von Paris und Bonn enger zusammen. Wegbereiter der europäischen Einigung waren Valéry Giscard d'Estaing und Bundeskanzler Helmut Schmidt, die sich schon zu der Zeit, als sie beide noch Finanzminister ihres Landes waren, gegenseitig schätzengelernt hatten.

Über der Außenpolitik, *domaine réservé* des Präsidenten, zerbrach das Bündnis zwischen Giscard und Chirac, der 1976 als Premierminister zurücktrat und sich um das neugeschaffene Amt des Bürgermeisters von Paris bewarb. Bestärkt von seinem Wahlsieg übernahm er die Führung der gaullistischen Partei, der er einen neuen Namen und eine neue Richtung gab. Gegen das *Rassemblement pour la République* (RPR) schlossen sich die Anhänger Giscards (*Républicains indépendants, Centre démocrate* und *Parti radical*) zur *Union pour la démocratie française* (UDF) zusammen.

Der neue Premierminister, Raymond Barre, kämpfte in erster Linie gegen die Folgen der weltweiten Rezession. Den Erfolg seiner Bemühungen, der 1979 durch den zweiten Ölschock wieder zunichte gemacht wurde, verdankte er nicht zuletzt der Zusammenarbeit mit Bonn in der Europapolitik. Giscard und Schmidt setzten sich für die Bildung eines europäischen Währungssystems (EWS) und einer gemeinsamen Währung (ECU), Europawahlen sowie nicht zuletzt im Jahre 1974 für die Bildung eines Europäischen Rates ein. Die Gaullisten hielten die Hinwendung nach Europa für unvereinbar mit den Prinzipien de Gaulles, stießen damit bei den Wählern aber kaum auf Resonanz. Aus dem gleichen Grund verloren im Lager der

Opposition die Kommunisten an Boden. Weil die Konsolidierung des PS zunehmend zu seinen Lasten ging, kündigte der PCF 1977 das Bündnis auf. Damit war der Sieg der Regierung Barre bei den Wahlen vom März 1978 vorprogrammiert, doch täuschte das Mehrheitswahlrecht darüber hinweg, wie stark die politische Landschaft des Landes in Bewegung geraten war. Die Tendenzwende wurde 1979 deutlich. Bei den Europawahlen ließ der PS den PCF erstmals hinter sich. Im Regierungslager führte noch der RPR, doch folgte die UDF dichtauf.

Trotz des Gegensatzes zwischen Giscard und Chirac rechnete 1981 niemand mit einem Sieg Mitterrands bei den Präsidentschaftswahlen. Offenbar gab erst im letzten Moment die Mißstimmung, ausgelöst von mehreren Skandalen, darunter der Vorwurf, Giscard habe von einem afrikanischen Staatschef private Zuwendungen erhalten, den Ausschlag. Von seinem Triumph beflügelt, löste Mitterrand die Nationalversammlung auf. Bei den anschließenden Neuwahlen erreichten die Sozialisten erstmals die absolute Mehrheit.

Nach dem Willen des neuen Präsidenten sollte mit ihm eine neue Ära anbrechen. Die Aufgabe, mit einer Politik der Verstaatlichungen, der Dezentralisierung und einer Reihe weiterer Reformen Frankreich zu verändern, wurde Pierre Mauroy übertragen, der vier kommunistische Minister in seine Regierung aufnahm. Doch statt des erhofften sozialen und wirtschaftlichen Aufbruchs mußte Mitterrand nach drei Jahren bekennen, daß er in ökonomischer Hinsicht den Ernst der Lage unterschätzt hatte. Im Juli 1984 ersetzte er mit Blick auf die 1986 anstehenden Wahlen Mauroy durch Laurent Fabius. Der mit 38 Jahren jüngste Premierminister in der Geschichte des Landes sollte die Politik der *rigueur*, die sein Vorgänger bereits eingeleitet und die zum Rückzug der kommunistischen Minister geführt hatte, zum Erfolg führen.

Staatspräsident Giscard d'Estaing und Premierminister Chirac, 29. September 1975

Während sich die wirtschaftliche und soziale Lage zu stabilisieren schien, mußte Fabius in der Außenpolitik (»Rainbow Warrior«-Affäre), der inneren Sicherheit (Unruhen in Neukaledonien, Terroranschläge in Paris) eine Serie von herben Rückschlägen hinnehmen.

Um das Ausmaß der unvermeidlich scheinenden Niederlage seiner Partei zu begrenzen, führte Mitterrand das Verhältniswahlrecht ein. 1986 zogen daraufhin neben den etablierten Parteien auch eine Reihe neuer Gruppierungen in die Nationalversammlung ein, darunter neben den Grünen (*Les Verts*) erstmals auch der rechtsradikale *Front national* (FN), der unter der Führung von Jean-Marie Le Pen knapp 10 % der Stimmen erreicht hatte.

Mitterrand hatte erklärt, daß er auch im Falle eines Sieges der gemeinsamen Liste von RPR und UDF im Amt bleiben werde. Nach den Wahlen stand die Fünfte Republik vor der bis dahin nicht gekannten Situation, daß ein Präsident im Zeichen der *Cohabitation* mit einer fremden Mehrheit regieren mußte. Mitterrand beauftragte Chirac, Führer der stärksten Fraktion, mit der Regierungsbildung, behielt sich aber unter Berufung auf die Verfassung Mitsprache bei der Besetzung des Außen- und Verteidigungsministeriums vor, für die er Fachleute auswählte, die keiner Partei angehörten. Von den traditionellen »Schlüsselministerien« überließ er Chirac lediglich das Innenressort, das mit Charles Pasqua ein Vertreter des rechten Flügels des RPR übernahm.

In den Jahren der Opposition hatte die Rechte immer wieder den Anstieg der Kriminalität und die zunehmende Unsicherheit im Land angeprangert. Eine Serie von Terroranschlägen, ausgelöst von den Ereignissen im Iran und im Libanon, die unter der Pariser Bevölkerung zahlreiche Opfer forderte, lieferte den Beweis, daß die neue Regierung im Kampf gegen den internationalen Terrorismus ebenso machtlos war. Auch in der Wirtschaftspolitik setzte der neue Minister, Édouard Balladur, mit einer Ausnahme im Grunde nur fort, was sein Vorgänger Pierre Bérégovoy bereits begonnen hatte. Die Reprivatisierung, der wichtigste Punkt des Regierungsprogramms, lief erfolgreich an, bis sie 1987 durch den internationalen Börsenkrach abrupt gestoppt wurde.

Die Rückschläge gaben der UDF, die sich an der Regierung nicht in vorderster Front beteiligt hatte, Gelegenheit, Chirac den Vorwurf zu machen, er spiele Mitterrand in die Hände. In den Umfragen stieg die Popularität des Präsidenten, der die *Cohabitation* geschickt dazu benutzte, um sich gegen Chirac, seinen aussichtsreichsten Gegner auf dem Weg zu seiner Wiederwahl 1988, als souveräner, die Interessen des Staates wahrender Präsident zu profilieren.

Mitterrands Sieg fiel deutlicher aus als erwartet. Umgehend löste er daraufhin, wie schon 1981, das Parlament auf, doch dem PS gelang es nicht, die absolute Mehrheit zurückzuerobern. Michel Rocard bemühte sich vergeblich, über den Weg einer Annäherung an Teile der UDF die angekündigte Öffnung zur Mitte zu erreichen. Nach drei Jahren, in denen er mit Unterstützung des PCF regiert hatte, mußte er 1991 Édith

Cresson, der ersten Frau in diesem Amt, Platz machen. Mitterrand warf ihm sein Scheitern vor, doch dürften wohl auch Rocards eigene Ambitionen auf das Präsidentenamt bei den Wahlen 1995 eine Rolle gespielt haben.

Die Entlassung des populären Regierungschefs, das völlige Scheitern von Édith Cresson und ein neuer Wechsel zu Pierre Bérégovoy steigerten 1992 bei vielen Franzosen die ohnehin schon latent vorhandene Politikverdrossenheit. Die Popularität des Präsidenten sank auf bis dahin nie gekannte Tiefstwerte. Um den Schaden für den PS bei den Wahlen vom März 1993 zu begrenzen, konzentrierte Bérégovoy unter dem Schlagwort der *reprise* seine Anstrengungen darauf, mit harten Sparmaßnahmen wenigstens die Wirtschafts- und Finanzprobleme des Landes in den Griff zu bekommen.

Während sich der Franc zu einer der härtesten Währungen in Europa entwickelte, überschritt die Arbeitslosenzahl Anfang 1993 die 3-Millionen-Grenze. Im Zeichen zunehmender Sorge um Arbeitsplatz, Bildung und Umweltschutz, aber auch Angst vor mangelnder innerer Sicherheit und Immigration schwand das Vertrauen der Bevölkerung in die Sozialisten. Von ihnen hatten die Franzosen nicht mehr den Eindruck, daß sie über die passenden Antworten auf die Herausforderungen der neunziger Jahre verfügten.

Staatspräsident Mitterrand vor dem Panthéon, 21. Mai 1981

Zur wachsenden Verunsicherung trug nicht zuletzt auch die außenpolitische Entwicklung bei. Nach einer kurzen Phase relativer Stabilität, ausgelöst durch das Engagement an der Seite der USA 1990/91 im Golfkrieg, ließ sich bald nicht mehr leugnen, daß mit dem Fall der Berliner Mauer im November 1989 und dem Zerfall des sowjetischen Imperiums die entscheidenden Bezugspunkte der bisherigen französischen Politik verlorengegangen waren. Die veränderte weltpolitische Lage, das Ende der Teilung Deutschlands in Verbindung mit ihren finanziellen und wirtschaftlichen Folgen rief quer durch alle politischen Gruppierungen alte, längst überwunden geglaubte Ängste wieder wach. Zwar entschieden sich die Fran-

»Achtung! Frankreich angesichts Großdeutschlands« (»Le Figaro-Magazine«, 29. September 1990)

zosen im Herbst 1992 mit hauchdünner Mehrheit für das Abkommen von Maastricht. Doch im Vorfeld des Referendums waren von allen Seiten Stimmen gegen ein Festhalten an der Politik der europäischen Einigung laut geworden.

Bei den Wahlen vom März 1993 erlitten nicht nur die Sozialisten, sondern auch die mit großen Hoffnungen unter der Führung von Brice Lalonde und Antoine Waechter erstmals gemeinsam angetretenen Grünen eine vernichtende Niederlage. RPR und UDF gewannen fast 75% der Sitze. Wie schon 1986 blieb Mitterrand auch diesmal im Amt, doch die Niederlage des PS, dessen Führung Michel Rocard nach den Wahlen vorübergehend an sich riß, hat seinen Einfluß in der zweiten *Cohabitation* deutlich begrenzt. Anstelle von Jacques Chirac, der mit Blick auf die Präsidentschaftswahlen 1995 verzichtete, ernannte er den ehemaligen Wirtschaftsminister Édouard Balladur zum Regierungschef, der sich trotz seiner Absprache mit Chirac überwiegend auf die UDF stützte. Von Alain Juppé abgesehen, der das Außenamt übernahm, befand sich unter den vier *Ministres d'État* (Verteidigung: François Léotard; Soziales: Simone Veil; Justiz: Pierre Méhaignerie) mit Charles Pasqua (Inneres) lediglich ein Vertreter des RPR.

Die Franzosen, die 1981 die Amtsübernahme François Mitterrands als Aufbruch in eine neue Ära gefeiert hatten, hatten sich 1993 enttäuscht abgewendet. Die Schuld sollte allerdings nicht allein bei der Person des Präsidenten gesucht werden. Es ließ sich nicht übersehen, daß der Staat insgesamt, seine Institutionen und die Politiker, die ihn repräsentieren, an Ansehen verloren hatte. Die Gründe dafür waren vielfältig. Sie reichten von der scheinbar nicht enden wollenden Kette an Skandalen, in denen entweder hohe Beamte, wie in der Affäre Péchiney, der Vorteilsnahme, oder aber staatliche Einrichtungen, wie im Falle der mit Aids-Viren verseuchten Blutkonserven, der Fahrlässigkeit überführt wurden. Durch den Selbstmord Pierre Bérégovoys wenige Wochen nach dem Machtwechsel wurde dieser Eindruck eher noch verstärkt. Im Unterschied zu vielen anderen hatte der Präsident für ihn, der aus kleinen Verhältnissen aufgestiegen war und der ihm in den unterschiedlichsten Funktionen treu gedient hatte, keine sichere Auffangposition geschaffen.

Ein weiterer Faktor, der angesichts des großen Traditionsbewußtseins der Franzosen nicht unterschätzt werden darf, ist in der Öffnung der Archive und der Auseinandersetzung mit der eigenen Vergangenheit zu suchen. 1983 lieferte Bolivien den ehemaligen Gestapochef von Lyon, Klaus Barbie, an Frankreich aus. Der Verbrechen gegen die Menschlichkeit angeklagt, wurde er vier Jahre später zu einer lebenslänglichen Freiheitsstrafe verurteilt. 1989 wurde der ehemalige Milizangehörige Paul Touvier verhaftet und nach anfänglichem Zögern der Justizbehörden schließlich 1994 auf der gleichen Rechtsgrundlage wie Barbie angeklagt und verurteilt. Die Erkenntnis, daß nicht nur Deutsche, wie Barbie, im Zusammenspiel mit französischen Kollaborateuren, wie Touvier, sondern auch reguläre Beamte, wie der 1993 ermordete René Bousquet, im Namen Frankreichs in der Vichyzeit Verbrechen begangen haben, hat in den vergangenen Jahren zunehmend den Blick der Öffentlichkeit für die Frage nach der Verantwortung des einzelnen und dem Selbstverständnis des Staates geschärft. Das Eingeständnis des Präsidenten, die Eröffnung des Verfahrens gegen Bousquet im Interesse der Aussöhnung der Franzosen verzögert zu haben, löste statt zu beschwichtigen, erstmals auch Fragen nach der Vergangenheit Mitterrands aus, der der Regierung in Vichy als Beamter gedient hatte.

In der Tradition der Revolution von 1789 hatte sich Frankreich 1875 für eine Verfassung entschieden, die der Freiheit des einzelnen den Vorzug vor den staatlichen Institutionen gab. Im Ersten Weltkrieg deuteten sich erstmals die Grenzen der Belastbarkeit dieses Modells an, das in den dreißiger Jahren unter der Doppelbelastung der Bedrohung von außen und der Anfeindung der Republik von innen durch antidemokratische und außerparlamentarische Gruppierungen endgültig zusammenbrach. Obwohl man die Ursache schon lange erkannt hatte, fehlte 1946 nach der Erfahrung mit dem Vichy-Regime der Mut, die Gewichte zugunsten der Exekutive zu verschieben. Die Anpassung der Verfassung blieb de Gaulle vorbehalten, der 1958 im Zeichen erneuter innen- und außenpolitischer Bedrohung die Lehren aus der Vergangenheit zog und sie mit den Forderungen der Gegner der Republik zu einer neuen Ordnung zu verknüpfen verstand. Für François Mitterrand bestand 1981 zunächst kein Anlaß, an den bestehenden Verhältnissen etwas zu ändern, zumal er infolge des deutlichen Sieges des PS bei den Wahlen über die absolute Mehrheit in der Nationalversammlung verfügte. Vielmehr betrachtete er es als seine wichtigste Aufgabe, in Ergänzung zu der von de Gaulle geschaffenen Verfassung Zivil- und Strafrecht zu reformieren, das in seinen Grundzügen immer noch auf dem *Code Napoléon* aus dem Jahre 1804 basierte. Im Oktober 1981 schaffte Frankreich die Todesstrafe ab.

Anläßlich der ersten *Cohabitation*, die eher an ein Gleichgewicht des Mißtrauens als an eine Zusammenarbeit erinnerte, gab es Stimmen, die eine sechste Republik, den Rücktritt des Präsidenten, zumindest aber eine Reform der Institutionen forderten. François Mitterrand setzte daraufhin Ende 1992 eine Kommission ein, die sich aber weder zum Vorschlag einer

Verkürzung der Amtszeit des Präsidenten auf fünf Jahre noch zu einer Änderung des Wahlrechts durchringen konnte. Nach dem erneuten Wahlsieg des bürgerlichen Bündnisses stellte Regierungschef Édouard Balladur im März 1993 unter Hinweis auf die sich erneut verschärfende wirtschaftliche Rezession bis zur Präsidentschaftswahl im Jahre 1995 alle Forderungen nach einer Verfassungsreform zurück.

Für geraume Zeit war dies der einzige Mißton im Verhältnis zwischen beiden Männern. Doch trotz der überraschend großen Harmonie, die während der zweiten *Cohabitation* zwischen François Mitterrand und Édouard Balladur herrschte, blieben viele Fragen offen. Die Verteilung der Macht zwischen Präsident und Premierminister blieb ebenso ein ungelöstes Problem wie das als Folge der Sparpolitik, die mit Blick auf das Erreichen der Maastricht-Kriterien eingeschlagen worden war, sich ständig verschlechternde soziale Klima. Der wachsende Unmut der Franzosen kam auf der Rechten vor allem dem *Front national* von Jean-Marie Le Pen zugute. Aber auch auf der Linken erzielten neue Parteien, so z.B. *Le Mouvement des Citoyens* von Jean-Pierre Chevènement und vor allem *Les Verts*, die sich nach der Trennung von Antoine Waechter unter Dominique Voynet zu einer realpolitisch orientierten Partei entwickelten, bei Europa- und Regionalwahlen beachtliche Stimmenanteile.

Die Kritik an den etablierten Parteien, die sich als Folge zahlreicher Skandale und Affären insbesondere gegen die Linke gerichtet hatte, führte im PS nach der vernichtenden Niederlage von 1993 und mit Blick auf die 1995 anstehenden Präsidentschaftswahlen zu offenen Richtungskämpfen. Nachdem Jacques Delors, der scheidende Präsident der Europäischen Kommission, es abgelehnt hatte, gegen den erklärten Favoriten Jacques Chirac für die Sozialisten als Kandidat um die Nachfolge François Mitterrands ins Rennen zu gehen, ergriff Lionel Jospin entschlossen die sich ihm bietende Chance. Die Nominierung des ehemaligen Vorsitzenden, der sich 1992 im Unfrieden von seinem politischen Ziehvater Mitterrand getrennt hatte, war zunächst umstritten. Als er dann aber Jacques Chirac erst im 2. Wahlgang nur knapp unterlag, wurde er über Nacht zum neuen Hoffnungsträger seiner Partei.

Der neue Präsident schien nach seinem Sieg in der Außenpolitik zunächst seinem großen Vorbild nacheifern zu wollen. Er kündigte die Wiederaufnahme des von Mitterrand ausgesetzten Atomtestprogramms in der Südsee an und hielt im Stile de Gaulles an diesem Entschluß trotz weltweiter Proteste unbeirrt fest. Doch er setzte auch eigene Akzente: Die Rückkehr in die militärische Kommandostruktur der NATO und sein Bemühen um eine enge Zusammenarbeit mit Deutschland in der Frage der europäischen Einigung zeugten ebenso von seinem Bemühen, die Stellung und die Rolle des eigenen Landes im Lichte des sich seit 1989 in Europa und in der Welt vollziehenden politischen Wandels neu zu definieren, wie sein Bekenntnis zur Verantwortung Frankreichs bei der Vernichtung der europäischen Juden im Zweiten Weltkrieg oder aber auch die Achtung, mit der er in einer Fernsehansprache das Lebenswerk seines langjährigen politischen Gegners und Vorgängers, François Mitterrand, würdigte, der nach langer Krankheit am 8. Januar 1996 verstorben war.

Entgegen der Ankündigung Chiracs im Wahlkampf setzte sein Premierminister Alain Juppé in der Innenpolitik unbeirrt den Kurs seines Vorgängers Balladur fort. Die Priorität, die er der Lösung der finanziellen und wirtschaftlichen Probleme einräumte, führte nicht zu dem erhofften Rückgang der hohen Arbeitslosigkeit. Die sozialen Spannungen eskalierten im November 1995, als Juppé, ohne Abstimmung mit den Gewerkschaften, eine umfassende Reform der Sozialgesetzgebung ankündigte. Die Folge war ein Verkehrsstreik von bis dahin noch nicht gekanntem Ausmaß, der das Ansehen des ohnehin als Technokrat geltenden Regierungschefs völlig untergrub.

Angesichts zunehmender Kritik auch aus den eigenen Reihen und mit Blick auf die 1998 auf europäischer Ebene anstehenden Weichenstellungen entschloß sich Präsident Chirac im April 1997 zur Flucht nach vorn. Er setzte vorzeitige Neuwahlen zur Nationalversammlung an, aus denen wider Erwarten die inzwischen unter Führung von Jospin neuformierte Linke als knapper Sieger hervorging. Durch das Mehrheitswahlrecht war es den kleineren Parteien, vor allem den Grünen, bis zu diesem Zeitpunkt trotz beachtlicher Stimmenanteile nie gelungen, eigene Abgeordnete in die Nationalversammlung zu entsenden. Geeint in ihrer gemeinsamen Ablehnung der Politik der Regierung Juppé, nicht zuletzt aber auch als Kampfansage gegen den *Front national*, der 1996 erstmals in drei südfranzösischen Städten den Bürgermeister stellen konnte, war es aber Jospin gelungen, nicht nur die Grünen, sondern auch den neuen Parteichef der Kommunisten, Robert Hue, für eine Zusammenarbeit zu gewinnen.

Bei den französischen Wählern fand der Anspruch des Bündnisses, unter dem Slogan »Ändern wir die Zukunft« den Menschen den Vorrang vor der wirtschaftlichen Gesundung des Landes einzuräumen, viel Zuspruch. Doch weder Martine Aubry als neue Ministerin für Arbeit und Solidarität noch Dominique Strauss-Kahn als Wirtschafts- und Finanzminister konnten die Franzosen zunächst vor neuen Steuerlasten und Einschnitten bei den Zuwendungen bewahren. In seiner ersten Fernsehansprache erklärte Jospin jedoch, daß er nicht um jeden Preis zu weiteren Konzessionen bereit sei, um kommenden internationalen Verpflichtungen genügen zu können.

Bei der Analyse der für viele politische Beobachter überraschenden Niederlage wurde die Vermutung geäußert, daß es für Präsident Chirac, ähnlich wie für seinen Vorgänger Mitterrand, von Vorteil sein könnte, wenn auf diese Weise die bevorstehenden großen Veränderungen und Entscheidungen, etwa im Hinblick auf die Einführung des Euro und die Erweiterung der EU, von einer breiten Mehrheit der politischen Kräfte des Landes getragen werden würden. Die *Cohabitation*, die in der Verfassung der 5. Republik nicht vorgesehen war und für die es auch weiterhin keine verbindlichen Regeln gab, schien auf dem besten Wege, zu einem festen Bestandteil der französischen Politik zu werden.

Unter dem Eindruck des Erfolgs der neuen Regierung, die von dem Ende der neunziger Jahre in Westeuropa einsetzenden allgemeinen wirtschaftlichen Aufschwung begünstigt wurde, und der Perspektive einer zeitgleichen Neuwahl von Präsident und Parlament im Jahre 2002 brachen im Lager der bürgerlichen Rechten unterschiedliche Positionen und alte Rivalitäten wieder auf. Das Scheitern des von Chirac zu seinem Kronprinzen bestimmten Juppé belastete jedoch nicht nur das Bündnis zwischen RPR und UDF. In beiden Formationen bildeten sich kleine, heftig miteinander rivalisierende Splittergruppen. Doch das Phänomen blieb nicht auf die bürgerliche Rechte beschränkt. Nachdem er noch im März 1998 bei den Wahlen zu den Regionalräten mit 15,27 % der Stimmen triumphiert und durch seine Unterstützung der Kandidaten der UDF bei der Wahl der Vorsitzenden entscheidend zum weiteren Zerfall des Bündnisses beigetragen hatte, geriet auch der bis dahin scheinbar gefestigte Front National unvermittelt in eine Existenzkrise. Statt seine Nachfolge sicherzustellen, schloß der siebzigjährige Jean-Marie Le Pen ihm gefährlich erscheinende Rivalen aus der Partei aus und verwickelte sich in immer neue Skandale, bis ihm schließlich per Gericht alle seine politischen Mandate aberkannt wurden.

Der wirtschaftliche Aufschwung, den Frankreich in den ersten beiden Jahren der Regierung Jospin erlebte, konnte nicht verdecken, daß auch die neue Regierung über kein Patentrezept verfügte. Mit der Einführung der 35-Stunden-Woche, der Änderung der Bestimmungen über die Einwanderung beziehungsweise des Erwerbs der französischen Staatsbürgerschaft, der grundlegenden Reform von Bildung und Justiz bis hin zur Legalisierung nichtehelicher Lebensgemeinschaften (PACS) versuchte sie der Veränderung der Gesellschaft Rechnung zu tragen. Doch einige der Gesetzesvorlagen lösten nicht nur in der Nationalversammlung und dem Senat, sondern auch in der Öffentlichkeit heftige, bisweilen hitzig geführte Debatten aus. Angesichts wachsender Spannungen innerhalb des Regierungsbündnisses nahm Jospin 1999 seine Ambitionen zurück. Die Ablehnung der Reformvorhaben des Bildungsministers Claude Allègre und eine Affäre um den Wirtschafts- und Finanzminister Strauss-Kahn zwangen ihn zur Umbildung seiner Regierung. Mit Jack Lang und insbesondere der Rückkehr von Laurent Fabius mußte er zwei führende Vertreter der Ära Mitterrand wieder in seine Mannschaft aufnehmen. Der Rücktritt von Innenminister Chevènement, der schon zuvor mit dezidierten Stellungnahmen zur künftigen Rolle Deutschlands ebenso wie zum Problem einer größeren Autonomie für Korsika immer wieder für Mißtöne gesorgt hatte, offenbarte weitere Risse im Regierungsbündnis.

Die bürgerliche Opposition war zu sehr mit der eigenen Führungskrise beschäftigt, um daraus politischen Profit zu schlagen. In Sachfragen zu keinem Konsens fähig, konzentrierte sie ihre Bemühungen auf eine Reform der Verfassung. Die vorgebliche Sorge um eine Wahrung des Geistes der von de Gaulle intendierten Ordnung verbarg nur unzureichend die unterschiedlichen persönlichen Ambitionen der verschiedenen Anwärter auf die Nachfolge Chiracs. Im Interesse seiner eigenen Wiederwahl beugte sich der

Rede von Staatspräsident Chirac vor dem Deutschen Bundestag, 27. Juni 2000

Präsident nur scheinbar dem wachsenden Druck. Er stimmte der Begrenzung der Amtszeit auf fünf Jahre zu, jede weitere Änderung der Verfassung der fünften Republik lehnte er jedoch ab. Da der Präsident damit vorerst weiter das Recht hat, die Nationalversammlung jederzeit aufzulösen, ist auch künftig trotz des positiven Ausgangs des Referendums am 20. September 2000 die Möglichkeit einer erneuten *Cohabitation* nicht ausgeschlossen.

Auf internationaler Ebene zeigten Chirac und Jospin zunächst meist Geschlossenheit. Beide befürworteten die Osterweiterung der NATO, die 1997 mit dem Treffen zwischen dem französischen, deutschen und polnischen Verteidigungsminister in Weimar erste konkrete Formen annahm. Jospins Versuche, mit Blick auf die Wahlen im Jahr 2002 an Profil zu gewinnen, indem er etwa im Nahen Osten zugunsten von Israel Partei ergriff oder aber bei der Übernahme der EU-Ratspräsidentschaft im Sommer 2000 eigene Vorstellungen entwickelte, wurden von Chirac zurückgewiesen. In der Außenpolitik, der ureigensten Domäne des Präsidenten, war er nicht gewillt, seinem alten und voraussichtlich neuen Gegenkandidaten auch nur einen Meter an Terrain zu überlassen. Chiracs wiederholte Kritik an der als eigenmächtig empfundenen amerikanischen Politik, sei es im Hinblick auf die Beibehaltung der Sanktionen gegenüber dem Irak, vor allem aber nach dem militärischen Eingreifen im Kosovo, belasteten nicht nur das Verhältnis zu Washington, sondern auch zu Bonn. Nach der Niederlage von Helmut Kohl im September 1998 und der Wahl von Gerhard Schröder zum neuen Bundeskanzler kühlten die Beziehungen zwischen Bonn und Paris merklich ab. In Frankreich wurde der Vorwurf laut, daß sich Deutschland von den gemeinsamen Verpflichtungen in Europa entferne. Außenminister Joschka Fischer nahm dies zum Anlaß, um in einer »privaten« Rede seine Vision von einem um die Staaten des ehemaligen Ostblocks erweiterten künftigen Europa zu entwerfen. Chirac forderte daraufhin seinerseits am 27. Juni 2000 im Deutschen Bundestag eine Verfassung für das im Entstehen begriffene neue Europa. Eine »Pioniergruppe«, die von Frankreich und Deutschland gemeinsam angeführt werden müsse, sei der beste Garant für einen erfolgreichen Übergang in eine neue Ordnung. Mit dieser überraschenden Initiative und dem Bemühen um grundlegende Reformen versucht Frankreich – nach außen wie nach innen – zu Beginn des neuen Jahrtausends nicht nur seine Ambitionen und seine Verläßlichkeit auf internationaler Ebene unter Beweis zu stellen, sondern auch den neuen politischen Herausforderungen Rechnung zu tragen.

Nur sechs Monate später zeigte sich indes, daß dieser Anspruch mit der politischen Wirklichkeit nicht in Einklang zu bringen war. Anfang Dezember trafen sich die Staats- und Regierungschefs in Nizza, um die Voraussetzungen für die geplante Osterweiterung der EU zu schaffen. Ursprünglich als krönender Höhepunkt der französischen Ratspräsidentschaft geplant, drohte die Konferenz am Streit über die künftige Stimmengewichtung im Ministerrat, die Größe der EU-Kommission und die Ausweitung von Mehrheitsentscheidungen zu scheitern. Nur mit Mühe und buchstäblich im letzten Moment wurde schließlich eine Kompromißformel gefunden, mit der zwar noch einmal das Gesicht gewahrt wurde, die aber angesichts des erneuten Aufbrechens nationaler Ambitionen weder die Unterzeichner noch die Außenstehenden zu überzeugen vermochte.

Literaturhinweise

Biographien

Chastenet, Patrick / Chastenet, Philippe: Chaban. Paris 1991.
Dalloz, Jacques: Georges Bidault. Biographie politique. Paris 1992.
Giesbert, Franz-Olivier: Jacques Chirac. Paris 1987.
Guillaume, Sylvie: Antoine Pinay. Paris 1983.
Lacouture, Jean: De Gaulle. 3 Bde. Paris 1984–86.
– Mendès France. Paris 1981.
Nay, Cathérine: Les sept Mitterrand ou les métamorphoses d'un septennat. Paris 1988.
Poidevin, Raymond: Robert Schuman. Homme d'État. Paris 1987.
Rimbaud, Christine: Pinay. Paris 1990.
Robrieux, Philippe: Maurice Thorez. Vie secrète et vie publique. Paris 1975.
Roussel, Éric: Georges Pompidou. Paris 1984.

Darstellungen

Becker, Jean-Jacques: Histoire politique de la France depuis 1945. Paris 1992.
– Histoire Politique de la France depuis 1945. Paris ^{6}1998.
– avec la collaboration de Pascal Ory: Crises et alternances. 1974–1955. Paris 1998.
Bédarida, François / Rioux, Jean-Pierre (Hrsg.): Pierre Mendès France et le mendésisme. Paris 1985.
– Les Français et la guerre d'Algérie. Paris 1991.
Berstein, Serge: La France de l'expansion. Bd. 1: La République gaullienne 1958–1969. Paris 1990. (Nouvelle Histoire de la France contemporaine. 17.)
– / Rioux, Jean-Pierre: La France de l'expansion. 2: L'apogée Pompidou (1969–1974). Paris 1995.
Borne, Dominique: Petits bourgeois en revolte? Le mouvement Poujade. Paris 1977.
Caharlot, Jean: Le gaullisme d'opposition 1946–1958. Paris 1983.
Crozier, Michel: La société bloquée. Paris 1970.
Duhamel, Alain: La République giscardienne. Paris 1980.
Duhamel, Olivier / Parodi, Jean-Luc (Hrsg.): La Constitution de la Ve République. Paris 1965.
Ehrmann, Henry W.: Das politische System Frankreichs. Eine Einführung. München 1976.
Fourastié, Jean: Les Trente Glorieuses ou la Révolution invisible de 1946 à 1975. Paris 1979.
Furet, François / Julliard, Jacques / Rosanvallon, Pierre: La République du Centre. La fin de l'exception française. Paris 1988.
De Gaulle en son siècle. 6 Bde. Paris 1992.
Girardet, Raoul: La crise militaire française 1945–1962. Paris 1964.
Goguel, François: Chroniques électorales: les consultations en France de 1945 à nos jours. 2 Bde. Paris 1981–83.
Grosser, Alfred: Frankreich und seine Außenpolitik. 1944 bis heute. München 1986.
Grosser, Alfred / Goguel, François: Politik in Frankreich. Paderborn 1980.
Harrison, Michael: The Reluctant Ally. France and Atlantic Security. Baltimore 1981.

Hoffmann, Stanley / Ross, George / Malzacher, Sylvia (Hrsg.): The Mitterrand Experiment Continuity and Change in Modern France. Cambridge 1987.

Hüser, Dietmar: Frankreichs »doppelte Deutschlandpolitik«. Dynamik aus der Defensive – Planen, Entscheiden, Umsetzen in gesellschaftlichen und wirtschaftlichen, innen- und außenpolitischen Krisenzeiten 1944–1950. Berlin 1996.

Jouve, Edmond: Le Général de Gaulle et la construction de l'Europe 1940–1967. Paris 1967.

Julien, Charles-André: L'Afrique du Nord en marche. Nationalisme musulman et souverainté française. Paris 1972.

Kolodziej, Edward A.: French International Policy under de Gaulle and Pompidou. New York 1974.

La Gorce, Paul-Marie de: Naissance de la France moderne. 2 Bde. Paris 1978–79.

Lappenküper, Ulrich: Die deutsch-französischen Beziehungen 1949–1963. Von der »Erbfeindschaft« zur »Entente élémentaire«. 2 Bde. München 2001.

Loth, Wilfried: Sozialismus und Internationalismus. Die französischen Sozialisten und die Nachkriegsordnung 1940–1950. Stuttgart 1977.

Novick, Peter: The Resistance versus Vichy: The Purge of Collaborators in Liberated France. London 1968.

Ory, Pascal: L'aventure culturelle française 1945–1989. Paris 1989.

Parodi, Maurice: L'économie et la société française depuis 1945. Paris 1981.

Poidevin, Raymond (Hrsg.): Histoire des débuts de la construction européenne (mars 1948 – mai 1950). Brüssel 1986.

Poperen, Jean: La Gauche française. Le nouvel âge: 1958–1965. Paris 1972.

– L'unité de la Gauche (1965–1975). Paris 1975.

Rioux, Jean-Pierre: La France de la Quatrième République. Bd. 1: L'ardeur et la nécessité 1944–1952. Paris 1980. Bd 2: L'expansion et l'impuissance 1952–1958. Ebd. 1983. (Nouvelle Histoire de la France contemporaine. 15. 16.)

Rioux, Jean-Pierre / Sirinelli, Jean-François (Hrsg.): La guerre d'Algérie et les intellectuels français. Brüssel 1991.

Robrieux, Philippe: Histoire intérieure du Parti communiste. Bd. 2. 1945–1972. De la Libération à l'avènement de Georges Marchais. Paris 1981.

Rousso, Henry: Le syndrome de Vichy de 1944 à nos jours. Paris ^{2}1990.

Schwabe, Klaus (Hrsg.): Die Anfänge des Schuman-Plans 1950/51. Baden-Baden 1988.

Soutou, Georges-Henri: L'alliance incertaine: les rapports politico-stratégiques franco-allemands 1954–1996. Paris 1996.

Vaïsse, Marice: La grandeur. Politique étrangère du général de Gaulle 1958–1969. Paris 1998.

Weisenfeld, Ernst: Geschichte Frankreichs seit 1945. Von de Gaulle bis zur Gegenwart. München 1997.

– Welches Deutschland soll es sein? Frankreich und die deutsche Einheit seit 1945. München 1986.

Winock, Michel: Chronique des années soixante. Paris 1987.

Ziebura, Gilbert: Die deutsch-französischen Beziehungen seit 1945. Mythen und Realitäten. Überarb. und aktual. Neuausg. Stuttgart 1997.

Verzeichnis der Karten

Abbildungsnachweis

Archiv für Kunst und Geschichte, Berlin: S. 40, 325. – Archives Nationales, Paris: S. 27, 28, 49, 85. – Bibliothèque Municipale, Besançon: S. 71. – Bibliothèque Municipale, Dijon: S. 43. – Bibliothèque Nationale, Paris: S. 59, 66, 72, 78, 86, 107, 119, 148. – Bibliothèque Royale de Belgique, Brüssel: S. 68, 75. – Bibliothèque universitaire et publique, Genf: S. 117. – British Library, London: S. 34. – Centre Culturel, Bayeux: S. 22. – Château de Langeais, Loire: S. 98. – CIRIP, Paris: S. 306. – Photo: Charles Courrière / Paris-Match / Scoop: S. 349. – Photo: René Dazy, Paris: S. 316. – Photo: J. Dieuzaide, Toulouse: S. 45. – E. C. P. Armées, Ivry: S. 323. – Le Figaro, Paris: S. 364. – Photo: Goldberg / Sygma / Picture Press: S. 363. – Herzog-August-Bibliothek Wolfenbüttel: S. 38. – Photo: Keystone / GAMMA / Studio X: S. 318, 328. – Photo: Kharbine-Tapabor, Paris: S. 313. – H. E. Köhler / Frankfurter Allgemeine Zeitung: S. 350. – Photo: J. L'Hoir, Paris: S. 340. – Ministère des Affaires étrangères, Paris: S. 145. – Musée cantonal des Beaux-Arts, Lausanne: S. 126. – Musée Carnavalet, Paris: S. 130 f., 193 o. r., 211, 215, 234. – Musée Condé, Chantilly: S. 127, 149. – Musée de l'Affiche, Paris: S. 287. – Musée de la Marine, Paris: S. 157. – Musée des Beaux-Arts, Lyon: S. 228. – Musée des Beaux-Arts, Marseille: S. 179. – Musée des Beaux-Arts, Rennes: S. 138. – Musée Dobrée, Nantes: S. 90. – Musée du Château de Blois: S. 123. – Musée Lambinet, Versailles: S. 193 o. l. – Musée du Louvre, Paris: S. 50, 83, 135, 161, 225, 240, 257. – Musée National, Versailles: S. 153, 164, 176, 183, 184, 232, 242. – Musée National des Granges de Port-Royal: S. 168. – Musée National d'Orsay, © VG Bild-Kunst, Bonn 2002: S. 302. – Musée National du Château, Malmaison: S. 223. – Musée St. Remy, Reims: S. 26. – Museo e gallerie nazionali di Capodimonte, Neapel: S. 237. – Parti Communiste Français: S. 345. – Photo: Alain Noguès / Sygma / Picture Press: S. 361. – Photo: New York Times: S. 308. – Photo: Roger-Viollet, Paris: S. 301. – Photo: Rue des Archives / AGIP: S. 343. – Photo: Ullstein – Interpress Paris: S. 359. – Photo: ullstein bild – BPA: S. 369. – Photo: François Walch, Paris, assisté de J. L'Hoir: S. 37.

Namenregister

Das Register enthält sämtliche in den Beiträgen vorkommenden Personennamen, von den Ortsnamen hingegen nur jene, die mit einem bedeutenden historischen Ereignis verknüpft sind. Auf die Aufnahme von häufig erwähnten Orten wurde verzichtet. Die Nationalität wird nur bei Personen erwähnt, die nicht Franzosen sind. *Kursive* Ziffern verweisen auf Abbildungen.